나의 이데올로기는 오직 아이들

치열하고 유쾌했던 교육감 12년

김승환 지음

ᙜᙡ에듀니티

운명처럼 다가온 교육감의 길

2010년 3월 17일 저는 전북대학교 법학전문대학원에서 로스쿨 2기 1학년 학생들을 대상으로 하는 〈헌법의 기초이론〉 마지막 강의를 하고 있었습니다. 이것은 대학의 전임교수가 된 이후 전북대학교 법과대학과 전북대학교 법학전문대학원에서 23년 동안 이어온 저의 헌법 강의의 마지막이 되었습니다. 마지막 강의의 주제는 민주주의였습니다.

이날 저는 학생들에게 이런 말을 했습니다.

"만약에 당선이 되면 내 브랜드가 분명히 있을 것이다. 정부정책이 잘못되면, 교육정책이 잘못되면, 내가 그 잘못된 교육정책을 분명히 짚어나가는데 어떻게 짚어나갈 것이냐, 그 짚어나간 것을 모든 국민이 알 수 있도록 할 것이다, '지금 정부정책은 헌법이론적인 관점에서 볼 때 이것이 문제입니다, 그래서 나는 거부하는 것입니다'라고 말할 것이다. 그래야 헌법학자인 김승환이 교육감이 된 의미가 있다고 생각한다."라고 말했습니다.

그 당시 저의 교육감 당선 가능성을 떠올리는 사람들은 10명 중 1명이 될까 말까 했습니다. 말이 씨가 된다는 속담처럼 저는 2010년 6월 2일에 치러진 전북교육감 선거에서 간발의 차이로 당선되었고, 2014년과 2018년에도 당선됨으로써 3선 교육감이 되었습니다.

2010년 7월 1일 교육감 임기가 시작되자마자 저는 출근 저지 투쟁을 겪어야 했고, 그 뒤로 12년 동안 각종 수사와 형사재판에 휘말리게 되었습니다. 형사재판을 기준으로 고소·고발을 당한 것이 17차례였고, 몇 건의 행정재판과 민사재판에도 얽히게 되었습니다. 비아냥거리기를 좋아하는 사람들은 '김승환 교육감은 고발 전문이다'라는 프레임까지 만들어서 저를 공격하기도 했습니다. '피'고발 전문이라고 말한다면 그나마 봐줄 만한데, '고발' 전문이라고 말하는 것은 논리 모순이었지만, 그들에게 그런 것은 중요하지 않았습니다.

소송의 유형은 각기 다르지만 제가 관련된 각종 소송을 관통하는 한 가지가 있었습니다. 그것은 거의 모두 정부의 교육정책과 제가 가지고 있는 헌법이론의 충돌이었습니다. 그때마다 저는 정부 교육정책을 거부하는 헌법이론적 근거를 때로는 공문의 형식으로 때로는 사회관계망의 글로 쓰게 되었습니다. 그 과정에서 새로운 대법원 판례가 나오기도 했습니다.

교육감으로서 제가 가장 깊은 관심을 기울였던 것은 아이들의 배움과 성장이었습니다. 진보의 가치나 보수의 가치가 아니라 아이들이라는 가치를 제가 최우선으로 받들고 지켜야 하는 가치로 삼았습니다. 저에게 아이들은 '미래'의 시민이 아니라 '현재'의 시민이었습니다. 한 아이가 세상에 온 것 자체를 저는 하나의 기적으로 받아들였습니다. 세상에 온 아이라는 하나의 기적이 자신의 삶을 마음껏 펼쳐나가도록 돕는 일을 하는 것이 교육이라고 생각했습니다. 아이들의 배움과 성장에 필요한 모든 것을 지원해 주는 것이 교육이 할 일이었습니다. 교육의 중심은 교육감이 아니라 아이들이어야 했습니다.

교육이라는 탈을 쓰고 교육의 현장에 들어오는 정치권력, 언론권력, 교육기득권의 탐욕을 막아내는 것이 교육감이 감당해야 할 몫이었습니다. 교수·학습은 교육감이 할 일이 아니라 교사의 몫이었습니다. 교사가 아이들의 교육에 전념할 수 있도록, 그래서 다시 태어나도 교사의 길을 가겠다는 확신을 가질 수 있도록, 그 여건을 마련해 주는 것이 교육감에게 주어진 기본 책무였습니다.

그런 제가 정부의 교육정책을 무비판적으로 그대로 따르는 것은 상상할 수 없는 일이었습니다. 정부와 충돌하고 형사고소·고발을 당하는 것은 피할 수 없는 일이었고, 예견된 일이었습니다. 그것을 기꺼이 받아들이는 것이 저에게 주어진 운명이었습니다.

2022년 6월 9일 경북 경주에서 전국시도교육감협의회 마지막 정기총회가 열렸습니다. 교육감직에서 떠나는 사람들을 중심으로 간단하게 인사말을 하는 시간이 있었습니다.

그때 제가 했던 말이 "전북교육감 12년 세월 17차례의 검찰 고소·고발을 당했습니다. 그 과정이 치열하고 유쾌했습니다."라고 말했고, 이 말은 같은 해 6월 28일 전북교육청 앞마당에서 있었던 교육감 이임식 펼침막의 글귀 "치열하고 유쾌했던 교육감 12년"이 되었습니다.

이 책은 제가 걸어왔던 교육감 12년의 기록입니다. 실제에서 더하거나 빼지 않으려고 노력했습니다. 일부러 겸손한 모습을 보이려 하지도 않았고, 일부러 과장되게 드러내려 하지도 않았습니다. '있었던 그대로'가 이 책의 내용입니다.

저의 글을 책으로 낼 의사가 있다는 에듀니티 김병주 대표님의 연락을 받고 잠시 생각하는 시간을 가졌습니다. 에듀니티는 그동안 교육 관련 서적을 주로 출판해 왔고, 여러 권의 베스트셀러 실적을 올린 젊은 출판사입니다. 저의 글은 교육감으로서의 삶을 기록한 것이지만, 동시에 교육에 관심을 갖는 모든 사람에게 하는 말이고, 여전히 부패의 늪에 빠져 허우적거리는 대한민국의 공직사회를 향한 고독한 외침이기도 합니다.

'책도 자신의 운명을 가지고 있다'는 저의 평소의 지론에 따라 이 책도 자신의 운명에 따라 자신의 길을 갈 것이라는 지점에 저의 생각이 미치면서, 저는 김병주 대표님께 저의 책의 출판을 부탁드렸습니다. '김승환 그 사람의 책'이라고 생각하지 말고, 하나의 운명공동체 의식을 가지고 편집부가 최선을 다해 주기를 바란다는 의견도 덧붙였습니다.

2023년 6월 일
김승환 씀

제1부. 회고

지 워 야 할 것 과 기 억 해 야 할 것

제2부. 변화

의 식 의 혁 명 없 이 는 아 무 것 도 바 뀌 지 않 아

제3부. 내일

아 이 들 을   놓 치 는   국 가 는   모 든   것 을   잃 어

제4부. 자존감

교육감은 교육의 방패막이

제 1 부 ———

회고

——————

——— 지워야 할 것과

기억해야 할 것

교육감 생활 12년을 돌아보는 글들로 구성했습니다. 교육계의 어두운 부분이 많이 나오지만, 밝은 부분도 적지 않게 나옵니다.

교육계의 어두운 부분은 부정부패와 관련된 것입니다. 부정부패의 규모와 양태를 있는 그대로 썼습니다. 독자에 따라서는 픽션이라 하더라도 그 정도가 지나치다고 말할 수도 있습니다. 하지만 그것은 엄연한 현실'이었고', 지금 이 순간에도 우리나라 공직사회 어느 곳에서는 그런 일들이 벌어지고 '있을 것'입니다. 이 때문에 저는 우리 대한민국을 가리켜 '총체적 부패공화국'이라고 말합니다.

교육계는 교육계 내부의 세력에 의해서만 멍드는 것이 아니라, 교육계 밖의 세력(정치권력, 언론, 기득권 세력 등)에 의해서도 멍드는 것이 사실입니다. 이 부분도 가까운 장래에 해결될 기미는 보이지 않고 있습니다.

교육감으로서 저는 보수 정권에도 진보 정권에도 달가운 존재가 아니었습니다. 취임 첫해인 2010년에 시작한 형사 고소·고발 17건이 마무리된 것은 2020년이었습니다. 경찰, 검찰, 법원 출입이 또 하나의 출근길과 퇴근길처럼 느껴지기도 했습니다.

최소한 우리나라에서는 '교육은 백년지대계'라는 말이 통하지 않습니다. 우리나라의 교육정책의 수명은 5년을 넘기기가 어렵습니다. 그 주된 원인 역시 정치권력과 언론의 교육 무지와 교육 폭력에서 비롯되는 것입니다.

지난 세월 제가 감동하는 순간들도 많았습니다. 마치 우리나라 교육의 사표師表와도 같은 분을 만나기도 했고, 저의 손을 꼭 잡고 저에게 힘을 실어 주시던 80대 할머니도 만났습니다. 너무 어린 나이에 부모님을 잃은 처지에 꿋꿋하게 자라 아름다운 가정을 이루며 사는 공직자와 가까운 거리에서 일할 수 있는 행운도 누렸습니다.

____ 저는 강의를 잘합니다?

저는 대학에 근무할 때 기자, 피디, 아나운서 분들을 많이 알고 지냈습니다. 전공이 헌법학인 탓도 있고, 저 자신이 언론 인터뷰나 기고를 자주 했으며, 라디오나 TV 프로그램 진행을 한 탓도 있을 것입니다.

그 과정에서 언론의 생리를 알게 됐고, 저 스스로도 많은 것을 보고, 듣고, 배우게 됐습니다. 심지어 언론이 교수들을 어떻게 생각하고 있고, 교수들이 언론 앞에서 어떤 자세를 취하는가도 비교적 속속들이 보게 됐습니다.

헌법질서 내에서 취재의 자유, 보도의 자유, (신문)편집의 자유, (방송)편성의 자유가 차지하는 중요성을 잘 알기에, 어떻게 하면 언론에 조금이라도 도움을 줄까 애쓴 것도 사실입니다. 2009년 국회가 방송법을 날치기 처리할 때는 말 그대로 사력을 다해 그 위헌성을 공개적으로 설명해 나갔습니다.

자그마한 것이긴 하지만, 보도 기사 중 오류가 발견될 때에는 해당 기자에게 연락해서 그 오류를 설명하고 바로잡도록 도왔습니다. "종이 신문은 이미 나왔으니까 어쩔 수 없고, 인터넷판이라도 지금 고치시는 게 좋겠습니다."라고 조언을 하는 것입니다.

보도 기사 초안을 잡은 다음, 그 초안을 저에게 이메일로 보내 법적인 부분의 오류 여부를 묻는 기자들도 있었습니다.

2010년 7월 1일 전북교육감 임기를 시작한 바로 그달, 오래전부터 알고 지내던 지역 언론사 간부 한 분이 저를 찾아왔습니다. 축하한다는 말과 함께 "전북교육계에 만연해 있는 부정부패만 일소하면 교육감님은 큰 업적을 남기시는 겁니다."라는 말을 했습니다.

'이 말만을 하러 온 건 아닐 텐데' 생각하는 순간, 그는 본론을 끄집어 냈습니다.

자신이 오랫동안 전북교육연수원에서 교사들을 대상으로 강의를 해 왔다, 교사들의 반응이 매우 좋았다, 그런데 교육감이 바뀌더니 갑자기 강의가 끊겼다, 좀 살펴봐 주시라는 것이었습니다.

그 언론사 간부가 제 사무실에서 나간 후, 저는 담당 장학사더러 제 방으로 들어오시라고 했습니다. 담당 장학사는, 그 사람에 대해서는 누구보다도 내가 더 잘 안다, 그 사람이 오랫동안 교사들을 대상으로 신문 읽기 교육 강의를 한 것이 맞다, 하지만 더 이상 해서는 안 된다, 이유는 교사들이 그 사람의 강의를 매우 싫어하기 때문이다,라는 것이었습니다.

그런 사람이라면 왜 지금까지 강의하도록 그대로 두었느냐고 물었더니, 윗선의 지시라서 자신으로서는 어쩔 수 없었다고 말했습니다. 저는 장학사님의 말을 믿고 더 이상 말하지 않겠다고 했습니다.

한 달 정도 지나서 그 언론사 간부는 다시 저를 만나러 왔습니다. 지난번 만났을 때 했던 말을 반복해서 했습니다.

제가 말했습니다. 당신은 교사들이 당신의 강의를 매우 좋아한다고 말하는데 내가 확인한 것으로는 교사들이 당신의 강의를 좋아하지 않는다, 사실이 그러한데 굳이 강의를 계속하려고 하느냐고 했고 그것으로 대화는 마무리됐습니다.

문제는 그 뒤부터 발생하기 시작했습니다. 그는 자신이 언론사에서 가지고 있는 힘을 이용해 지속적으로 저를 비판·비난하는 기사 또는 사설을 써댔습니다. 그중에는 거의 욕설에 가까운 원색적인 비난도 들어 있었습니다.

나중에는 담당 장학사가 자기 때문에 교육감이 공격을 당한다며 어쩔 줄 몰라 했습니다. 저는 장학사께 말했습니다. 언론 기사에 신경 쓰지 말고 소신껏 일하시라, 나 한 사람 당하면 되는 것 아니냐, 그러니 너무 걱정하지 말라며 안심시켰습니다.

그 언론사 간부는 제가 전북교육감 자리에 있던 열두 해 내내 그런 기사를 써서 올렸습니다. 그렇게 해서 그가 얻은 것은 무엇일까요? 물론 저는 언론 기사 하나하나를 읽을 정도로 한가하지 않았습니다. 그런 기사를 쓰고 있을 것이라는 감을 잡고 있었던 것입니다. 그가 자신을 일컫는 '강의를 잘한다'라는 말은 무슨 뜻이었을까요?

_____ 건설사업자들과의 만남

전북교육감 일을 시작하면서 제가 학습해야 할 것들이 산더미처럼 많았습니다. 과장 한 분께서 취임 인사를 가야 할 기관 목록(대략 45개 기관)을 저에게 가져왔습니다.

나: 내가 이 많은 기관을 다 가야 합니까?

과장: 네. 가서야 합니다.

나: 왜 가야 하는데요?

과장: 원래 그렇게 하시는 겁니다.

나: 왜 원래 그렇게 하는 건데요?

과장: 예?

나: 방금 원래 그렇게 하는 거라고 하셨잖아요?

과장: 네.

나: 그러니까 왜 원래 그렇게 하는 거냐고요.

과장: "……"

나: 지금 나를 뺑뺑이 돌리실 생각이신가요?

과장: 그럴 리가요. 절대 그렇지 않습니다. 그건 오해이십니다.

나: 내 말 잘 들으세요. 내가 갑자기 교육감이 되고 나서 당장 직무 파악하
는 게 급하거든요. 그 많은 기관 돌아다니다가 언제 일을 배우겠습니까.
신임 인사 안 왔다고 욕을 한다면 그건 내가 욕을 얻어먹는 거니까 그 점
에 대해서는 걱정하지 마세요. 나 기관 방문 안 합니다.

과장: 네. 알겠습니다.

그때부터 한두 달 정도가 지나 시설과장께 "현재 우리 전북교육청과
공사계약을 체결한 시공사들의 대표들을 모두 한자리에 모이도록 해주
세요. 내가 할 말이 있습니다."라고 지시했습니다.

회의장에는 상당히 많은 건설사 대표들께서 오셨습니다. 그분들께
저는 이런 말을 했습니다.

어제까지 있었던 일에 대해서는 언급하지 않겠다, 다만 수사기관에
서 인지하고 수사하는 건에 대해서는 나도 어쩔 수 없다, 그것은 내 권한

의 범위에서 벗어나는 일이기 때문이다, 오늘 이 시간부터는 다르다, 공사계약금액과 관련하여 아무리 사소한 일탈이 있다 하더라도 내가 교육감으로 있는 한 그 사업자는 전북교육청 공사계약에서 원천적으로 배제할 것이다, 계약서에 적혀 있는 계약총액 중 단 한 푼도 다른 곳으로 흘러나가지 않게 하시라, 그동안 그 돈들이 어떻게 누수되었는지 어느 정도로 누수되었는지 그 구도를 파악하게 됐다, 오늘 이 시점부터는 공사계약총액 백 퍼센트를 다 가져가시라, 어쩔 수 없이 돈을 다른 곳으로 뺄 수밖에 없었다고 말하는 것은 변명이 되지 못한다, 여러분들은 사업가들이시다, 여러분들은 자선사업을 하시는 게 아니다, 사업가는 사업을 통해서 적정이윤을 벌어들여야 한다, 그래야 재투자가 가능한 것이고 직원들을 먹여 살릴 수 있는 것이다.

인간은 자존감으로 세상을 사는 존재이다, 사업가인 여러분들에게도 자존감은 매우 중요할 것이다, 교육감이 사업가인 여러분들의 자존감에 상처를 주는 일은 절대로 하지 않을 것이다, 우리 교육청의 간부들이나 직원들이 여러분의 자존감에 상처를 주는 것도 용납할 수 없다, 부당한 요구를 혼자 힘으로 방어하기 힘들면 교육감인 나에게 직접 알려달라, 철저히 비밀을 유지하겠다.

여러분들께서 만드는 건축물은 매우 특별한 의미를 갖는 건축물이다, 그 속에서 우리 아이들이 숨 쉬고 놀며 배우고 있기 때문이다, 그런 건물에 부정한 손들이 끼어들어서야 되겠느냐, 여러분들이 기업을 유지하는 데 지장이 없도록 적정이윤을 반드시 보장하겠다, 더 이상 여러분들의 손에서 준조세 準租稅 가 빠져나가는 일이 없도록 하겠다고 말했습니다.

 이 말을 하는 내내 회의장은 찬물을 끼얹은 듯 조용했습니다. 그분들은 가끔 옆 사람의 눈을 보면서 상황을 살피기도 했습니다. 이걸 어디까지 믿어야 하나라는 불안감도 엿보였습니다.

 그때까지 공사와 관련해서 리베이트는 당연한 것이었습니다. 리베이트란 돈이 일단 상대방에게 들어갔다가 그 중 일정 비율이 되돌아오는 것을 말합니다. 리베이트는 관행이라는 단어로도 설명할 수가 없었습니다. 그것은 그들 사이의 하나의 공식이었고, 하나의 불문율이었습니다. 사람은 그렇게 사는 것이고, 사업은 그렇게 하는 것이었습니다. 그 건축물 안에서 '아이들이 살고 있다'는 건 그들에게 특별히 중요한 것이 아니었습니다.

 그렇게 조성한 리베이트는 그것을 받은 사람의 손에만 머무르지 않고, 그중 적정비율은 다시 그 자신의 길을 따라 또 다른 주인에게로 흘러들어가는 것이었습니다. 부패 카르텔입니다. 그건 이름하여 만일에 대비하여 들어두는 '보험금'입니다.

 건설사 대표들께 제가 절절한 심정으로 했던 말은, 그 약효가 매우 좋았습니다. 공사 관련 리베이트 관행은 시간을 두고 '점차' 없어진 것이 아니라 '일거'에 사라졌습니다.

 하지만 저는 알고 있었습니다. 알베르 카뮈가 〈페스트〉에서 "페스트균은 결코 죽거나 소멸하지 않으며…"라고 말했던 것처럼, 공직사회의 부패균은 결코 죽거나 소멸하지 않는다는 것을 알고 있었습니다.

____ 100억 원 이야기

2010년 7월 1일 전북교육감에 취임하고 한 달도 되지 않은 7월 중순 무렵, 저는 전주시 중화산동의 어느 식당으로 들어갔습니다. 그 집은 버섯 요리로 유명한 집이었습니다.

식당 홀을 지나 오른쪽 끝으로 안내를 받았습니다. 거기에 작은 방 하나가 있었습니다. 그 방은 제가 교수 시절에도 자주 이용했던 방입니다.

제가 만난 사람은 검사 출신 변호사였습니다. 그분이 검사로 일하고, 제가 교수로 일하던 시절부터 서로 신뢰하며 지내던 사이였습니다. 방 안에서 만난 우리 두 사람은 선 채로 반갑게 악수하면서 서로의 안부를 물었습니다. 그 변호사는 저에게 진심으로 축하한다고 말했습니다.

그 자리에서 그분은 저에게 교육계의 비리에 대해서 말했습니다. 비리가 있다 또는 없다는 것이 아니라, 비리의 규모가 어느 정도인지를 설명해 줬습니다.

> 변호사: 교육감님! 전북교육의 비리가 엄청납니다. 어느 정도 알고 계시지요?
> 나: 비리가 만연해 있다는 것은 알고 있지만, 그 규모에 대해서는 알 길이 없지요.
> 변호사: 그러실 겁니다. 간단히 말씀드릴게요. 교육감님이 그 자리에 계시는 사 년 동안 백억만 챙기시면 교육감님은 매우 점잖은 교육감이라는 평가를 받게 되실 겁니다.
> 나: 변호사님! 십억이 아니라 백억이라고요? 진담이세요?
> 변호사: 예. 그것이 사실입니다. 들어가서 보시면 아시게 됩니다.

변호사와 둘이서 밥을 먹는 내내 저의 머릿속은 복잡해졌습니다. '분명히 나에게 그것이 사실이라고 했다, 4년 동안 100억만 챙기면 점잖은 교육감이라는 평가를 받는다?, 그렇다면 교육감이 챙길 수 있는 검은돈의 규모는 그보다 훨씬 더 크다는 것 아닌가, 공사·납품·금고관리·입찰 등으로 전북교육청과 계약을 맺는 수많은 사업자는 그런 검은 거래를 알고 있을 텐데 모두 침묵을 지키고 있다는 것인가?'

도교육청으로 돌아와 제가 즉시 해야 할 일은 검은돈의 흐름과 규모를 파악하는 것이었습니다. "백억! 백억! 백억!" 혼자서 그 말을 곱씹었습니다. 그 변호사께서 제게 해줬던 말의 진실성 여부를 파악하는 데는 많은 시간이 걸리지 않았습니다.

그것은 사실이었습니다. 백억을 챙기기까지 시간이 오래 걸리는 것도 아니었습니다.

'공사계약총액'에 '리베이트 비율'을 곱하면 그 돈이 소리소문없이 교육감에게 들어오는 돈이었습니다. 리베이트 비율은 '건당' 10%를 훌쩍 넘었습니다.

그다음으로 저에게 생기는 의문이 있었습니다. '교육감이 그런 엄청난 리베이트를 받아 챙기는데, 그 아래 단위의 간부들과 실무진들은 검은돈 한 푼 받지 않고 모르는 체하고 있을까?'라는 의문이었습니다.

또 다른 의문이 꼬리를 이었습니다.

'교육감 한 사람이 그런 엄청난 규모의 비리를 저질러도 그것을 감시·적발·제재해야 하는 기관들은 그걸 전혀 모르고 있다는 것인가? 어디 그것뿐인가. 인사는 100% 뇌물로 이루어진다는 것이 '공지의 비밀'(알 만한 사람들은 알고 있지만, 그것을 차마 드러내놓고 말하지 못하는 사실)인데, 그것도 관련 기관들은 전혀 모르고 있다는 것인가?'

제가 내린 결론은 이랬습니다.

관련 기관들이 그 엄청난 비리와 부정부패를 인지하지 못할 리가 없다, 비리와 부정부패 규모의 '전모'를 모를 수는 있다, 그러나 그 '자체'를 모를 수는 없다, 규모도 '어느 정도'는 알고 있었을 것이다, 그들은 검은 돈을 매개물로 삼아 '검은 카르텔'을 형성하고 있는 것이다.

바로 그것이었습니다. 교육감이 천치天癡가 아닌 이상, 그 엄청난 규모의 검은돈을 혼자 챙길 리가 없습니다. 그랬다가는 바로 잡히게 되어 있습니다.

____ 쪽지

2010년 7월 1일 교육감에 취임한 후, 초대받고 어느 행사장으로 갔습니다. 그곳에서 전북의 어느 TV방송사 보도국장을 우연히 만나게 됐습니다. 제가 대학에서 학생들을 가르치던 시절부터 잘 알고 지내던 사람이었습니다. 그가 저에게 질문했습니다.

보도국장: 교육감님! 도내 메이저 언론사의 (방송)보도국장, (신문)편집국

장들과 교육감님이 정례적으로 만나는 것 알고 계십니까?"

나: 금시초문인데요. 그런 모임이 있습니까?

보도국장: 예. 있습니다.

나: 그래요? 그럼 만나야지요. 한 번 만납시다. 그런데 메이저 언론사는 어디를 가리키는 것이지요?

보도국장: 예. TV방송사 3개, 라디오방송사 1개, 신문사 3개입니다.

나: 그럼 보도국장 네 분, 편집국장 세 분이겠네요.

보도국장: 예. 그렇습니다.

저는 시간을 끌지 않고 바로 날짜를 잡아서 만났습니다. 장소는 전주시 중화산동 어은터널 입구 가까운 곳 길가 왼쪽에 자리 잡은 한정식집이었습니다. 그 자리에는 일곱 분 모두 나왔습니다. 저는 '그' 보도국장의 옆자리에 앉았습니다.

시간이 조금 흐른 후 '그' 보도국장이 말을 꺼냈습니다.

보도국장: 교육감님! 과거에는 도교육청 인사철이 되면 제 데스크 위에 쪽지가 (두 주먹을 달걀 모양으로 모으면서) '이렇게' 쌓였습니다.

나: 그런데요?

보도국장: 그런데 교육감님이 바뀌고 나서 단 한 장도 들어오지 않네요.

나: 그게 어떻다는 것이지요?

보도국장: 그랬다는 것입니다.

저는 그 순간 '다른' 보도국장 한 사람의 표정을 살폈습니다. '당신 수준도 이 정도였어?' 하는 생각으로 그 사람을 본 것입니다. 평소에 제가 그 사람은 '조금은 다르다'라고 본 사람이었기 때문입니다. 그 순간 그 사람은 저를 정면으로 보지 못했습니다. 그 자리에서 저는 마음의 정리를 했습니다.

'도대체 당신들이 날 뭘로 본 거야?, 그걸 자랑이라고 내 앞에서 지껄이고 있는 거야?, 당신 한 사람의 데스크에 인사철마다 이삼십 장의 인사청탁 쪽지가 들어올 경우 여기에 있는 사람의 숫자 칠을 곱하면 백사십 장 내지 이백십 장이네. 전북교육청이 이런 곳이었어?, 당신들은 나에게 큰 실수를 한 거야'라고 정리했습니다.

저는 도교육청으로 돌아와 교원인사과장, 초등인사장학관, 중등인사장학관 세 분을 교육감실에서 만났습니다. 그 자리에서 저는 "오늘 이 시간부터 내부 또는 외부에서 인사청탁 쪽지가 들어오면 모두 찢어 버리세요. 내 지시 사항을 절대로 어기지 마세요."라고 말했습니다.

속칭 메이저 언론사의 (방송)보도국장, (신문)편집국장 들과의 만남은 그것이 처음이자 마지막이었습니다.

____ 교육금고

교육부와 각 시·도교육청에는 교육금고라는 것이 있습니다. 교육비 특별회계 예산을 교육금고에 넣어두고 수입·지출행위를 하는 것입니다. 교육금고를 시·도교육청이 직접 운용할 수는 없습니다. 공개입찰 방식으로 교육금고를 관리해 주는 금융기관을 선정하면, 그 금융기관이 해당 시·도교육청의 교육금고를 수탁받아 관리하는 것입니다.

계약 기간은 4년이고, 4년이 다가올 무렵 새로운 공개입찰 공고를 낸 후 같은 절차를 밟아서 교육금고 수탁 금융기관을 선정해 계약을 체결하는 것입니다.

시·도교육청의 예산은 일반 지방자치단체와는 달리 인건비가 차지하는 비중이 75% 이상입니다. 나머지를 가지고 학교 및 교육행정기관의 건물도 짓고, 각종 정책을 수행하는 것입니다. 전북교육청의 경우 2020 회계연도 예산이 4조 원을 넘었습니다.

교육금고 수탁 기관으로 선정되기 위한 금융기관 사이의 경쟁은 치열한 정도를 넘어서서 사활을 건 싸움입니다. 경쟁이 심할수록 비리가 생길 가능성이 커집니다.

저는 직선교육감 1기 초에 당시 전북교육청 교육금고를 관리하는 금융기관의 전북본부장에게 한번 만나고 싶다는 연락을 드렸습니다. 본부장은 다른 간부 몇 분과 함께 교육감실로 들어오셨습니다. 차를 마시면서 가볍게 인사를 주고받다가 배석해 있던 재무과장께 (서로 편히 얘기할 수 있도록) 자리를 비워달라고 했습니다.

제가 말을 시작했습니다.

우리 전북교육청 교육금고를 성실하게 잘 관리해 주서서 고맙다, 지금부터 내가 몇 가지 말을 할 테니 내가 잘 못 알고 있는 것이 있으면 말씀해 주시라, 전북교육청과 귀 금융기관이 교육금고 위·수탁계약을 맺고 난 뒤의 일을 말하겠다, 계약 한 번 맺고 위·수탁자의 관계는 그것으로 끝나는 게 아닐 것이다, 교육감이 국외 출장을 간다든지 생일일 때 교육감에게 뭔가 챙겨주는 것이 있을 것이다, 그 금액도 만만치 않을 것이다, 교육감이 그렇게 챙기는데 다른 간부들이나 실무부서의 직원들이 가만히 있을 리 없다, 그들도 자기 몫을 챙겨야 할 것이다, 그런 행태가 계약 기간 내내 계속 이어지는 것이다, 이런 뿌리 깊은 비리·부정·부패의 관행은 전북교육청에서만 일어나는 것이 아닐 것이다.

이런 갖가지 부정한 요구를 받을 때 귀 금융기관으로서는 기분이 매우 나쁠 것이다, 하지만 어떻게 하겠느냐, 그런 요구를 군소리 없이 다 받아줘야 다음 계약이 보장되는 것 아니냐, 그때 기분이 어떠시냐?

우리는 이런 더러운 관행을 이제 끊자, 내가 분명히 약속한다, 나는 그런 부정한 짓 하지 않는다, 귀 금융기관 직원들의 자존감을 짓밟는 짓은 절대로 하지 않겠다, 우리 교육청 간부와 직원들에게도 내 뜻을 명확히 전하겠다, 그 부분도 의심하지 마시라, 계약 기간 내내 나에게 밥 한 그릇도 사려고 하지 마라, 필요하면 내가 내 사무실에서 차를 대접해 드리겠다, 어제까지의 일은 넘어가겠다, 오늘부터는 교육금고와 관련한 일탈행위에 대해서는 그에 상응하는 제재를 가하겠다, 이와 함께 다음 계약 공고 때는 아예 입찰 자격 자체를 박탈하겠다.

저는 도교육청 확대간부회의에서 교육금고와 관련한 저의 의지를 밝혔습니다.

교육금고와 관련해서 행해져 온 일탈은 어제까지로 끝이다, 오늘부터는 적발되는 대로 법적 처리를 하겠다, 교육금고 수탁 금융기관의 간부나 직원들과 밥 한 끼도 들지 마시라, 교육금고 입찰 계약 공고를 할 때 심사기준을 제대로 만드시라, 심사기준을 보면 이미 결론이 나와 있는 그런 심사기준은 만들지 마시라, 심사기준 공고를 한 후 이의제기를 받아라, 이의의 내용을 자세히 검토해서 우리가 잘못한 것이 있으면 적정한 내용으로 수정해라.

이 일 후에 한두 해가 지난 어느 날 저는 교육감실에서 교육금고 수탁 금융기관의 전북본부장과 다른 간부 몇 분을 만나게 됐습니다. 그 자리에서 본부장께서 이런 말씀을 하셨습니다.

저는 처음 교육감님을 만났을 때 교육감님의 말을 어디까지 믿어야 하나 매우 혼란스러웠습니다, 그 말을 그대로 믿어야 하나 그동안 매우 불안한 마음으로 지냈습니다, 지나면서 보니 그때 저희에게 하신 말씀을 그대로 지키셨습니다, 정말 고맙습니다,라는 것이었습니다.

_____ 도로포장

승용차를 운전하면서 신호 대기를 할 때마다 저의 시선은 인도人道에가 있었습니다. 포장석은 들쭉날쭉 퍼져 있고, 포장석 사이사이로 풀이 무성하게 뻗어 나오고 있었습니다. 이런 현상은 전국 어디에 가나 볼 수 있습니다. 다행인 것은 최근 몇 년 사이에 도로를 도로답게 만들어 보려는 흔적들이 조금씩 보인다는 것입니다.

아주 오래전, 아마도 이십 년은 훨씬 넘었을 어느 날, 저는 우리 지역의 어느 군수님을 만나러 간 적이 있습니다. 군수님과 함께 군청 앞길을 걷다가 저는 깜짝 놀라 군수님께 물어봤습니다.

나: 군수님! 도로포장을 이렇게 반영구적으로 하는 데 별 어려움은 없으셨습니까?
군수: (웃으면서) 교수님! 왜 없었겠습니까. 공무원들의 반발이 거셌습니다.
나: 그래서 어떻게 하셨는데요?
군수: 반발하든 말든 밀어붙였습니다.
나: 참 희한한 일이네요. 우리나라에서도 이런 도로포장이 가능하다는 것이요. 고생 많이 하셨습니다.
군수: 하하! 알아주셔서 고맙습니다.

해마다 국정감사가 끝나고 나면 전국의 '거의 모든' 지자체 관할구역에서는 도로포장 공사가 진행됩니다. 기존의 도로를 뜯어내고, 새로운 도로를 까는 것입니다. 새로 깔아놓은 도로는 거의 모두 단명에 그치고 맙니다.

저는 이런 생각을 했습니다. '우리나라 공무원들은 아마 도로 깔고 도로 뜯는 재미로 사는 모양이다, 뭔가 들어오는 게 있겠지, 그러지 않고서야 저렇게 일삼아 도로포장에 매달릴 리가 없지, 언젠가 어떤 공무원이 나에게 말하지 않았나, 교수님! 도로를 너무 완전하게 깔아놓으면 제 후임은 뭐 먹고 삽니까'라고.

직선교육감 1기 직무를 시작한 후 몇 달이 지나 저는 확대간부회의에서 도로포장에 관한 이야기를 했습니다.

간부님들! 혹시 터키 이스탄불에 가보신 적 있습니까, 그곳에서 뒷골목을 걸어보셨나요?, 길을 걷는 사람들이 여유롭게 걷지요, 도로의 포장석이 반질반질하고요, 저 포장은 지구가 끝날 때까지 존재하겠다 싶을 정도로 단단하지요, 어디 그뿐인가요, 그런 도로에 들어서면 사유가 깊어지고, 대화를 하게 되고, 그러면서 삶의 피로도 줄어들지요, 어디 이스탄불만 그런가요, 보스포루스 *Bosphorus* 해협 너머에 있는 유럽 모든 국가의 도로가 그렇지요.

그런데 우리나라의 도로는 왜 그 모양일까요, 비 내리는 여름철 도로를 걷다가 어긋나 있는 포장석을 잘못 밟아 흙탕물이 튀고 그 물이 행인들의 옷에 젖고 그러지 않나요? 여기는 대한민국이니까 그게 당연한가요?

결론을 말합니다. 우리 전북교육청은 더 이상 이런 식으로 도로포장을 하지 맙시다, 모든 학교, 교육지원청, 직속기관의 도로포장에는 반영구적인 포장석만을 사용하십시오. 오늘부터입니다.

이 말을 하자 시설과장께서 이의제기하셨습니다. 교육감의 지시대로 하면 예산도 많이 들고 공기 工期도 길어진다는 것, 그리고 이미 계약을 체결해 놓은 것들이 있다는 것이었습니다.

저는, 당연히 예산이 많이 들지요, 예산 많이 씁시다, 공기가 길어지는 것도 당연합니다, 공사는 속도전으로 해서는 안 됩니다, 이미 계약해 놓은 것은 어쩔 수 없지요, 계약이행의 의무가 있으니까 계약대로 해야지요, 오늘부터는 그런 계약을 체결하지 말라는 것입니다.

도로포장의 기본 틀을 바꾸는 데는 시간이 오래 걸렸습니다. 얼추 교육감 취임 후 4년 정도 되어갈 무렵에 전북교육청이 계약을 체결한 공사에서 지난날의 도로포장은 완전히 사라졌습니다.

_____ 얼마를 준비하면 될까요?

직선 교육감 1기 직무를 시작하자마자 여러 곳에서 요구 사항들이 들어왔습니다. 그중 하나가 학교 시설 문제였습니다.

'그 학교'는 도내에서 상당히 큰 규모의 사립학교였습니다. 기숙사를 운영하고 있는데, 시설이 너무 낡아서 리모델링을 해야 한다는 요구가 계속 들어왔습니다. '도대체 기숙사 시설이 얼마나 낡아서 그럴까?' 하는 생각으로 제가 직접 그 학교를 찾아갔습니다. 교장선생님과 학교 관계자들과 함께 기숙사를 둘러보면서 '시설이 많이 낡았네'라고 판단했습니다.

사무실로 돌아와 시설과 직원들이 직접 현장으로 가서 상태를 파악하고 시설 보완이 필요하다는 결론이 서면, 예산과로 넘겨 예산 책정하라고 했습니다. 기숙사 시설 보완은 그렇게 시작되었습니다.

그 당시 도교육청의 여러 직원이 현장으로 갔고, 그중 한 사람은 외부에서 들어온 임기제 공무원이었습니다. 학교 측 관계자는 그 직원이 아마도 실세일 거라고 짐작했는지 중요한 말을 했습니다.

관계자: 저희가 얼마를 준비하면 될까요?

직원: (말뜻을 전혀 이해하지 못하고) 예? 뭘 준비하시는데요?

관계자: 저희가 준비해야 하는 게 있지 않습니까?

직원: (그제야 감을 잡고) 지금 세상이 바뀐 것 모르십니까? 큰일 날 말씀을 하시네요. 도교육청이 지원한 예산은 한 푼도 빼지 말고 다 공사비로 쓰셔야 합니다. 잘못하다간 큰일 납니다.

관계자: (미심쩍은 표정을 지으면서) 그러면 저희가 행정실 직원 한 명을 채용해 드릴까요?

직원: 예? 행정실 직원 한 명을 채용해 준다고요? 원래 그런 식으로 일합니까? 딴생각 마시고 예산을 다 투입해서 제대로 공사를 하십시오.

____ 제발 좀 만나 주세요

2011년 어느 날 저는 할 말이 있다며 제발 좀 만나 달라는 학부모 한 분의 연락을 받았습니다. 제가 사는 집이 익산이기는 하지만, 거주 지역 내에서 면담을 요청하는 학부모 한 분 한 분 모두에게 시간을 내드리기는 쉽지 않은 일이었습니다. 자칫 중요한 또 다른 일들을 놓쳐 버릴 수 있기 때문입니다. 그런데도 그 면담 요청에는 뭔가 이상한 느낌이 들었습니다. 만나지 않으면 안 되겠다는 긴장감이 들기도 했습니다. 약속한 장소에는 다른 학부모 한 분도 함께 나오셨습니다.

나: 안녕하세요? 김승환입니다. 저에게 하실 말씀이 있다고 하셨지요?

학부모 : 예. 교육감님. 바쁘실 텐데 이렇게 귀한 시간을 내주셔서 고맙습니다.

나: 저에게 하시는 말씀은 모두 비밀이 보장됩니다. 걱정하지 마시고 하실 말씀 모두 해주십시오.

학부모: 저는 결혼하고 몇 년이 지나도 아이가 없었어요. 그러다가 정말 어렵게 임신했고, 딸을 낳았어요. 그 딸은 고맙게도 엄마 아빠 보기에 이쁘고 바르게 자라 줬어요. 올해 중학교에 들어갔어요. 그런데 딸이 이상한 행동을 하기 시작했어요. 집에 오면 별것 아닌 일에도 짜증을 내고 그랬어요. 처음엔 사춘기인가 생각하다가 점점 뭔가 이상이 있다는 생각이 들더군요. 그래서 딸과 대화를 시작했어요. 그 원인을 찾기 위해서요. 친구와 싸웠느냐, 선생님께 혼났느냐, 공부하기가 힘드냐, 아무리 이 질문 저 질문을 해도 고개를 젓는 거예요. 그러다가 혹시나 하는 생각으로 너 학교에서 먹는 밥이 맛이 없어? 하고 물어봤는데, 고개를 끄덕끄덕하는 거예요. 그래서 다른 학부모들과 함께 아이들 점심시간에 학교에 갔어요. 반찬은 말라비틀어져 있었고, 식재료도 매우 오래된 것들이었어요. 학교 앞에 라면집이 있는데, 점심시간만 되면 라면집 앞에서 장사진을 이루고 있는 거예요. 라면 한 그릇 먹으려고요. 교육감님! 이거 뭔가 이상하지 않나요? 왜 그런지 확인 좀 해주세요.

나: 일단 중요한 것은 사실 확인을 하는 것이에요. 저에게 이런 말을 했다는 걸 누구에게도 말씀하지 마세요. 말이 새나가면 일을 그르칠 수 있으니까요.

학부모: 네. 알겠습니다. 꼭 그렇게 할게요.

다음 날 저는 도교육청 감사관을 저의 사무실로 오시라고 해서 사안의 대강을 설명한 후, 이렇게 말했습니다.

사실관계를 제대로 확인하기 전에 속단하면 안 된다, 예단은 금물이다, 철저한 비밀 유지가 중요하다, 감사관실 내에서도 이 사안 조사에 참여하는 직원들 외에 다른 직원들이 알도록 하면 안 된다고 당부했습니다.

어려운 작업이 시작됐습니다. 현행 법률은 도교육청에 감사를 위한 강제 조사권을 부여하지 않고 있습니다. 자료 열람도 상대방의 동의를 얻어야 가능하도록 되어 있습니다. 이것도 모르고 언론이나 정치권 또는 시민사회는 도교육청이 축소 감사, 봐주기 감사, 모양내기 감사를 했다고 비난하기 일쑤입니다.

나중에 안 일이지만, 해당 사립여중·고 측에서는 감사에 들어가기 며칠 전, 이미 낌새를 알아차리고 급식 예산 관련 자료(엑셀 파일) 삭제 작업을 서둘렀습니다.

도교육청 감사반은 막막한 감사를 시작한 것입니다. 그 미로 속에서도 감사반원들은 놀라운 기지를 발휘했고, 결국 매우 중요한 증거를 찾아냈습니다.

그 당시를 기준으로 최근 25개월 사이에 급식비 4억 6천만 원을 빼돌린 사실을 확인했습니다.

보고받은 저는 즉시 고발장을 작성해 전주지검 군산지청에 접수하도록 했습니다. 더욱 충격적이었던 것은 강제수사권을 가진 군산지청이 추가로 4억 5천만 원의 횡령 증거를 찾아낸 것이었습니다. 총액 9억 1

천만 원을 횡령한 것입니다. 이 돈은 모두 아이들의 음식을 준비하는 데 사용했어야 하는 돈이었습니다.

군산지청은 그 사립학교의 실질적 소유주이자 교장인 아무개 씨를 구속기소 했습니다. 법원의 재판이 시작되었고, 결과는 징역 2년에 집행유예 3년이었습니다.

판결 소식을 들은 저는 매우 허탈했습니다.

'집행유예라고?, 자신이 교장으로 있는 학교의 아이들의 식재료비로 써야 하는 막대한 돈을 뒤로 빼돌린 파렴치한 범인에게 집행유예라고?, 공무원들은 9억1천만 원이 아니라 9천1백만 원만 횡령해도 파면당하고 상당히 장기간의 실형이 선고되는데 집행유예라고?' 실로 어안이 벙벙했습니다.

그는 교장 재임용 제한 기간 5년이 지난 후 복직을 시도했습니다. 학부모단체와 시민사회단체는 격렬하게 항의했습니다. 그런 항의를 한다고 하더라도 그 사람이 교장으로 복직하는 데 법률적으로는 전혀 문제가 없었습니다. 그게 대한민국의 법질서입니다.

그즈음 저는 월요일 확대간부회의에서 교육국장께 다음과 같이 말했습니다.

"지금 내가 하는 말을 그 사람에게 정확히 전달하십시오, 누구 다른 사람을 시키지 말고 교육국장님이 직접 전달하십시오, 교장으로 복직하는 데 법률상 하자는 없다, 그러나 법률상 하자가 없다는 것보다 더 중요한 것이 있다, 그것은 도덕적 정당성의 문제다, 스스로 생각해 보시라고 해라, 어떻게 아이들과 교원 직원들 앞에 얼굴을 들고 서 있을 수 있을

지"라고 말했습니다. 결국, 교장 복귀는 좌절되었습니다.

검찰이 찾아낸 4억 5천만 원의 횡령액은 국고로 추징되었습니다. 도교육청이 확인한 4억6천만 원은 재학생(1~3학년)별로 일일이 계산해서 돌려주도록 했고, 이미 졸업했지만, 횡령 행위가 벌어진 기간에 재학했던 졸업생들에게도 개인별 계산을 해서 돌려주도록 했습니다.

당시 학교 측은 도교육청이 확인한 횡령 금액 4억 6천만 원을 학교발전기금으로 사용하게 해달라고 집요하게 요구했지만, 도교육청은 학생들에게 사용되었어야 할 급식비에 해당하기 때문에 반드시 안분비례^{按分比例}하여 학생들에게 되돌려 주라고 요구했고, 그것이 관철되었습니다.

_____ 비리 또 비리

2019년 학교법인 ○○학원에서 도교육청으로 내부고발이 들어왔습니다. 늘 하는 것처럼, 감사관과 담당 사무관에게 예단을 갖지 말고 절차에 따라 정확하게 감사를 실시하라고 지시했습니다.

감사를 시작한 지 한 달 정도 지나 감사관에게 진행 상황을 물어봤습니다. 전체 분량의 절반 정도 감사를 마쳤다는데 학교법인 설립자가 횡령한 돈이 몇십억 원에 달했습니다. 채용 비리와 승진 비리 그리고 계약 비리까지 들어 있었습니다. 감사를 모두 마치려면 얼마나 더 시간이 걸리겠는지 물어보자 한 달 정도는 걸린다는 답변이 돌아왔습니다. '이것 비리의 규모도 크고, 한 달 정도의 기간이라면 도주나 증거인멸의 우려도 충분한데, '뭔가 조치해야겠다'라고 판단하고 전주지검에 전화를 걸었습니다.

> 나: 안녕하세요? 김승환 교육감입니다.
>
> 검찰간부: 교육감님! 안녕하세요? 웬일이십니까?
>
> 나: 잘 지내고 계시지요?
>
> 검찰간부: 예. 잘 지내고 있습니다.
>
> 나: 사건이 하나 있어서 전화를 드렸습니다. 사건의 규모가 크네요.
>
> 검찰간부: 예. 무슨 사건입니까?
>
> 나: 학교법인 ○○학원 비리인데요. 우리 도교육청 감사관실이 현재까지 확인한 횡령액만 몇십억 원입니다. 거기다가 채용 비리와 승진 뇌물 비리도 있고요. 감사관에게 감사 상황을 물어보니 절반 정도 끝냈고, 앞으로도 한 달 정도 더 감사해야 한다고 합니다. 우선 중요한 것은 주요 혐의자들의 도주와 증거인멸을 막는 것 아니겠습니까? 제 생각으로는 검찰에서 신속하게 압수·수색을 하고 주요 혐의자들의 신병을 확보해 주셔야 할 것 같은데요.
>
> 검찰간부: 네. 잘 알겠습니다. 그럼 현재까지의 감사자료를 모두 검찰로 보내주십시오. 감사책임자와 실무자 두 사람이 검찰에 와서 사건의 개요를 설명해 주셔야 할 것 같고요.
>
> 나: 알겠습니다. 그럼 오늘 오후에 직원들이 검찰로 들어가도록 하겠습니다.

저는 즉시 도교육청 부근에서 감사관에게 전화를 걸었습니다. "지금 내가 도교육청 부근에 있습니다. ○○로 지금 바로 오시지요."라고 말했습니다. 잠시 후 제 앞에 온 감사관께 지시했습니다.

나: 지금부터 내가 하는 말을 정확히 듣고 그대로 실행하세요.

감사관: 네. 교육감님. 말씀하십시오.

나: 학교법인 ○○학원 감사자료를 가지고 지금 전주지검으로 들어가세요. 이 사건 실무에 참여한 주무관 한 분도 데리고 가시고요. 자료를 굳이 프린트물로 뽑을 필요는 없지요?

감사관: 네. 그렇습니다.

나: 유에스비 USB 에 담아서 가지고 가세요. 가는 도중 다른 어디에도 들르지 말고, 누구도 만나지 말고, 바로 검찰로 들어가세요. 가면 안내를 해줄 겁니다.

그 시간 후로 검찰의 움직임이 빨라졌고, 주요 혐의자(검찰로 넘어가면서 신분이 '피의자'로 바뀜)들의 신병이 확보되었으며, 증거인멸의 가능성이 차단되었습니다. 드러난 비리는 각종 시설공사 기자재 납품 등의 예산을 부풀려 집행한 뒤 차액을 돌려받는 방법으로 53억 원을 챙겼고, 학교부지를 매각하면서 120억 원을 받은 뒤 105억 원을 받은 것처럼 서류를 허위로 꾸며 15억 원을 빼돌렸으며, 공사비를 과다계상하는 수법으로 20억 원의 법인자금을 횡령했습니다. 채용 및 승진 대가로 1억 2천만 원을 챙긴 사실도 밝혀졌습니다.

전주지법은 설립자에게 징역 7년에 추징금 34억 원을 선고하는 등 관련자들에게 유죄판결을 선고했습니다. 제가 해야 할 일은 하나 더 남아 있었습니다. 그것은 내부고발을 한 기간제 교사를 보호하는 것이었습니다. 연락받고 온 중등인사장학관께 말했습니다.

나: 제보를 해준 기간제 교사의 신분 상태는 지금 어떻게 되어 있습니까?

장학관: 사표를 내고 나왔습니다.

나: 그분은 앞으로 기간제 교사를 하는 데 상당한 어려움이 있겠지요? 특히 사립에서요.

장학관: 예. 그렇습니다.

나: 그렇다고 해서 우리가 특정 학교에 그분을 기간제 교사로 채용해 달라고 하면 그건 직권남용이 되는 것이고요.

장학관: 예. 그렇게 됩니다.

나: 그럼 어떤 방법이 있을까요?

장학관: 기간제 교사 리스트에 올려놓는 것입니다. 공립에서 기간제 교사로 채용할 수 있도록요.

나: 그렇지요. 그것 하나가 있어요. 지금 바로 기간제 교사 리스트에 올려놓으시지요.

장학관: 예. 그렇게 하겠습니다.

이 사건이 수면 위로 드러난 것은 불과 3년 전이었습니다.

_____ 이게 뭐예요?

교육감 2기 어느 날 공식적인 자리에 앉아서 순서의 진행을 유심히 지켜보고 있었습니다. 그때 바로 옆에 앉아 있던 기관장 한 분이 메모지에 뭔가를 쓰더니 저에게 줬습니다. 거기에는 4명의 이름이 적혀 있었습니다.

"이게 뭐예요?"라고 물어보자 "한 번 읽어 보고 참고해 주시라고요."
라고 말했고, 저는 "예."라고 대답했습니다.

4명은 모두 현직 교장 선생님들이었고, 그중 한 분은 다가오는 교원
직 인사에서 중용重用하기로 마음을 굳히고 있던 참이었습니다.

'왜 하필 이분의 이름이 여기에 들어가 있지?'라고 생각하자 마음이
심란해졌고, 이어지는 인사 중용 대상에서 그분의 이름을 빼 버렸습니
다. 다른 세 분은 애초에 고려 대상이 아니었습니다.

_____ 뇌물의 정석

저는 요즘에도 아침부터 저녁까지 온갖 궁금증과 호기심을 품고 삽
니다. 그걸 그냥 그대로 두는 게 아니라, 기회만 포착하면 바로 풀어내
기 시작합니다. 어느 날 직원 한 분의 결재를 마치고, 할 말이 있으니 잠
시 의자에 앉으시라고 했습니다.

둘이서 마주 보고 앉아 대화를 시작했습니다.

나: 내가 참 궁금한 게 있거든요.
직원: 네. 교육감님! 말씀하십시오.
나: 내가 만일 이 자리에서 뇌물을 받는 경우, 내일 아침에 어떻게 그 직원의
　　얼굴을 볼 수 있지요?
직원: 아~ 그거요? 교육감님께서 잘 모르셔서 그러시는데요. 뇌물을 받는
　　순간, 교육감님과 그 직원 사이에는 신뢰관계가 생기는 것입니다.

나: 신뢰관계라고요?

직원: 예. 그 직원은 교육감님이 나를 믿어주시는구나, 라고 생각하는 것이지요.

나: 그러니까 뇌물을 받아도 두 사람 사이에는 아무 이상이 없다 그것이지요?

직원: 예. 그렇습니다.

나: 또 하나, 뇌물은 뭘로 주는 거죠?

직원: 예에. 원화나 달러를 드리는 것이지요. 지폐요.

나: 달러는 유에스^{U.S} 달러이고요?

직원: 예. 미국 달러입니다. 단, 원화든 미화든 신권新券이 아니라 구권舊券
으로 줘야 합니다.

나: 신권은 일련번호로 나가니까 그런가요?

직원: 예. 그렇습니다. 하나 더 있습니다.

나: 뭔데요?

직원: 금으로 주기도 합니다. 그리고 중요한 것이 있습니다. 뇌물을 드리기
위해 이 방으로 들어오면 단 한마디도 말을 해서는 안 됩니다. 목례만
간단히 하고, (저의 책상 왼쪽 위를 가리키며) 저 위에 조용히 놓고 나가면
됩니다.

나: 얼마인지 세지 않고 그냥 나가는 거예요?

직원: 예. 일단 그대로 나갑니다. 나간 뒤에 얼마인지 확인해 보겠지요. 금
액이 마음에 들지 않으면 비서실 직원이 조용히 연락해서 가져가라고
합니다.

나: 그다음에는요?

직원: 그 직원은 그게 무슨 뜻인지 알지요. 다시 더 채워서 가지고 오는 겁
니다. '죄송합니다, 제가 결례를 저질렀습니다'라는 표정을 지으면서
조용히 책상 위에 놓고 나갑니다.

나: 그렇게 하는 것이군요. 알았어요. 설명해 줘서 고마워요. 가서 일 보세요.

직원: 예.

_____ 부정부패

교육감 일을 시작하기 전·후로 저의 귀에는 인사와 관련한 부정한 거래의 사례들이 들어왔습니다. 직원들은 "우리는 모두 돈 주고 됐어요."라는 말을 서슴없이 했습니다. 그 말에는 "당신만은 제발 그렇게 하지 말라."는 간절한 바람이 들어 있었을 것입니다. 그분들의 말은 한결같았습니다. 그건 '인사는 백 퍼센트 뇌물이었다. 백 퍼센트 매관매직이었다'는 것이었습니다.

첫 번째 직원 조회 때 저는 다음과 같은 말을 했습니다.

그동안 고생 많이 하셨다, 내가 다른 것은 몰라도 부정부패는 반드시 뿌리 뽑겠다, 두고 보시라, 만약 나 같은 사람도 부정부패를 없애지 못하면 앞으로 전북교육에서는 영원히 부정부패가 사라지지 않을 것이다, 나도 인간인지라 순간 탐욕이 일어나 검은돈에 손을 댈 수도 있을 것이다, 그러고 나서 내가 왜 이런 짓을 했지? 라는 후회가 드는 순간 나는 바로 자진自盡할 것이다, 껌 한 통도 받지 마시라, 라고 말했습니다.

그 직원 조회가 있은 지 며칠이 지나 직원 한 분이 교육감실로 들어왔습니다.

직원: 교육감님! 제가 이번에 외국 출장을 다녀왔거든요.

나: 그래요? 다녀오시느라 수고 많이 하셨네요. 아직 시차 적응도 제대로 안
되었겠어요.

직원: (왼팔에 잔뜩 끼고 있던 서류 더미의 맨 아래를 오른손으로 만지작거리더니 뭔가
를 끄집어내며) 교육감님! 이건 선물이 아니고요, 초콜릿이거든요.

나: 초콜릿은 선물이 아니라고 누가 그러던가요? 가지고 가세요.

직원: 그래도 이건 초콜릿인데요.

나: 더 이상 말씀하지 마시고 가져가세요. 그리고 앞으로 다시는 그런 것 가
져오지 마세요.

직원: 네. 알겠습니다.

직원들은 상황 판단을 빠르고 정확하게 했습니다. 아무리 조그마한
것이라 할지라도 교육감인 저에게 선물이라는 명목으로 뭔가를 주는 일
은 더 이상 없었습니다. 전북교육계에서 부정부패는 그렇게 사라지기
시작했습니다.

____ 공금 횡령 사건

2020년 초부터 코로나바이러스 위기 coronavirus crisis 가 시작되면서 저
는 간부회의나 강의를 통해서 반복적으로 같은 말을 했습니다. 그건 코
로나바이러스 위기 상황이 우리 인간에게 주는 메시지는 '이제 불편한
것에 익숙해져라'라는 것이고, 어제까지 학습을 통해서 알고 있었던 것

을 오늘은 전혀 모르는 것처럼 끊어 버리고 ^{unlearn} 새롭게 보라는 것이라고 말했습니다.

2021년 11월 초에 대형 공금 횡령 사건이 지역 교육지원청에서 발생했습니다. 공금의 수입과 지출은 그 내용이 철저하게 전산기록으로 남기 때문에, 그 과정에서 공금을 빼돌린다는 것은 아무도 상상할 수 없는 일이었습니다. 거기에 더하여 전북교육의 공직자들에게는 '전북교육은 청렴하다'라는 흔들림 없는 자부심이 있었습니다.

사건은 '그런 일은 상상할 수 없다'라는 의식의 허虛를 파고들었습니다. 직원 한 사람이 교육지원청 공금을 지속적으로 빼돌렸고, 그 총액이 8억 원을 훌쩍 뛰어넘었습니다.

아무도 모르고 지나갔을 이 사건은 단위학교 원어민 강사의 임금을 지급하려고 하는데, 금융기관의 잔고가 없다는 사실이 드러나면서 발각되었습니다. 금융기관의 잔고가 비정상적으로 줄어들 경우 울리는 경보 시스템이라도 갖춰져 있었더라면 횡령액의 규모를 줄일 수도 있는 일이었습니다.

저는 사건 처리의 수순을 정리하기 시작했습니다. 먼저 교육장께 전화를 걸었습니다.

나: 교육장님! 교육감입니다.
교육장: 네. 교육감님. 안녕하세요? 죄송합니다.
나: 지금 그 직원은 어디에 있습니까?
교육장: 지금 출근하고 있습니다.

나: 그 직원을 혼자 놔두면 안 됩니다. 곁에 동료 직원들이 있어야 해요. 만에 하나라도 극단적인 선택을 하면 큰일 납니다. 교육장님이 직접 심리적 안정을 취하도록 애써 주세요.

교육장: 네. 알겠습니다.

교육장과의 통화를 끝내고 바로 전주지검으로 전화를 걸었습니다.

나: 안녕하세요? 잘 지내고 계시지요? 저 김승환 교육감입니다.

검찰간부: 네. 교육감님. 잘 지내고 있습니다. 어쩐 일이십니까?

나: ○○교육지원청에서 직원이 공금을 횡령했습니다. 금액이 큰데요. 팔억 원이 넘습니다.

검찰간부: 아~ 크네요.

나: 그래서 말씀인데요. 수입과 지출은 이미 전산기록으로 모두 남아 있어서 증거 수집은 별문제가 안 될 것 같고요. 중요한 것은 도주하거나 극단적인 선택을 하는 것을 막는 것이라고 생각합니다. 검찰에서 빨리 영장 청구를 해주시면 좋겠는데요.

검찰간부: 교육감님. 무슨 말씀이신지 잘 알겠습니다. 아시다시피 이 사건의 경우 검찰이 직접수사권을 갖고 있지 않습니다. 먼저 경찰에 말씀해 주시면 그다음 일은 우리 검찰이 바로 조치 취하겠습니다.

나: 네. 알겠습니다.

이번에는 전북경찰청으로 전화를 걸었습니다.

나: 안녕하세요? 저 김승환 교육감입니다.

경찰간부: 네. 교육감님. 안녕하세요? 웬일이십니까?

나: ○○교육지원청에서 직원 한 사람이 팔억 원이 넘는 공금을 횡령한 사실
이 밝혀졌습니다. 방금 검찰에 알려드렸고요. 이 사건을 좀 신속하게 처
리해 주시면 좋겠습니다. 신병 확보가 중요한 것 같습니다. 도주나 극단
적 선택의 위험이 있으니까요.

경찰간부: 네. 잘 알겠습니다. 교육감님! 이 사건은 우리 도경찰청에서 바로
수사를 할 수 있는 사건은 아닙니다. 먼저 관할 경찰서에 고발장
을 접수해 주셔야 합니다.

나: 절차가 그렇게 되는군요. 그건 바로 조치하겠습니다. 어쨌든 이 사건이
검찰로 넘어갈 때까지 관심을 가지시고 직접 봐주시기를 바랍니다.

경찰간부: 네. 그렇게 하겠습니다. 제가 직접 보겠습니다.

저는 다시 교육장께 전화를 걸어 즉시 관할 ○○경찰서에 고발장을
접수하도록 지시했습니다.

경찰과 검찰은 매우 빠른 속도로 이 사건을 처리했고, 공금을 횡령한
직원에게는 바로 구속영장이 집행되었습니다.

결과를 확인하면서 저는 비로소 안도의 한숨을 쉴 수 있었습니다. 동
시에 '익숙한 것이 큰 사건을 불러올 수 있다'라는 중요한 교훈을 얻게
되었습니다.

_____ 출근 저지 시위

2010년 7월 1일 교육감 일을 시작한 지 불과 보름 만에 생긴 일입니다. 교육감 출근 저지 1인 시위가 발생한 것입니다.

그날 아침 피켓을 들고 저의 출근길을 막은 사람은 '학사모'(학교를 사랑하는 학부모 모임)의 회장이었고, 회원 두 사람이 더 있었습니다. 그들은 도교육청 경내에 들어와 있었습니다.

승용차를 타고 가다가 수행기사에게 피켓 시위를 하는 사람 앞에서 차를 세우라고 했습니다. 수행비서는 저에게 "교육감님! 여기에서 내리시게요?"라고 걱정스러운 표정으로 물어봤지만, 저는 "괜찮아. 그냥 내릴게요."라고 말하고서 내렸습니다. 그 사람이 들고 있는 피켓에는 "교원평가 거부 교육감 출근 저지 일천만 명 서명운동 퇴출운동"이라고 적혀 있었습니다.

그는 피켓으로 저를 가로막으면서 "분별력이 없는 아이들에게 평가 응시 선택권을 주어서는 안 됩니다."라고 말했습니다. 그의 말에서는 전라도가 아닌 다른 지역의 억양이 강하게 묻어났습니다. '그 먼 곳에서 어떻게 여기까지 왔지?'라는 생각이 들었습니다. 저는 그에게 말했습니다. "왜 아이들이 분별력이 없습니까? 그런 말은 아이들에 대한 인격모독입니다."라고 반박했습니다.

이 사태는 제가 교육감에 취임하자마자 교원평가 폐지를 위한 교육규칙 개정 입법예고를 하고, 일제고사(전국 단위 학업성취도 평가)에 대체 프로그램 선택권을 주겠다는 것에서 비롯되었습니다.

저는 그 사람에게 강한 어조로 "길을 비키세요."라고 말한 후 청사 안으로 들어왔습니다.

_____ 조건이 있습니다

저는 헌법 교수 시절 국회의원들과 공적으로 또는 사적으로 대화를 나눌 기회가 많았습니다. 그중에는 법률안 초안을 잡아 놓고 내용상 문제가 없는지 저에게 검토해 달라고 부탁하는 때도 있었습니다.

특히 2009년 이명박 정권이 국회에서 방송법을 날치기 처리할 때는 국회의원들과 의견을 나누는 빈도가 더 높아졌습니다. 그것은 정권이 방송을 장악하면서 여론을 왜곡하는 체제를 항구적으로 구축하는 것이기 때문이었습니다.

국회의원들을 알고 지낸다는 것이 꼭 좋은 것만은 아니었습니다. 교육감이 되고 나서 그것을 절실히 느꼈습니다. 국회의원은 지역구 내에서 정당한 것이든 부당한 것이든 민원(?)을 받아서 민원인의 입맛에 맞게 처리해 줘야 능력 있는 국회의원이라는 평가를 받을 수 있습니다. 그러한 풍토에서 국회의원이 민원인의 요구를 잘 처리해 주는 것은 차기次期를 담보하는 중요한 수단이기도 합니다.

어느 날 전화를 받았습니다. 잘 알고 지내던 국회의원이었습니다.

국회의원: 교육감님! 저 ○○○ 의원입니다. 요즘 많이 바쁘시지요?

나: 아, ○○○ 의원님이시군요. 잘 지내고 있습니다. 별일 없으시지요?

국회의원: 예. 잘 지내고 있습니다. 교육감님! 이번에 교육장 인사를 하신다
고 들었는데요.

나: 예. 이번에 교육장 인사를 합니다. 뭐 하실 말씀이라도 있으신가요?

국회의원: 예. 제 지역구에 있는 ○○○ 교육장 아시지요?

나: 예. 그 교육장 알고 있습니다.

국회의원: 이번에 교체하시는가요?

나: 어떻게 할 것인지 지금 실무진과 검토하고 있습니다.

국회의원: 그 교육장을 이번에 유임시켜 주시면 좋겠는데요.

나: 예. 검토해 보겠습니다. 의원님! 다만, 그 교육장이 두 가지 조건은 충족
해야 합니다. 그 정도는 이해해 주셔야 하고요.

국회의원: 두 가지 조건이라고요? 그게 뭔가요?

나: 예. 실력과 도덕성입니다. 이 두 가지만 검토해서 문제가 없으면 의원님
의견을 존중하겠습니다. 연락드릴게요.

국회의원: 예. 알겠습니다. 꼭 부탁드립니다.

저는 바로 교원인사과 과장과 두 분의 장학관을 교육감실로 오시도
록 해서 의견을 물어봤습니다. 장학관 한 분이 정리해서 말했습니다.

장학관: 교육감님! 그 교육장은 이번에 교체하시는 게 맞습니다. 실력이나
도덕성 모두 문제가 됩니다.

나: 그래요? 과장님 의견은 어떠신가요?

과장: 장학관 의견대로 하시는 게 좋겠습니다.

나: 알겠습니다. 이번 인사에서 그 교육장은 교체하십시오.

사흘 후 저는 그 국회의원께 전화했습니다.

나: 의원님! 저에게 말씀하신 그 교육장 인사 문제인데요. 확인해 보니 실
    력과 도덕성 두 개 모두 문제가 됩니다. 어쩔 수 없이 교체해야 하겠습니
    다. 의원님께서 이해해 주시면 고맙겠습니다.
국회의원: 예. 잘 알겠습니다.

실력과 도덕성. 이 두 가지는 그 뒤로 전북교육청 인사의 주된 코드
로 작용했습니다.

_____ 미행감시

2015년 12월 8일 저녁 퇴근 시간 때 이상한 일이 발생했습니다. 전주
에서 익산 집으로 가는 길이었습니다. 승용차가 삼례에서 익산으로 이
어지는 왕복 4차선 도로를 지나 우회전하면서 집 쪽으로 향하고 있었습
니다. 평소의 코스대로 한다면 승용차는 신흥초등학교 앞으로 직진해야
하는데, 수행기사가 신흥초등학교 앞으로 가지 않고 갑자기 좌회전했습
니다. 그곳은 익산 수도산체육공원으로 이어지는 길입니다.
　평소 수행기사의 운전에 대해서 일절 개입하지 않는 저는 그 순간에
도 아무 말 없이 앉아 있었습니다.
　이상한 일은 또 생겼습니다. 일단 수도산체육공원 방향으로 들어가
면 좌회전으로 가는 것이 당연한데, 수행기사는 좁디좁은 우회전 길을

택했습니다. 그러더니 다시 좌회전으로 급하게 꺾었습니다. 그래도 저는 왜 그런지 물어보지 않았습니다.

좌회전 한 후 직진하다가 공원 끝에서 우회전했습니다. 그렇게 가야 맞습니다. 문제는 또 발생했습니다. (지금은 사라지고 없는) 원광대학교 정신병원을 지나서 조금 더 내려가다가 수행기사가 차를 오른쪽으로 붙여서 세워 버렸습니다. 그제야 저는 물어보았습니다.

나: 왜 그래? 무슨 일이 있어요?
수행기사: 저기 앞에 가는 흰색 차요.
나: 응. 저 차가 왜요?
수행기사: 아까 삼례에서 익산으로 이어지는 길 다음에 우회전할 때부터 계속 따라왔거든요.
나: (앞차를 보니 번호가 04하xxxx였습니다. 렌터카입니다. 수행기사에게) 저 차 번호 기록해 둬요.
수행기사: 이미 찍어 놓았습니다.
나: 됐어요. 다시 갑시다.

앞으로 진행하다가 수행기사가 차를 멈추더니 오른쪽을 가리켰습니다. "저 차입니다. 지금 어디로 갈지 몰라 허둥대는 것 같습니다."라고 말했습니다. 그 차는 길을 잘못 들어 막다른 길에서 헤매고 있었습니다.

저는 2017년 12월 7일 국정원 사찰 참고인 조사를 받으러 서울중앙지검에 출석했을 때 저의 차를 미행한 차량의 번호 등 이 사건 관련 자료를 제출했습니다.

상탁하부정 上濁下不淨

상탁하부정이란 윗물이 흐리면 아랫물도 깨끗하지 못하다는 것을 의미합니다. 이 말은 의역해서 윗물이 흐린데 어찌 아랫물이 깨끗하기를 기대할 수 있겠는가,라는 의미로도 사용됩니다.

공직사회에서 기관장이 뇌물을 받으면 함께 일하는 간부나 직원들도 뇌물을 챙기게 되어 있습니다. 자기 아래의 직급이 없는 최하위직 공직자라 하더라도 민원인에게 뇌물을 받게 되는 것입니다. 이것이 뇌물 사슬입니다.

특히 정권 획득이나 정권 유지의 정당성이 약한 정권일수록 기관장, 특히 선출직 기관장들이 적당히 썩어 주는 것을 좋아합니다. 그것을 고리로 해당 기관장을 마음대로 갖고 놀 수 있기 때문입니다. 마치 고양이가 쥐를 잡아 희롱하는 식입니다.

그 기관장은 정권의 비위만 잘 맞추고 지내다가 선거철이 되면 소속 정당의 공천을 받거나 토호세력의 후원을 받아 다시 당선되면 되는 것입니다. 그것이 엄연한 우리의 정치 현실이기도 합니다.

전두환 이후 재직 중 수천억 원 또는 수백억 원의 뇌물을 수수하고 유죄확정판결을 받은 대통령이 무려 네 명입니다. 그들은 때가 되면 건강 문제 또는 국민화합이라는 구실로 사면받습니다.

2010년 7월 1일 이후 저는 하루하루가 바빴습니다. 틈만 나면 직무 파악을 하느라 자기 학습을 하고 있었습니다.

어느 날 낮에 외부에서 '어떤 분'을 만났습니다. 전주시 백제로에 있는 유명한 중국음식점 바로 옆 길가에 있는 레스토랑이었습니다. 그 집에서 둘이서 차를 한 잔 마시면서 대화했습니다.

나: 그 사안은 그렇게 처리해서는 안 된다는 것을 알고 계셨지요?

어떤 분: 그럼. 알고 있었지.

나: 그런데 왜 그렇게 처리하셨습니까?

어떤 분: 그러니까 내가 그러지 말아야 했는데, 처음에 한두 번 교장들한테 돈을 받다 보니까…….

나: 그걸로 협박하던가요?

어떤 분: 응. 그걸로 협박했어. 그래서 어쩔 수 없었어.

나: 예. 잘 알겠습니다.

2010년 추석은 9월 22일이었고, 19일은 일요일이었습니다. 19일 오후 아내와 함께 교회에서 나오는데 아내가 말했습니다.

아내: 아까 오전 예배 끝나고 어떤 여자가 교회로 와서 나를 찾았어.

나: 그래서? 누군데?

아내: 응. 여기 익산의 ○○고등학교 교장의 부인이래.

나: 그래서?

아내: 추석 명절이고 해서 조그마한 선물 하나를 가져왔다고. 사과 한 상자래. 내 차 트렁크를 좀 열어 달래.

나: 그래서 어떻게 했어?

아내: 안 된다고 했지. 지금이 어느 때인데 이런 걸 하느냐고 가져가시라고 했어.

나: 그걸로 끝났어?

아내: 거의 울상이 되어 가지고 좀 받아 달라는 거야.

나: 그래서?

아내: 좀 더 강하게 말했어. 계속 이렇게 하시면 가만히 안 있겠다고 했어. 그랬더니 사과 상자를 다시 가지고 갔어.

나: 정말 큰일 낼 사람들이네. 아직 뭐가 뭔지 모르나 보다. 처리 잘했어. 수고했어.

그 사과 상자에는 사과만 들어 있었을까요? 한 시간도 지나지 않아 저의 휴대폰에 문자가 찍혔습니다.

"교육감님! ○○고등학교 교장 ○○○입니다. 제가 잘못 판단했습니다. 제가 교육감님께 죽을죄를 저질렀습니다. 다시는 그런 짓 하지 않겠습니다. 용서해 주십시오. 앞으로 교육감님께 충성을 다하겠습니다."라는 내용의 문자였습니다.

너무도 한심하다는 생각이 들어 저도 그 교장선생님에게 문자를 보냈습니다.

"○○○ 교장선생님! 오늘 대단한 결례를 하셨습니다. 내가 그렇게 의지를 표명했음에도 그럴 수 있습니까? 나에게 충성을 다하겠다고요? 그게 현직 교장이 할 소리입니까? 뭘 충성한다는 것입니까? 충성은 나한테 하지 마시고, 우리 아이들과 선생님들에게 하십시오. 아시겠습니까?"라고 썼습니다.

이 사실을 나 혼자만 알고 넘어갈까, 공개할까, 아니면 해당 교장을 감사한 후 교육공무원 일반징계위원회에 회부할까 고민하기 시작했습니다.

판을 키우면 부작용이 생길 수 있다, 툭하면 집단매도를 잘하는 우리 사회 구성원들은 '우리나라 교장들 다 그래, 다 썩었어' 이런 식으로 몰아갈 수 있다, 언론은 이걸 놓칠세라 이 한 건으로 최소 일주일은 우려먹는 기사를 쓰고 보도할 수 있다, 교육감 일을 시작하자마자 교장선생님들의 사기土氣를 꺾는 것이 바람직한 방법은 아니다, 그렇다 하더라도 그대로 넘어갈 수는 없다, 뭔가 경고 효과는 있어야 한다고 결론을 내렸습니다.

추석 연휴가 지나고 첫 월요일인 9월 27일 확대간부회의에서 이 사안에 대해 언급하고 다음과 같이 정리했습니다.

이번 사안은 이 정도 선에서 마무리하고 넘어간다, 이다음부터는 매우 엄격하게 처리할 것이다, 여기에 걸려들지 마시라,라고 말했습니다.

그 경고는 엄한 징계처분 이상의 효과를 나타냈습니다.

____ 아니, 이 뉘시요?

교육감 2기 어느 가을날, 저는 퇴근을 한 후 혼자서 한옥마을 최명희 문학관과 한정식집 '양반가' 사이로 난 길을 걷고 있었습니다. 해가 서산으로 넘어가기 직전의 어둠이 사위四圍를 평화로운 공간으로 빚어내고 있었습니다.

'참 좋다'라는 기분으로 걷고 있는데, 앞에서 누군가 걸어오고 있었습

니다. 간격이 좁아져 자세히 보니 80대로 보이는 할머니이셨습니다. 그
분께서 저를 유심히 보시더니 말씀하셨습니다.

할머니: 아니, 이 뉘시요? 우리 김승환 교육감님 아니시요?
나: 네. 맞습니다. 제가 김승환입니다. 안녕하세요?
할머니: 맞네. 우리 김승환 교육감님이야. 근디 여기는 웬일이시요?
나: 네. 퇴근하고 만날 사람이 있어서 가는 길입니다.
할머니: 혼자서요?
나: 네. 제 개인 일이니까 혼자 가는 겁니다.

(그분께서는 당신의 두 손으로 저의 두 손을 꼬옥 잡으시더니 오른손을 풀
어 당신의 가슴 위로 갖다 대시며 말씀하셨습니다.)

할머니: 내가 우리 교육감님만 생각하면 가슴이 아퍼.
나: 네. 고맙습니다. 죄송합니다. 잘할게요.
할머니: 어쨌든 우리 교육감님 건강이 제일 중헌게, 꼭 건강허시요잉?
나: 고맙습니다. 건강 잘 지키겠습니다. 어르신께서도 건강하게 장수하십
    시오.
할머니: 고맙소. 고마워. 또 언제 볼랑가.

그 짧은 순간에 할머니께서 제게 주신 정情은 지금도 그대로 저의 가
슴 속에 들어 있습니다.

_____ 3억을 쓰다

교육감 12년 동안 간부나 직원들에게서 일관성 있게 들었던 말이 "저희는 모두 돈 주고 자리 얻었습니다. 그렇게 안 한 사람 없습니다."라는 것이었습니다.

모두가 인사 뇌물을 줬다는 사실 때문에 그런 말을 하는 데 거리낌이 없었는지도 모를 일입니다. "기능직 공무원에게서는 인사 뇌물을 안 받았을 것 아닙니까?"라고 물어보면 "교육감님! 아닙니다. 기능직 공무원 것도 다 받았습니다."라고 말했습니다.

올해 들어 어느 날 몇 명의 간부, 직원들과 함께 커피를 마셨습니다. 그 자리에서 또다시 인사 뇌물 이야기가 나왔습니다.

> 간부: 제가 그때 ○○교육지원청 과장이었거든요. 교육장을 교체하게 되었는데, 하루 종일 후임자 이름이 바뀌는 거예요. 그러다가 저녁이 되어서야 확정되었다는 말을 들었어요. 저한테 후임 교육장 이름을 입력하라는 거예요. 2억 쓴 교장으로 결정되었다고요. 그래서 입력 작업을 시작했지요. 그런데 국장님이 헐레벌떡 들어오셨어요. 잠깐만! 중지해! 라고 하더라고요. 3억 쓰겠다는 교장이 나왔다는 거예요. 그래서 최종적으로 3억 쓴 교장의 이름을 입력했어요. 호호호~
>
> 나: 그 말이 사실이에요?
>
> 간부: 예. 교육감님. 그게 사실이에요. 그땐 그랬어요.

옆에 앉아서 듣고 있던 다른 간부와 직원들도 소리 내 웃었습니다.

지금이야 그런 추악한 일이 없겠지요. 만에 하나라도 있다면 지금 그 자리는 얼마나 될까요?

___ 명절 - 선물

교육감인 저 자신과 함께 일하는 간부는 저에 대해 우호적인 감정을 갖고 있으리라 생각한다면 그건 오판입니다. '교육감은 교육감이고 나는 나다'라는 의식을 가진 간부도 얼마든지 있을 수 있습니다. 물론 그런 경우는 매우 드문 사례이긴 합니다.

그런 사람의 특징이 있습니다. 가장 두드러진 것은 말을 할 때 상대방과 정확히 눈을 맞추지 못합니다. '사람을 제대로 쳐다보지 못하는 사람과는 절대 동업해서는 안 된다'라는 말도 그래서 나온 것일 수 있습니다.

자신에게 비호감이라는 것을 뻔히 알면서 왜 그 자리에 계속 두는지, 라는 의문이 있을 수 있습니다. 그 의문에 대한 대답, 일단 자기 직무를 수행할 수 있는 능력이 충분하다는 것, 다음으로 나쁜 짓은 하지 않는다는 것, 거기에 더하여 마땅한 대안이 없다는 것입니다.

실제로 간부 중에 그런 분이 있었습니다. 그런 간부인데도 저에게 긍정적인 말 한 가지는 명확히 했습니다. 그것도 몇 차례에 걸쳐서.

"교육감님! 제가 다른 사람들에게 다른 것은 몰라도 딱 한 가지는 확실하게 말합니다. 교육감님 바뀌고 나서 명절 때 선물 걱정할 필요가 없다고요. 전에는 명절만 되면 윗분들에게 드릴 선물 때문에 골치가 아팠거든요. 이젠 그럴 일 없어서 참 좋습니다."

＿＿＿ 역사교과서 국정화

2015년 교육계는 박근혜 정권의 역사교과서 국정화 선언으로 소용돌이에 빠지기 시작했습니다.

아이들에게 역사 교육을 어떻게 할 것인가, 즉 역사 교육 방법론을 모색해야 할 시점에 정부는 국가가 역사 교육의 단일 주체로 나서겠다는 것, 즉 역사 교과서를 국정교과서로 하겠다는 선언을 한 것입니다. 역사 교과서 국정화는 정권이 역사 교육을 독점하고 사유화하겠다는 야욕을 드러낸 것이었습니다.

전북교육청은 2014년부터 동학농민혁명 교재(초·중고등용), 일제강점기 전라북도(초·중·고), 전라북도 근현대 인물 이야기, 탈핵으로 그려보는 에너지의 미래 등 역사 교과서 보조자료를 발간해 왔습니다.

박근혜 정권의 역사교과서 국정화 선언 직후 전북교육청은 국정 역사교과서에 대응하는 작업에 착수했습니다. 2015년 12월 1일 역사교과서 보조자료 TFT 구성을 공식화했습니다. 도교육청 공무원 4명과 역사교수 4명 그리고 역사 교사 7명, 총 15명으로 구성했습니다.

발간하게 될 자료의 명칭을 무엇으로 할지 정밀하게 검토했습니다. 이미 교과서가 특정되어 있는 상태에서 '교과서' 또는 '교재'라는 명칭을 붙이는 경우 정권은 직권남용·권리행사방해죄로 역공을 가할 여지가 있다고 판단하고, 역사교과서 '보조자료'라는 이름을 선택했습니다.

이 작업에는 뒤이어 강원, 광주, 세종교육청도 함께 참여했고, 이에 따라 집필진이 역사 교사 19명, 역사 교수 12명, 총 31명으로 확대·개편되었습니다.

저는 역사교과서 국정화의 움직임이 나타나기 시작할 때 "역사교과서 국정화는 교육의 정치적 중립성과 학문의 자유를 규정한 헌법을 명백히 위반한 것인 만큼 교육감이 가진 합법적 권한 내에서 대응책을 마련하겠다."라고 말했습니다.

교육부는 일부 교육감들이 대안 교과서를 만들어 국정교과서 무력화를 시도한다면 시정 조치를 요구하고, 그래도 시정이 되지 않는다면 법적 조치를 취할 계획이라고 밝혔지만, 그런 일은 없었습니다.

많은 사람이 잊고 있지만, 박근혜 대통령은 역사교과서 국정화 선언보다 훨씬 전에 애드벌룬을 띄웠습니다.

2013년 7월 10일 언론사 논설실장과 해설실장들과 만난 자리에서 그녀는 "역사는 그 나라 국민의 혼과 같은 것인데 역사를 제대로 배우지 않고 시민으로 자란다면 혼이 없는 사람이 될 수도 있다 …… 어떤 평가기준이 돼야 공부를 하지, 평가기준에서 빠져 있으면 다른 것 하기도 바빠서 안 하게 된다 …… 수능으로 딱 들어가면 끝나는 일"이라고 말했습니다.

그날이 정권 출범 초기인 2013년 7월 10일이었습니다. 그리고 2017년은 그녀의 아버지 박정희 전 대통령의 100번째 생일을 맞이하는 해였습니다. 만약 자신의 의도대로 국정 역사교과서가 출현했다면 아버지에게 바치는 최대의 생일 선물이 될 수도 있었을 것입니다.

＿＿＿ 역사국정교과서와
교원의 의사표현의 자유

2016년 1월 저는 페이스북에 역사교과서 국정화 논쟁에 관한 아래의 글을 올렸습니다.

역사교과서 국정화와 관련한 찬반 논쟁이 활발하게 일어나던 시기에 광주광역시교육청이 교육부에 질의를 했습니다(2016. 1. 19.).

질의의 핵심은, 교원 중 역사교과서 국정화에 반대한다는 의사표현을 한 교원도 있고, 찬성한다는 의사표현을 한 교원도 있는데, 그러한 행위들이 국가공무원법 제66조 제1항이 금지하는 '공무 외의 일을 위한 집단행위'에 해당하는가에 관한 것이었습니다.

이 질의에 대한 교육부의 회신 내용(2016. 2. 5.)이 헌법 초월적이었습니다. 역사교과서 국정화에 반대하는 의사표현은 "공무원인 교원의 정치적 중립성 및 이에 대한 국민의 신뢰를 침해하거나 그 침해에 대한 직접적인 위험을 초래할 정도의 정치적 편향성 또는 당파성을 명확히 드러낸 행위"로 허용되지 않는다는 것입니다.

반대로 역사교과서 국정화에 찬성하는 의사표현은 "교육정책의 영역에서 우리의 건전한 사회 통념상 교육자가 통상적으로 할 수 있는 범위 내의 의사표현 행위에 해당"하므로 허용된다는 것입니다.

교육부의 회신 내용은, 과거 유신헌법안 국민투표를 강행할 때 정부가 유신헌법에 찬성하는 행위는 허용하고 반대하는 행위는 처벌했던 것과 100% 동일한 의식을 담고 있었습니다.

역사교과서 국정화에 반대하는 교원들을 징계하라는 교육부의 압박이 (헌법합치성은커녕) 최소한의 체면이라도 유지하려면, 교육부는 지금이라도 각 시도교육청에 역사교과서 국정화에 찬성하는 의사표현을 한 교원들도 징계하라는 공문을 보내야 합니다.

....

_____ 전교조 법외노조 처분과 대법원판결

2013년 10월 24일 박근혜 정권의 고용노동부는 전교조에 대해 '법상 노조 아님 처분', 즉 '법외노조 처분'을 내렸습니다. 이유는 해직 교원 9명을 조합원으로 두고 있기 때문이라는 것이었습니다.

당시 〈노동조합 및 노동관계조정법〉 제2조 제4호 라목은 "근로자가 아닌 자의 가입을 허용하는 경우 노동조합으로 보지 아니한다."라고 규정하고 있었습니다.

고용노동부장관이 전교조에 대해 법외노조 처분을 내린 근거 조항은 〈노동조합 및 노동관계조정법 시행령〉(약칭 '노동조합법 시행령') 제9조 제2항이었습니다. 이 조항은 "설립신고서의 반려 사유가 발생한 때에는 행정관청은 30일의 기간을 정하여 시정을 요구하고, 그 기간 내에 이를 이행하지 아니하는 때에는 당해 노동조합에 대하여 이 법에 의한 노동조합으로 보지 아니함을 통보하여야 한다."라고 규정하고 있었습니다.

문제는 노동조합법은 '설립신고를 하는 경우'에 관한 조항이고, 이미 '설립되어 활동 중인' 노동조합에 관하여는 아무런 조항도 두고 있지 않다는 것, 그런데도 하위 규범인 시행령이 상위규범인 노동조합법에도 존재하지 않는, 설립되어 활동하고 있는 노동조합에 적용될 수 있는가, 라는 것이었습니다.

이에 대하여 2020년 9월 3일 대법원은 시행령이 규정하는 '법외노조 처분' 조항은 상위규범인 노동조합법의 명시적이고 구체적인 위임도 없이 헌법이 보장하는 노동3권에 대한 본질적인 제한을 규정한 것으로서 법률유보원칙에 반하기 때문에 무효라고 선언했습니다.

사실 이 문제는 문재인 정권이 풀었어야 합니다. 2017년 대선 당시 문재인 후보는 민주당이 집권하면 즉시 전교조 법외노조 문제를 해결하겠다는 약속까지 했습니다. 그러나 정작 대통령이 되고 나자 전교조 법외노조 문제를 해결하기 위해서는 국회가 ILO 국제노동기구 핵심 협약 3개의 비준에 동의해 줘야 한다는 둥, 대법원의 판결을 지켜보겠다는 둥 엉뚱한 말을 하기 시작했습니다. 한 마디로 정권의 치졸함을 드러낸 것입니다.

저는 여러 차례 정부가 저질러 놓은 문제이니까 결자해지의 차원에서 정부가 해결하라, 정부가 노동조합법 시행령 관련 조항을 폐지하면 간단히 해결할 수 있는 문제다, 자꾸 대법원 핑계 대지 말라고 주장했습니다.

놀라운 것은 2020년 9월 3일 대법원이 노동조합법 시행령 관련 조항에 대해 법률유보원칙 위반을 이유로 무효 선언을 내리자, 교육부와 정권의 모습이 달라지기 시작했다는 것입니다.

교육부가 전교조와 공동으로 이 문제를 해결하는 모양새를 취하기 시작했고, 직권면직된 교사들이 7년 정도 전교조 내부에서 받은 생활비를 정산해야 한다는 말까지 나오기 시작했습니다. 이것은 전교조 법외노조 문제를 정권이 앞장서서 해결한다는 장면을 연출하기 위한 약삭빠른 술책이라고 할 수 있었습니다.

저는 2020년 9월 7일(월요일) 아침 정례 확대간부회의에서 다음과 같은 직무지시를 했습니다.

그 지시는, 전교조 상근자로 근무하다가 직권면직되었던 교사 3명에 대해 즉시 직권면직처분 취소처분을 내리고 인사발령을 한다, 예산과와 재무과는 위 교사 3명이 직권면직을 당한 기간에 받았어야 했을 임금을 즉시 지급한다, 후속 절차를 어떻게 할 것인지 교육부에 묻지도 말라는 것이었습니다.

그날 오후 저는 충남 태안군에 있는 천리포 수목원으로 가서 그곳에서 연수를 받고 있는 전북의 고등학생들을 만났습니다. 그 사이 저의 휴대폰에는 두 번 같은 번호가 찍혔습니다. 전교조 위원장께서 누른 번호였습니다. 저에게 전화를 건 이유가 뭔지 직감적으로 알 수 있었습니다. 그것은 전교조 상근자 직권면직을 당한 교사들의 원상회복의 문제를 교육부와 전교조가 서로 협력하여 풀어나간다는 것과 이미 조합에서 받은 생활비를 상계하는 문제를 검토하자는 것이었습니다. 저의 직감은 맞았습니다.

저는 일부러 전교조 위원장의 전화를 받지 않았습니다. 그렇게 해야

위원장께서 교육부에 저와 연락이 닿지 않는다는 구실을 댈 수 있고, 그 상태에서는 더 이상 어떤 진전도 이룰 수 없기 때문이었습니다.

다음 날 저는 오전부터 인터넷을 들락거렸습니다. 이 문제에 관해 전북교육청발 뉴스가 뜨기를 기다린 것입니다. 오후 2시 무렵 드디어 뉴스가 나왔습니다. 제가 전날 확대간부회의에서 지시한 사항을 그대로 이행하는 것이었습니다. 제가 지시하지 않은 것도 하나 있었습니다. 그것은 직권면직 기간에 받아야 했던 임금을 전액 즉시 지급하는 것뿐만 아니라 늦게 지급한 것에 대한 '지연손해금'도 포함한다는 것이었습니다.

이 뉴스를 확인한 후 비로소 저는 전교조 위원장께 전화를 걸었습니다.

나: 위원장님! 김승환입니다.

위원장: 예. 교육감님.

나: 어제 전화를 두 차례나 하셨던데 못 받았습니다. 죄송합니다.

위원장: 괜찮습니다. 바쁘시니까 그러신 것이지요.

나: 뭐 하실 말씀 있으신가요?

위원장: 아닙니다. 특별히 드릴 말씀 없고요. 전북교육청은 이미 원상회복 절차에 들어갔던데요.

나: 교육부에서 위원장님한테 요구 사항이 있었을 텐데요. 함께 협력해서 해결하자든지 …

위원장: 예. 그 문제로 장관님과도 통화를 했습니다. 직권면직된 조합원들이 조합에서 받은 생활비 이야기도 나왔고요.

나: 조합에서 받은 생활비는 철저히 조합 내부의 일입니다. 교육부가 그걸 언급할 필요가 없습니다.

위원장: 예. 그렇지요.

나: 또 하나 중요한 게 있는데요. 정기 국정감사에서 교육위원회가 직권면
직된 교사들이 받은 생활비 자료를 내라고 할 수도 있습니다. 그건 내지
마십시오.

위원장: 안 내도 되는 겁니까?

나: 낼 필요가 없습니다. 전교조는 국정감사 대상 기관이 아니기 때문입니다.

위원장: 예. 알겠습니다.

다음 날 저는 교육감실로 대변인(장학관), 예산팀장(사무관), 재무팀장(사
무관) 세 분을 오시도록 했습니다.

나: 어제 세 분이 함께 기자 브리핑하셨지요?

세 분: 예. 저희가 함께 기자 브리핑했습니다.

나: 직권면직되었던 교사들에게 미지급 임금뿐만 아니라 지연손해금도 지
급한다고 했던데, 맞지요?

세 분: 예. 맞습니다. 그렇게 말했습니다.

나: 내가 그 부분까지는 명시적으로 말하지 않았던 것 같은데요.

세 분: 저희 생각에 교육감님께서 하신다면 그렇게 하실 것이라고 보고 말
했던 것입니다.

나: (웃으며) 알았습니다. 잘하셨어요. 수고 많이 하셨어요. 돌아가 일하시
지요.

세 분: 네.

저는 혼잣말을 했습니다. '도대체 우리 직원들은 왜 저렇게 일을 잘하
는 거야?'

교육부가 구상했던 것, 즉 교육부와 전교조가 공동으로 이 문제를 풀어나가는 모양새를 취하고자 했던 기도企圖는 그것으로 무산霧散 되었습니다.

_____ 전교조 법외노조통보처분 사건의 대법원판결에 부쳐

2020년 9월 3일 대법원이 전교조 법외노조처분의 근거가 된 〈교원의 노동조합 설립 및 운영 등에 관한 법률 시행령〉 조항의 위법 여부에 대한 판결을 선고했습니다. 저는 이 판결문을 읽으면서 아래와 같은 의견을 페이스북에 썼습니다.

대법원은 오늘 전교조 위원장이 고용노동부장관을 상대로 제기한 '법외노조통보취소' 소송에서 원심판결을 파기하고, 사건을 서울고등법원에 환송하였습니다. 파기·환송판결을 선고한 것입니다.

103쪽에 이르는 방대한 분량의 판결문 중 핵심은 15쪽에 있습니다.

"피고는 이 사건 시행령 조항이 유효함을 전제로 이에 근거하여 이 사건 법외노조 통보를 하였다. 앞서 본 바와 같이 이 사건 시행령 조항은 헌법상 법률유보원칙에 위반되어 그 자체로 무효이다. 따라서 이 사건 시행령 조항에 기초한 이 사건 법외노조 통보는 그 법적 근거를 상실하여 위법하다고 보아야 한다.

그런데도 원심은 이 사건 시행령 조항을 유효하다고 보아 이 사건 법외노조 통보를 적법하다고 판단하였다. 이러한 원심 판단에는 법률유보원칙에 관한 법리를 오해하여 판결에 영향을 미친 잘못이 있다. 이 점을 지적하는 상고이유 주장은 이유 있다."

이해하기 쉽게 풀어서 말한다면, 입법자인 국회가 대통령에게 법외노조 처분의 근거가 되는 시행령 조항을 만들 수 있는 권한을 주지 않았음에도 불구하고, 대통령이 '법률과 헌법에 위반하여' 시행령 조항을 만들었고, 그에 근거하여 고용노동부장관이 전교조를 법외노조로 처리해 버렸다는 것입니다. 대법원의 오늘 판결로 전교조 법외노조 처분의 근거가 된 시행령 조항은 그 효력을 상실했습니다.

오늘의 판결은, 이 사건을 서울고등법원에 파기·환송하는 형식을 취하고 있지만, 시행령 조항을 위헌·무효라고 선언했다는 점에서, 원고인 전교조가 피고인 고용노동부장관을 상대로 승소 판결을 받았다는 것을 선언하고 있습니다.

오늘의 대법원판결은, 모든 국민이 코로나 우울증으로 시달리고 있는 때에, 우리에게 청신한 희망의 노래로 전달되고 있습니다.

박근혜 정부 시절 전교조는 법외노조라는 기상천외의 처분을 받고서 또다시 인고의 세월을 겪어야 했고, 지도부를 이끌던 많은 교원이 직권면직처분을 당했습니다. 이는 1989년에 전교조 결성운동에 관여한 1천5백여 교사들에 대한 파면·해직 등 중징계에 이어, 전교조에 가해진 또 하나의 국가폭력이었습니다.

전교조는 법외노조 통보 처분의 위법성을 주장하면서 법원에 소송을 제기하였고, 이를 알리기 위한 행동을 지속해 왔습니다. ILO(국제노동기구)도 전교조 법외노조 통보 처분의 위법성을 지적하면서, 한국 정부에 그것을 시정할 것과 비준을 유보하고 있는 ILO 핵심 협약을 조속히 비준할 것을 요구해 왔습니다.

현 문재인 정부는 대선 기간 전교조 법외노조 통보 처분의 문제점에 공감하면서 반드시 이를 해결하겠다는 약속을 했습니다. 하지만 문재인 정부가 들어선 이후에도 정부는 전교조 법외노조 통보 처분을 취소하기 위한 어떠한 노력도 기울이지 않았습니다.

전교조를 법외노조로 몰아낸 시행령 조항을 "그 자체로 무효"(null and void ipso jure; null and void by the law itself)라고 선언한 오늘의 대법원 판결은, 무책임한 정부를 준엄하게 힐난하는 판결로서의 의미도 갖습니다.

오늘 2020년 9월 3일은 대한민국의 헌법질서를 수호하는 기관이 어디인가를 명확하게 선언한 사법 여명의 날입니다. 우리나라 사법 역사상 기념비적인 판결을 선언한 대법원에 지역의 교육을 책임지고 있는 교육감으로서 경의를 표합니다.

동시에 정부는 오늘의 대법원판결을 계기로 헌법질서 수호 의식을 제대로 갖추기를 바랍니다. "헌법을 준수"하라는 헌법 제69조의 정신을 뼈저리게 새기는 계기로 삼으라는 뜻입니다.

---

* 판결문에서 정부가 이 사건 소송을 수행하기 위하여 선임한 변호인들의 숫자를 세어 보았습니다. 무려 10명입니다. 패소하지 않기 위하여 치열하게 방어한 흔적이 역력합니다.

* 참고 사항 : 헌법 제107조 제2항 "명령·규칙 또는 처분이 헌법이나 법률에 위반되는 여부가 재판의 전제가 된 경우에는 대법원은 이를 최종적으로 심사할 권한을 가진다."

교원평가와 법령준수의무

2010년 7월 1일 취임 즉시 저는 교원평가에 관한 규칙을 폐지하는 규칙을 입법예고했고, 그 조치는 즉시 정권과의 충돌로 이어졌습니다.

취임 직후 교육부는 장관과 교육감들의 간담회를 마련했습니다. 상견례 겸 현안에 관한 의견을 주고받는 자리였습니다. 그 자리에서 저는 장관께 이런 말을 했습니다.

교육부가 교사를 어떤 시각으로 바라보는가, 즉 교사관*教師觀*은 매우 중요하다. 두 개의 시각이 가능할 것이다. 하나는 교사를 관리와 통제의 대상으로 보는 것이고, 다른 하나는 교사를 보호와 지원의 대상으로 보는 것이다. 불행하게도 교육부는 교사를 관리와 통제의 대상으로 보고 있다. 교원평가를 통해서 교사의 수업의 질을 높이겠다고 하는데 그게 가능한 일이냐? 교사의 수업의 질을 높이기 위해서는 교사 스스로 자발적으로 움직이도록 여건을 마련해 줘야 한다. 교사 연수의 중요성이 여기에 있는 것이다. 평가의 주체로 동료 교원, 학생, 학부모를 설정하고 있는데, 자기 자녀의 수업을 담당하는 교사들이 수업을 어떻게 진행하고 있는지 알고 있는 학부모가 얼마나 있느냐? 교육감인 나도 내 아이를 가르치는 과목별 교사들의 수업 내용을 모른다. 교원평가는 현실을 무시한 제도, 구체적 타당성이 없는 제도이다. 국민이 원한다고 하는데, 교원평가에 대해 제대로 알고 있는 국민이 얼마나 되느냐? 자꾸 국민 핑계 대지 마라.

교원평가를 도입하기 위해서 교육부는 여러 해에 걸쳐서 노력해 왔습니다. 〈초·중등교육법〉을 개정하여 그 법률 속에 교원평가의 근거 규정을 두려고 했던 것입니다. 이것은 우리 헌법상의 법치국가원칙(국민의 자유와 권리를 제한하고자 할 때에는 필요한 경우에 한하여 '법률'로써 하되, 제한하는 경우에도 자유와 권리의 본질적인 내용을 침해할 수 없다는 원칙; 헌법 제37조 제2항)에 따라 반드시 '국회'가 제정하는 법률로 규정해야 하기 때문이었습니다.

하지만 국회 교육위원회(당시는 교육과학기술위원회)는 교육부의 뜻과는 달리, 〈초·중등교육법〉을 개정해 주지 않았습니다.

그러자 교육부와 정권은 우회로를 선택했습니다. 2011년 2월 25일 대통령령인 〈교원 등의 연수에 관한 규정〉에 "제4장 교원능력개발평가"를 신설한 것입니다.

그때부터 저에 대한 정권 차원의 압박이 강화되기 시작했습니다. 교육부의 간부가 저의 사무실로 들어와 "교육감님! 교원평가는 이제 법령상의 의무가 되었습니다. 이행하셔야 합니다."라는 말을 서슴없이 했습니다. 저는 그건 "법령상의 의무"가 아니다, 교원 등의 연수에 관한 규정은 법령이 아니다, 교육부가 그렇게 쉽게 할 수 있는 일이었는데 왜 몇 년 동안 국회 교육위원회에 초·중등교육법을 개정해 달라고 사정했느냐,라는 말로 교육부의 주장을 반박했습니다.

제가 먼저 해야 할 일은 교원평가 담당 부서인 교원인사과 실무진에게 안정감을 주는 것이었습니다. 과장과 두 분의 장학관께 이렇게 말했습니다.

나: 과장님과 두 분 장학관님이 심리적으로 많은 부담을 안고 계시지요?

실무진: 아닙니다. 교육감님! 저희는 괜찮습니다.

나: 그게 아니에요. 이 일로 실무진이 불이익을 입으면 안 되니까 최소한의 조치는 취해 놓읍시다.

실무진: 어떻게 할까요?

나: 일단 교원평가 자체는 받아들이되, 최소한의 범위에서만 하는 겁니다. 동료 교원과 학부모들께 평가에 참여하라고 강제하거나 독려하지 마세요. 평가 결과 연수 대상 교사가 나오는 경우, 연수받으라고 강제하지 마시고, 연수받을 것을 권고하세요. 이렇게 해 놓으면 실무진은 직무유기 죄로 공격당하지 않게 되거든요.

실무진: 네. 알겠습니다. 단위 학교에 그렇게 공문을 보내겠습니다.

교육부가 원하는 대로 교원평가를 받아들이지 않자 결국 장관은 저를 검찰에 고발했습니다. 검찰의 전화를 받고 출석 일자와 시간을 조율한 뒤 검찰로 들어갔습니다.

검사: 어쩔 수 없이 호칭을 교육감이 아니라 피의자로 하겠습니다.

나: 네. 그렇게 하십시오.

(검사는 이렇게 말해 놓고 조사 과정에서는 저를 교육감이라고 불렀습니다.)

검사: 이 조사는 영상 녹화로 하겠습니다. 괜찮으시겠지요?

나: 예. 그렇게 하십시오.

검사: 교육감님은 공무원이시잖아요?

나: 맞습니다. 공무원입니다.

검사: 공무원에게는 법령준수의무가 있고요. 그렇지요?

나: 예. 그렇습니다.

검사: 그런데 왜 법령을 준수하지 않으십니까?

나: 제가 왜 법령을 준수하지 않았습니까? 그런 일 없습니다.

검사: 교원 등의 연수에 관한 규정의 교원평가를 거부하시지 않았습니까.

나: 검사님! 교원 등의 연수에 관한 규정이 법령입니까?

검사: 아닙니까?

나: 아니지요.

검사: 왜 그게 법령이 아닙니까?

나: 검사님! 법령은 법률, 시행령(대통령령), 시행규칙(총리령, 부령)을 포괄하는 개념입니다. 제가 무슨 법률 제 몇 조 제 몇 항을 위반했습니까?

검사: 교원 등의 연수에 관한 규정을 위반하셨지 않습니까?

나: 검사님! 교원 등의 연수에 관한 규정은 법령이 아니라 대통령령입니다. 정확히 말씀하셔야지요. 왜 법령상의 의무를 이행하지 않았느냐고 묻지 마시고, 왜 대통령령상의 의무를 이행하지 않았느냐고 물으셔야지요.

검사: 그게 그거 아닙니까?

나: 법령과 대통령령은 개념상 명백히 다르지요.

검사: "……"

이 사건으로 검찰이 저를 기소하지는 않았습니다.

이명박, 박근혜 정권을 지나 문재인 정권에 들어서면서 저는 '교원평가 정도는 폐지하겠지'라고 기대했습니다. 하지만 문재인 정권 역시 국민 여론 눈치만 보면서 교원평가 제도를 거의 그대로 운용했습니다.

_____ 출신지

2010년 6월 2일에 지방선거가 있었고, 선거일 4개월 전인 2월 2일부터는 예비후보 등록을 할 수 있었습니다.

당시 전북에서는 교육감 선거 민주진보단일후보 추진위원회가 2009년 말부터 활동을 시작했고, 저를 포함하여 세 명의 교수들(전북대 2명, 우석대 1명)을 경선 후보로 지목하고 있었습니다. 저는 다른 두 분과 매우 친하게 지내던 사이였습니다.

저의 의사는 처음부터 명확했습니다.

나는 교육감 선거에 나가지 않는다, 교육감 자리에 관심도 없고 그 자리가 매력도 없다, 두 분 중 누가 후보가 되더라도 나는 그분을 지지하겠다, 선대본부장을 맡으라면 기꺼이 맡겠다, 나는 돈이 없다, 후원금으로 백만 원은 내겠다, 나는 절대로 아니니까 나에 대해서는 생각하지 말라, 라고 말했습니다.

추진위원회 관계자들은 난감한 표정을 지었지만, 저의 의사는 확고했습니다. 그러다가 예비후보 등록일을 한참 넘기고 3월로 접어들었습니다. 그 사이 저의 연구실에는 교수, 종교인, 작가 등 많은 분이 방문했습니다.

저는 자포자기 심정으로 일단 경선에는 참여하겠다고 했고, 경선 결과 추진위원회는 만장일치로 저를 추대했습니다. 다른 두 분도 흔쾌히 결과를 받아들였고, 모두 선대본부장의 자리를 맡으셨습니다.

3월 16일 전라북도선거관리위원회로 가서 예비후보 등록을 하고, 다

음 날 전북대학교 법학전문대학원 2기 〈헌법의 기초이론〉 시간에 마
지막 강의를 했습니다. 평소 친하게 지내던 공영방송의 기자 한 분이
"혹시 이것이 마지막 강의가 될지도 모르니 녹화를 해 두는 게 어떻겠습
니까? 필요한 것은 제가 알아서 하겠습니다."라는 말씀을 하셔서 그렇
게 하시라고 했습니다.

그날 오후부터 저는 전주의 선거대책본부(이하 "선대본")로 나가서 상황
을 점검하고 현장으로 나가 뛰기 시작했습니다. 며칠 후 선대본에서 관
계자들과 함께 회의를 했고, 책상 위에는 저의 예비후보 명함이 놓여있
었습니다.

"교수님! 이게 교수님 예비후보 명함입니다. 한 번 확인해 보시지요."
라는 말을 듣고 명함의 앞면을 훑은 다음 뒷면을 보았습니다. 그 순간
저의 눈에 강하게 들어오는 게 있었습니다. 그것은 "전북 익산 출생"이
었습니다. '이건 아닌데.'라는 생각이 들었습니다.

> 나: 내가 익산에서 출생한 것은 아닙니다. 전남 장흥에서 태어났어요. 비록
> 그곳에서 여섯 달 살다가 익산(당시에는 '이리')으로 이사 왔지만, 태어난
> 곳은 엄연히 장흥이에요. 익산은 출생지가 아니라 출신지이거든요. 그
> 러니까 익산 출생이 아니라 익산 출신이라고 써야 맞습니다. 그렇게 고
> 쳐 주세요.
>
> 관계자: 교수님! 출생이나 출신이나 그게 그거 아닙니까? 지금 선거에 워낙
> 늦게 나와서 인지도도 낮고 당선 가능성도 작습니다. 익산 출생이
> 라고 하면 익산 시민들의 표를 많이 얻을 수 있습니다. 그냥 이 명함
> 이대로 하시지요.

나: 출생이나 출신이 그게 그것인 게 아니에요. 개념상 엄연히 달라요. 선거에 지더라도 아닌 건 아닌 거예요. 나 이렇게는 선거 못 합니다.

관계자: 교수님! 부탁입니다. 그냥 익산 출생으로 하시게요.

(주위에 있는 다른 분들도 익산 출생으로 하자고 거들었습니다.)

나: 계속 이렇게 하시면 나, 선거 안 하겠습니다. 후보 사퇴할게요. 나는 이렇게는 선거 못 합니다.

결국, 선대본은 저의 의견대로 예비후보 명함에서 익산 출생을 익산 출신으로 바꿨고, 저는 그 명함을 들고 선거운동을 시작했습니다.

투표일이 6월 2일이었지만, 저의 당선은 새벽 4시 넘어서 확정되었고, 너무 피곤해서 결과를 못 본 채 인근 원룸으로 들어가 잠이 들었던 저는, 6시 넘어서 당선 사실을 알게 되었습니다.

선대본으로는 당선을 축하하는 전화가 계속 걸려 왔고, 그중에 당선인과 직접 통화하고 싶다는 전화를 받았습니다. 그분은 여성이었습니다.

시민: 교수님! 당선 축하드려요. 저 누구 부탁도 받지 않고 교수님의 당선을 위해서 뛰었어요.

나: 그러셨군요. 고맙습니다.

시민: 그런데요. 사실은 저보다는 연로하신 저희 아버지께서 정말 열심히 운동하셨거든요.

나: 그러세요? 고맙다는 저의 인사를 꼭 전해드리십시오.

시민: 그게 아니고요. 아버지께서 지금 옆에 계시거든요. 직접 인사 한번 해

주시면 좋겠어요.

나: 예. 그렇게 하지요. 여보세요?

아버지: 아, 교수님. 축하합니다. 내가 교수님을 위해서 운동 많이 했습니다. 당선되시니까 정말 좋습니다.

나: 정말 감사합니다. 기대에 어긋나지 않게 잘하겠습니다.

아버지: 예. 고맙습니다. 제 딸 바꿔드릴게요.

시민(딸): 교수님! 이제 됐어요. 일 열심히 하세요. 전화 끊을게요.

그 뒤로 그분과는 더 이상의 연결이 없었습니다. 전화번호도 알려 주지 않았습니다.

교육감 취임 후 얼마 되지 않아 기어이 터질 것이 터지고 말았습니다. 김승환 교육감이 익산 출신이 아닌데 익산 출신이라고 했다, 그건 공직선거법상 허위사실공표죄에 해당한다는 고발장이 검찰에 접수되었습니다.

저는 조사를 받기 위해 전주지검 조사실로 들어갔습니다. 영상 녹화로 조사가 진행되었습니다.

검사: 교육감님! 왜 익산 출신이 아닌데, 후보자 명함에 익산 출신이라고 쓰셨습니까?

나: 익산 출신 맞습니다.

검사: 익산에서 태어나지 않으셨잖아요?

나: 익산에서 태어났으면 익산 출생이라고 썼겠지요.

검사: 익산에서 태어났으면 익산 출생이라고 쓰셨을 거라고요?

나: 나는 익산 출생은 아니지만, 익산 출신입니다.

검사: 출생이나 출신이나 그게 그것 아닙니까?

나: 출생과 출신은 개념상 명백히 다르지요?

검사: 어떻게 다릅니까?

나: 출생은 생물학적으로 태어나는 순간에 있었던 지역을 말하지요. 출신은 일정한 지역에서 상당한 기간 거주하면서 사회적 지위를 유지하고 있었다는 것, 즉 사회학적 개념이지요.

이 문답만으로 검사와 저 사이에 무려 다섯 시간 넘게 실랑이가 이어졌습니다. 이윽고 검사의 입에서 말이 나왔습니다.

검사: 교육감님! 긴 시간 고생 많이 하셨습니다. 이것으로 조사를 마무리하겠습니다. 결론은 더 좀 생각해 봐야겠고요.

나: 예. 검사님도 수고 많이 하셨습니다.

계속 컴퓨터의 자판을 두드리면서 조서 정리를 하고 있던 검사가 갑자기 저에게로 시선을 돌리며 말했습니다.

검사: 교육감님! 교육감님이 익산 출신이라고 말하면서 익산에서 표를 많이 얻어 당선되신 것 아닙니까?

그 순간 저는 '아, 이것이 비장의 승부수였구나'라는 생각을 하면서 답변했습니다.

나: 검사님! 이 사안을 정반대의 시각에서도 보셔야 하지 않겠습니까?

검사: 정반대의 시각이라고요?

나: 내가 나는 익산 출신입니다,라고 말하는 순간, 전북 도내 다른 13개 시·
군의 주민들에게는 나는 이 지역 출신이 아닙니다,라고 말한 것 아니겠
습니까?

검사: 아! 알겠습니다. 여기에서 마치겠습니다.

검찰은 그 뒤로도 수사를 이어갔습니다. 제가 태어난 전남 장흥으로 수사관을 보내 마을 주민들을 대상으로 탐문 수사를 했습니다. 온라인 공간에서 혹시라도 '익산 출생'이라고 쓴 자료가 있는지 정밀하게 조사를 했습니다.

심지어 며칠 다녀오겠다며 서울에 사는 큰 누님 집으로 가서 쉬고 계시던 저의 어머니를 조사하겠다며 두 명의 수사관을 보냈습니다.

영문도 모르는 저의 어머니께서는 혹시라도 아들이 잘못될까 봐 벌벌 떨고 계셨다고 합니다. 아들을 전남 장흥에서 출산한 것이 맞느냐, 그곳에서 여섯 달 산 것이 맞느냐, 그곳에서 바로 익산으로 이사 온 것이 맞느냐… 집중적으로 물었다고 합니다.

그나마 다행이었던 것은 며칠 육아휴가를 낸 외손녀가 친정엄마의 집에 왔다가 그 상황을 목도하게 되면서 할머니를 안정시켜 드린 것입니다.

외손녀는 수사관들에게 자신이 변호사라는 것을 밝히고 할머니 조사에 입회하겠다고 말했다고 합니다. 할머니에게는 "할머니! 내가 있으니까 걱정하지 마."라고 안심을 시켜드렸습니다.

이 사건 수사는 매우 오래 끌었고, 최종적으로는 "혐의 없음" 처분을 받았습니다. 교육감 12년 동안 당한 17차례의 검찰 고소·고발은 이렇게 이어졌습니다.

＿＿ 죽더라도 나 혼자 죽어야

2012년은 연초부터 학교폭력 가해학생에 대해 엄중하게 제재를 가하라는 정부의 대책으로 시끄러웠습니다. 정부는 교육부장관(당시는 교육과학기술부장관)의 훈령으로 정부의 방침을 밀어붙였습니다.

국민의 자유와 권리를 제한할 때는 국회가 제정한 법률에 의하거나 법률에 근거해야 한다는 헌법상의 법치국가원칙(헌법 제37조 제2항)도 정권의 서슬 앞에 무력했습니다.

"소년보호사건과 관계있는 기관은 그 사건 내용에 관하여 재판, 수사 또는 군사상 필요한 경우 외의 어떠한 조회 요구에도 응하여서는 아니 된다."라는 〈소년법〉 제70조 제1항(조회 응답)의 규정도 아무런 의미가 없었습니다.

학교폭력사건보다 죄질이 더 안 좋은 소년보호사건에서도 범법행위를 한 소년의 개인정보를 이렇게 엄격하고 보호하고 있는 것입니다.

장관의 훈령은 학교폭력 가해학생의 경우 징계처분에 그치지 말고, 그 사실을 학생부에 기재해서 가해학생의 대학입학전형자료 또는 취업전형자료로 내라는 것이었습니다.

저는 형사범죄에 해당하는 학교폭력사실은 기재하되 수기手記로 하여 별도로 보관하겠다, 학교폭력이 발생하면 최우선으로 피해학생 보호를 위한 조치를 해야 한다, 가해학생이 한 번 징계처분을 받았으면 진실로 뉘우치고 피해학생에게 용서를 구하며 서로 화해할 수 있는 여건을 만들어 줘야 한다, 그렇지 않으면 학교와 수사기관 그리고 재판기관이 다를 게 뭐가 있느냐, 장관의 훈령은 자라나는 아이들의 가슴에 주홍글씨를 새겨 영원히 그 앞길을 막으라는 것이다, 국가가 아이들에게 그렇게 해서는 안 된다,라는 이유를 들어 학생부에 학교폭력사실을 기재하지 않겠다고 했고, 저의 관할 하에 있는 도내 고등학교에 그러한 뜻을 담아 공문을 보냈습니다.

2012년 8월과 9월에 걸쳐 세 차례 교육부의 특정감사가 진행될 때, 저는 해당 고등학교 교장선생님들에게 감사에는 응하되, 학교폭력 관련 자료는 제출하지 마시라는 공문을 보냈습니다. 이 공문을 받은 도내 54개 고등학교 교장선생님들 중 51개 고등학교의 교장선생님들이 감사는 받으면서도 학교폭력 자료는 제출하지 않으셨습니다.

교육부는 해당 고등학교의 교장선생님들을 상대로 만약 자료제출을 거부하면 검찰에 고발하겠다, 중징계처분을 하겠다, 교장 중임을 시켜주지 않겠다고 압박을 가했지만, 별다른 효과가 없었습니다. 교육부는 직권남용·권리행사방해 혐의로 저를 검찰에 고발했고, 검찰은 사건을 경찰로 이첩했습니다.

이 사건으로 저는 전북경찰청에 출석하여 조사받았지만, 그 뒤로 4년 동안 사건 처리 결과에 대한 아무런 소식도 없었습니다. 그 사이에 어린이집 누리과정 예산 파동과 역사교과서 국정화 문제로 저는 정권과 심하게 충돌하고 있었습니다.

2016년 전주지검에서 저에게 출석해 달라는 요구가 왔습니다. 저는 검찰과 조율한 일시에 검찰 조사실로 들어갔습니다. 4년 동안 사건을 가지고 있다가 불렀다는 것은, 기소하겠다는 결심이 섰다고 봐야 한다는 생각이 들어 저는 이렇게 말했습니다.

나: 검사님!
검사: 예. 교육감님!
나: 이것저것 묻지 마시고 그냥 계획대로 하시지요.
검사: 계획이라고요? 무슨 계획입니까?
나: 무슨 계획은요. 기소 계획이지요. 그냥 기소하십시오. 재판받겠습니다.
검사: 저희 그런 계획 없는데요.
나: 그러지 마시고 기소하십시오.
검사: "……"

검찰은 저를 기소했고, 저는 재판을 받게 되었습니다.
변호인 중 한 분이 저에게 말씀하셨습니다.

변호인: 교육감님! 아마도 교장선생님들이 증인으로 법정에 나오셔야 할 겁니다. 이 사건은 벌써 세월이 많이 흘러서 기억도 제대로 못 하실 수 있습니다.
나: 그래서요?
변호인: 그래서 말씀인데요. 지금 이대로 법정에 나가면 교장선생님들이 증

구난방으로 증언하실 수가 있거든요. 한 번 한자리에 모이시도록 해
서 사건의 개요 정도는 설명해 주시는 게 어떨까요?

나: 변호사님! 그거 위험할 수도 있어요. 죽더라도 나 혼자 죽어야 해요. 교
장선생님들이 그냥 생각나는 대로 자유롭게 증언하시도록 합시다.

변호사: 그래도……?

나: 괜찮아요. 내 의견대로 합시다.

변호사: 알겠습니다.

1심 재판에서는 비교적 어렵지 않게 무죄판결을 선고받았습니다. 그
러나 2심 재판은 분위기가 확 달랐습니다. 우선 법정에 증인으로 나와
야 하는 교장선생님들의 숫자가 대폭 늘어났습니다. 재판장의 증인심문
태도도 달랐습니다. 저는 '이거 심상치 않구나'라는 예감이 들었습니다.

증인으로 나온 어느 시市 단위 사립학교의 교장선생님은 상당히 강
한 어조로 교육감에게서 압박을 심하게 받았다고 진술했습니다. 다른
대부분의 교장선생님들은 교육감의 지시대로 했다고 진술하거나, 교
육감의 지시이기도 했지만 교육자로서의 양심에 따랐다고 진술하기도
했습니다.

이런 진술이 여러 차례 나오자, 재판장이 큰 소리로 뭐가 교육자로서
의 양심입니까, 공무원이 법을 지켜야지요, 왜 이렇게 증인들의 진술이
한결같지? 하더니 갑자기 "증인! 휴대폰 번호 말씀하세요."라고 명령했
습니다. 해당 교장은 자신의 휴대폰 번호를 또박또박 부르셨고, 법원 공
무원은 그 번호를 입력했습니다.

저는 바로 알아차렸습니다.

피고인인 교육감과 증인인 교장선생님들 사이에 진술과 관련하여 조율이 있었는지 확인하기 위한 것이다, 조금이라도 혐의점이 보이면 나는 위증교사죄로 엮이고, 이 죄에 걸리면 나는 교육감직에서 그대로 아웃 되는 것이다, 교장선생님들을 사전에 따로 안 만난 것은 정말 잘한 것이다,라고 생각했습니다.

2심 재판부는 저에게 벌금 7백만 원을 선고했습니다. 선고가 끝나고 법정 밖으로 나오자 기다리고 있던 기자들께서 저의 심경을 묻길래 저는 "비록 유죄를 선고받았지만, 아이들을 지키려는 과정에서 국가로부터 받은 훈장이라고 생각하고자 합니다."라고 말했습니다.

교육부는 저 한 사람만을 고발한 것이 아니었습니다. 해당 교장선생님들을 직무유기 혐의로 고발했습니다. 그 직후 전북대 법대와 전북대 로스쿨을 졸업한 후 변호사 활동을 하고 있는 제자가 저의 사무실로 들어왔습니다.

제자: 교수님! 교장선생님들도 경찰에 가서 조사받아야 하지요?
나: 응. 모두 가서야 할 거야.
제자: 교장선생님들은 저희 제자들이 몇 분씩 분담해서 모시고 가겠습니다.
나: 그렇게 할 수 있겠어?
제자: 예. 이미 제자들이 의견을 모으고 있습니다. 저희가 하는 대로 맡겨 주십시오.
나: 그래. 알았어. 그렇게 알고 있을게. 고마워.

그렇게 해서 전북대 법대 또는 전북대 로스쿨을 졸업하고 변호사 일을 하고 있는 제자 15명이 각자 분담하여 교장선생님들을 모시고 경찰청으로 들어갔고, 교장선생님들은 모두 무혐의 처분을 받으셨습니다.

그중 몇 분의 교장선생님과 교육장님들은, 그 일로 아직까지 정년 때 받아야 하는 훈장을 못 받으셨고, 저는 여전히 그에 대한 심리적 부채감에서 벗어나지 못하고 있습니다.

_____ 성적 자기결정권 性的 自己決定權

30대 때부터 지금까지 매우 우호적으로 다정하게 지내고 있는 변호사 한 분이 있습니다. 20여 년 전 어느 날에는 교도소에서 자살한 수형자의 시신을 망인의 딸과 함께 확인하러 가자고 해서 전주예수병원 영안실에 갔고, 부검 입회를 하기 위해서 전북대병원 부검실로 함께 들어가기도 했습니다.

서로 쓴 글을 읽어 주기도 하고, 때로는 흑산도에서 매우 좋은 홍어가 왔다며 퇴근 후 집으로 와 달라는 전화를 받고 집으로 가서 함께 음식을 먹기도 하며 지냈습니다. 밖에서 함께 밥을 먹은 것은 그 숫자를 헤아릴 수 없을 정도로 많았습니다.

20년 전쯤 어느 날 전화가 와서 함께 점심밥을 먹게 되었습니다. 전주시 중화산동에 있는 일식집이었습니다. 그 자리에는 전주지검의 검사 한 분도 합석했습니다. 서로 처음 보는 얼굴이라서 정식으로 인사를 나누었습니다.

생선회가 나왔고, 밥이 나오기 전에 술이 나왔습니다. 맥주와 소주를 타서 마시는 '소맥'이었습니다. 변호사와 검사 두 분은 비교적 빠른 속도로 잔을 비웠습니다. '낮에 저렇게 빨리 많이 마셔도 되나?' 걱정됐지만, 아무 일 없다는 듯이 주거니 받거니 하면서 마셨습니다.

그러다가 검사께서 이야기 하나를 꺼냈습니다.

어느 초등학교에서 일어난 일이었습니다. 교사가 여자아이를 상대로 성폭행(정확하게는 '강간')을 한 사건이었습니다. 사실관계를 매우 구체적으로 설명해 줬습니다. 장소는 교실이었고, 다른 아이들은 모두 집으로 가고 선생님과 함께 청소해야 한다는 구실을 만들어 그 아이 한 명만 남도록 했다고 합니다. 그 순간부터 교사는 어린아이를 상대로 파렴치한 짓을 저지른 것입니다. 그 말을 하는 검사의 얼굴에는 분노감이 가득했습니다.

"교수님! 세상에 그런 일이 있을 수 있는 겁니까?"라며 제 생각을 물어봤습니다. "그래서 그 사건은 어떻게 처리하셨습니까?"라고 묻자 한숨을 깊이 쉬며 나머지 부분을 설명해 나갔습니다.

"잘 아시지 않습니까. 현행법상 강간죄는 친고죄이고요. 아이의 엄마가 사정사정했습니다. 절대로 사건화하지 말아 달라고, 아이의 인생을 망친다고 하면서요. 저로서는 더 이상 어찌할 방법이 없었지요."

〈성폭력범죄의 처벌 등에 관한 특례법〉이 제정된 것은 2010년 4월 15일입니다. 위에서 말한 사건이 발생한 당시 이런 특례법이 있었다면, 그 교사는 매우 중한 형사처벌을 받았을 것입니다.

2010년 7월 1일 전북교육감이 된 저는 즉시 지시했습니다. 아이들을 상대로 가해지는 성범죄의 경우 발생 즉시 절차를 따라 보고하시라, 절대로 사건을 은폐하거나 축소하거나 왜곡하지 마시라, 이 지시대로 사건을 처리하는 경우 교장선생님이나 교감선생님에게 원칙적으로 연대책임을 묻지 않겠다,라는 지시를 엄중하게 했습니다.

그때부터 헌법이 보장하고 있는 아이들의 성적 자기결정권을 지키는 조치를 차근차근 취하기 시작했습니다. 성인지교육을 강화했습니다. 그 후로 발생하는 여러 사건에서 가해자들은 '그것이 문제가 되는 줄을 몰랐다'라는 스테레오테이프를 트는 듯한 진술을 했지만, 그것으로 범죄에 대한 책임에서 벗어날 수는 없었습니다. 이런 사건이 발생하는 경우 징계처분에 그치지 않고 원칙적으로 수사기관에 고발하도록 했습니다.

_____ 이명박 대통령의 독도 방문과 교육감

2012년 8월 이명박 당시 대통령은 독도를 방문하였습니다. 이것은 우리나라 전·현직 대통령으로서는 처음 있는 일이었습니다. 정권의 나팔수들은 대대적으로 보도하기 시작했습니다.

이 순간까지 이명박 대통령이 독도를 방문할 것으로 예측한 전문가들은 거의 없었습니다. 독도 방문의 필요성이 없었기 때문입니다. 그 이유는, 어차피 독도는 대한민국이 실효적實效的 지배支配를 하고 있고, 일본이 국제사법재판소 ICJ; International Court of Justice에 제소하더라도 우리나라가 동의하지 않는 한 재판이 성립하지 않기 때문입니다.

이명박 대통령은 대일對日 관계에서도 특별한 철학이 없었기 때문에, 그의 독도 방문은 이해하기 어려운 뜬금없는 일이었습니다.

한 가지 고려해 볼 수 있는 것은 그때가 정권 말기였고, 정치적으로 대통령의 친형 이상득과 대통령의 최측근 중 한 명으로 꼽히는 최시중 방송통신위원회 위원장이 구속된 것이었습니다.

이명박 대통령의 독도 방문은 일본 극우 세력에게 날개를 달아주었습니다. 일본에서 혐한嫌恨 분위기가 고조되기 시작했고, 한류 열풍도 된서리를 맞았습니다.

그즈음 전국시도교육감협의회 정기총회가 열렸습니다. 그 자리에서 나온 안건 중 하나가 "대통령께서 독도에 가셨는데 우리 교육감들도 모두 독도를 방문해야 하지 않겠느냐?"는 것이었습니다. '이거 토론을 길게 끌면 안 되겠다'는 판단하에 제가 먼저 입을 열었습니다.

나는 왜 이 시기에 이명박 대통령이 독도를 방문해서 평지풍파를 일으키는지 모르겠다. 대통령이 독도를 방문하면 우리 교육감들도 독도를 가야 하는 것이냐? 그렇게 해서는 안 된다고 생각한다. 나는 안 간다. 다른 교육감 님들은 가시더라도 전국시도교육감협의회의 이름으로는 가시지 말라.

결국, 교육감들의 독도 방문은 그것으로 무산되었습니다.

_____ 누리과정 김승환 희망버스

어린이집 누리과정 예산 파동을 거치면서 저의 위치는 사고무친四顧無親이었습니다. 서울의 극우보수 언론은 물론이고 지역의 언론도 철저하게 공격적인 보도를 했습니다. 도의회에 출석하면 의원들의 추궁과 압박이 빗발쳤습니다. 도내 지역구 출신 국회의원들께서 함께 도교육청으로 와서 누리과정 예산을 편성하라고 압박을 가하기도 했습니다.

그러던 어느 날 '김승환 희망 버스'가 전주로 온다는 소식이 들렸습니다. 서울, 경기 등에서 활동하는 학부모와 시민단체 활동가들께서 중심이 되어 전북교육감을 응원하러 온 것입니다.

그분들은 먼저 도의회로 갔습니다. 그곳에서 교육위원장과 도의장 면담을 했고, 면담이 끝나고 도교육청 손님맞이방으로 오셨습니다. 희망 버스에 함께하신 분들께서 돌아가면서 짧게 말씀하신 다음, 그중 대표 격인 분께서 정리해서 말씀하셨습니다.

나: 저를 위해서 이렇게 먼 길을 와 주셔서 고맙습니다.

대표: 저희가 김승환 교육감님을 위해서 온 게 아니에요. 우리 아이들을 위해서 바로잡을 건 바로잡아야 한다는 생각으로 온 거예요.

나: 그러시군요. 어쨌든 고맙습니다.

대표: 교육감님! 오늘 저희는 정말 깜짝 놀랐어요. 충격을 받았어요. 우리는 김승환 교육감님이 전북에서는 진보단체와 민주당의 도움을 받고 계신다고 생각했어요. 그런데 와서 보니 전혀 그게 아니었어요. 모두가 교육감님의 적이었어요. 도의회로 가서 교육위원장과 도의장을 만나

려고 하는데 누가 방해했는지 아세요? 이 지역 진보단체 대표들이었어요. 더욱 충격을 받은 것은 교육위원장과 도의장 면담을 마치고 1층 기자들 앞에서 기념촬영을 할 때 우리의 면담을 막은 진보단체 대표들이 재빨리 가운데로 와서 서더라고요. 교육감님! 이런 상황을 어떻게 견디셨어요?

나: 여러 가지 상황을 다 보셨군요. 미안합니다. 보신 그대로입니다. 끝까지 함께하시겠다던 교육감님들도 다 빠져나가고 혼자 남았습니다. 만일 내가 이 길을 가다가 중간에 누군가가 또는 어떤 세력이 내 생각을 알아준다면 그건 고마운 일이겠지요. 하지만 그걸 기대했다면 나는 이 길을 갈 수 없었을 거예요. 나의 각오는 확실합니다. 끝까지 혼자서 이 길을 가다가 마지막 순간에 홀로 깨끗이 산화하는 것입니다.

2017년 12월 11일 저는 박근혜 정권 차원의 사찰 행위에 대한 참고인 조사를 받기 위해 서울중앙지검에 출석했습니다. 그 자리에서 수사검사가 저에게 메모해 놓은 사찰 기록을 보여줬습니다. 사찰 기록 중 하나가 지방의원을 동원하여 김승환 교육감을 공격하라는 것이었습니다.

___ 저 사람이 여기에 왜…?

대학에 있다가 갑자기 선거판에 뛰어들었고, 아무것도 모르는 상황에서 선거 캠프에서 만나라고 하는 사람들은 거의 다 만났습니다. 그중 어떤 사람이 자신이 이끄는 교육 관련 모임에 한 번 나와달라는 연락을 했던가 봅니다.

그분들이 모인 곳은 식당이었고, 부부 열다섯 쌍 정도가 앉아 있었습니다. 회장이라는 아무개 씨가 "회원 여러분! 오늘 이 자리에는 김승환 후보가 여러분을 뵙고 싶다고 오셨습니다. 자~ 환영의 박수 크게 한 번 쳐 주시고요(짝짝짝~~~). 그럼 지금부터 회원 여러분께서 김승환 후보에게 궁금한 것 있으면 물어보시지요."라고 말했습니다.

질문 듣고 답변하고, 답변하고 질문 듣기를 이어가다가 한 시간 정도 지나서 마무리되었습니다. 그곳에서 나와 얼마 있다가 돌아온 말은 회원들이 저를 지지하기로 했다는 것이었습니다.

교육감에 취임한 이후에도 그 회장은 도교육청에 자주 들어왔습니다. 사전에 면담 약속을 잡는 것도 아니고, 무조건 비서실로 들어와 교육감이 있는지를 묻고 들어오는 식이었습니다.

교육감실로 들어오면 아~ 우리 김승환 교육감님! 얼굴 좋으시네, 소신껏 일하시는 모습이 좋아요, 그래야지, 청렴하다고 소문이 자자하게 났어, 내가 기분이 좋아요,라는 식으로 허세를 부렸습니다.

저는 처음에는 저보다 나이가 더 많나 보다 생각했는데, 알고 보니 나이도 저보다 여러 해 더 어렸습니다. 이상한 것은 아무리 만나고 또 만나도 저의 마음속에는 늘 뭔가 께름칙한 것이 남아 있다는 것이었습니다.

어느 날 그 회장이 병원에 입원했다는 소식이 들어왔습니다. 자신이 입원했다고 비서실에 알린 것입니다. 병원이 어디인지 확인해 보니 도교육청에서 가까웠습니다. 병실 앞에서 노크를 하고 들어갔습니다.

나: 회장님! 어디가 그렇게 많이 아프셔서 입원하셨습니까?

회장: (침대에서 잽싸게 내려오더니 나의 손을 꽉 잡으면서) 아이고오~ 우리 김승환 교육감님이 나 입원한 걸 어뜨케 알고 오셨디야아?

나: 다 알고 왔지요. 심하지는 않으세요.

회장: 그럼, 그럼. 심허지는 않아요. 근디 어떻게 헌디야? 바쁜 양반 이렇게 오시게 해서.

바로 그때 노크도 없이 병실 문이 빠른 속도로 열렸습니다. 중년의 남자가 얼굴에 아무런 표정도 없이 들어왔고, 그 사람의 시선은 저의 손으로 향했습니다. 그 시선이 마치 레이저 빛처럼 빠르다는 느낌을 받았습니다. 그 사람은 회장에게나 저에게나 아무런 말도 없이 잠깐 서 있더니 다시 나갔습니다. 제가 회장에게 물어봤습니다.

나: 회장님! 방금 들어왔다 나간 저 사람이 누구입니까?

회장: 그러니까 저 사람이 여기에 왜 왔디야? 여기 옆에 ○○경찰서 정보과 형사인디.

나: 정보과 형사가 왜 여기에 갑자기 들어와요?

회장: 그렇게. 나도 잘 모르겠네에. 왜 들어왔을까?

저는 그 자리에서 상황 정리가 되었습니다. 그 형사가 다른 부분도 아니고 저의 손에 주목한 것은 제가 환자인 회장에게 돈 봉투를 건네고 있는지를 확인하기 위한 것이었습니다. 그 형사는 제가 그 시간 무렵 문병을 위해 그 병실에 들어간다는 것을 알고 있었던 것입니다.

공직선거법상 선출직 공직자는 제3자에게 기부행위를 할 수 없습니다. 축의금, 조위금, 각종 위로금, 격려금, 주례, 혼인예식 축사 등을 못하게 되어 있습니다.

사람들이 오해하는 경우가 있습니다. 그건 공직선거법 위반 사범에 대한 공소시효 기간 '6개월'을 잘못 이해하는 것입니다.

선거 기간의 공직선거법 위반 사범의 공소시효는 선거일부터 6개월이 지나면 완성됩니다. 중요한 것은 여기에서 끝나지 않는다는 것입니다. 공직 수행 중에도 공직선거법은 계속 적용됩니다. 다만, 공소시효는 '그 행위가 있은 시점'부터 6개월입니다. 예식장에 가서 축의금을 주는 경우, 그날부터 6개월의 공소시효가 진행되는 것입니다. 실제로 이것을 정확히 이해하지 못해 유죄판결을 받고 공직을 상실하는 선출직 공직자들이 있습니다.

다시 앞으로 돌아가, 제가 만약 병실에서 그 회장에게 봉투를 건네고 있는 순간에 그 형사가 들어왔다면 저는 체포영장 없이 체포됩니다. 현행범에게는 체포영장이 필요하지 않기 때문입니다.

저는 12년 동안 지독하리만치 그 어떤 기부행위도 하지 않았습니다. 다른 선출직 공직자들, 특히 '선수들'이 실제로 어떻게 하는지는 제가 알 필요도 없는 것이었습니다.

_____ 자리에 연연하지 않습니다

교육감 1기 초부터 저를 노리는 고소·고발이 계속 이어졌습니다. 그 중에는 묻지마 고발도 있고, 고발 사주로 의심되는 고발도 있었습니다.

묻지마 고발이라고 쉽게 말할 수 있지만, 그것을 통해서 '그들'이 노리는 최소한의 소득이 있습니다. 그건 정신적 스트레스를 주는 것, (변호사 수임료 등) 경제적 부담을 주는 것, 해당 기관의 공직자들에게 '너희들 기관장 언제 그 직을 상실할지 몰라, 말 듣지 마'라는 식으로 기관의 분위기를 흔드는 것입니다. 때에 따라서는 재판 단계에서 자신들이 기대하지 않았던 결과가 나오면서 횡재라도 한 듯 즐기기도 합니다.

교육감 12년 세월 동안 고소·고발 17건은 해도 해도 너무한 것이었습니다. 그 와중에도 저에게는 매우 특별한 복이 있었습니다. 그것은 변호인 복이었습니다. 그분들은 저의 변호를 위해 서로 의견을 주고받으며 변호인단을 꾸렸습니다. 경찰, 검찰, 법원에 갈 때마다 늘 동행하며 저를 변호해 주셨습니다.

제가 "변호사님들! 어려움을 드려 죄송합니다."라고 말씀드리면 "교육감님! 그렇게 생각하지 마십시오. 저희도 학부모입니다."라고 말씀하셨습니다. 아마도 다른 지역에서는 상상할 수도 없는 일이었습니다.

감사원이 '4급 근무평정 조작 지시'라는 이름을 붙여 검찰에 고발한 사건이 있었습니다. 이 사건과 관련해서는 어느 국회의원께서 (다른 여러 국회의원도 함께 있는 자리에서) "교육감님! 제가 이 사건에 대해서는 감사원 국정감사를 하면서 만약 이 사건이 법원에서 무죄판결로 나오면 어떻게 할 것이냐? 라고 따졌습니다."라는 말을 하기도 했습니다.

이 사건은 1심에서 어렵지 않게 무죄판결을 받았습니다. 문제는 항소심 재판이었습니다. 형사재판의 경우 피고인은 피고인대로 변호인은 변호인대로 재판정의 분위기를 읽어 냅니다. 결과가 잘 나올 것 같다든지 결과가 잘 안 나올 것 같다든지 하는 분위기를 말합니다.

항소심 재판받으러 법원 재판정에 갔고, 다음 공판기일을 고지받으면서 자리에서 일어서는 순간 변호인께서 제게 말씀하셨습니다.

> 변호인: 교육감님! 이 사건은 아무래도 안 되겠습니다. 서울의 큰 로펌에 사건을 의뢰하시는 게 좋겠습니다.
> 나: 변호사님! 무슨 말씀이신지 알겠습니다. 저는 변호사님을 신뢰합니다. 계속 맡아 주십시오. 저는 자리에 연연하지 않습니다.
> 변호인: (잠시 저의 눈을 보더니) 교육감님! 알겠습니다. 최선을 다해보겠습니다.

항소심 재판에서는 변호인께서 감을 잡은 대로 벌금형이 선고되었습니다. 변호인의 표정이 어두워졌고, 저의 마음도 무거워졌습니다. 제가 변호인의 손을 잡으면서 "변호사님! 수고 많이 하셨습니다. 고맙습니다."라며 정중하게 인사를 했습니다.

저는 전북대 법대와 법학전문대학원에서 학생들에게 헌법 강의를 할 때 우리나라의 법조 카르텔에 대해 많은 말을 했습니다. 법조 카르텔이 어떻게 이루어지고 작동하는지, 전관예우는 어떻게 행해지는지 등에 대해서 말했습니다.

교수 시절 학생들에게 그렇게 말했던 제가 교육감의 자리를 지키겠다고 대형 로펌이나 전관을 이용할 수는 없는 일이었습니다. 그럴 바엔 '차라리 자리를 놓자'라는 생각을 했던 것입니다.

** 공직선거법과 정치자금법 위반의 경우 1백만 원 이상의 벌금형을 선고받으면 그 '직'을 상실합니다. 그 밖의 형사범죄(직권남용·권리행사방해죄 등)의 경우에는 금고 이상의 형을 선고받아야 그 직을 상실합니다.

_____ 식재료 납품

저는 인생의 큰 낙을 두 가지로 생각하고 있습니다. 하나는 좋은 음식을 먹는 것이고, 다른 하나는 좋은 사람을 만나는 것입니다.

'식食'과 '약藥'은 그 어원語源을 같이한다고 합니다. 좋은 음식을 먹으면 그것은 좋은 약, 즉 보약을 먹는 것과 같다는 의미일 것입니다.

성장기의 아이들에게 먹는 것의 중요성은 아무리 강조해도 지나침이 없습니다. 아이들은 좋은 음식을 먹어야 하고, 조금이라도 해로운 음식은 먹지 않도록 해야 합니다. 교육감 일을 시작하자마자 도내 모든 학교의 자판기에 탄산음료를 두지 말라고 지시한 이유도 거기에 있었습니다.

급식비는 학생 1인당 얼마 하는 식으로 계산해서 학교로 갑니다. 저는 이것도 문제가 있다고 생각했습니다. 도서벽지에 있는 학교의 경우 상당한 금액의 운반비가 들어가고 이 비용은 급식비 총액에서 공제할 수밖에 없다는 것을 알게 되었습니다. 이 문제점을 해결하기 위해 급식팀에게 도서벽지 급식비 예산을 세울 때는 운반비를 고려하라고 했습니다.

정작 중요한 문제가 하나 있었습니다. 그것은 불량 식재료를 납품하는 사업자 문제였습니다. 저의 귀에는 '소고기 찌질이'라는 용어도 들어왔습니다. 소고기 중 시간이 오래 지나거나 잘 먹지 않는 부위를 섞고 갈아서 아무런 문제가 없는 소고기인 것처럼 납품하는 경우도 있다는 것이었습니다. 이 부분에 대한 감시도 철저히 할 것을 지시했습니다.

불량 식재료를 납품했다가 적발되는 때에는 단 1회만 적발되어도 영구적으로 식재료 납품 입찰에 참여할 수 없도록 조치했습니다. 우리나라에서는 이런 경우 남편으로 되어 있던 사업자 명의를 아내의 이름으로 바꾸거나 자녀 또는 제3자의 이름으로 바꾼 다음, 마치 새로운 식재료 납품사업자인 것처럼 위장해서 들어올 수가 있습니다. 저는 이 경우, 관련 공무원들은 '법적으로 하자 없음'으로 간주하고, 그대로 받아주는 경우가 비일비재할 것이라는 판단을 했습니다.

이 틈을 없애기 위해 또 하나의 지시를 했습니다. 퇴출된 식재료와 같은 종류의 식재료 납품사업자에 신규 사업자가 들어왔을 경우, 실무진이 반드시 현장으로 가서 확인하도록 했습니다. 만약 이미 퇴출된 식재료 사업자가 생산 활동을 했던 곳과 동일한 장소에서 사업을 할 때는 퇴출된 사업자와 동일 사업자로 보고 입찰 참가를 차단하라고 했습니다.

2011년 3월 11일 동일본에 대지진이 나고 거대한 쓰나미津波가 일어나면서 후쿠시마에서 수소 폭발과 방사능 유출 사고가 발생했습니다.

주요 국가들은 일본산 어류는 물론 농·축산물의 수입을 규제하는 조치를 취하고, 자국민들에게 일본 여행을 자제해 줄 것을 권고하고 있었습니다. 이와는 달리 우리나라 정부는 별다른 조치를 취하지 않고 있었습니다. 저는 즉시 (동일본뿐만 아니라) 모든 일본산 식재료(어류, 농·축산물)가 전북의 학교 식재료로 사용되는 것을 금지하겠다고 밝혔습니다. 이런 식재료들에 대한 방사능 검사가 전북의 차원에서 기술적으로 가능한 것인지 확인하는 일을 먼저 마친 후 내린 조치였습니다.

아이들은 좋은 식재료로 만든 음식을 잘 먹어야 합니다. 그래야 아이들은 잘 뛰어놀 수 있고, 잠도 잘 잘 수 있으며, 공부하는 데 중요한 뇌 기능의 활성화도 활발히 일어날 수 있습니다.

_____ 상납 구조

2015년 어느 날 저는 옛 전주코아백화점 뒤편에 있는 장례식장으로 문상을 하러 갔습니다. 도교육청 주무관의 시아버지 상이 있어서 문상하러 간 것입니다.

그 자리에서 이상한 상황이 저의 시선을 끌어당겼습니다. 다른 지방자치단체의 직무상 명령과 감독을 받는 협의회의 임원들과 그 회원 기관의 장들이 대거 문상하러 온 것입니다.

저는 저의 직원을 살짝 불러 물어보았습니다.

나: 주무관님! 저 사람들은 ○○○ 지자체 관할 하에 있는 사람들 아닌가요? 그런데 왜 저렇게 대거 문상을 온 거예요?

주무관: 네. 저의 시동생이 정부 ○○○부 사무관이거든요. 저 사람들의 기

관을 지휘·관리하는 부서이잖아요. 아마 ○○○ 지자체 담당 부서에서 협회에 연락한 것 같아요. 문상하라고요.

나: 원래 저런 식으로 하는 거예요?

주무관: 예. 저 사람들은 저렇게 하는 것 같아요.

그 순간 저의 머릿속에는 도내 사립유치원들이 떠올랐습니다. '만약 교육부 유치원 담당 부서 직원 중 전북에 연고가 있는 사람의 가정이 상을 당했을 때, 도교육청 유치원팀에서 사립유치원연합회에 그 사실을 알리고, 연합회는 연합회 소속 사립유치원들에게 알려서 원장들에게 문상하도록 하는 건가?'라는 의문이 생긴 것입니다.

저는 도교육청으로 돌아가 바로 학교교육과 유아교육팀 장학관, 장학사들을 교육감실로 들어오도록 했습니다. 그분들께 그날 제가 목도한 일을 설명하고 나서 물어보았습니다.

나: 장학관님! 교육부 유치원 담당 부서의 직원 중 전북에 연고가 있는 사람의 가정이 상을 당했을 때 교육부가 그 사실을 도교육청 유아교육팀에 알리고, 유아교육팀은 사립유치원연합회에 알려서 사립유치원 원장들이 줄줄이 문상하도록 합니까?

장학관: 교육감님! 저희는 절대로 그런 일 없습니다.

나: 정말이에요? 그 말을 내가 그대로 믿어도 되겠습니까?

장학관: 예. 교육감님. 정말입니다.

나: 장학관님 말씀을 그대로 믿을게요. 만에 하나라도 사실과 다른 점이 발견되면 그때는 장학관님과 여기 계신 장학사들이 책임을 지셔야 합니다.

장학관: 예. 교육감님. 절대로 그런 일 없습니다. 사실이 아니면 제가 책임

을 지겠습니다.

나: 알았습니다. 가서 일 보세요.

저는 그다음 주 월요일 아침 확대간부회의에서 간부들께 이 사실을 말하고, 특히 부교육감 교육국장 학교교육과장들께서 이 부분을 철저히 관리하라고 지시했습니다.

_____ 폐교부지를 둘러싼 이해관계

우리나라는 수많은 국민을 부동산에 종속시키는 데 매우 특별한 재주를 가진 나라입니다. 가장 쉬운 재산 증식 방법이 노른자 땅을 잘 사들여서 자기 소유로 한 다음 가격 상승을 기다리는 것입니다.

부동산 사냥꾼들에게 매우 만만한 먹잇감 중 하나가 바로 폐교부지입니다. 교육감과 괜찮은 연줄을 가지고 있든지 아니면 교육감에게 영향을 줄 수 있는 정·관계 실세들을 이용할 수 있다면, 폐교부지를 손아귀에 넣는 것은 식은 죽 먹기일 수 있습니다. 그 과정에서 서로 검은돈을 주고받는 것은 불문의 공식입니다. 더 정확히 표현하자면 그들의 세계에서는 그것이 '기본 예의'입니다.

2010년 7월 1일 교육감에 취임하자마자 도교육청 재무과 실무진은 저에게 계약 건 하나를 가지고 왔습니다. 어느 군郡에 있는 폐교부지의 매각과 관련한 것이었습니다.

실무진: 교육감님! 이 폐교부지를 전임 교육감 시절 ○○군에 매각하기로 합의했습니다.

나: 그래서요?

실무진: 계약서에 서명을 해주셔야 합니다.

나: 내가 계약서에 서명을 하지 않으면 어떻게 되는 것이지요?

실무진: 예? 계약서에 서명을 하지 않으신다고요?

나: 그래요. 서명하지 않으면 어떻게 되는 거냐고요?

실무진: 이미 전임 교육감님과 ○○군수님 사이에서 구두 합의를 했기 때문에, 서명을 해주셔야 하는데요.

나: 내가 보기에는 ○○군수님이 그 폐교부지를 매입해서 그 자리에 인재숙(人才塾, 공립형 기숙학원)을 세울 것 같아요. 이미 도내 ○○군에서 인재숙을 운영하면서 많은 문제가 발생하고 있잖아요. 나더러 그런 상황을 하나 더 만들라는 겁니까?

실무진: 그 부분에 대해서는 저희가 확인해 보겠습니다.

다음 날 실무진이 다시 교육감실로 들어왔습니다.

실무진: 교육감님! 저희가 군수님께 직접 확인해 보았는데요. 그 폐교부지를 매입하면 그곳에 절대로 인재숙을 세우지 않겠다고 합니다.

나: 그걸 어떻게 믿어요? 그런 약속은 법률적으로 아무런 구속력도 없잖아요.

실무진: 그러면 어떻게⋯⋯?

나: 이렇게 하세요. 계약서에 ○○군이 매매목적물인 폐교부지에 공립형 기숙학원인 인재숙을 세우지 않는다는 것을 조건으로 넣으세요. 그 계약서에 공증을 받아 오세요. 그렇게 하겠다면 계약서에 서명할게요.

다시 며칠이 지나고 실무진이 저에게 왔습니다.

> 실무진: 교육감님! 군수님이 계약서에 그런 조건을 넣고 공증도 해주시겠답니다.
>
> 나: 그럼 됐어요. 만약에 계약 위반하면 나는 군수를 상대로 바로 환매권還買權을 행사할 거예요.

폐교부지 매각 계약은 그런 과정을 거쳐서 이루어졌고, 해당 군郡은 그 자리에 지역경제에 관한 센터를 설립하는 작업에 들어갔습니다.

그때부터 몇 달이 흐른 어느 날 행사장에서 그 군수님을 만나게 되었습니다. 제 옆자리에 앉은 그 군수님이 웃으면서 저에게 "교육감님! 사실은요. 그 폐교부지에 인재숙을 세우려고 했었습니다. 이젠 다 지난 이야기이지만요."라고 말씀하셨습니다.

저는 혼잣말로 '그러면 그렇지.'라고 말했습니다.

_____ 감사담당 공무원

교육감 생활 12년 동안 저는 이런저런 강의를 많이 했습니다. 그 모든 강의는 해당 기관이나 모임의 요청에 따른 것이었습니다. 다만 한 가지 제가 직접 강의하겠다고 한 것이 있었습니다. 그것은 도교육청 소속 감사담당 공무원들을 대상으로 하는 강의였습니다.

저는 선한 의지로 이런 강의를 하지만, 감사담당 공무원들은 약간의 긴장을 하는 것 같았습니다. 특히 직급이 높을수록 그 긴장감이 더 컸던가 봅니다. 미리 비서실에 와서 교육감이 무슨 말을 하려고 하는 것 같으냐고 묻는 때도 있었다고 합니다. 스스로 떳떳하면 전혀 그럴 필요가 없을 텐데, 그때마다 저는 뭔가 석연치 않은 분위기를 느꼈습니다.

제가 감사담당 공무원들을 상대로 자청해서 강의하는 의도가 있었습니다. 그것은 감사 직무의 전문성을 높이는 것과 감사 행위의 절제를 강조하기 위한 것이었습니다.

감사의 원칙으로 대표적인 것이 "의심스러울 때는 피고인에게 유리하게 in dubio pro reo"라는 형사재판의 원칙을 원용하여 "의심스러울 때는 피감사자에게 유리하게" 처리하라는 것이었습니다.

감사의 대상에는 예외를 두지 않는다는 원칙을 세웠습니다. 누군가 교육부에 교육감인 저의 비위가 있다며 민원을 넣은 적이 있고, 교육부는 그 사실을 도교육청 감사담당관에게 보냈습니다. 보고 받은 저는 감사담당관에게 교육감인 저를 바로 감사하라고 지시했습니다.

감사 행위의 절제와 관련하여 저는 '완장질'을 하지 말라고 했습니다. 이와 관련하여 저는 우리나라 공직사회에서 감사 직무를 수행하는 사람들이 가진 확증편향이 있는데, 그것은 '내가 손을 대면 반드시 뭔가 나온다'라는 것이라고 말했습니다.

우리나라 공직사회에서는, 뭔가 감사의 단서를 가지고 감사를 시작했는데 아무것도 나오는 것이 없을 때는 깨끗한 공직 수행의 사례를 보면서 즐거워해야 할 텐데, 도리어 그것이 감사담당 공무원 자신의 무능으로 여겨지는 풍토가 뿌리 깊게 자리 잡고 있습니다. 강의를 통해서 말한 것은 실무로 이어져야 합니다. 그 결과 과잉 감사의 사례가 확인되는 경우 그에 상응하는 조치를 취했고, 거기에는 누구도 예외가 될 수 없었습니다.

심지어 다른 시·도교육청 감사담당 공무원이 교육감인 저와 가까운 거리에 있다고 여겨지는 사람에게 전화를 걸어 '그 자리에 있다 보면 교육감에 관련한 많은 것들을 알 수밖에 없는데 교육감이 괜찮을지 모르겠다'라고 말했다는 것을 전해 듣기도 했습니다. 그 순간 저의 입에서 나오는 말은 "나한테 겁주자는 거야?"였습니다.

___ 사건의 종결

지난 2017년 전북의 어느 중학교에서 교사가 학생들을 성추행했다는 사실이 피해 학생들의 제보로 알려졌습니다. 해당 교사는 극단적 선택을 했고, 피해 학생들은 스승을 죽음으로 내몬 학생들이라는 여론의 뭇매를 맞았습니다.

해당 교사의 유가족은 전북교육감이던 저와 인권옹호관이었던 사람을 피고로 하여 전주지방법원 정읍지원에 447,112,932원의 손해배상청구소송을 제기했습니다. 이 재판에서 2021년 4월 28일 정읍지원 제1민사부는 원고의 청구를 기각하는 판결(원고 패소 판결)을 선고했습니다. 원고는 광주고등법원 전주재판부에 항소를 제기했지만, 2022년 10월 27일 광주고등법원 전주재판부 역시 1심 재판부와 같은 이유를 들어 원고의 항소를 기각했습니다.

그리고 2023년 2월 2일 대법원은 '심리불속행 기각 판결'을 선고했습니다.

'심리불속행 기각 판결문' 주문에는 "상고를 기각한다. 소송비용은 피고가 부담한다."라고 적힙니다. 판결의 이유에는 "원심판결 및 상고이유서와 사건 기록에 의하면, 상고인의 상고이유에 관한 주장은 상고심절차에 관한 특례법 제4조 제1항 각호에 정한 사유를 포함하지 아니하거나 이유가 없다고 인정되므로 제5조에 의하여 상고를 기각하기로 하여, 관여 대법관의 일치된 의견으로 주문과 같이 판결한다."라고 적힙니다.

이 사건 1심 재판부였던 전주지방법원 정읍지원이 원고 패소 판결을 내린 후 전북지역 32개 시민사회단체로 구성된 〈성평등한 청소년인권 실현을 위한 전북시민연대〉는 2021년 5월 12일 성명을 통해 "가해 교사와 유가족이 피해 학생들에게 탄원서 작성을 요청한 것 자체가 명백한 2차 가해이며 폭력임에도, 일부 언론과 시민사회는 강요에 의해 작성한 학생들의 탄원서를 공개하고 사실을 호도했다."라고 지적하면서 "이로 인해 '교사를 죽음으로 내몬 비난과 자책에 고통받아 온 학생들의 2차 피해는 과연 어떻게 회복할 수 있을 것인지 묻고 싶다."라고 말했습니다.

이 사건으로 저는 2017년 국회 국정감사에서 국민의당 비례대표 J 아무개 의원 등 국회의원들로부터 무차별적인 공격을 당했습니다. 언론도 가세했습니다. 〈○○○의 뉴스쇼〉, 유튜브 방송 〈○○○○ TV〉 등 많은 언론이 교육감인 저와 피해학생들을 비판 또는 비난하는 분위기에 가세한 것입니다. 전국단위 교사 단체인 〈○○○○ ○○ 모임〉과 교수·교원단체인 〈○○○○○○ 총연합회〉도 마찬가지였습니다.

인지 편향cognitive bias과 확증편향confirmation bias이 난무하는 우리 사회라는 점을 감안하더라도, 그들은 최소한 피해당한 우리 아이들에게는 미안한 감정을 가져야 합니다. 물론 그러한 감정을 가질 것으로 기대하지 않습니다. 피해 사실을 외부에 알릴 때 그 아이들은 중학교 2학년이었고, 올해 고등학교를 졸업했습니다.

* 이 사건 1심 재판부의 판결을 분석·정리한 오마이뉴스 윤근혁 기자의 기사(2021.05.11)를 링크해 둡니다. (https://bit.ly/3Aw9afo)

* 이 사건에 대한 대법원의 확정판결이 선고된 날이 2023년 2월 2일입니다. 하지만 우리나라 언론매체 중 단 한 곳도 이 판결에 대해 보도하지 않고 있었습니다. 알고 보니 2주 동안 엠바고(embargo)를 걸었다고 합니다. 엠바고란 보도 시점을 제한하는 것을 말합니다. 국가기밀도 아닌 것을 일치단결해서 보도하지 않는 대한민국의 언론은 역시 대단합니다. 부지런히 실력을 기를 생각은 하지 않고 이런 일을 아무런 부끄러움도 느끼지 않고 자행하고 있습니다. 이것이 대한민국 언론의 현주소이고 실력입니다.

대법원이 대법원 출입기자단에게 이 사건의 판결에 대한 엠바고를 요청했을 개연성은 거의 영(零)에 가깝습니다. 그렇다면 왜 대법원 출입기자단은 이 판결에 대한 엠바고를 스스로 걸어 놓고, 그 기간도 무려 2주 동안으로 해 놓았을까요? 혹시 이 사건과 관련해서 그동안 자신들이 썼던 기사들이 모두 사실과 다른 것으로 드러나는 것에 '두려움'을 느꼈을까요? 물론 그들이 '부끄러움'을 느낄 리는 없습니다. '실력'은 없어도 알량한 '자존심'은 있기 때문입니다.

저는 엠바고가 걸려 있다는 것을 이미 알고 있었지만, 상황을 지켜보느라 아무 말도 하지 않고 있었습니다. 하지만 이 사건 대법원 확정판결이 엠바고에 걸려 있다는 사실이 이미 많이 퍼져나가고 있다는 것을 뒤늦게 알게 되었습니다.

____ 시간 선택제 교사

2013년 8월 박근혜 대통령은 '시간제 일자리' 대신 '시간 선택제 일자리'라는 용어를 사용할 것을 제안하면서 시간 선택제 공무원 제도의 도입이 급물살을 타기 시작했습니다.

그 파장은 교육계에도 미쳤습니다. 그것은 '시간 선택제 교사'였습니다. 처음부터 시간 선택제 교사로 선발해서 그 교사들은 자신이 선택한 시간에 아이들을 가르치도록 하는 것이었습니다.

이 제도는 수업 시간에 교실에 들어가 가르치는 것을 교사가 하는 일의 전부라는 것을 전제로 만들어진 것이었습니다. 교사는 수업만 하는 것이 아니라 평가도 하고 학생 상담도 해야 하는데 시간 선택제 교사가 그 일을 할 수 있겠느냐는 비판이 나오자, 교육부는 슬그머니 '요일 선택제 교사'라는 용어로 바꾸었습니다.

대통령이 무슨 말을 하든, 교육부가 어떤 용어를 사용하든, 저는 단한 명의 시간 선택제 교사(요일 선택제 교사)도 선발하지 않겠다는 뜻을 분명히 했습니다. 그러면서 이렇게 말했습니다.

"시간 선택제 교사 선발 공고를 내면 누가 지원하겠느냐고 생각할지 모르지만 지원자들이 나온다, 그것도 매우 많이 나올 것이다, 그들은 일단 교사의 신분을 취득하고 나면 바로 노조에 가입하게 될 것이다, 그다음에는 신분의 안정적 보장을 주장하면서 투쟁을 외친다, 노조는 함께 '투쟁 투쟁!' 외칠 것이다, 바로 이것이 대한민국이다."라고 말했습니다.

저의 이 말은 반발을 불러왔습니다.

"김승환 교육감이 비정규직을 폄하했다, 즉시 사과해라!"라는 것이었습니다. 발언의 맥락은 도외시하고 자기편의적으로 해석을 한 것입니다. 그러한 반발에 대해 저는 전혀 대응하지 않았습니다.

결국, 시간 선택제 교사(요일 선택제 교사) 제도는 전북에는 발을 붙이지 못했습니다. 제가 지금도 궁금해하는 것은 정부가 하라는 대로 이 제도를 수용한 다른 지역의 상황입니다.

____ 가정통신문

한 인간의 삶은 참으로 묘한 것입니다. 한때 겪었던 일, 우연히 들었던 말, 이런저런 기회로 만났던 사람, 특별한 의미 없이 파편처럼 느껴졌던 것들이 어느 순간 하나의 구심점으로 수렴됩니다.

그런 것 중 하나가 '촌지'를 둘러싼 이야기였습니다. 마디 촌寸과 뜻 지志로 구성된 촌지의 문자적 의미는 '아주 작은 정성이나 마음의 표시'입니다. 촌지라는 단어가 일본어라는 말도 많이 있어서 일본어 사전을 열어보았습니다. '寸志'라는 단어가 있고 그것을 '슨시すんし'라고 발음합니다. 우리나라와 일본에서 똑같은 단어를 사용한다고 해서 그 유래와 의미도 동일하다고 단정하기는 어렵습니다. 두 나라 모두 중국과 함께 한자 문화권에 속하고, 하나의 대상에 같은 한자를 쓰는 경우가 부지기수로 많기 때문입니다.

촌지라는 단어는 정치·경제·사회·문화 등 우리나라 국민의 모든 생활

영역에 등장합니다. 교육도 예외는 아니'었습니다'. 저는 교육감이 되기 전에 촌지에 관한 매우 다양하고 구체적인 사례들을 들었습니다.

#

저는 12년 넘게 전북지방노동위원회 공익위원으로 활동했습니다. 민주노총의 추천을 받아 들어갔습니다. 언젠가 보기 드물게 여성 공직자께서 위원장으로 부임하셨습니다. 위원장님은 위원들과 함께 또는 저와 둘이서 대화할 기회가 많았고, 자녀 이야기도 나눴습니다. 어느 날 위원장께서 자신의 두 딸에 관한 말씀을 하셨습니다.

위원장: 저는 딸 둘을 뒀어요. 둘 다 대학을 졸업하고 직장생활을 하고 있고요. 큰 애한테는 엄마로서 늘 미안해요.

나: 왜요? 무슨 일이 있으셨어요?

위원장: 아이가 초등학교 다닐 때인데요. 저도 그렇고 남편도 그렇고 노동부 말단 공무원으로 힘들게 살았거든요.

나: 그 시절 공무원들의 봉급이 무척 박했을 거예요.

위원장: 예. 공무원 봉급이 너무 적었어요. 한 번은 아이의 담임선생님이 돈을 좀 달라는 눈치를 하더라고요.

나: 그래서 주셨어요?

위원장: 어떻게 하겠어요. 아이 때문에 안 줄 수가 없지요. 그래서 줬어요. 그런데 눈치가 굉장히 안 좋았어요. 돈이 적다는 뜻이었지요.

나: 그래서 더 주셨어요?

위원장: 담임선생님에게 사정했어요. 나도 말단 공무원인데 잘 아시지 않느

냐고, 이해해 주시라고 했어요. 그 뒤로 그 담임선생님은 내 아이에게 함부로 대했어요. 아이는 주눅이 들기 시작했고요. 학교에 가기 싫어하고 공부도 안 하려고 하고요.

나: 어린아이가 많이 힘들었겠네요.

위원장: 그랬지요. 어린애가. 나중에 대학은 졸업했어요. 유아교육과를 졸업하고서 지금은 서울에서 사립유치원 교사로 일하고 있어요. 내가 그때 눈 딱 감고 돈을 더 줬더라면 내 딸이 더 잘 됐을 거라고 생각할 때마다 후회스러워요.

나: 그래도 따님이 지금 유치원 교사 생활을 잘하고 있잖아요.

위원장: "……"

#

어느 현직 판사 한 분과 함께 밥을 먹게 되었습니다. 어느 모로 보나 매우 강직하고, 불의한 것과는 전혀 타협의 여지가 없는 분이었습니다. 밥을 먹으면서 서로 자녀 이야기를 하게 되었습니다.

나: 지금 자녀분들이 모두 학교에 다니고 있지요?

판사: 예. 둘 다 초등학교에 다니고 있습니다.

나: 한창 예쁠 때이네요.

판사: (활짝 웃으면서) 예. 이쁩니다.

나: 혹시 ○○○ 판사님께서도 자녀의 담임선생님에게 스승의날 촌지를 하십니까?

판사: (조금 머뭇거리더니) 예. 합니다.

나: 정말이에요? 아니, 판사님도 촌지를 하시는 거예요?

판사: 어쩌겠습니까. 아이가 볼모인데요.

나: 네에.

#

대학원 박사과정에 재학 중이던 시절, 석사과정의 후배와 대화를 나누다가 촌지 이야기가 나왔습니다.

후배: 형! 제가 ○○고등학교 나왔잖아요.

나: 그래. 축구 잘하는 학교.

후배: 예. 그 고등학교 후배가 ○○동에 있는 고등학교에서 독일어 시간강사를 하고 있거든요.

나: 고등학교에도 시간강사가 있는 거야?

후배: 예. 그런가 봐요.

나: 그래서?

후배: 한 번은 어떤 아이가 엄마께서 선생님께 갖다 드리라고 했다며 월간지 한 권을 주더래요. 아이가 간 다음에 그 월간지를 열어보는데, 뭐가 아래로 툭 떨어지더래요. 집어서 봤더니 그 안에 현금이 들어 있었다는 거예요.

나: 현금 얼마가 들어 있었는데?

후배: 오십만 원요.

나: 그 후배가 시간강사이고, 과목도 제2외국어인데, 특별히 그렇게 촌지를 해야 할 이유가 있을까? 더구나 그 지역은 서울에서도 가난한 지역인데. 그래서 그 돈을 어떻게 한 거야?

후배: 그 후배가 깜짝 놀라서 그 아이를 다시 불러 "엄마께서 뭔가 착각을 하신 것 같다. 이 책을 다시 엄마께 갖다 드려라."라고 말하고서 돌려줬대요.

나: 그걸로 끝난 거야?

후배: 아니요. 그 애가 다시 월간지를 가지고 왔대요. "엄마께서 큰 실수를 하신 것 같다고 하시면서 이 책을 갖다 드리라고 했습니다."라고 말하더래요. "그래. 알았다."하고 아이를 돌려보낸 다음 월간지를 열어보니 또 봉투가 있더래요. 그 안에 편지가 있었는데 "선생님! 죄송합니다. 제가 큰 결례를 저질렀습니다. 용서해 주십시오. 조그마한 정성입니다. 받아주시면 고맙겠습니다."라고 쓰여 있더라는 거예요. 그 아이를 불러서 엄마께 다시 갖다 드리라고 했대요.

나: 나는 잘 이해를 못 하겠네. 정규교사가 아니라 시간강사이고, 과목도 제2외국어인데, 굳이 그렇게 촌지를 할 필요가 있을까?

후배: 형! 제2외국어도 내신평가에 포함되잖아요.

나: 그런 거야? 참.

교육감이 되고 나서 첫 번째 맞이하는 스승의날인 2011년 5월 15일을 앞에 두고 저는 가정통신문을 썼습니다.

더 이상 스승의 날 촌지를 하지 마시라, 촌지를 주지 않는 것이 내 아이를 가르치는 선생님들에 대한 예의이다, 그것이 학교에서 아이들에 대한 차별을 없애는 것이다, 그런 일이 없어야 하겠지만 만약 촌지를 주고받은 사실이 확인되면 원칙대로 처리하겠다, 아이들이 배우고 성장하는 학교에는 항상 맑은 물이 흘러야 하지 않겠느냐, 협조해 주시라는 취지의 가정통신문을 쓴 것입니다.

스승의 날 가정통신문은 그다음 해에도 썼습니다. 단위학교에는 반드시 학부모의 손에 들어가도록 하라고 당부했습니다.

그다음 해에는 더 이상 스승의날 가정통신문을 쓰지 않았습니다. 한번 더 써야 하지 않겠느냐는 실무진의 건의를 거부하면서 말했습니다.

촌지는 교원들(교사, 교감, 교장)에게는 부끄러운 역사이고 다시 들추어내고 싶지 않은 어두운 역사이다, 넘치지 말자, 발각되면 엄중하게 처리하면 된다,라고 말했습니다. 그 뒤로도 촌지에 관해 설왕설래가 있었지만, 확실한 것은 촌지는 말끔하게 사라졌다는 것입니다.

어느 날 군산의료원의 엘리베이터에서 처음 보는 학부모 한 분께서 저의 손을 꼭 잡으면서 "교육감님! 고맙습니다. 이제는 학교에 가는 것이 전혀 부담이 없거든요."라고 말씀하셨습니다.

____ 교육권력의 폭력적 행사와 헌법상의 무죄추정의 원칙

제가 전북교육감으로 취임하기 전, 시국선언을 한 교사 3인에 대하여 검찰이 교육공무원법 위반 등으로 기소한 사건이 있었습니다. 검찰의 기소에 대하여 1심법원은 무죄판결을 선고하였고, 2심법원은 유죄판결을 선고하였습니다.

저의 전임前任 전북교육감은 전북교육청 교육공무원 일반징계위원회에 징계의결을 요구했고, 징계위원회는 관련 교사 3인에 대해 징계의결한 후, 교육감에게 회부하였습니다.

〈교육공무원 징계령〉 제17조 제1항에 따르면 징계처분권자인 교육 감은 징계의결서를 받은 날부터 15일 이내에 징계처분을 하여야 합니 다. 그러나 당시 교육감은 퇴임하기까지 몇 개월 동안 교사 3인에 대한 징계집행을 미루고 있다가 퇴임했고, 2010년 7월 1일 제가 교육감이 된 것입니다.

이런 상황에서 교육감으로 취임한 저는 대법원의 확정판결이 나올 때까지 징계집행을 유보한다는 결정을 하였습니다. 이렇게 하는 것이 헌법상의 무죄추정의 원칙, 기본권의 최대한 보장의 원칙, 과잉금지의 원칙에 합치한다는 이유를 들었습니다.

헌법 제27조 제4항은 "형사피고인은 유죄의 확정판결을 받을 때까 지 무죄로 추정된다."라고 규정하고 있습니다. 이것을 가리켜 무죄추정 권 right of presumption of innocence 또는 무죄추정의 원칙 principle of presumption of innocence 이라고 말합니다. '주어'가 형사피고인이라고 되어 있지만, 해석 상 검찰이 아직 기소하기 전단계에 놓여있는 형사피의자에게도 이 조항 이 적용됩니다.

시국선언 교사 3인에 대한 법원의 1심 판결과 2심판결이 각각 무죄와 유죄로 갈리고 있는 상황에서 교사 3인은 대법원에 상고했기 때문에, 피 고인들은 아직 무죄 또는 유죄의 '확정판결'을 받지 않은 상태였습니다.

그런데도 교육과학기술부장관은 저에게 시국선언교사들에 대한 징 계집행을 하라는 직무이행명령을 내렸고, 저는 명령의 이행을 거부했습 니다. 그러자 2011년 7월 28일 교육과학기술부장관은 저를 직무유기 혐의로 검찰에 고발하였습니다.

이 사건으로 저는 경찰에서 5시간, 검찰에서 5시간 정도의 조사를 받은 후, 기소되었습니다.

이 사건에 대하여 2012년 9월 17일 전주지방법원이 무죄판결을 선고하자, 검찰은 고등법원에 항소하였습니다. 그리고 2012년 12월 11일 광주고등법원 전주재판부는 검사의 항소를 기각하고 무죄를 선고하였습니다.

검찰은 여기에 머무르지 않고 대법원에 상고했고, 2014년 4월 10일 대법원이 검찰의 상고를 기각함으로써, 무죄판결이 확정되었습니다. 당시 교육과학기술부장관이 검찰에 고발한 지 2년 8개월이 넘는 기간 진행된 수사와 재판은 그것으로 종결되었습니다.

〈지방교육자치에 관한 법률〉이 효력을 발생하고 있고, 교육감이 지역주민들의 직접선거로 선출되는 시대인데도 불구하고, 당시 교육과학기술부장관은 교육감을 자신의 하급공무원으로 취급하면서, 시키는 대로 하라는 안하무인의 행태를 보였습니다. 교육과학기술부장관의 말 한마디가 대한민국 전체의 교육을 좌지우지하는 상태가 지속된 것입니다.

먼지를 털어보고, 안 나오면 폭력적인 감사권을 발동하고, 그래도 안되면 검찰에 고발하는, 교육권력의 폭력적 행사가 자행되었습니다. 아니면 말고 식 고발도 장관이 사용하는 단골 메뉴였습니다. 일단 고발하면 경찰과 검찰은 불러서 조사하고 검찰이 기소하는 경우 재판받으러 다녀야 하고, 이런 과정을 겪으면서 교육감 스스로 탈진하도록 만드는 것입니다.

모든 국가권력의 행사가 그렇듯 교육권력의 행사도 정당성을 갖추고 있어야 합니다. 정당성을 상실한 교육권력의 행사는 교육권력이 아니라 교육폭력에 지나지 않습니다. 교육폭력은 따라야 할 권력이 아니라 배척하고 거부해야 할 폭력입니다.

___ 정치와 언어 - "할복하세요!"

수학철학자이자 언어철학자인 루트비히 비트겐쉬타인 Ludwig Wittgenstein; 1889-1951 은 "나의 언어의 한계는 나의 세계의 한계이다. Die Grenzen meiner Sprache sind die Grenzen meiner Welt." 라고 말합니다. 이 말이 의미하는 것은 사람은 자신의 사유, 인식, 경험 등의 한계 내에서 언어를 사용한다는 것일 겁니다.

저는 평소에 언어를 정치와 연결 지어 "정치는 언어의 연금술이다. Politics is the alchemy of language; Politik ist die Alchimie der Sprache." 라는 말을 하고 있습니다. 연금술은 철, 구리, 납 등의 비금속을 은이나 금 등의 귀금속으로 변화시키는 전문 기술을 가리킵니다.

정치 언어를 통해서 사람들은 대리만족을 얻거나 카타르시스를 누리고, 칠흑같이 어두운 시대를 뚫고 나오는 여명을 바라보게 되는 것입니다.

저는 우리 현대사에서 이런 의미의 정치 언어가 작동했던 마지막 시기를 '3김 시대'로 보고 있습니다. 김대중, 김영삼, 김종필로 이루어진 '3

김'은 고품격의 정치 언어를 터득했을 뿐만 아니라, 그것을 즐길 줄 아는 정치인들이었습니다.

4대 의혹 사건과 관련해서 국무총리직에서 물러나 외국으로 나가는 김종필에게 기자들이 국무총리직에서 물러나 외국으로 나가는 것이 누구의 뜻이냐고 물었을 때 김종필은 "자의반타의반自意半他意半"이라는 말을 남겼습니다. 그 뜻은 당신들이 해석해 보라는 함의를 담고 있었습니다.

1979년 10월 4일 공화당과 유정회 의원들을 중심으로 국회 본회의에서 제1야당 총재인 김영삼의 국회의원직을 제명하는 의결을 했을 때, 김영삼은 "닭의 모가지를 비틀어도 새벽은 온다."라는 말로 박정희 정권의 심장에 비수를 날렸습니다.

정권을 잡으면 한恨의 정치를 할 것이라고 우려하는 사람들에게 김대중은 "춘향이의 한은 이 도령과 맺어짐으로써 풀린다."라는 말로 정치 보복을 하지 않겠다는 의지를 표현했습니다.

3김! 그들은 정치 언어를 체화體化시켰던 정치인들이고, 정치 언어가 무엇인지를 이해하고 구사할 줄 아는 마지막 정치인들이었다고 할 수 있습니다.

교육감 3기 시절 어느 날, 저는 도의원의 입에서 나왔다는 충격적인 말을 들었습니다. 자신의 지역구 현안 사업을 해결하고자 하는 의지를 드러내는 것까지는 좋은데, 그것이 도를 넘어버린 것이었습니다.

그 현안 사업을 해결하기 위해서 교육감인 저는 물론이고 해당 지역의 국회의원까지 백방으로 노력하는데도 쉽게 풀리지 않는 문제였습니다. 그럼에도 불구하고 그 도의원은 차마 입에 담기도 어려운 언어폭력을 자행했습니다. 그 일을 당한 실무부서의 과장, 사무관, 주무관을 교육감실로 오도록 했습니다.

나: 과장님! ○○○ 의원이 불러서 가셨습니까?

과장: 예. 갔습니다.

나: 그 자리에서 그 의원이 과장님에게 그 일을 해결하지 못하면 "할복하세요!"라고 말했습니까?

과장: "⋯⋯"

나: 사무관님! 그 의원한테 과장님이랑 함께 가셨지요?

사무관: 네. 함께 갔습니다.

나: 그 자리에서 그 의원이 과장님한테 "할복하세요!"라고 말했습니까?

사무관: 예. 그렇게 말했습니다.

나: 주무관님! 그 의원이 그렇게 말한 것이 사실입니까?

주무관: 예. 사실입니다.

나: 과장님! 혼자 가신 것도 아니고 사무관, 주무관님들과 함께 가신 자리에서 그런 수모를 당하고도 한마디 항변도 안 하셨습니까? 그게 말이 됩니까?

과장: 죄송합니다. 교육감님.

나: 다음부터 그런 말이 나오면 절대로 가만히 있지 마세요. 아시겠습니까?

과장: 네. 알겠습니다.

나: 가서 일 보세요.

과장께 그렇게 말했지만, 저의 가슴은 너무도 쓰렸습니다. 어지간해서는 직원들에게 직무와 관련해서 질책조차 하지 않는 저로서는 도저히 이해할 수가 없는 일이었습니다. 그 일은 저의 교육감 12년 세월의 흑역사로 남아 있습니다.

_____ 서남대학교 폐교와
지역 출신 정치인들의 대응

서남대학교 교수협의회 등 대책위원회가 교육부의 서남대 폐교 명령의 위법성을 국회 청문회를 통해서 밝혀 달라고 요구하기로 했다는 소식이다. 대책위원회는 "지금이라도 국회에서는 교육부의 적폐를 청산할 수 있는 청문을 진행해야 한다. 부산온종합병원, 전주병원컨소시엄 정상화 방안을 검토, 즉시 사학분쟁조정위원회에 상정해 정상화를 이룰 수 있도록 해야 한다."라고 호소하고 있다.

참고로 교육부는 서남대 설립자 ○○○가 횡령한 학교 돈 330억 원을 서남대를 인수하는 측이 물어내라고 한다. 마치 절도범이 타인의 주거에 침입해서 재물을 훔쳐 간 돈은 어쩔 수 없고, 그 집을 매입할 사람이 절도범이 훔쳐 간 재물을 채워 넣으라는 식이다. 서남대가 가진 '의과대학'의 학생 T/O를 노리고 있는 각 지역의 세력가들이 많다는 것은 이미 잘 알려진 사실이다.

위에 있는 글은 서남대학교 폐교와 관련해 제가 2017년 12월 24일 저의 페이스북에 쓴 것입니다. 저는 당시 교육감들과 함께 교육부장관과 교육부 실·국장들이 앉아 있는 자리에서 다음과 같은 말을 했습니다.

교육감은 유·초·중등교육에 관한 권한을 행사하고 책임을 부담하기 때문에 원칙적으로 대학 문제에 대해서는 나서지 않는 것이 좋다, 하지만 최근의 서남대 사태는 도저히 그대로 두고 볼 수가 없다, 서남대가 재정적으로 부실하게 된 것과 학사 관리에 문제점이 발생한 것 등은 학생·교수·직원들의 잘못으로 빚어진 것이 아니다, 그것은 서남대 설립자 ㅇ ㅇㅇ의 회계부정과 일탈로 발생한 일이다, 서남대가 이런 사태에 이르기까지 관리·감독·감사·교정을 해야 할 권한과 의무를 가진 교육부는 무엇을 했느냐, 서남대 부실화의 원인 제공자는 설립자 ㅇㅇㅇ와 그에 대한 관리·감독의 의무를 제대로 이행하지 않은 교육부이다, 사정이 이러한데도 왜 대학의 부실화에 아무런 책임도 없는 학생·교수·직원들에게 그 모든 불이익이 돌아가야 하느냐,라고 따졌습니다.

그때 저는 전북지역 출신 몇몇 정치인들에게 서남대 사태에 왜 가만히 있느냐, 교육부를 상대로 앞장서서 따질 것 따지고 서남대 폐교를 막아야 하지 않느냐,라는 말을 했습니다.

하지만 그들은 움직이지 않았습니다. 강 건너 불구경하듯이 했습니다. 자신들의 사적·정치적 이익이 직접 걸려 있을 때는 눈에 불을 켜고 움직이고 지역을 팔아 출세의 길을 달리다가도, 정작 지역의 사활이 걸린 문제 앞에서는 자취를 감추는 그들의 행태는 절대 사라지지 않고 있습니다.

전북 지역주민들의 깊은 애정과 관심을 받고 있던 서남대학교는 그렇게 쓸쓸히 문을 닫고 말았습니다.

____ 행사장 백태 百態

선출직 공직자들은 임기 중 부지런히 각종 행사장을 찾아다닙니다. 공적인 것도 있고, 사적인 것도 있습니다.

그러한 행사장의 공통점은 대체로 사람들이 많이 모인다는 것이고, 그 사람들은 유권자라는 것입니다. 선출직 공직자들에게 그 자리는 이름하여 '황금 어시장'입니다. 행사 주최 측은 내빈 소개를 하게 되는데, 선출직 공직자들은 최소한 이 순서에는 들어가야 합니다.

정작 중요한 것은 내빈 축사, 격려사 등을 하는 것입니다. 축사나 격려사에서도 순서가 중요합니다. 누가 먼저 하는가, 나는 몇 번째로 하는가가 초미의 관심사입니다. 이런 순서 배열이 마음에 들지 않는 경우 주최 측은 행사가 끝난 후 항의나 거친 소리를 듣게 됩니다.

더욱 해괴한 것은 기관장이 다른 행사나 다른 일로 못 나오는 경우 그 배우자가 나와서 남편이 앉아야 할 자리에 앉고, 그것도 모자라 남편을 대신해서 축사나 격려사를 하는 것입니다. 이분들이 말할 때 표정을 보면 어떻게 해서든 겸손하다는 평을 들어야겠다는 흔적이 짙게 드러납니다.

축사나 격려사를 들으며 그 상황을 관찰하는 재미도 쏠쏠합니다. 저 사람은 지금 자기가 무슨 말을 하고 있는지 이해하고 있나?, 저 사람은 가는 곳마다 똑같은 말을 하고 있네, 지구력도 참 대단해, 저 사람의 말은 주어와 술어가 따로 놀고 있네, 저 사람은 써놓은 것도 잘못 읽고 더듬거리네, 저 사람은 왜 저렇게 긴장을 하는 것이지? 라는 의문이 이어집니다. 그러다가 어느 때는 진행자가 제 이름을 불렀는데도 그 소리를 못 듣고 멍하니 앉아 있을 때도 있습니다.

이런 것과는 별개로 저에게는 교육감으로서 한 가지 고민이 있었습니다. 그것은 760개가 넘는 단위학교들, 14개의 시·군교육지원청, 13개의 직속기관(교육연수원, 교육연구정보원 등)에서 열리는 행사 문제입니다.

그때마다 해당 기관의 장들께서 골머리를 앓고 있다는 사실을 뒤늦게 알게 되었습니다. 축사나 격려사에 누구를 포함해야 하는지, 그 순서는 어떻게 해야 하는지 등을 결정하는 일이 매우 큰 부담이라는 것이었습니다. 행사가 끝난 후에 항의받는 부담도 만만치 않다는 것이었습니다.

'이 문제를 어떻게 해결해야 할까?' 고민하던 중 개원식 행사 하나가 다가왔습니다. 그것은 익산 선화로에 자리 잡은 과학교육원 개원식이었습니다. 전주에 있던 과학교육원을 2016년 12월에 익산으로 이전했고, 이듬해 5월 30일에 개원식을 하게 되었습니다.

개원식 며칠 전에 저는 원장께 전화를 걸었습니다.

나: 원장님! 개원식 준비하시느라 바쁘시지요?
원장: 네. 좀 바쁩니다. 하지만 준비 잘하고 있습니다.
나: 원장님! 개원식 축사, 격려사 순서 짜느라 고민 많이 하고 계시지요?
원장: 교육감님께서 그걸 어떻게 아셨습니까? 정말 골치 아파 죽겠습니다.
나: 한 가지 방법이 있습니다. 내가 하라는 대로 하시지요. 내 순서를 맨 뒤로 빼세요.
원장: 예? 교육감님의 순서를 맨 뒤로 빼라고요? 어떻게 그렇게 합니까? 그건 안 되지요.

나: 원장님! 내 말 잘 생각해 보세요. 교육감인 내가 맨 나중에 말을 하게 되면 다른 내빈들이 '내 순서가 뒤로 밀렸네' 이런 식의 불만을 말하지 않을 거란 말입니다. 그렇게 되면 원장님도 스트레스받으실 일 없고요. 그렇지 않아요?

원장님: 그러니까요. 저는 전혀 생각해 보지 않은 것이라서요. 교육감님께서 그렇게 하라고 하시면 하겠습니다.

나: 됐습니다. 행사 순서지에도 내 순서를 맨 뒤로 못 박아 놓으세요.

원장: 예. 알겠습니다.

드디어 개원식이 열리는 날 아침. 저는 마동에 있는 우리 집에서 출발했습니다. 행사장에는 국회의원, 도의원, 시의원, 익산시 기관장들께서 오셨습니다. 첫 번째 축사를 하기 위해 국회의원 한 분께서 올라가셨습니다.

국회의원: 아니, 교육감님께서 와 계시는데 제가 맨 먼저 축사하네요?

나: 그대로 하시면 됩니다. 순서가 그렇게 되어 있거든요.

국회의원: 예. 알겠습니다.

그 국회의원께서는 "김승환 교육감님께서 멀리 전주에서 여기까지 오셨네요. 이렇게 참석해 주셔서 감사합니다."라고 인사를 하셨습니다. 저는 속으로 '지금 무슨 말을? 내가 해야 할 말을 자기가 하고 있네' 생각하고 있다가 맨 마지막 순서가 되어 단상으로 올라갔습니다.

"아까 ○○○ 국회의원님께서 저더러 멀리 전주에서 여기까지 왔다고 말씀하셨는데요. 저 오늘 아침에 멀리 전주에서 온 게 아니라 익산 마동에서 온 겁니다. 거기에 우리 집이 있거든요. 그리고 저더러 여기까지 와줘서 감사하다고 하셨는데요. 제가 이 과학교육원의 주인입니다. 우리 집이라고요."라고 친절하게 설명을 해드렸습니다.

그 뒤로 저는 각급 단위학교, 교육지원청, 직속기관의 행사에 축사나 격려사가 있는 경우 저의 순서를 맨 끝으로 빼는 것을 원칙으로 삼았습니다.

____ 가장 어려운 일

저는 전북에서보다 다른 시·도에 가 있을 때 잠을 더 잘 자고, 국내에 있을 때보다 국외 출장을 갔을 때 잠을 더 잘 잡니다. 시차^{時差}라는 것은 없습니다. 어느 나라에 가든지 저녁에 시계를 보고 11시가 되면 잠들어 버립니다.

'예외 없는 원칙 없다'는 말을 증명이라도 하는 듯이 영국 런던에서 밤잠을 설친 적이 있습니다. 출국하기 전에 직속기관장(원장) 자리 하나가 비게 되었는데 마땅한 후임자가 떠오르지 않아 일단 결론을 보류하고 나갔습니다.

그날 밤잠을 자면서 저는 일을 하고 있었습니다. 몇 개의 인사 카드를 들고서 비게 되는 직속기관장의 자리에 하나하나 맞춰 보고 있었습니다. 말 그대로 비몽사몽^{非夢似夢} 간의 일이었습니다.

인사는 실력이 있는 사람이라고 해서 그 자체로 적격성을 담보하는 것은 아닙니다. 자리와 사람이 서로 잘 맞아떨어져야 합니다. 자리와 사람이 동시에 보일 때 그 기분은 형용할 수 없을 정도로 좋습니다. '그 사람'에게 고마운 마음이 크게 일어나는 것은 당연합니다.

사람들이 저에게 많이 했던 질문 중 첫손가락에 해당하는 것은 교육감 일을 하면서 '무엇이 가장 어려운가?'라고 묻는 것이었습니다. 그때마다 저는 단 1초의 머뭇거림도 없이 '그건 인사입니다'라고 대답합니다.

가서는 안 될 자리에 사람을 보내게 되면 그때부터 그 학교나 기관은 불안정에 빠집니다. 구성원들의 삶을 지켜줘야 할 기관장이 구성원들을 자신의 수족 부리듯이 하기 때문입니다.

인사의 오류를 최소화하는 방법이 있습니다. 그것은 인사권자인 교육감이 인사팀과 신뢰관계와 협력관계를 잘 유지하는 것입니다. 교원직은 교원인사과 인사팀과, 지방공무원은 총무과 인사팀과 그런 관계를 유기적으로 유지하고 있어야 합니다.

교육감은 인사팀을 믿어줘야 합니다. 최선의 인사 결과를 얻어내기 위해서 최선의 노력을 기울일 것이라는 신뢰를 줘야 합니다. 교육감이 놓치는 것을 인사팀이 발견해 내고, 인사팀이 놓치는 것을 교육감이 찾아내야 합니다.

저는 확신을 하고 말을 하는데도 인사팀 실무진이 "교육감님! 그 사람에게는 이런 문제점이 있습니다."라고 말하면 저는 그 이유를 설명해 달라고 요구합니다. 인사팀이 중요한 것을 빠뜨리는 때도 있습니다. 대체로 '익숙한 것이기 때문에 지나치게 되는 경우'입니다. 저는 말합니다.

어제까지 익숙하게 알고 있었던 것을 오늘, 이 순간에는 끊어내라고 말합니다. 그래야 정확하게 보이기 때문입니다.

최악의 인사는 인사 명령을 받는 사람의 자존감에 상처나 모멸감을 주는 인사입니다. 인사는 조금 불만스럽기는 하지만 '이럴 수도 있겠다'라는 정도의 설득력을 지니고 있어야 합니다.

기대했던 사람이 기대에 어긋나게 일하는 경우가 있습니다. 이럴 때는 일단 인사 불이익을 줍니다. 그다음에 제가 할 일은 그 사람이 새로운 자리에 가는 과정, 새로운 자리에서 일하는 모습을 지켜보는 것입니다. 그 사람이 뒤늦게 '내가 이걸 놓쳤구나'라는 모습을 보일 때 인사권자인 교육감이 느끼는 기쁨은 정말 큰 것입니다. 바로 그것이 그 사람의 공직자로서의 성장 가능성을 보여 주는 것이기 때문입니다.

이렇게 인사에 최대한의 주의를 기울였다고 해도 오판 가능성과 오류 가능성은 남아 있습니다.

____ 넘어서는 안 되는 선

교육감 3기 취임 1년을 눈앞에 두고 전북교육청발 뉴스가 전국적인 이슈가 되었습니다. 자사고 재지정 취소 문제를 둘러싸고 교육, 언론, 정치 등 여러 분야에서 찬성과 반대 또는 지지와 비판의 목소리가 거세게 나왔습니다.

전체적인 세勢를 분석해 보면 자사고는 계속 유지되어야 한다는 압력이 훨씬 더 강했습니다. 이 문제에서 여당과 야당의 차이는 거의 없었습니다. 여당과 야당 모두 그 정치사적^{政治史的} 뿌리가 한민당^{韓民黨}을 출발점으로 하는 보수 정당이라는 것을 실증적으로 보여 주고 있었습니다.

자사고 재지정 취소를 선택한 전북교육청의 결정을 지지하는 세력이라고 해 봐야 서울과 지역의 극소수의 언론이 고작이었습니다. 지역 내 민주노총 전북본부를 비롯한 진보단체 몇 군데가 있었고, 교원노조 또는 교원단체로서는 전교조 전북지부가 유일했습니다.

이 와중에 제가 매우 중요하게 생각한 것이 하나 있었습니다. 그것은 '넘어서는 안 되는 선은 넘지 말자'라는 것이었습니다. 그 선^線이란 사람이 사람에게 갖춰야 할 기본적인 예의를 지키는 것이었습니다.

저는 월요일 확대간부회의 등에서 다음과 같은 말을 했습니다.

자사고 재지정 취소처분은 이미 내려졌다, 교육부장관이 교육감의 재지정 취소를 취소하는 처분을 내리면 우리는 대법원에 소송을 제기한다, 다만 우리가 반드시 지켜야 할 것이 있다, 그것은 상대방 특히 해당 사학법인의 이사장님에 대한 예의를 철저히 지키는 것이다, 그분이 나와 교육철학을 달리하는 것은 사실이지만 사학 경영자로서 그 정도 헌신적으로 일하는 분은 우리나라 사학의 역사에서는 없었다, 그분은 우리 지역의 어른이시다, 그분에 대한 예의에 빈틈이 없도록 해라, 상대측 학교나 관계자들이 어떤 식으로 우리를 공격해도 거기에 맞대응하지 말라, 거친 언어를 사용해도 우리는 언어를 절제해야 한다,라는 것이었습니다(참고로 당시의 법령에 따르면 자사고를 운영하는 학교법인은 매년 등록금 총액의 25% 이상을 법인전입금으로 학교에 지급하도록 되어 있었습니다. 당시 이 사학법인은 매년 등록금 총액의 100% 이상을 법인전입금으로 학교에 보내고 있었습니다.).

저는 SNS를 통해서도 저의 이러한 뜻을 밝혔습니다.

"우리나라 사학 경영자 중에서 ○○○ 이사장님 정도로 학교에 많은 예산을 투입한 분은 계시지 않습니다… 그분은 우리 지역의 어른이십니다… 그분이 자사고가 공교육에 끼치는 영향에 대해 저와 정반대의 위치에 계십니다. 그러나 다툴 때 다투더라도 저는 인간적인 애정까지 버리지는 않을 것입니다."라는 말을 했습니다.

저의 위와 같은 언급이 나온 다음, 그분은 어느 일간지 기자와 인터뷰를 하면서 다음과 같은 발언을 하신 것으로 기사화되어 있습니다.

"나도 개인적으로는 그분이 좋다. 다만 평가에 대해서만 잘못됐다고 말할 뿐이다. 가능한 팩트 중심으로 교육기관답게 차분히 대응할 것이다. 교육청에서도 자꾸 애먼 소리 하지 말고 합리적으로 일을 풀어갔으면 좋겠다."라는 것이었습니다.

2020년 1월 13일 서울시 양재동에 있는 '더케이호텔 서울'에서 '재경 전북도민회 신년인사회'가 있었습니다. 무대를 중심으로 1열 왼쪽 맨 가장자리 테이블에 앉아 계시는 이사장님이 보였습니다. 저는 바로 이사장님에게 가서 "이사장님! 안녕하십니까? 김승환입니다. 새해 더욱 건강하십시오."라고 새해 인사를 드렸습니다. 이사장님도 자리에서 일어서시면서 저의 손을 잡고 "고맙습니다. 교육감님. 새해 복 많이 받으십시오."라고 말씀해 주셨습니다.

관점과 가치관은 달라도 서로를 존중하고 선을 지키며 산다는 것은 공동체의 건강성을 지키고 높이는 데 꼭 필요합니다.

_____ 이때가 한철이거든요

국회가 가지고 있는 권한 중 국정조사권과 국정감사권이 있습니다.

국정조사권은 헌법이나 법률에 명문의 규정이 없다 하더라도 당연히 인정되는 국회의 권한입니다. 이 때문에 학자들은 국정조사권을 가리켜 국회의 본질적 권한이라고 말합니다. 국회는 사안이 발생할 때마다 수시로 국정조사를 할 수 있습니다.

국정감사권은 이와 다릅니다. 1년에 한 차례 국정 전반에 관해 감사를 하는 권한인 국정감사권은 헌법이나 법률에 명문의 규정이 없으면 행사할 수 없습니다. 이러한 의미의 국정감사권은 비교헌법적으로 볼 때 매우 이례적인 국회의 권한입니다. 주요 국가 중 우리나라를 제외하고 국회(또는 연방의회)가 국정감사권을 행사하는 나라는 없습니다.

국정감사 시기가 되면 감사를 받는 중앙부처나 지방자치단체 또는 시·도교육청의 공무원들은 감사과(또는 감사실)를 중심으로 비상근무에 들어갑니다. 자신이 속한 기관의 기관장이 국정감사장에서 국회의원들의 질문에 명확히 답변할 수 있도록 만반의 준비를 합니다. 예상 질문까지 추려서 답변서를 쓰기도 합니다. 예행연습을 하기도 합니다.

밤잠도 제대로 못 자면서 국정감사 준비를 하다 보면 담당 공무원들의 피로도는 극에 달합니다. 설상가상으로 그토록 공을 들여 준비를 해 줬는데도, 자신들의 기관장이 국회의원들의 질문에 엉뚱한 대답을 하다 가 질타를 당하면 해당 기관의 공무원들은 힘도 빠지고 피로가 더 깊어 지게 됩니다.

정반대로 자신들의 기관장이 빈틈없이 답변을 잘하면 해당 기관의 공무원들은 언제 피로가 있었던가 싶을 정도로 몸도 마음도 가벼워집니다.

산더미같이 많은 답변 자료를 작성해 놓았는데, 그와 관련한 질문은 하나도 하지 않고 언론이 관심을 가질 만한 한 두 개의 이슈를 놓고 종일 기관장을 몰아붙이는 국정감사도 있습니다. 국정감사는 국회의원을, 언론에 기삿거리를 준 국회의원과 그렇지 못한 국회의원으로 나누는 기능을 하기도 합니다.

교육감 1기 때 국정감사가 진행되던 중간에 쉬는 시간이 있었습니다. 자리에서 일어서서 나오는데 교육위원장(당시에는 교육과학기술위원회 위원장)께서 저에게 가까이 오셨습니다.

위원장: 김승환 교육감님!
나: 네. 위원장님!
위원장: 국회의원들을 이기려고 하지 마세요. 무승부만 하시면 되는 겁니다.
나: 네. 무슨 말씀이신지 알겠습니다.
위원장: 사실 우리 국회의원들은 말이지요. 이때가 한철이거든요.
나: 네. 위원장님.

_____ 저출산고령사회위원회

문재인 정부 시절인 지난 2018년 대통령 직속 저출산고령사회위원회는 초등학교 1~4학년의 하교^{下校} 시간을 오후 3시로 한다는 대책을 발표했습니다. 위원회는 하교 시간을 늦추는 만큼 부모의 육아 부담을 줄일 수 있고, 출산율도 높아질 수 있다는 계산을 했다고 보아야 합니다.

이 과정에서 전국시도교육감협의회와 전혀 사전 협의가 없었고, 교육부 쪽의 분위기에서도 교육부와 사전에 조율했다는 흔적이 느껴지지 않았습니다.

어느 날 저출산고령사회위원회의 핵심 간부가 저에게 전화를 걸어와 면담을 요청했습니다. 만나더라도 특별히 할 말이 없다는 판단하에 면담을 거절했습니다. 그 뒤로도 계속 면담 요청이 왔고, 결국 서울역 회의실에서 만나기로 약속했습니다.

약속 시간에 회의실로 가서 위원회의 간부를 만났습니다. 저는 회의실에 혼자 들어갔고, 위원회에서는 배석자들이 있었습니다.

간부: 회장님! 귀한 시간 내주셔서 감사합니다. 저는 대선 때 캠프에서 일했고, 지금은 저출산고령사회위원회에서 ㅇㅇㅇㅇ을 맡고 있습니다.

(그 순간 저는 상대방의 얼굴을 보면서 상당히 자신감이 있어 보이는구나, 이 사람도 완장인가, 나에 대해 제대로 알고 나왔나? 등등 여러 가지를 생각했습니다)

나: 네. 안녕하세요. 이렇게 뵙게 돼서 반갑습니다.

간부: 네. 감사합니다. 이미 언론을 통해서 알려진 것이지만, 저출산고령사회위원회에서 초등학교 1학년에서 4학년까지 하교 시간을 오후 세 시로 늦추는 대책을 추진하려 합니다.

나: 그래요? 그 대책을 발표하기까지 어떤 협의 과정을 거치셨습니까?

간부: 충분히 의견수렴을 했습니다.

나: 그 대책을 통해서 얻을 수 있는 기대 효과는 뭐라고 생각하십니까?

간부: 학부모들에게 육아 부담을 줄여 주고, 그것이 출산 장려로 이어질 것이라고 기대하고 있습니다.

나: 초등학교 저학년 아이들을 그 시간까지 학교에 묶어 둘 때 아이들에게는 어떤 일이 발생할 것으로 생각하십니까? 어차피 현재의 하교 시간대로 집에 가더라도 돌봐 줄 사람이 없는 아이들에게는 학교에서 돌봄을 제공하고 있습니다. 그렇지 않은 아이들은 집으로 가서 쉬어야 하지 않을까요?

간부: 회장님! 지금 다른 나라들에서는 초등학생들의 하교 시간을 늦추고 있습니다.

나: 네? 어느 나라가 그렇게 하는데요? 제가 모르는 나라 중에 그런 나라가 있나요?

간부: 독일도 그렇고요. 유럽 여러 나라가 그런데요.

나: 독일이 그렇게 한다고요? 독일은 연방 차원에서는 그런 정책을 낼 수 없고, 낸다면 란트 Land 차원에서 냈을 건데, 어느 란트입니까? 정확한 자료를 가지고 말씀하셔야지요.

간부: 회장님! 곧 전국시도교육감협의회 총회가 열리는 걸로 알고 있는데요. 제가 가서 교육감님들께 브리핑할 수 있는 시간을 좀 주십시오.

나: 그건 안 됩니다. 어차피 교육감님들이 이 대책을 받아들일 리도 없고요.

브리핑 시간 드릴 수 없습니다. 그렇게 아십시오.

간부: 회장님! 저출산고령사회위원회는 대통령 직속으로 되어 있고, 대통령
께서 위원장이십니다. 이미 대통령께 보고도 드렸고요.

나: 대통령께 보고도 드렸으니까, 시·도교육청은 그대로 따라야 한다는 뜻
입니까? 그건 위원회의 뜻이면서 동시에 대통령의 뜻에 불과합니다. 시·
도교육청이 거기에 따라야 할 의무는 없습니다.

두 사람의 만남은 그것으로 종결되었고, 그 뒤로 초등학교 1~4학년
오후 3시 하교 대책은 더 이상 언급되지 않았습니다. 그때 저에게 떠올
랐던 생각은 '이 정권은 왜 이렇게 하는 것마다 무능한가?'였습니다.

_____ 선거 이야기

2009년 한 해는 매우 빠르면서도 역동적으로 돌아가고 있었습니다.

로스쿨 1기 학생들이 입학하여 강의를 듣고 있었고, 저는 새로운 방
식의 강의를 탐색하면서 저 자신의 헌법 강의의 틀을 주조해 내고 있었
습니다.

강의 방식은 문답식을 기본으로 했습니다. 교수가 학생에게, 학생이
교수에게, 학생이 학생에게 질문하고 답변을 듣는 방식이었습니다. 마
지막 정리는 교수가 하고, 그 정리 내용에 대해 다시 학생들의 의견을 들
었습니다.

외국의 판례 확인이 필요할 때는 강의실 앞쪽에 있는 스크린을 내리

고 반 대표가 인터넷 검색 준비를 하면 제가 사건명을 이야기하고 반 대표는 그대로 검색하는 작업을 했습니다.

판결문이 뜨면 학생들과 함께 판례 독해를 하면서 학생들 스스로 자신이 알고 있던 것의 옳고 그름을 확인하도록 했습니다.

외국 학자의 학설과 관련하여 교수인 저와 학생들이 서로 이해理解를 달리할 때는 다음 시간에 제가 그 외국 학자의 원서를 가져와 읽고 해석을 해준 후, 학생들의 생각을 물어봤습니다.

1과목 3학점 강의에서 2시간이 붙어 있는 경우에는 쉬는 시간 없이 100분 정도 연속강의를 했습니다.

사람에게는 '나는 이렇게 살 거야'라는 미래상이 있게 마련인데, 저의 미래상은 '언제나 그 자리에 있는 교수'로 살다가 '떠나는 뒷모습이 아름다운 교수가 되는 것'이었습니다.

강의하는 것이 좋았고, 강의실에서 아이들 만나는 것이 즐거웠으며, 강의실 밖에서 아이들과 탁구도 치고 여흥 시간을 갖는 것을 즐겼습니다. 교수! 그것은 저에게 비교 대상이 없는 천직天職이었습니다.

2009년이 저에게 더욱 바빴던 것은 제가 한국헌법학회 회장직을 맡고 있었기 때문입니다. 그해 7월 이명박 정권이 언론 장악을 위해 방송법을 날치기 처리하면서 저에게는 할 일이 더 많아졌습니다. 집회, 방송 인터뷰, 면담 등이 밀려들었습니다.

2009년 2학기 말이 되면서 저는 2010학년도 1학기 로스쿨 헌법교과서 두 권의 원고 작성을 하고 있었습니다. 1월 중으로는 출판사에 넘겨야 했기 때문에 시간이 매우 촉박했습니다.

그해 12월 어느 날 평소에 친하게 지내는 인문대 어느 교수께서 저의 연구실로 전화를 걸어왔습니다.

교수: 김승환 선생님! 저 ○○○입니다.

나: 아, 네. ○○○ 선생님. 잘 지내고 계시지요? 웬일이세요?

교수: 선생님 뵌 지도 오래됐고요. 다음 주 화요일 저녁에 시간 좀 내주시지요.

나: 다음 주 화요일 저녁이라고요? 나 그날 선약이 있는데. 못 나가는데 어떻게 하지요?

교수: 시간이 도저히 안 되시나요?

나: 예. 안 되는데요. 그런데 무슨 일 있으세요?

교수: 내년 유월에 지방선거가 있잖아요. 몇 사람이 모여서 지방선거 이야기 좀 나누자고 하는데, 그 자리에 선생님이 계시면 좋을 것 같아서요.

나: 그런 일이라면 그냥 시간 되시는 분들끼리 만나서 의견 교환을 해도 충분할 것 같은데요. 나야 선거에 관심도 없고, 지금 하는 일이 워낙 바빠서 시간을 못 내겠어요. 미안해서 어쩌지요?

교수: 일단 알겠습니다.

다음 주 화요일이 지나고 수요일에 다시 그 교수께서 연구실로 전화를 걸어왔습니다.

교수: 김승환 선생님! 어제 모임 잘 가졌고요. 많은 분이 오셨습니다. 다음 주 화요일에 다시 모임을 하기로 했거든요. 그때는 꼭 시간 좀 내주십시오.

나: 나 못 나가요. 도저히 시간을 못 내요. 미안합니다.

교수: 선생님! 바쁘신 줄은 아는데요. 얼굴이라도 한 번 보여 주시지요. 부탁입니다.

(얼굴이라도 한 번 보여달라? 같은 교수끼리 그렇게 말하는데도 내가 거절하면 그분들 기분이 매우 나쁘겠지? 얼굴이라도 보여달라고 했으니까, 얼굴만 보여주는 걸로 하고 나갔다 오지 뭐.)

나: 그럼 약속해 주세요. 나 다음 주 화요일에 나갈 테니까 더 불러내지는 마세요. 그걸 약속하시면 나갈게요.

교수: 예. 좋습니다. 다음 주에 한 번만 나와주십시오.

화요일이 되어 약속 장소로 나갔습니다. 교수들만 모여 있는 게 아니라 종교 지도자, 시민사회단체 대표, 노동단체 대표 등 많은 분이 나와 계셨습니다. '왜 이렇게 많이 나왔을까?' 의아했습니다.

이윽고 한 사람 두 사람 발언하기 시작하는데, 이야기의 초점이 교육감 선거로 모아지고 있었고, "이 자리에 오신 세 분의 교수님 중 한 분이 출마하시는 것이 가장 좋겠습니다."라는 발언까지 나왔습니다.

저는 그제야 정신이 번쩍 들었습니다. '큰일 났네. 이거 말려들었네' 생각하며 발언했습니다.

"내년 유월 지방선거에서 교육감 선거가 중요하고, 좋은 후보자를 세워 당선시켜야 한다는 데 동의합니다. 하지만 이 자리에서 한 가지 명확히 해 두고 싶은 것이 있습니다. 설마 그럴 리야 없겠지만, 저는 어떤 경우에도 교육감 선거에 나가지 않습니다. 제가 가야 할 길이 있고, 교육감 그런 것에 저는 아무런 관심도 없고 매력도 느끼지 못합니다. 그리고 다음 회의부터는 안 나오겠습니다."라고 잘라 말했습니다.

그다음 날 저는 그 인문대 교수의 연구실로 전화를 걸었습니다.

나: ○○○ 선생님! 왜 나한테 사실과 다르게 말씀하셨어요? 나더러 얼굴만 좀 보여 달라고 하셨잖아요? 나가서 보니 이미 뭔가 각본을 짜놓고 판이 돌아가고 있는 것 같던데, 그러시면 안 되지요.

교수: 죄송합니다. 그렇게 하지 않으면 그 자리에 안 나오실 것 같아서 그랬습니다. 하지만 마음을 좀 열고 생각해 주십시오.

나: 알았어요. 어쨌든 나는 더 이상 그 모임에 안 나갈 거니까 그렇게 아십시오.

_____ 선거 이야기 - 두 번째

2009년 12월 저에게 갑자기 밀려온 교육감 선거 출마 압력, 정확하게는 민주진보 진영 내부 경선에 참여하라는 압박은 저의 강한 거부에 막혀 더 이상의 진척을 보이지 않고 있었습니다.

이와는 별개로 전북교육감 선거 민주진보단일후보추진위원회는 6월 2일 교육감 선거를 향하여 그 일정을 잡아 나갔습니다. 위원회가 내부 경선 후보로 꼽은 사람은 세 명의 교수(전북대 2명, 우석대 1명)였습니다.

2010년 1월에 접어들어 저는 3월 새 학기 강의 준비와 두 권의 로스쿨 헌법 교과서 원고 최종 정리를 하느라 분주한 시간을 보내고 있었습니다.

그 사이 저의 연구실에는 날마다 사람들이 찾아와서 저를 설득하기 시작했습니다. 교수, 종교인, 문학인, 시민단체·농민단체·노동단체 대표들께서 저의 연구실에 앉아서 저에게 마음을 바꿔 달라고 요청했습니다.

저는 일관되게 "저는 교육감 선거는 물론이고 어떠한 선거에도 관심이 없습니다. 내가 할 일은 아이들 가르치고 글 쓰는 겁니다. 나는 선거 안 나갑니다."라고 잘라 말했습니다.

저의 태도가 요지부동이라는 것을 알고 신부神父님 한 분께서 저의 연구실로 오셨습니다.

신부: 교수님의 뜻은 잘 알지만, 전북교육을 생각해 주셔야지요.

나: 왜 신부님까지 이러십니까? 저에 대해서 누구보다도 잘 아시지 않습니까. 저 그런 것 안 합니다.

신부: 경기도에서는 교육감 한 사람 바뀌면서 경기도 교육이 달라지지 않았습니까. 우리 전북도 해봐야지요. 전북교육을 다시 한번 생각해 주세요.

나: 신부님! 제가 지금 하는 일이 전북교육을 위하는 것입니다. 꼭 교육감이 되어야 전북교육을 위해 일하는 건 아니지 않습니까. 저는 그런 거 안 합니다.

결국, 논의는 결렬되었습니다. 이때 저는 계산을 하고 있었습니다. '3월 2일 새 학기가 되어 강의를 시작하면 그걸로 끝이다. 이미 시작한 강의를 중간에 접을 수는 없는 일이다. 그때까지만 견디자.'라는 계산이었습니다.

드디어 기다리던 3월 2일이 되었고, 저는 로스쿨 2기 학생들 앞에서 〈헌법의 기초이론〉을 강의하기 시작했습니다. 한 학기 강의 시작의 법적 성격은 한 학기 강의를 끝까지 진행한다는 학생들과의 계약이고, 그 계약은 어겨서는 안 되는 것이었습니다.

저의 상황 판단과는 달리 민주진보단일후보추진위원회를 이끌어 가는 핵심 인사들의 저에 대한 압박은 더욱 거세졌습니다. 네 명의 입지자는 6월 2일 교육감 선거 4개월 전인 2월 2일부터 예비후보 등록을 하고 선거운동을 하고 있는데, 민주진보진영은 후보를 세우지 못하고 시간을 보내고 있었습니다.

저는 마지막 카드를 꺼내 들었습니다.

"일단 내부 경선에 참여하겠습니다. 처음부터 사실상 저로 확정하지 마시고 모든 절차를 공정하게 진행해 주십시오. 만약 내가 후보로 확정되는 경우 한 가지 조건이 있습니다. 이미 1학기 강의를 시작했습니다. 강의는 학생들과의 약속이자 계약입니다. 선거운동을 하다가 강의 시간이 되면 들어가서 강의하겠습니다. 이 약속 들어주실 수 있습니까?"라고 저의 뜻을 말했습니다.

제 말을 들은 추진위원회 책임자께서 "예. 교수님! 그거 걱정하지 마십시오. 약속하겠습니다. 선거운동을 하다가 강의 시간이 되면 강의하십시오. 나머지 시간 선거운동을 하시면 됩니다."라고 약속했습니다. 그 뒤의 절차는 빠르게 진행되었고, 추진위원회는 추대의 형식으로 저를 민주진보진영 교육감 후보로 확정지었습니다.

3월 16일 전라북도선거관리위원회로 가서 예비후보 등록을 했습니다. 등록을 마치고 돌아서는 순간 추진위원회 핵심 위원께서 저에게로 다가와 "교수님! 강의하실 생각은 하지 마십시오. 생각해 보십시오. 다른 후보들은 이미 오래전부터 사실상 선거운동을 해 왔는데, 교수님은 이제 선거운동을 시작하시는 것 아닙니까. 강의는 못 하십니다."라고 말했습니다.

저는 황당한 느낌이 들어 "약속한 것과 다르지 않습니까? 그때 그렇게 말씀하셨어야지요. 그랬다면 나는 안 나왔지요."라고 항의했습니다.

추진위원회는 저의 뜻을 전혀 중요하게 여기지 않았습니다. 결과적으로 저의 몸은 이미 루비콘강 건너로 넘어가 있었습니다.

자포자기하는 심정으로 3월 17일 로스쿨 강의실로 들어가 학생들 앞에 섰습니다. 마치 제자들 앞에 죄인으로 서 있는 심정이었습니다. 동시에 과거에 저를 만나 저의 강의를 들었던 수많은 전북대법대 졸업생들이 나를 뭐라고 생각할까 불안감이 엄습했습니다. '아마 사람은 다 똑같아,라고 말하겠지'라는 생각이 가장 많이 들었습니다.

2010년 3월 17일의 강의가 저의 마지막 대학 강의가 되어 버렸습니다.

____ 선거 이야기 - 세 번째

선거에 출마하겠다는 결심을 했고, 예비후보 등록도 했습니다.

세 명의 후보는 이미 전북의 교육계에서 교장, 교육장 등의 경력을 쌓으면서 인지도를 높이고 있었고, 한 명의 후보는 대학교수로서 일정한 인지도를 갖고 있었습니다. 그중 한 명의 후보가 특별한 주목을 받고 있었고, 거의 모든 사람이 그 후보의 당선을 예상했습니다. 당선 가능성 몇 퍼센트 정도가 아니라, 적수가 될 만한 사람이 없다는 분위기였습니다. 인지도가 낮고 뒤늦게 선거판에 뛰어든 제가 당선될 가능성은 매우 낮거나 거의 없는 정도였습니다.

예비후보 등록을 마치고 맨 먼저 김근태 의장께 전화를 드렸습니다.

나: 김근태 의장님! 김승환입니다. 저 이번에 전북교육감 선거에 출마하기로 했습니다.

의장: 결심하신 겁니까?

나: 네. 예비후보 등록을 마쳤습니다.

의장: 그렇습니까? 상처받지 마십시오.

나: 네. 의장님. 선거사무소 개소식을 하게 되는데, 의장님의 축사를 듣고 싶습니다.

의장: 교수님! 내가 꼭 그렇게 해드려야 하는데, 요즘 몸이 많이 안 좋습니다. 내가 축하 영상을 만들어서 보내드리겠습니다.

나: 네. 의장님. 알겠습니다. 고맙습니다. 몸조리 잘하십시오.

(김근태 의장님의 축하 동영상을 선거사무소 개소식 때 틀지는 못했습니다. 정당의 당원은 정당의 공천을 받지 않는 교육감 후보자를 지지하거나 반대하는 의사표현을 할 수 없다는 선관위의 유권해석 때문이었습니다.)

선거사무소 개소식이 열렸습니다. 저로서는 출사표出師表를 내는 날이었습니다. 제가 예상했던 것보다 훨씬 많은 분께서 선거사무소로 오셨습니다. 그 자리에는 천정배 국회의원께서도 오셔서 맨 앞자리에 앉아 계셨습니다.

몇 분의 내빈을 소개한 다음 "이 자리에 천정배 국회의원님께서 먼 길을 마다 않고 오셨는데, 유감스럽게도 공직선거법상 정당의 당원은 교육감 후보를 지지하거나 반대하는 의사표현을 할 수가 없다고 합니다. 그래서 아쉽지만, 직접 축사를 듣지 못하게 됐다는 말씀을 드립니다."라고 말했습니다.

이 말이 저의 입에서 나오자마자 천정배 의원님께서 자리에서 일어나시더니 "김승환 교수님! 그 마이크 주세요. 상관없습니다. 축사할게요. 잡아가려면 잡아가라고 하지요 뭐."하시면서 정성을 다해 축사를 해 주셨습니다.

저는 출사표를 밝혔습니다.

"저 김승환, 선거 연습을 하기 위해 나온 것이 아닙니다. 이기려고 나왔습니다. 두고 보십시오. 저는 반드시 당선될 겁니다. 제가 교육감이 되는 경우 제 앞에 놓여있는 길은 비단길이 아니라 가시밭길이 되리라는 것을 저는 잘 알고 있습니다. 저는 그 길을 걸어갈 것입니다. 걸어가면서 제 몸은 가시에 찔리기 시작할 것이고, 저의 몸은 피투성이가 될 수도 있습니다. 저에게 더 이상의 기력이 남아 있지 않으면 저는 쓰러지겠지요. 그때 눈을 들어 앞을 보니 우리 아이들이 저에게 손을 흔들며 다가오고 있고, 저는 그 아이들을 보면서 웃으며 조용히 눈을 감을 겁니다. 이것이 제가 가게 될 길입니다. 도와주십시오."

본격적으로 선거운동이 시작되었습니다. 후보자 명함을 들고 행사장, 동물원, 공원 등등 사람들이 모일 만한 곳을 찾아다녔습니다.

저의 명함을 받고 "아이쿠! 김승환 교수님이시구만. 걱정하지 마요. 내가 찍어 드릴게."라는 말을 하는 유권자가 있었습니다. 정반대로 "김승환 교수? 전교조 아니야? 왜 그런데 붙어서 그래? 난 안 찍어."라고 말하는 유권자도 있었습니다. 어떤 유권자는 저에게서 받은 후보자 명함을 2등분, 4등분, 8등분으로 쫙쫙 찢어서 길바닥에 던져 버리기도 했습니다.

전주동물원 앞에서 어떤 분이 저에게 다가와 호통치듯 말했습니다. "아니, 김승환 교수님. 그러잖아도 사람들이 교수님을 좌파라고 빨갱이라고 하는데, 잠바마저 그렇게 빨간색으로 입고 다니면 어떻게 합니까? 당장 잠바 색깔을 바꾸세요."라고 말했습니다.

어느 시市 지역 실내체육관에서 어느 교회의 가족체육대회가 열린다는 소식을 듣고 행사장 안으로 들어가자 집사라는 사람이 저를 막아서면서 "이 양반 전교조야. 나가세요." 하면서 저를 밀어내려고 했습니다. 그 모습을 보면서 저는 "잠깐! 조심하세요. 내 몸에 손을 대지는 마세요. 내 몸에 손을 대면 그다음은 무슨 일이 일어날지 나도 몰라요."라고 말했습니다. 그 사람은 멈칫하더니 저와 거리를 두고 서 있었습니다.

어느 시골 지역에 갔더니 나이 지긋하신 어르신께서 저를 유심히 보시더니 "가만있자. 전북대법대 그 김승환 교수요?"라고 물어보셨습니다. "예. 맞습니다. 제가 그 김승환입니다."라고 대답하자 "맞네. 그 사람이구먼. 걱정 마시요. 내가 찍을게요."라며 격려해 주셨습니다.

아침에 익산에서 전주 선거사무소로 넘어오다가 완주군 삼례읍에 있는 '비비낙안飛飛落雁'으로 잠시 들어갔습니다. 라디오 생방송 인터뷰를 하기 위해서였습니다. 인터뷰를 마치고 돌아서는데, 밭일을 하고 계시던 아주머니께서 저를 보시더니 "아이고, 이게 누구래요? 전북대 김승환 교수님 아녀요? 교수님 때문에 내 아들이 날마다 집에 전화를 혀요. 우리 교수님 찍어야 헌다고요. 갸가 지금 군대에 가 있거든요. 찍어드릴게요. 아이고 세상에나. 여기서 교수님 얼굴을 보네."라며 반겨 주셨습니다.

저는 어디에 가야 하는지 누구를 만나야 하는지 알 수 없었습니다. 선거대책본부에서 가라는 곳으로 갔고, 만나라는 사람을 만났습니다. 셀 수 없이 많을 정도로 초청 토론회가 열렸습니다. 일단 오라는 곳은 가리지 않고 다 갔습니다.

전주 송천동에 있는 청소년회관에서도 후보자 초청 토론회가 열렸습니다. 당시 중·고등학생들의 첨예한 관심사는 두발 자유화였습니다.

패널로 앉아 있는 고등학생이 후보들에게 "두발 자유화에 대해 어떻게 생각하십니까?"라고 물어보자 후보자들은 모두 "두발 자유화를 해야 합니다. 하겠습니다."라며 모범 답변을 했습니다. 패널은 후속 질문을 이어갔습니다. "만약 교장선생님들께서 도교육청의 지침을 어기고 두발 제한을 하면 어떻게 하시겠습니까?"라는 질문을 했습니다. 후보자마다 "절대로 그런 일이 없도록 철저하게 감독하겠습니다."라고 답변하는데, 저는 그 모습들을 보면서 속으로 웃음이 나왔습니다.

'후보자들이 모두 너무 진지하시네, 나중에 저 약속을 제대로 지킬 수 있을까?'라는 생각했습니다. 후속 질문에 대한 답변은 제가 맨 나중에 하게 되었습니다. "김승환 후보님. 답변하십시오."라는 말이 떨어지면서 저는 "만약 도교육청의 지침을 어기고 두발 제한을 하는 교장선생님이 계시는 경우, 저는 그 학교 교장실로 들어가서 종일 교장선생님 눈을 보고 있겠어요."라고 대답했습니다.

저의 답변이 나오자 패널은 패널대로 객석에 앉아 계시던 분들은 그분들대로 웃느라고 와자지껄했습니다.

하지만 제가 아무리 노력하고 힘을 써도 당선 가능성은 전혀 보이지 않은 채 하루하루 투표일이 다가오고 있었습니다.

_____ 선거 이야기 - 네 번째

2010년 교육감 선거에서 김승환이라는 존재 자체를 모르는 유권자들이 많았고, "교육감도 선거하느냐? 어느 정당으로 나오느냐?"라고 묻는 유권자도 부지기수로 많았습니다. 어느 젊은 교사는 "교수님! 저희 시어머니는 까막눈이시거든요. 어떻게 알려드려야 할까요?"라고 묻기도 했습니다.

투표일이 다가올수록 날씨가 더워지기 시작했습니다. 저는 특히 용산 참사 당시 단식 투쟁을 하다가 10분 이상의 심정지 상태에서 기적적으로 살아나신 문규현 신부님의 건강 상태가 걱정되었습니다. 저를 데리고 도내 곳곳의 성당을 찾아가 주임신부님과 신자들을 만나게 해 주셨습니다.

전주의 어느 성당에서는 주임신부님께서 주일 낮 미사 시간에 오라고 하셨습니다. 가서 보니 다른 후보들은 일절 성당에 들어오지 못하게 하고, 저만 들어오라는 조치를 취해 놓으셨습니다.

익산에서 선거운동을 하고 있을 때였습니다. 선거대책본부에서 연락이 왔습니다. 오후에 도선거관리위원회에서 투표용지의 후보자 배열 순서를 정하는 추첨이 있다며 추첨을 하러 전주로 넘어오라는 것이었습니다.

저는 유권자 한 명이라도 더 만나야 한다는 마음이 강해서 꼭 후보자 본인이 가야 하는지 아니면 대리인이 가도 되는지 물어보았습니다. 대리인이 가도 된다고 했습니다.

승용차 안에서 문규현 신부님께 전화를 드렸습니다.

나: 신부님! 저 김승환입니다.

신부님: 예. 교수님.

나: 오후에 도선거관리위원회에서 투표용지의 후보자 배열 순서를 결정하는 추첨을 한다고 합니다. 저 지금 익산인데요. 제가 워낙 시간이 없으니까, 신부님께서 저의 대리인으로 나가서 추첨해 주십시오.

신부님: 아니. 그렇게 해도 된답니까?

나: 예. 신부님. 그렇게 해도 된답니다.

신부님: 그래도 교수님이 직접 가시는 것이 좋은디.

나: 신부님! 신부님께서 하시나 제가 하나 그게 그거 아닙니까? 좀 해주십시오.

신부님: 알았어요.

나: 고맙습니다.

5분 정도 지나자 신부님께서 전화하셨습니다.

신부님: 교수님! 아무리 생각해 봐도 내가 나가는 건 아닌 것 같아요.

나: 신부님! 지금 긴장하시는 거예요?

신부님: 아니, 아니에요. 내가 무슨 긴장을? 긴장하는 것이 아니라 중요한 일이니까 교수님이 직접 하시는 것이 좋겠다는 생각이에요.

나: 아까는 하시겠다고 하셨잖아요. 약속하셨는데요.

신부님: 교수님! 나 정말 못하겠어요. 교수님이 하셔요.

나: 예. 알겠습니다.

저는 수행기사에게 도선관위로 간다고 말한 후, 승용차 안에서 상념에 잠겼습니다. 5자 대결 구도에서 최유력 후보자 한 분이 매우 여유 있게 선두를 유지하고 있었고, 언론이나 대부분의 유권자는 그 후보자의 당선 가능성을 거의 100%로 보고 있었습니다. 나머지 네 후보자 가운데 저는 '내가 지지도에서 두 번째 아닐까?' 정도로 생각하고 있었습니다. 5자 대결 구도는 끝까지 유지되어야 하고, 만약 단 한 사람이라도 중도하차를 하면 저의 당선 가능성은 제로라는 계산이 섰습니다.

정당공천제가 적용되는 시·도지사 선거에서 기호 1번은 한나라당(지금의 '국민의힘'의 전신)이고, 기호 2번은 제1야당인 민주당이었습니다. 문제는 교육감 선거에는 후보자 이름의 배열순서만 있지 기호 숫자가 없다는 것을 모르는 유권자들이 많다는 것이었습니다.

그래서 우선 피해야 하는 것은 배열순서 첫 번째였습니다. 네 번째는 '죽을 사'자를 연상시키기 때문에 이것도 좋은 배열순서가 아니었습니다. 다섯 번째는 '꼬래비'('꼴찌'의 지역어)라는 느낌을 주어 그다지 마음에 들지 않았습니다.

두 번째는? 후보자들이 가장 선호하는 배열순서가 바로 두 번째였습니다. '두 번째=2번'이라고 오해하는 유권자들이 적지 않을 것이라는 분위기와 기대감이 팽배했기 때문입니다.

저는 이 두 번째도 좋지 않다고 봤습니다. 만약 투표용지에 두 번째로 배치되어 당선되는 경우 4년 내내 사람들은 저를 가리켜 '로또 교육감'이라고 비아냥거릴 거라는 생각이 들었습니다. '그럴 바엔 차라리 떨어지는 게 낫다'라는 판단을 한 것입니다.

결국, 남는 것은 배열순서 세 번째였습니다. 투표용지 한가운데라는 것이 좋았고, 글자를 읽지 못하는 유권자들에게는 자녀들이 '어머니! 아버지! 한가운데 있는 사람 찍으면 돼요.'라고 쉽게 말할 수도 있었습니다.

결정적으로 중요한 것은 어느 후보자도 사퇴하지 않는 것이었습니다. 전주로 가는 승용차 안에서 기도했습니다. "하나님! 저는 세 번째로 배치되는 것이 좋겠습니다. 꼭 세 번째로 배열되게 해주십시오. 그리고 어느 후보자도 사퇴하지 않게 배열해 주십시오."라고 기도했습니다.

드디어 도선거관리위원회에 다섯 명의 후보자와 선거 캠프 관계자들이 모였습니다. 먼저 배열 순서를 '뽑는' 순서를 정하는 추첨을 했고, 그 순서에 따라 후보자 배열 순서를 '정하는' 추첨에 들어갔습니다.

다섯 명 모두 단상 위로 올라왔습니다. 제 옆에 서 있는 후보자가 추첨할 순서가 되었습니다. 실내는 숨소리도 들리지 않을 정도로 정적이 흐르고 있었습니다. 그 후보는 자신이 뽑은 종이를 펴자마자 큰 소리가 날 정도로 두 손바닥을 치며 공중으로 솟아올랐습니다. 저는 '아! 두 번째구나. ○○○ 후보가 두 번째가 아니어서 천만다행이야. 됐다. 5자 대결로 끝까지 가겠네.'라고 예측하며 빙긋이 웃었습니다.

추첨 결과 저는 세 번째였습니다. 단상에서 내려오는 저를 보며 캠프 관계자들이 "교수님! 그렇게 좋으세요? 두 번째가 아니잖아요?"라고 말했습니다. 저는 "모르는 말씀들 하지 마셔. 두고 봐요. 이 배열 순서가 절묘하니까."라고 말했습니다.

그 뒤로 저는 유권자들을 만날 때마다 "제 이름은 한가운데에 있어요. 다섯 명 중 한 가운데예요. 교육감은 정당이 없어요."라고 말했습니다.

시장市場 거리에 좌판을 깔아놓고 물건을 파는 분들께 그런 식으로 설명해 드리면 몇몇 분은 "그려요오? 교육감은 당과 상관이 없구만요? 그것 참 이상허네요. 왜 그런대요오? 긍께 교육감은 한가운데를 찍으면 된다는 것이지요? 얼굴도 이쁘게 생겼고만. 아니네. 선거하느라고 고생을 많이 혀서 그런가 얼굴 살이 쪼옥 빠졌고만. 걱정마시요. 찍어드릴텡게."라고 말씀해 주셨습니다.

하지만 여론조사 결과는 여전히 안 좋게 나왔습니다. 2010년 4월 27일 한겨레신문 여론조사는 1위 오근량 후보 25%, 2위 박규선 후보 23.8%, 3위 김승환 후보 7.7%라고 보도하고 있었습니다.

_____ 선거 이야기 - 다섯 번째

선거일인 2010년 6월 2일을 1주일 앞둔 어느 날 저녁, 캠프의 핵심 참모가 저더러 잠깐 사무소 밖으로 나가 할 말이 있다고 했습니다. 사무소 밖으로 나가자 주위에는 불빛도 보이지 않고 조용했습니다. 길바닥 가장자리에 둘이서 자리를 잡고 앉았습니다.

참모: 교수님! 지금 일주일 남았는데요. 우리가 오 퍼센트 지고 있습니다.
나: 그래? 일주일 남겨 두고 오 퍼센트면 아주 큰 격차인데, 이변이 없는 한 따라잡기는 어렵겠네.
참모: 그렇지요.

나: 어쨌든 차분히 원칙대로 가게. 이 정도 격차라도 굉장히 많이 따라붙은 것 아닌가?

참모: 그렇지요. 많이 좁아진 겁니다. 지금 저쪽에서는 이미 샴페인을 터트린다는 소문이 돌고 있어요.

나: 그럴 만도 하네. 어쨌든 우리 캠프에서 운동하는 사람들이 그동안 고생을 많이 했네. 고마운 일이야. 너무 의기소침하지 마. 지금 이 페이스대로 끝까지 최선을 다하게.

참모: 예. 알겠습니다.

선거일이 가까워지면서 저는 선거사무소 주변에 원룸을 얻어놓고 하루 일정이 끝나면 그곳으로 들어가 잠을 잤습니다. 아침에 일어나면 주로 콩나물국밥을 먹었습니다. 여름날 강한 햇볕에 그을려 얼굴색도 검어졌습니다.

투표 하루 전날 저녁에는 익산에 있는 집으로 가서 잠을 잤습니다. 투표일 아침 저는 아내와 함께 집에서 가까운 솜리문화예술회관으로 가서 투표했습니다. 투표를 마치고 아내를 집으로 들어가게 한 후, 저는 걸어서 동네에 있는 한의원으로 가서 원장님을 만났습니다.

원장: 교수님! 어서 오세요. 바쁘실 텐데, 이렇게 오셨네요?

나: 예. 방금 투표 끝내고 오는 길입니다. 몸이 매우 피곤하거든요. 좀 쉬고 싶어서요.

원장: 예. 알겠습니다. 제가 필요한 처치를 해 드릴 테니까 좀 주무시지요.

저는 환자용 침대에 눕자마자 깊은 잠에 빠져들었고, 한참을 자고 일어나자 정오가 다 되어가고 있었습니다.

집으로 들어가 점심밥을 먹고 전주로 넘어갈 준비를 하고 있었습니다. 그때 전화 신호가 울려서 받았습니다. 전북대 교수였습니다.

교수: 선생님! 지금 어디에 계셔요?

나: 응. 나 익산집이야.

교수: 오늘 전주에 오시지요?

나: 응. 가야지. 왜?

교수: 몇 시에 오셔요? 캠프로 들어가기 전에 저 잠깐 만나 주시지요.

나: 급한 일이야? 왜?

교수: 잠깐 드릴 말씀이 있거든요. 전북대 삼성문화관 주차장에서 만나시

지요.

나: 그래. 알았어. 그럼, 거기에서 네 시 반에 만나는 걸로 해.

교수: 예. 알겠습니다.

약속 시간에 주차장으로 가서 그 교수를 만났습니다.

교수: 선생님! 선거운동 하느라 그러셨는지 얼굴이 많이 야위셨네요.

나: 그랬을 거야. 그거 보통 일이 아니잖아.

교수: 예. 그렇지요. 선생님! ○○○신문사 ○○○ 국장은 선생님도 아시지요?

나: 응. 잘 알지.

교수: 그 국장한테서 전화가 왔거든요. 아마도 정보기관과 서로 정보를 주

고받나 봐요.

나: 그러겠지.

교수: 그 친구 말이 출구조사 결과 선생님이 3위라네요.

나: (웃으면서) 이거 2위도 못하는 거네. 그쪽에서 나온 정보라면 거의 정확할 거야. 알려 줘서 고마워.

그 교수와 헤어지면서 하늘을 올려다봤습니다. '아~ 내가 학교로 돌아오는구나'라는 생각이 담담히 스쳤습니다.

그 길로 캠프로 들어가서 함께 선거운동을 했던 분들의 손을 잡으면서 "고맙습니다. 그동안 고생 너무 많이 하셨습니다. 어떤 결과가 나오더라도 있는 그대로 받아들이시게요."라고 말했습니다.

오후 6시가 다가오면서 캠프 관계자들이 대형 텔레비전 앞으로 모여들기 시작했습니다. 6시 시보^{時報}가 울리면서 각 시·도별 출구조사 결과가 나오기 시작했습니다. 저는 2% 남짓 차이로 2위로 나왔습니다. 1주일 사이에 또 좁혀진 것이었습니다.

그 결과를 보고 캠프에서 한 분이 큰 소리로 "야~ 우리가 이겼다!"라고 말했습니다. 저는 물론이고 다들 어안이 벙벙한 채 그분을 쳐다봤습니다. 나중에 안 사실이지만, 당시 출구조사는 서울은 오후 5시까지, 지방은 오후 4시까지의 집계였습니다. 우리가 이겼다고 말한 분의 설명에 따르면 전주, 익산, 군산을 중심으로 오후 4시부터 6시까지 (근무 교대를 하는) 노동자와 학부모 들이 집중적으로 투표장으로 나갔다는 것이었습니다.

하지만 개표가 시작된 이후 1위와 2위의 순위는 좀처럼 바뀌지 않았습니다. 캠프는 한산했습니다. 방송국 카메라는커녕 기자 한 사람도 들어오지 않았습니다.

12시 무렵, 평소에 친하게 지내던 방송사 기자 한 분이 캠프로 들어 왔습니다.

기자: 교수님! 저랑 인터뷰 한 번 하시게요.

나: 무슨 인터뷰요?

기자: 당선 소감 인터뷰요.

나: 당선 소감 인터뷰라고요? 아니, 지금 이렇게 지고 있는데 무슨 당선?

기자: 그러니까요. 혹시 모르니까요. 당선되면 할 말을 하시는 것이지요.

나: 하하. 아무튼 ○○ 기자님은 재미있어요. 그래요. 인터뷰 촬영해 보세요.

기자: 자아~ 시작합니다. 김승환 후보님! 교육감에 당선되셨는데, 소감 한 말씀 해주십시오.

나: 네. 전북도민 여러분! 여러 가지 부족한 점이 많은 저를 간발의 차이로 전북교육감에 당선시켜 주셔서 감사합니다. 임기 동안 도민들의 기대에 맞게 성실히 교육감직을 수행하겠습니다.

기자: 예. 됐습니다. 저는 갈게요.

나: 예. 고맙습니다. 잘 가세요.

자정이 지나면서 1위와 2위의 격차가 조금씩 좁혀지기 시작했지만, 결과에 큰 영향을 미칠 것 같지는 않았습니다. 그 사이에 저의 몸은 점점 가라앉았습니다. 도저히 버틸 수가 없어서 캠프 관계자들께 "죄송합니다. 저는 너무 피곤해서 더 이상 안 되겠습니다. 들어가서 잘게요."라고 말한 후 원룸으로 들어가 얼굴만 씻고 잠이 들었습니다.

창문이 밝아오고 있었고, 방문을 두드리는 소리가 나서 일어나 방문을 열었습니다. 신비(신병구 비서의 '애칭')가 들어왔습니다.

신비: 교수님! 편히 주무셨어요?
나: 응. 나 잘 잤어. 신비는 잠 제대로 못 잤지?
신비: 예.
나: 투표 결과는 어떻게 됐어?
신비: 교수님이 이기셨어요.
나: 내가 당선됐다고?
신비: 예. 교수님. 축하드립니다.
나: 고마워. 수고 많이 했어.

저는 바로 세수와 면도를 하고 캠프로 올라갔습니다. 얼굴들을 보니 모두 밤을 새운 기색이 역력했습니다. 일일이 손을 잡고 고맙다는 인사를 드렸고, 서로 껴안고 당선의 기쁨을 나누기도 했습니다. 그날 오전 캠프에는 계속 취재기자와 사진기자들께서 몰려들었습니다. 도내 14개 시·군의 선거사무소에서 일했던 분들께서도 속속 캠프로 모였습니다.

종일 캠프에 머무르다가 저녁에 익산집으로 갔습니다. 연로하신 몸으로 선거운동을 하신 어머니께 감사의 인사를 드렸습니다. "고생했다. 축하한다. 이 애미의 맘이 좋다. 어서 쉬거라."라고 말씀하셨습니다.

방 안으로 들어와 아내에게 "나 때문에 고생 많이 했어. 고마워."라고 말하자 아내는 "나 할 일 다 했어. 앞으로 나 밖으로 불러내지 마."라며 저의 다짐을 받았습니다. "그래, 그렇게 할게."라고 약속했습니다.

_____ 선거 이야기 - 여섯 번째

선거에서 가장 중요한 것이 있다면 그것은 선거 캠프에서 일하는 사람들이 후보자를 중심으로 운명공동체 의식을 갖는 것입니다. 사적 이해관계를 떠나 공적인 관점에서 '이 사람이 꼭 당선되어야 한다'라는 확신을 하는 사람이 많으면 많을수록 좋습니다.

이것은 하나의 이상론입니다. 현실과는 어느 정도 괴리가 있다는 뜻입니다. 자리만 차지하고 있는 사람, 꼬박꼬박 선거운동원 수당은 받으면서 자기 얼굴 내고 다니는 사람, 쥐도 새도 모르게 돈을 챙기려고 하는 사람, 중요한 의사결정을 할 때 자기주장만을 끝까지 하는 사람들이 없을 수 없습니다. 그런 사람들은 열심히 헌신적으로 선거운동을 하는 사람들의 의욕을 꺾게 됩니다.

언젠가 기관장 몇 사람이 함께 차를 마시면서 담소를 나누는 자리가 있었는데, 그 자리에서 이런 말이 오갔습니다.

> 기관장: 김승환 교육감님은 참 편한 사람이여. 가만히 있어도 다른 사람들이 알아서 선거운동 다 해주고.
> 나: 그게 무슨 말이야? 내가 가만히 있는데, 누가 나를 위해서 선거운동을 해준다는 거야?
> 기관장: 에이~ 나는 다 알아. 다 자기 돈 써가면서 선거운동을 하드만 뭐.
> 나: 내 참! 누가 자기 돈 써가면서 선거운동을 해줘? 그런 것 없어. 나도 힘들어.
> 기관장: 우리는 말이여. 내 선거운동 좀 해달라고 백만 원을 줬는데, 그중

오십은 자기 주머니에 넣고 나머지 오십으로 운동을 해주면 그 사람은 정말 착한 사람이여. 우리 세계는 그래.

2010년 6.2 지방선거에 출마해서 캠프를 차리고 보니 '참 좋은 분들이 많이 들어오셨구나'라는 생각이 들었습니다. 모두가 자신의 일로 여기고 일을 해주고 계셨습니다. 평생 회계 업무 한 번 제대로 해 본 적이 없는 분이 선관위의 지도를 받아가면서 충실히 회계 일을 하고 있었습니다.

정책개발팀은 밤늦은 시간까지 머리를 맞대고 정책 구상을 하고 있었습니다. 현장 운동원들도 한여름에 얼굴이 검게 그을리도록 현장에서 선거운동을 하고 있었습니다. 토론 준비팀은 후보자가 실수 없이 제대로 토론을 할 수 있도록 예상 질문을 뽑고 그에 대한 답변을 쓴 다음, 후보자인 저에게 예행연습을 시키는 일을 반복했습니다. 토론회 주최자가 누구냐에 따라 질문의 내용이 달라지기 때문입니다.

그러나 사람이 하는 일인데 완벽한 일치를 이룰 수는 없는 일이었습니다. 때로는 캠프 내에서 의견 대립이 일어나고 그것이 의견 충돌로 이어지는 때도 있었습니다. KBS전주방송총국에 나가 후보자 연설을 하는 것을 둘러싸고 내부에서 심한 의견 충돌이 있었습니다.

교육감 선거의 쟁점을 정확히 제시하고, 후보자의 정체성을 드러낼 수 있는 말을 해야 한다는 의견과 밤 10시 이후 심야 시간대인 점을 고려하여 유권자들의 마음을 편안하게 할 수 있는 말을 해야 한다는 의견이 첨예하게 대립하고 있었던 것입니다. 이미 후보자 연설 원고까지 모두 작성되어 있었습니다. 방송국에 도착해야 할 시각은 다가오는데, 접점을 찾지 못하고 의견 대립이 이어졌습니다.

'이거 안 되겠다' 싶어 저는 "다 치워. 나 그냥 갔다 올게."하며 사무실 문을 열고 나섰습니다. 저의 뒤로 "교수님! 어떻게 하실 건데요?"라고 묻는 소리가 들렸습니다. 저는 수행비서와 수행기사에게 출발하자는 말을 하고서 승용차에 올라탔습니다.

방송국 스튜디오로 들어갔습니다. 그때 스피커를 타고 주조실에서 기자의 말이 나왔습니다.

기자: 교수님! 후보자 연설 원고가 아직 안 왔습니다. 원고를 주셔야지요.
나: ○○○ 기자님! 오늘 원고 없습니다. 그냥 합시다.
기자: 예? 원고가 없다고요? 그냥 하시겠다고요?
나: 예. 원고 없이 합니다. 제한 시간 십 분을 넘기지 않도록 시간 표시는 정확히 해주십시오.
기자: 예. 예. 알겠습니다.

"레디, 액션!"과 함께 후보자 연설이 시작됐고, 제한 시간 10분 중 2~3초 정도 남겨 두고 연설을 마쳤습니다. 그 길로 다시 캠프로 들어가서 후보자 방송 연설을 준비하느라 고생도 하고 서로 다투기도 했던 분들께 수고해 줘서 고맙다는 인사를 했습니다.

____ 선거 이야기 - 일곱 번째

2010년 6. 2 지방선거 교육감 선거에 뒤늦게 뛰어든 저에게는 하루하루가 시간과의 싸움이었습니다.

장날 시장으로 가서 좌판을 깔아놓고 물건을 파시는 분들께 명함을 드리며 지지해 주시라고 부탁하면 일단 "걱정 마셔. 찍어 드릴게."라는 말씀을 하시는 분들이 많았습니다. 자리에서 일어서면 저를 수행하는 선거운동원들이 저에게 "교수님! 지금 시간이 없는데, 한 사람 한 사람 붙잡고 그렇게 길게 말씀하시면 어떻게 합니까? 명함을 주고 빨리빨리 일어서야 합니다."라며 답답해했습니다.

어느 날 캠프에 들어갔더니 실무진 여러 사람이 모여 뭔가 이야기를 나누고 있었습니다. 무슨 일이 있는지 궁금해서 물어보았습니다.

나: 무슨 일 있어요?
실무진: 예. 교수님. 전북학원연합회에서 교육감 후보자 초청 토론회를 한다며 참석해 달라는 요청이 와서 의견을 나누고 있습니다.
나: 그래요? 어디에서 하는데요?
실무진: 예. 전주대 학생회관에서 한답니다.
나: 그럼 토론 준비를 하고 가야겠네요?
실무진: 아니요. 교수님! 거기는 가지 마십시오.
나: 왜요?
실무진: 거기는 이미 (지지할 후보가) 결정되어 있거든요.
나: 그래도 초청을 받았는데, 가보기는 해야 하는 거 아닌가요?

실무진: 아닙니다. 가지 마십시오.

저는 비록 전북학원연합회가 이미 지지할 후보를 내정했다 하더라도 일단 초청에는 응하고, 충실하게 토론해서 단 몇 표라도 건져야겠다는 생각이 강하게 들었습니다.

초청 토론회가 열리는 그날 임박한 시간에 저는 캠프의 실무진들에게 통고하듯 말했습니다.

나: 나, 갔다 오겠습니다.
실무진: 예? 가시겠다고요?
나: 갔다 올게요.

수행비서 한 사람을 빼고 저를 따라오는 사람은 없었습니다. 실무진은 저에게 예상질문지도 답변도 주지 않았습니다. 전주대학교 학생회관 1층에 들어서자 객석이 사람들로 가득 차 있었습니다. 어림잡아 8백 명 정도는 되어 보였습니다. 드디어 토론회가 시작되었습니다.

보충수업, 보충수업과 정규시험의 연계, 야간자율학습, 방학 중 학생 출석 강요 등 다양한 질문들이 나왔습니다. 다른 후보자들이 뭐라고 답변하는지 주의 깊게 들으며 마음속으로 저의 답변을 준비해 나갔습니다.

어느 순간 패널이 후보자들에게 본질문을 한 다음, 보충질문을 했습니다. 저에게는 보충질문을 하지 않은 채 진행자가 다음 질문으로 넘어가려 하고 있었습니다. 그 순간 저는 손을 번쩍 들었습니다.

나: 진행자님! 이의 있습니다.

진행자: 네. 김승환 후보님. 말씀하시지요.

나: 왜 다른 후보자들께는 모두 보충질문을 하시고, 저한테는 안 하시는 겁니까? 이거 불공평하지 않습니까? 저에게도 보충질문을 해주십시오.

진행자: 보충질문을 해 달라고요?

나: 예. 보충질문을 해 주셔야지요. 그래야 공평하지요.

진행자: 잠깐만요.

패널들은 마치 돌발사태라도 맞은 듯 얼굴에 당황해하는 빛이 역력했습니다.

진행자: 김승환 후보님! 저희가 지금 보충질문을 만들고 있습니다. 조금만 기다려 주십시오.

객석에서는 계속 웃음이 터져 나왔습니다.

'나는 되게 심각한데, 왜 저렇게 웃는 걸까?' 의아해하며 저는 보충질문을 기다리고 있었습니다. 잠시 후 저는 패널의 보충질문을 듣고 답변했습니다. 토론회 전체 시간이 상당히 많이 걸렸습니다. '후유~ 다 끝났네' 안도의 숨을 쉬며 저는 단상에서 내려왔습니다.

며칠 뒤 전북학원연합회는 '김승환 후보를 지지한다'라고 선언했고, 이것은 선거방송 토론의 질문으로 이어졌습니다. 방송토론에서 후보자한 분께서 저에게 다소 공격적인 어조로 질문을 했습니다.

후보자: 김승환 후보님! 김승환 후보는 전북학원연합회의 지지를 받는다는 말이 있습니다. 그게 사실입니까? 어떻게 생각하십니까?

나: 예. 제가 전북학원연합회의 지지를 받는다는 것은 사실입니다. 그런데 그게 뭐가 문제라는 겁니까? 학원연합회가 범죄집단이라도 된다는 겁니까?

후보자: "⋯⋯⋯⋯"

그 문제에 관한 질문은 더 이상 이어지지 않았습니다.

_____ 제가 설명해 드리겠습니다

저는 학창 시절부터 축구와 야구를 좋아했습니다. 단순하게 좋아한 정도가 아니라 몰입할 정도로 좋아했습니다. 야구의 경우 휴일에 야구장으로 가서 오전 10시 30분 첫 경기부터 야간 마지막 경기까지 다 보고 나오는 경우도 가끔 있었습니다. 점심과 저녁은 빵과 우유로 대신했습니다.

서브머린 피처 주성노朱性魯 선수 한 사람, 여시(여우)로 불렸던 유격수 김재박金在博 한 사람을 보기 위해서 야구장에 들어간 경우도 여러 차례였습니다. 저는 70년대 야구 선수들 이름을 '거의 모두'가 아니라 '모두' 한자 이름으로 외우고 있었습니다.

특히 기억에 오래 남는 것은 1973년에 열렸던 한일고교야구대회였습니다. 당시 일본에서는 네스호수의 괴물 네시가 나타났다면서 그들 표현대로 '일본열도'가 들썩였습니다. 주인공은 초고교급 투수 에가와江川

였습니다. 우완 정통파 강속구 투수였습니다. 요미우리 자이언츠 등 일본의 프로야구 구단들이 이미 눈독을 들이고 있었습니다.

바로 그 선수가 한일고교야구대회에 출전하기 위해 서울로 왔습니다. 서울운동장 야구장(일명 '동대문야구장')은 입추의 여지 없이 관중들로 꽉 들어찼습니다. 저도 일찍 표를 구해 1루 측 외야석에 자리를 잡고 앉았습니다.

에가와의 모습이 보이자 관중석에서는 "와아~~~" 소리가 터져 나왔습니다. 당시 한국의 에이스는 배재고의 하기룡河基龍이었고, 타자는 3번에 안타 제조기 대구상고 장효조張孝祖, 4번에 경남고 김용희金用熙가 배치되었습니다.

우려했던 대로 한국의 타자들은 에가와의 구위에 꼼짝 못 하고 눌렸습니다. '1점이라도 내야 할 텐데, 이러다가 영봉패零封敗를 당하는 거 아냐?'라는 걱정이 밀려들기 시작했습니다.

6회가 되었습니다. 2번 타자 중앙고의 왼손타자 유대성兪大成이 들어섰습니다. 에가와의 손에서 타자를 향해 볼이 들어오고 있었고, 유대성이 배트를 돌리는 순간 "딱!" 하는 소리가 야구장의 깊은 정적靜寂을 깨뜨렸습니다. 볼은 빨랫줄처럼 우측 담장을 향해 날아가더니 그대로 넘어가 버렸습니다. 아무도 예상하지 못했던 1점 홈런이었습니다. 에가와는 마운드에서 고개를 숙였고, 유대성은 유유히 내야를 돌면서 베이스를 하나하나 밟았습니다.

그다음으로 일을 낸 선수는 3번 장효조와 4번 김용희였습니다. 장효조가 안타를 치고 김용희가 다시 안타를 치면서 장효조를 홈으로 불러들였습니다. 결과는 한국팀의 2:1 승리였습니다.

2013년 제94회 전국체육대회가 열렸고, 저는 우리 전북의 고등학생들을 응원하기 위해 현장으로 갔습니다. 체육팀에서 저더러 야구장으로 가자고 했습니다. 군산상고가 1회전을 치른다는 것이었습니다. 상대팀이 어디냐고 물어보자 대구상원고라고 했습니다. "대구상원고?"라고 묻자 "아~ 교육감님. 옛날 대구상고가 대구상원고로 이름이 바뀌었습니다."라는 설명이 돌아왔습니다.

야구장으로 들어서자 이미 경기가 시작되었습니다. 저는 본부석 쪽으로 가서 자리에 앉았습니다. 제 바로 옆으로 군산상고 교장선생님께서 앉으시더니 "교육감님! 제가 교육감님 옆에 앉아서 야구에 관해 설명해 드리겠습니다."라고 말씀하셨습니다.

저는 '나에게 야구에 관해 설명하시겠다고? 이분이 야구를 얼마나 잘 아실까?'라는 장난기가 발동하면서 "예. 교장선생님. 보다가 잘 모르는 것이 있으면 물어보겠습니다."라고 말했습니다.

경기의 분위기는 대구상원고 쪽으로 기울어 있었습니다. 에이스 피처의 볼 앞에서 군산상고 타자들의 배트는 계속 헛돌고 있었습니다.

4회에 들어서면서 저는 상대팀 피처에게서 이상한 낌새를 느꼈습니다. 자세가 조금씩 흐트러지고 있었습니다. 그것은 지나친 자신감에서 나오는 것일 수 있었습니다. 그 모습을 보면서 저는 주위에 있는 사람들에게 "이번에 안타 나오겠네요."라고 말했고, 군산상고 타자는 정확하게 안타를 날렸습니다. 그리고 그것은 다음 타자들의 안타로 이어지면서 득점으로 연결되었습니다. 결과는 군산상고의 승리였습니다.

사람들이 저에게 "교육감님! 그 순간에 안타가 나온다는 것을 어떻게 아셨습니까?"라고 물어봤습니다. 저는 굳이 설명하지 않고 회심의 미소를 날렸습니다.

____ 쪼그맣게 생겼고만

교육감 1기 어느 날 저는 무주로 갔습니다. 여러 개의 일정을 소화하는 가운데 학부모와 지역 인사들을 만나는 순서가 있었습니다. 누가 누구인지 확실히 알 수는 없어도 부지런히 이 사람 저 사람과 인사를 하며 악수했습니다.

모두가 자리에 앉았고, 제 바로 앞자리에는 30대로 보이는 학부모께서 앉으셨습니다. 그분은 잠시 저를 위아래로 훑어보시더니 "에이, 쪼그맣게 생겼고만. 세상에 어디 때릴 곳 있다고 사람들이 우리 교육감님을 그렇게 괴롭히는지 모르겠네. 내가 교육감님만 생각하면 면도칼로 가슴을 도려내는 것처럼 아파요."라고 말씀하셨습니다.

제가 "나 절대 쪼그맣지 않거든요."라고 말대꾸하자 "에이, 뭐가 그래요. 진짜 쪼그맣게 생겼고만."이라고 재차 강하게 짚어 말씀하셨고, 저는 더 이상 할 말이 없었습니다.

그때부터 한두 해 지난 어느 날 다시 무주에서 그분을 만나게 됐습니다. "지금도 제 생각을 하면 그렇게 마음이 아프세요?"라고 물어보자 뜻밖에도 "아니요. 이젠 걱정하지 않아요. 누가 뭐라고 해도 끄떡없이 잘

하시드만."이라고 말씀하셨습니다.

____ 그렇게 안 생겼구만

신문, 방송, 영상, 인터넷 등을 통한 보도는 헌법 제21조에서 나오는 보도의 자유라는 이름으로 보호받습니다. 보도의 자유에 선행하는 자유가 취재의 자유입니다.

기자들을 취재기자, 사진기자 식으로 분류하지만, 엄격한 의미에서 본다면 취재기자만 취재와 보도를 하는 것이 아니라, 사진기자도 사진 또는 영상을 통해서 취재와 보도를 한다고 볼 수 있습니다. 때로는 사진이나 영상이 그것을 보는 사람들의 뇌리에 더 깊이 그리고 더 오래 각인되기도 합니다.

이 때문에 사람들의 시선과 관심을 많이 받는 사람들일수록 언론사의 사진 또는 영상을 통한 보도에 매우 민감한 반응을 보입니다. '내 사진이나 영상이 왜 그렇게 나왔나?'라며 불만을 표현하는 경우가 적지 않다는 것 정도는 쉽게 짐작할 수 있습니다.

다른 각도, 즉 언론사의 입장에서 볼 때 (취재와 보도의) 대상 인물에 대한 자신들의 선호도에 따라 사진이나 영상을 좋은 것으로 내거나 별로 좋지 않은 것으로 내는 경우는 일상적으로 있는 일이라고 추측하는 것이 맞을 것입니다.

보도에 사용되는 사진과 영상은 신문의 독자 또는 방송의 시청자들에게 대상 인물에 대한 고정된 인상을 심어 주기도 합니다. 이런 것을 가리켜 일종의 인지편향$^{cognitive\ bias}$이라고 말할 수도 있습니다. '아무개는 이렇게 생겼지'라는 편향입니다.

교육감 시절 저는 전라북도 내에서 또는 다른 시·도에서 개인적으로 또는 집단적으로 무척 많은 사람을 만났습니다. 강의 횟수만 하더라도 그 수를 헤아릴 수 없을 정도로 많았습니다.

그런 기회에 저의 얼굴을 처음 보는 사람들의 입에서 가장 많이 나왔던 말이 "그렇게 안 생겼구만."이었습니다. 지역 내에서는 물론이고 서울 쪽의 언론에서도 호감보다는 비호감을 많이 샀던 저이기 때문에, 처음으로 저의 얼굴을 대하는 사람들은 순간 '이 사람이 그 사람 맞아?'라는 혼란에 빠지는 것 같았습니다.

기관장 등 선출직 공무원들이 언론에 굴신屈伸하는 또 하나의 결정적 이유가 여기에 있는 것입니다. 특정 언론사에 찍힌 사람의 경우 그 사진이나 영상은 어두운 얼굴, 찌푸리는 얼굴, 화를 내는 듯한 얼굴, 수척한 얼굴, 병약해 보이는 얼굴, 고집스러워 보이는 얼굴, 편협해 보이는 얼굴 등이 주를 이루게 됩니다.

이런 경우 해당 인물이 언론을 향해 '너희는 너희의 길을, 나는 나의 길을 간다'는 의지와 실천력을 보인다면 언론은 무력해집니다. 언론이 가장 힘들어하는 인물은 제아무리 비판, 비난, 비방, 가짜 뉴스 등으로 공격하더라도 아무런 반응을 보이지 않는 사람입니다.

스트레스^{stress}에 해당하는 라틴어는 스트릭뚜스^{strictus} 또는 스트린제
레^{stringere}입니다. 앞의 단어는 '꽉 끼는^{tight}' 또는 '좁은^{narrow}'이라는 형용
사의 의미가 있고, 뒤의 단어는 '조이다^{tighten}'라는 동사의 의미를 지니고
있습니다. 스트레스는 제한 또는 한정의 뜻을 갖고 있으면서, 개인의 심
신心神 상태, 신체적 압박 또는 정신적 필요에 반응합니다.

스트레스가 전혀 없는 것이 좋은가 아니면 상황에 맞게 적정한 스트
레스가 있는 것이 좋은가라는 물음에 정답을 내기는 어렵겠지만, 저는
후자에 찬성합니다. 스포츠 선수, 가수, 배우, 수험생들이 스스로 제어
할 수 있는 정도의 스트레스를 갖는다면, 자신이 원하고 기대하는 성취
에 더 쉽게 다가갈 수 있을 것입니다.

교육감 일을 하면서 계산해 낼 수 없을 정도로 많은 말을 들었습니
다. 그중에는 마음을 편하게 하는 말이 있는가 하면, 마음을 불편하게
하는 말도 있습니다. 같은 말인데도 상황에 따라서 정반대의 느낌을 주
기도 합니다. 기분 좋은 말이든 그렇지 않은 말이든 두 번 세 번 반복해
서 들으면 싫증 나기도 하고 짜증이 나기도 합니다.

"김승환 교육감님은 나중에 죽으면 몸에서 사리가 엄청나게 많이 나
올 것 같습니다."라는 말은 적절한 비유를 들어 하는 말이어서 그런지
언제든지 웃으면서 들었습니다.

"교육감님! 그 많은 스트레스를 어떻게 이겨내세요? 참 대단하세요?"
이런 말은 합산合算하여 한두 번 듣는 것으로 충분합니다. 제 마음에 그

다지 와닿지 않기 때문입니다.

"교육감님! 검찰 고소·고발을 열일곱 번 당하셨잖아요? 스트레스가 어마어마했을 거 같아요. 그걸 버텨내신 비결은 뭔가요?" '내가 버티긴 뭘 버텨?'라는 생각이 들면서 이런 말 역시 가슴에 와닿지 않습니다.

"교육감님! 전북과 서울의 신문과 방송이 계속해서 교육감님을 공격하잖아요. 없는 말도 지어내고요. 스트레스 많이 받으시지요? 어떻게 참아 내세요?" '내가 신문이나 방송을 읽거나 시청해야 스트레스를 받거나 말거나 하지, 내가 나오는 기사나 뉴스도 안 보는데 참' 그냥 실소하고 맙니다.

결국 교육감 12년 세월을 지나오면서 가장 많이 들었던 단어가 스트레스입니다.

저는 그 말을 하는 분들께 가끔 이런 질문을 합니다.

- 만약 제가 스트레스를 받았다면 지금 살아 있을 수 있을까요?
- 스트레스는 자신의 의지로 안 받을 수도 있는 건가요?
- 스트레스를 안 받아야지 다짐하는 순간 바로 스트레스가 시작된다는 것이 의학적으로 정확한 말이 아닐까요?

이런 질문 끝에 저는 스스로 대답합니다. '그들은 그들의 일을 하고, 나는 나의 일을 하는 것이다'라는 겁니다.

교육감 1기 때 정식으로 스트레스를 측정한 적이 있습니다. 저의 스트레스 진단을 해주신 분은 우리나라에서 그 이름 석 자만 들으면 대부분의 사람이 알 만한 정신의학자였습니다. 테스트를 먼저 받은 후 정해진 일시에 서울로 가서 그분을 만났습니다. 저를 보면서 그분은 이런 말씀을 하셨습니다.

"저는 전북교육감님 하면 스트레스 지수가 굉장히 높을 거라고 예상했거든요. 그런데 결과를 보니 전혀 딴판이에요. 여기 좀 보십시오. 이쪽은 심리 스트레스이고, 이쪽은 신체 스트레스입니다. 정상 범주가 이쪽은 25까지이고, 이쪽은 20까지이거든요. 교육감님은 이쪽은 14이고, 이쪽은 12예요. 이것은 스트레스 지수가 낮다는 것이 아니라 아예 없다는 것이거든요. 어떻게 이게 가능한지 모르겠어요."라고 말하면서 환히 웃으셨습니다.

평생 처음으로 전문가의 측정을 받는 순간이라서 약간 긴장을 했던 것은 사실입니다. 설명을 듣고서 저는 '이런 식으로 살면 되겠네'라고 생각했습니다.

_____ 어느 결혼식

어느 공무원이 있었습니다. 부부 금슬이 매우 좋았고, 딸과 아들을 기르며 다복하게 살고 있었습니다. 해마다 추석 명절쯤이 되면 한때 같은 곳에서 근무했던 분들의 부부가 함께 모임을 했습니다.

그때도 부부는 모임 자리에 나갔고, 남편은 술을 마시며 기분 좋은 시간을 보냈습니다. 귀가하는 길에 승용차 운전석에는 부인이 앉았습니다.

출발 지점에서 얼마 지나지 않아 교통사고가 났고, 부부는 그 길로 하늘나라로 먼 길을 떠났습니다. 아직 중학교에 다니는 딸과 어린 아들을 남겨 두고 세상을 떠난 것입니다. 딸은 성장하여 나중에 공무원이 되었고, 월급으로 남동생의 대학 학비를 대면서 졸업시켰습니다.

저는 교육감이 되고 여러 달이 지난 다음 그 이야기를 들었고, 바로 그 딸이 교육감 비서실에서 근무하고 있다는 것을 알게 되었습니다. 저는 교육감 일을 시작하면서 비서실에서 기존에 근무하던 직원들을 모두 교체하지는 않고 부분 교체했습니다. 그 딸이 계속 근무하게 된 사례였습니다. 늘 밝게 웃는 얼굴, 그림자 없이 밝은 얼굴, 예절도 잘 갖추고 있고, 일도 잘하는 직원이었습니다.

어느 날 그 직원이 교육감실로 들어왔습니다.

나: 어서 들어와요. 무슨 일?
직원: 교육감님! 저 드릴 말씀이 있어서요.
나: 뭔데? 말해 봐요.
직원: 저 이번에 결혼하게 됐어요.
나: 어! 정말이야? 축하해. 잘했다. 정말 잘했어. 그런데 신랑은 누구야?

설명을 들어보니 이랬습니다. 비서실에서 함께 일하다가 승진하면서 교육연구정보원으로 전보 발령을 받은 언니(선배 공무원)가 새로운 근무처로 가서 일하던 중 신랑감을 발견하고 중매를 섰다는 것이었습니다.

나: 그래. 내가 다른 것 다 제치고 그날 결혼식장에 갈게.
직원: 고맙습니다. 그런데요…….

나: 뭔데? 말해 봐요.

직원: 그날 신부 입장을 할 때 교육감님께서 제 손을 잡고 입장해 주시면 안 돼요?

나: 내가 ○○이 손을 잡고 입장해 달라고?

직원: 예.

나: 일단 그것이 공직선거법 위반은 아니야. 원한다면 내가 아빠 역할을 해 줄게.

결혼식장은 도교육청에서 가까운 곳에 있었습니다. 사회자의 "신부 입장" 소리가 나오고 저는 신부의 손을 잡고 신랑에게로 가서 신부의 손을 신랑에게 넘겨주면서 "우리 ○○이랑 즐겁게 잘 살아요. 잘 부탁해요."라고 말했습니다.

결혼식이 끝나고 신랑의 부모님께 가서 "우리 ○○이 잘 부탁드립니다."라고 공손히 인사를 드렸습니다.

얼마 지나지 않아 임신 소식을 듣게 되었고, 아들을 낳았습니다. 아이가 어느 정도 크게 되자 출근길에 도교육청 바로 옆에 있는 어린이집에 데려다 놓고, 퇴근길에 데리고 집으로 갔습니다. 중간에 점심시간을 이용해서 아이가 잘 있는지 확인하러 가곤 했습니다. 그 뒤로 딸을 낳았습니다.

저는 늘 그 직원이 잘살아줘서 고맙다는 생각을 하고 있습니다.

_____ 고집

2010년 전북교육감에 취임한 첫날부터 저는 언론의 호된 공격을 당했습니다. 주위에서 많은 사람이 걱정했습니다. 최소한의 허니문 기간 honey period 도 없이 지역과 중앙의 언론 매체들의 공격들 당하는 것에 대한 안타까움과 불안감 때문이었을 것입니다.

저는 말했습니다. 걱정하지 마시라고, 황금 시간대 prime time 에 내는 광고비가 얼마나 비싼가 생각해 보시라고, 나는 광고비 한 푼도 안 내고 황금 시간대에 계속 얼굴을 내는 것 아니냐고, 언론의 공격으로 내가 쓰러지면 언론이 이기는 것이지만 그렇지 않으면 내가 얻는 소득은 엄청난 것이라고, 내 인지도는 계속 수직으로 상승하게 되어 있다고, 선출직 공직자는 자기 부고 自己 訃告 가 아닌 이상 언론에 나올수록 좋다는 속설이 있지 않으냐고 말하면서 주위를 안정시켰습니다.

취임 첫 달 7월 어느 날 비서실을 통해서 연락이 왔습니다. 저의 초등학교 6학년 담임선생님께서 저를 만나고 싶어 하신다는 것이었습니다. 즉시 날짜와 시간을 잡아 드리라고 했습니다.

약속한 시간에 정용화 담임선생님께서 교육감실로 들어오셨습니다. 옆에는 낯선 분(아마도 지인)도 계셨습니다. 초등학교를 졸업한 지 44년 만에 6학년 담임선생님을 뵙는 순간이었습니다.

나: 선생님! 어서 오십시오. 저 김승환입니다.
담임선생님: 어, 그래. 우리 김승환 교육감. 오랜만이야.

나: 선생님! 여기 제 자리에 앉으십시오.

담임선생님: 아니야, 아니야. 내가 그 자리에 앉으면 안 되는 거야. 그 자리는 우리 김 교육감만 앉는 자리야. 어서 앉게나.

나: 네. 선생님. 그렇게 하겠습니다. (옆에 계신 다른 손님께) 여기 앉으십시오 (라고 말하면서 자리를 권해드렸습니다.).

담임선생님: 축하하네. 축하해요. 어려서 얼굴 모습이 그대로 있구만.

나: 선생님의 가르침을 잘 받고 이 자리에 왔습니다. 오늘 오셨으니 저에게 좋은 말씀도 좀 해주십시오.

담임선생님: 아니야. 내가 뭐 할 말 있겠는가. 일은 김 교육감이 알아서 하면 되는 것이고.

나: 그때 제가 중학교에 진학하기 위해 광주로 갔고, 그 뒤로 한 번 저를 보시기 위해서 오진상 교장선생님과 함께 광주로 오셨지요.

담임선생님: 그랬던가? 그랬지. 그걸 기억하고 있군.

나: 네. 선생님.

담임선생님: 그런데 말이여. 왜 언론이 그렇게 우리 김 교육감을 못살게 구는 거야?

나: 그러게 말입니다. 언론은 그게 일이라고 생각하나 봅니다.

담임선생님: (갑자기 웃기 시작하시면서) 허허허~ 그 사람들이 우리 김 교육감 고집이 얼마나 센지 몰라서 그러는 거야. 허허허~

저는 마음속으로 '내가 어린 시절 고집이 그렇게 셌었나?'라고 생각하며 잠깐 어린 시절을 떠올려 봤습니다.

선생님께서는 봉투에서 뭔가를 꺼내셨습니다.

담임선생님: 이것 받게나.

나: 이게 뭔가요, 선생님?

담임선생님: 응. 그거 6학년 때 우리 반 아이들 인적 사항이야. 원본은 내가 가지고 있고, 우리 김 교육감에게 필요할지도 몰라서 한 부 복사해서 가지고 왔어.

_____ 김인봉 교장선생님

제가 전북교육감이 되기 직전부터 학교현장과 교육부 그리고 교육부의 지침을 충실히 따르는 시·도교육청 사이에 커다란 이슈가 있었습니다. 그건 이름하여 '일제고사'입니다.

그 근거가 되는 법률조항은 〈초·중등교육법〉 제9조 제1항("교육부장관은 학교에 재학 중인 학생을 대상으로 학업성취도를 측정하기 위한 평가를 할 수 있다.")입니다. 이 시험의 공식 명칭은 '전국단위 학업성취도 평가'입니다.

근거 법률조항의 문언^{文言}에 따를 때, 일제고사는 실시할 수도 있고 실시하지 않을 수도 있으며(재량 사항), 실시하는 때에도 전수 평가를 할 것인지 표집 평가를 할 것인지 평가방법을 특정하여 강제하는 것도 아니었습니다.

일제고사의 입법 취지는 성적이 낮은 학교나 학급의 분포를 살피고, 그에 상응하는 지원을 하는 것이었습니다.

그러나 초6, 중3, 고2 학생들을 대상으로 하는 일제고사에서 좋은 성적을 얻기 위하여 각 시·도교육청은 단위학교의 교장선생님들을 독려할 수밖에 없었고, 이에 따른 갖가지 비교육적 방법이 나타나기 시작했습니다.

초등학교 6학년 아이들이 저녁 시간에도 학교에 남아 문제 풀이를 하는 것이 하나의 예였습니다(초등학교 6학년 아이들이 일제고사가 얼마나 지겨웠던지 '명박 고사'라는 이름을 붙이기도 했음). 심지어 중학교 3학년과 고등학교 2학년 정규 수업 시간에 학습 진도를 나가지 않고 일제고사 대비 문제 풀이를 하는 분위기도 널리 퍼졌습니다. 입법 취지는 온데간데없고, 각종 파행만 나타난 것입니다. 이것은 처음부터 예견된 것이기도 했습니다.

전국의 여러 지역에서 교육부의 지침을 그대로 따르지 않는 사례가 나타나기 시작했습니다. 시험 당일에 현장체험학습 등 대체 학습을 신청하는 아이들에게는 일제고사 대신 대체 학습을 허가하는 것이 그 대표적 사례였습니다.

2009년 전북에서는 장수중학교에서 김인봉 교장선생님이 일제고사 당일 대체 학습을 신청한 아이들에게 대체 학습을 허가했습니다. 전북교육청 교육공무원 일반징계위원회는 김인봉 교장선생님에게 정직 3개월의 중징계를 내렸고, 소청심사위원회는 소청을 기각했습니다. 법원의 행정소송 판결도 마찬가지였습니다.

제가 2010년 교육감 선거에 출마했을 때 김인봉 교장선생님은 전북대병원에 입원해 계셨습니다. 암이었습니다. 저는 교육감 선거에 당선된 후 그리고 교육감에 취임한 후 문병을 했습니다. 갈 때마다 교장선생님의 눈빛은 형형했지만, 몸은 하루가 다르게 야위어 갔습니다.

저는 그때 김인봉 교장선생님이 저에게 하셨던 말씀을 잊지 못합니다.

"교육감님! 정말 죄송합니다. 저희가 져야 할 짐을 교육감님 한 분에게 다 지워드려서 죄송합니다."라고 말씀하셨습니다. 교육감 일을 막 시작한 저는 그때까지 그토록 진정으로 정중한 말을 들어본 적이 없었습니다.

모두가 제가 교육감 된 것이 마치 무슨 벼슬자리에라도 들어간 것처럼 여기던 그때, 그분은 저에게 가슴속 깊이 미안한 마음을 품고 계셨습니다. 곁에서 사모님께서 말을 거드셨습니다. "교육감님! 몸이 이런 상태에서도 날마다 계속 교육감님을 위해 기도하고 계시네요."라고 말씀하셨습니다.

그리고 2010년 8월 6일 독실한 가톨릭 신자였던 김인봉 교장선생님은 홀연히 세상을 떠나 천국으로 가셨습니다. 장례는 수목장으로 치러졌고, 2020년 8월 6일 10주기 때 마지막 공식적인 추도식이 있었습니다.

제 2 부 ——

변화

—————— 의식의 혁명 없이는

아무것도 바뀌지 않아

우리에게는 교육감 자리를 포함하여 공적인 자리에 대한 어떤 고정관념이 있습니다. 그 고정관념에서 벗어나려는 시도나 노력은 환영과 공감을 받기가 어렵습니다. 그러한 시도나 노력이 도리어 이질적인 것으로 느껴지기도 하기 때문입니다.

교육감은 선출직 교육기관장일 뿐만 아니라 시민의 한 사람입니다. 교육감이라는 지위가 결코 특별한 것은 아니라는 뜻입니다.

수평적이어야 할 인간관계가 불행하게도 교육계에서는 수직적 '이고', 수직적'이었습니다'. 교육감의 지위가 그토록 높다 보니까 나머지 모든 자리도 수직 구조를 이룰 수밖에 없습니다. 일방적으로 명령하고 강제하며, 묻지 않고 따르고 복종하는 관계가 강고한 틀을 구성하고 있는 것입니다.

언론은 헌법상 민주주의의 실현에 필수적인 존재입니다. 언론의 자유와 독립 없는 민주주의는 존재할 수 없습니다. 언론은 사회의 숨과도 같은 것입니다. 언론이 없으면 사회는 단 한 순간도 숨을 쉴 수가 없습니다.

그런 중차대한 헌법적 위치에 있는 언론의 역기능도 만만치 않습니다. 공직자들에게 언론은 두려움의 존재입니다. '기사로 쓰겠다' 또는 '보도하겠다'라는 말 한마디가 공직자에게 가하는 압박감은 매우 강합니다. 언론은 자신의 오류를 인정하지 못하거나 인정하지 않는 존재입니다. 타자에 대한 비판은 자유롭게 하면서도 자신이 비판받는 것에 대해서는 극심한 반감을 드러내고, 그러한 반감은 이후에 비판·비난 기사의 형식으로 나옵니다. 언론의 비위를 건드려서는 안 된다는 고정관념은 깨져야 하고, 그것을 솔선해서 보여 줘야 하는 사람이 바로 기관장, 특히 선출직 기관장입니다.

교육의 다양성이 매우 중요하다고 말하면서도 아이들의 학습과 관련해서 전국적으로 획일적인 제도가 적지 않습니다. 교육공직자들은 왜 그러는 것인지 그 이유를 정확히 설명하지 못하는 경우들이 있습니다. 원래 그렇게 해 왔다는 대답만 앵무새처럼 읊조립니다.

교육정책이 순수하게 교육적 관점에서 세워지는 때도 있지만, 정치와 자본의 계산에 맞추거나 그들의 탐욕을 채우기 위해 나오는 경우도 적지 않습니다. 이 경우 시·도교육청의 반응은 정부가 하라고 하니까 한다는 경우가 많습니다.

___ 언론관계 정립

우리나라든 외국이든 선출직 공직자와 언론 사이에는 허니문 기간 honeymoon period 이라는 것이 있습니다. 이것은, 언론의 시각에서 제아무리 마음에 들지 않아도, 최소 6개월 정도는 특별한 사정이 없으면 해당 선출직 공직자를 공격하지 않는 기간을 말합니다.

'예외 없는 원칙'이 없다는 것을 증명이라도 하듯, 저는 2010년 7월 1일 취임 첫날부터 언론의 공격을 당하기 시작했습니다. 그것은 일반적인 의미의 공격이 아니라 '융단 폭격 carpet bombing'이었습니다.

그런 상황에서 도교육청 소속 기관장, 간부, 직원들의 근무 분위기가 편안할 리가 없고, 언론이 노리는 것도 바로 그것이었습니다. 그것은 일종의 기선제압을 노린 것이었고, 저에 대한 경고의 의미가 있었습니다.

언론이 한 가지 놓친 것이 있었습니다. 그것은 언론이 저에 대한 심층 학습을 전혀 또는 거의 하지 않았다는 것입니다. '누구에게나' 쓰던 방식을 '저에게도' 사용한 것입니다.

월요일 확대간부회의를 통해 간부들께 언론에 대한 저의 의견을 밝혔습니다.

- 오늘 이 시간부터 언론 기사를 가지고 나한테 와서 설명하려 하지 마시라
- 언론이 나를 공격하는 것은 교육감인 내가 감당하는 것이니까, 간부들께서 그것 때문에 전전긍긍하지 마시라
- 언론 기사에 의해 문제가 있다는 지적을 받은 부서는 기사를 검토한 후, 해당 기사가 문제점을 올바로 짚고 있으면, 그것을 직무 수행에 반영하시라

- 언론이 정보 제공을 요청하고 그것이 정당한 것이면 해당 정보를 충실히 제공하시라
- 그동안 언론사에 지원해 왔던 예산을 점검한 후, 불필요한 예산이나 과도한 예산을 지원한 경우 더 이상의 지원을 하지 마시라
- 교육감의 치적을 홍보하는 예산은 한 푼도 쓰지 마시라
- 그렇게 해서 모인 예산은 모두 학교로 보내시라

언론에 대한 저의 의견은 도교육청 소속 기관장, 간부, 직원들께서 잘 수용하셨습니다. 저의 기억으로, 교육감실로 들어와 언론 기사를 말하려 하는 두 분의 간부가 계셨습니다.

저는 그분들께 각각 똑같은 말을 했습니다.

"과장님! 나에게 언론 기사를 가지고 설명하지 마시라고 했지요? 한마디도 하지 마시고 그냥 돌아가십시오."

저는 도교육청 소속 공직자들이 언론에 휘둘리는 모습을 보고 싶지 않았습니다. 공직자들이 언론을 정중하게 대하되, 언론에 굴신屈伸하거나 언론 때문에 자존감에 상처를 입어서는 안 된다고 생각했습니다. 모든 공격의 화살은 교육감 한 사람이 맞으면 되는 것이었습니다. 교육감이 언론과 우호적인 관계를 유지하거나 언론의 우산으로 들어가기 위해서 자신과 함께 일하는 공직자들의 자존감과 자긍심이 망가지는 상태를 초래해서는 안 되는 것이었습니다.

전북교육청 소속 공직자들의 자존감은 그렇게 도약하기 시작했습니다.

_____ 보도하세요

2013년 12월 4일 도교육청 2층 강당에서 혁신교육 특강이 열렸습니다. 강사는 독일의 혁신교육 전문가였고, 그는 전날인 12월 3일에는 전주교육대학교 황학당에서 특강을 했습니다. 이틀 연속으로 전주에서 교원, 직원, 학부모들을 만나 독일의 혁신교육을 설명하고 의견을 듣는 특강을 한 것입니다.

도교육청 특강의 사회는 교육혁신과 학교혁신 담당 장학사가 맡았습니다. 특강 강사인 알베르트 마이어 Albert Meyer 는 특강을 시작하기 위해 이미 단상에 올라와 있었는데, 사회자인 장학사가 한마디 덧붙였습니다.

"외국인을 연단에 모셔 놓고 우리끼리 국기에 대한 경례를 하는 것은 좀 꼴사납겠죠?"라며 객석에 앉아 있는 분들께 의견을 물었고 객석에서는 웃음소리가 나왔습니다. 객석에 앉아 있던 저는 '굳이 언급할 필요가 없이 건너뛰면 되는 건데'라는 생각을 했습니다.

다음 날 저는 서울 출장길에 올랐습니다. 승용차가 경부선에 들어서고 잠시 후, 휴게실에 들러 휴식을 취한 다음, 다시 승용차 안으로 들어왔습니다.

출발하는 순간 휴대폰 소리가 울렸습니다. 지역의 어느 신문사 편집국장이었습니다.

나: 여보세요?
편집국장: 교육감님! 안녕하세요? 저 ○○○신문 편집국장 ○○○입니다.

나: 네. 안녕하세요? 무슨 일이신가요?

편집국장: 어제 도교육청 2층 강당에서 혁신교육 특강이 있었잖아요. 그 자리에는 교육감님도 계셨군요.

나: 예. 그랬지요.

편집국장: 교장선생님 두 분이 우리 신문사에 와서 격분하시는 거예요.

나: 격분해요? 왜요?

편집국장: 사회를 보던 장학사가 국민의례를 꼴사납다고 했다고요.

나: 그래서요?

편집국장: 이걸 어떻게 해야 할까요?

나: 어떻게 하다니요? 기삿거리가 된다고 생각하면 보도하셔야지요.

편집국장: 예? 보도하라고요?

나: 네. 보도하세요.

전화를 끊은 후 제 입에서는 "나를 뭐로 보고 무슨 개수작이야!"라는 말이 나왔습니다. 그 시간 이후 이 사안은 전국적 이슈가 되어 방송과 신문 보도에 올랐고, 교육감인 저는 질타를 넘어 난타당했습니다. 제가 하는 말은 그저 "죄송합니다."였습니다.

다시 위 편집국장 이야기로 돌아갑니다. 그 순간 제가 내리는 판단은 매우 중요했습니다. 일단 결단을 내리고 나면 그건 되돌릴 수 없기 때문입니다. 저는 전화를 주고받는 짧은 틈새에 이렇게 정리했습니다.

- 이 사람이 노리는 것은 뭘까? 그에게 최상은 김승환 교육감이 당황하는 모습을 보이면서 수습하려 하는 것이다, 그렇게 되면 상황의 주도권은 편집국장 자신이 쥐는 것이다, 일단 보도가 나가지 않도록 최선을 다하겠다 정

도로 마무리한 후, 그다음 수순을 도모하면 된다.
- 이 사람이 나와의 통화 기록을 녹음해 둘까? 그럴 개연성이 매우 높다, 그 렇게 해둬야 두고두고 써먹을 수 있으니까.
- 이 매체 하나의 보도를 막는다고 해서 끝날까? 그럴 리가 없다, 다른 매체 들도 이미 그 정도 정보는 입수해 놓았을 것이고, 보도는 당연하며, 보도의 수위 조절을 하고 있을 것이다.
- 이 사안의 처리에서 정말 중요한 것은 뭘까? 그것은 팩트를 덮거나 왜곡하 거나 가감하지 않고 있는 그대로 드러내는 것이다, 팩트에 손을 대면 댈수 록 점점 더 수렁으로 빠지는 것이다.
- 어차피 나는 언론, 정치, 여론의 뭇매를 맞을 수밖에 없다, 얻어맞는 것이다.

이 파동은 오래 지속되었고, 시작이 있으면 끝이 있듯이, 어느 순간 시나브로 사라져 갔습니다.

____ 언론 중앙집권

저의 직선교육감 3기는 2018년 7월 1일부터 시작했고, 다음 해인 2019년은 3기 취임 1주년이 되는 해였습니다. 2019년 6월 초 어느 날 도 교육청 대변인께서 교육감실로 들어왔습니다.

대변인: 교육감님! 드릴 말씀이 있습니다.
나: 예. 말씀하세요. 뭔데요?

대변인: 3기 1주년 기념을 좀 다른 방식으로 해 보면 어떨까 해서요.

나: 그래요? 구상하신 게 있겠네요? 그걸 설명해 보세요.

대변인: 이번에는 좀 간략하게 하는 건데요. 월요일 아침마다 하는 확대간부회의를 익산에 있는 과학교육원에서 하고요, 그 자리에는 도교육청 출입기자단이 모두 들어올 수 있게 한 다음, 간부회의가 끝나고 교육감님이 기자단과 자유롭게 간담회를 하는 방식이 어떨까 해서요.

대변인: 대변인이 어떻게 그런 참한 생각을 하셨어요? 지금까지 한 번도 해 본 적이 없는 방식인데, 그거 좋겠네요. 그렇게 합시다.

대변인: 예. 고맙습니다. 그럼 그렇게 준비하겠습니다.

그때부터 며칠 지나지 않아 대변인과 제 생각은 차질을 빚기 시작했습니다. 그것은 자사고 재지정 취소처분 때문이었습니다. 평소와 마찬가지로 저는 그 당시에도 뉴스 보도를 전혀 안 보고 있었지만, 아마도 전북을 넘어서서 전국적으로 뉴스 보도가 이어졌던 것 같습니다. 대변인이 교육감실로 들어왔습니다.

대변인: 교육감님! 교육감 3기 취임 1주년 기념 출입기자단 간담회가 쉽지 않겠는데요.

나: 왜요? 그냥 하면 되는 것이지.

대변인: 중앙 언론사들이 그날 취재하러 오겠다고 합니다. 그걸 어떻게 해야 할지 모르겠습니다.

나: 그걸 왜 걱정하세요? 우리가 그 사람들을 못 들어오게 하면 되는 것이지.

대변인: 그게 가능할까요?

나: 대변인! 이번에 하게 되는 기자간담회의 성격이 전북교육청 출입 기자들을 위한 간담회예요. 거기에 왜 서울의 언론사 기자들이 온다는 거예요? 간담회 자리에는 다른 언론사의 기자들이 들어오게 해서는 안 돼요. 중앙언론사 전주 주재 기자들도 들어와서는 안 되고요.

도교육청 공보팀, 비서실 등에는 빗발치듯 언론사들의 전화가 걸려 오고 있었습니다. 출입기자단 간담회 전날 저녁 대변인이 저에게 전화 했습니다.

대변인: 우리 출입기자단이 양해해 주겠다고 하네요.
나: 출입기자단이 뭘 양해해요?
대변인: 내일 기자간담회 자리에 외부 언론사 기자들이 들어와도 좋다고요.
나: 그 말이 확실해요?
대변인: 네. 간사께서 저에게 확실하게 말했습니다.
나: 알았어요. 그럼 정리합시다. 내일 출입기자단 간담회는 하지 않겠습니다.
대변인: 네?
나: 안 한다고요. 통화 여기까지 합시다.

잠시 후 다시 대변인의 전화가 걸려 왔습니다.

나: 무슨 일이세요?
대변인: 정리했습니다. 내일 간담회 자리에는 도교육청 출입 기자들만 들어 오기로 했습니다.
나: 됐습니다.

다음 날인 6월 24일 아침 저는 간담회 장소로 들어가서 출입 기자들 한 분 한 분과 웃으며 다정하게 악수를 한 후 자리에 앉아 먼저 간사께 말을 걸었습니다.

나: (웃으면서) 간사님! 많이 힘드셨지요?

간사: 예. 좀 힘들었습니다.

나: 그런데요. 내가 왜 이런 간담회 방식을 끝까지 고집했다고 생각하세요?

간사: 글쎄요.

나: 오늘 이 자리는 교육감과 전북교육청 출입기자단이 만나는 자리이거든요. 다른 매체의 기자들께서 이 자리에 들어와야 할 이유가 없어요. 자사고 문제 때문에 그런가 본데, 그 문제는 오늘 이 자리에서 중요한 문제도 아니고요.

간사: 아, 예.

나: 우리 이런 걸 한 번 생각해 보시게요. 우리나라처럼 언론마저도 극도로 중앙집권화되어 있는 나라는 거의 없어요. 엔와이티 NYT 는 뉴욕에 있는 신문이고요, 더블유피 WP 는 워싱턴에 있는 신문이에요. 프랑크푸르터 알게마이네 짜이퉁 Frankfurter Allgemeine Zeitung 은 프랑크푸르트에 있는 신문이고요. 외국은 다 이렇게 지역을 거점으로 언론이 활동하거든요. 왜 전북 사람들이 날마다 서울 사람들 이야기를 들어야 합니까? 왜 모든 뉴스는 서울에서 생산하고 나머지 지역은 그걸 받아써야 합니까? 오늘 우리 간담회 자리에서 나오는 것만이라도 우리 출입기자단이 기사를 생산하고 서울 등 다른 지역의 매체들이 받아쓰게 할 수 있잖아요? 우리 그렇게 합시다. 내가 우리 지역의 언론과 사이가 별로 안 좋아요. 하지만 그건 그것이고, 내가 도 단위 기관장으로서 우리 지역의 언론에 기본적인

예우는 해야 하지 않겠습니까?

제 말이 끝나자 간사께서는 자기 왼손바닥으로 오른쪽 팔을 위·아래로 번갈아 주무르면서 "예. 알겠습니다."라고 말했습니다. 그 순간 저는 '왼손잡이인가?'라고 생각했습니다.

___ 언론의 예단

예단豫斷이란 어떤 사건 또는 사안의 진실이 확정되기 전에 '미리' 결론을 내리는 심리상태를 말합니다.

예단의 금지가 가장 엄중하게 적용되는 영역이 법원의 재판입니다. 이 때문에 형사소송법 등에서는 사건과 재판부를 구성하는 법관 사이에 공정한 재판을 기대하기 어려운 사정이 있는 경우 또는 예단의 우려가 있는 경우를 대비해 법관의 제척·기피·회피제도를 규정하여 적용하고 있습니다. 특히 회피제도는 법관 스스로 예단을 가질 수 있다는 이유로 당해 사건의 재판에서 피하는 것입니다.

언론(신문, 방송, 통신 등)의 헌법상 기능 중 가장 중요한 것이 '사실 전달'입니다. 100% 정확한 사실만을 보도하라고 요구하면, 언론은 사실 전달의 기능을 수행할 수 없게 됩니다. 그러한 100% 수준의 사실 전달은 인간의 영역이 아니라 신의 영역입니다.

이에 따라 형법은 제307조에서 명예훼손죄를 규정하면서, 제310조에서는 "행위가 진실한 사실로서 오로지 공익에 관한 때에는 처벌하지 아니한다."라는 조항을 두고 있습니다. 대법원의 일관된 판례에 따르면 여기에서 말하는 "진실"도 엄밀한 의미의 진실이 아니라 '진실이라고 믿을 만한 상당한 이유가 있을 때'라고 말하고 있습니다. 이렇게 해둬야 언론의 헌법적 기능 수행이 가능해지기 때문입니다. 언론이 어떤 사안에 관해 그것이 진실이라고 믿었고, 그렇게 믿을 만한 상당한 이유가 있었으며, 그러한 보도를 하는 것이 공익성을 띤다고 판단하여 보도하는 경우가 있습니다.

그러나 그런 요건을 갖췄다고 믿고 보도한 사실과 정반대의 사실이 나중에 드러나는 경우가 있습니다. 진실이 정확히 가려지는 경우입니다. 이 경우 해당 언론(들)은 최소한 과거의 보도와 정반대의 진실이 밝혀졌다는 정도의 보도는 해야 합니다. 그것도 그러한 진실이 법원의 판결로 밝혀지면 그것을 보도해야 하는 언론의 책무는 더욱 강해집니다.

현실은 어떨까요? 특히 대한민국의 언론은 이 경우 어떤 태도를 보일까요? 가장 흔한 반응이 아무 일도 없었다는 듯이 지나치는 것입니다. 그래도 일말의 양심의 가책이라도 느끼는 '극히 예외적인 언론'의 경우는 매우 짧게 몇 줄의 보도를 하는 것으로 그칩니다.

지난 12년 세월, 지역의 언론과 서울의 언론은 저를 상대로 이런 행태를 너무 많이 보였습니다. 여기에는 진보나 보수 언론이 따로 없었습니다. 그들은 'Press can do no wrong. 언론은 잘못을 저지르지 않는다.' 식의 오만한 자세를 견지했습니다. 오죽했으면 제가 매우 특별히 아꼈던 서울의 유명 라디오 생방송 뉴스쇼의 인터뷰마저 상당 기간 거부했겠습니까.

정치인들의 행태도 목불인견目不忍見입니다. 정치인들은 자신이 비호감으로 여기고 있는 기관장에게 불리한 보도가 나오면 '즉각 사퇴하라'라는 말을 타성처럼 쏟아냅니다.

2021년 4월 법원은 교육감인 제가 피고로 되어 있는 손해배상청구소송에서 원고청구기각판결을 선고했습니다. 제가 승소를 한 것입니다.

놀라울 정도로 모든 언론이 모르는 일이라는 식으로 지나갔습니다. 지역의 딱 한 군데 신문만이 몇 줄 보도를 하는 것으로 그쳤습니다. 그 사건의 항소심 판결이 지난 10월에 선고되었습니다. 1심과 동일한 판결이 나왔습니다. 언론은 역시 침묵했습니다.

이것이 대한민국의 언론입니다.

* 위 글을 보완합니다.
2021년 4월 28일 선고한 1심 법원의 판결에 대해서는 오마이뉴스 윤근혁 기자의 상세한 분석 기사(2021.05.06)와 경향신문 박용근 기자의 상세한 기사(2021.05.12.)가 있었습니다.

_____ 고장난명 孤掌難鳴

사자성어 고장난명은 '손바닥 하나로는 소리를 내기가 어렵다' 또는 '외 손바닥으로는 소리가 나기 어렵다'라는 뜻을 갖고 있습니다. 이 말이 적용되는 분야는 매우 많고, 저는 이 말을 삶의 여러 영역에 즐겨 적용하고 있습니다.

교육감 1기 때 광주의 어느 고등학교 동문회에서 저에게 특강을 해달라는 연락이 왔습니다. 그 자리에서 사회를 보는 분은 광주의 K일보 논설위원이었습니다. 그분이 저를 소개하면서 이런 말을 했습니다.

"여러분! 우리 언론이 가장 힘들어하는 사람이 바로 김승환 전북교육감님 같은 분입니다. 그 이유가 뭔지 아십니까아? 저분은요. 언론이 아무리 공격해도 반응을 보이지 않는단 말입니다아. 반응이 없는 사람한테는 언론도 어쩔 수가 없는 겁니다."라는 말이었습니다.

그 말을 듣는 저는 빙긋이 웃으면서 '내가 그러는 걸 어떻게 알았을까?'라고 생각했습니다.

그 뒤로 얼마 있다가 서울의 K신문 편집국장을 지냈던 분에게서 연락이 왔습니다. 서울에서 몇 분이 전주 한옥마을로 가는데 저녁 시간 좀 내줄 수 있겠느냐고 물었습니다. 그날 선약이 있어서 어렵다고 했더니, 그러면 그다음 날 아침에 차라도 한잔하면 좋겠다고 하길래 그렇게 하자고 약속했습니다.

다음 날 아침 저는 전주 한옥마을로 가서 일행을 만났습니다. 얼굴 면면이 모두 서울에서 뭔가 비중 있는 일을 했던 분들이었습니다.

그중에서 한 분이 말을 했습니다. 노무현 정부 시절 수석비서관을 지냈던 분입니다. "언론에 대한 대응은 김승환 전북교육감님처럼 해야 한다는 걸 참여정부 말기에 비로소 알게 됐습니다."라는 것이었습니다.

그 말을 들으면서 저는 '늦게라도 알기는 알았네.'라고 생각했습니다. 제가 볼 때, 특정 일보日報 몇 개가 가장 크게 힘을 키운 것은 바로 노무현 정부 때였습니다. 그 일보들이 한마디를 하면 대통령은 두세 마디로 응수했습니다. 무대응으로 나가면 되는 것을 못 견뎌 한 것입니다. 그 과정에서 그 일보들은 대통령과 맞장뜨는 일보가 되어 버렸고, 한 번 얻은 파워는 그 뒤로 줄어들지 않고 계속 확대되어 갔습니다.

코로나바이러스가 창궐하기 시작한 2020년 봄, 저는 다시 전국 뉴스를 타고 있었습니다. 요지인즉, 서울의 어느 매체가 김승환 교육감이 자기 직원들에게 마스크를 쓰지 말라고 강제했다는 것이었습니다.

실소를 금할 수 없는 보도였습니다. 교육감이 무슨 권한으로 자기 직원들에게 마스크를 쓰지 말라고 강요할 수 있다는 것인가, 교육감이 직원의 건강 결정권을 행사할 수 있다는 것인가, 한 마디로 해괴한 보도였습니다. 도교육청 직원들의 반응도 뜬금없다는 것이었습니다.

대변인이 교육감실로 들어와 말했습니다.

대변인: 교육감님! 이건 명백한 허위보도입니다. 대응해야겠습니다. 언론
　　　 중재위원회에 제소해야겠습니다.
나: 그러면 그 매체 또 유명해지겠네?
대변인: 예?
나: 그렇잖아요? 말도 안 되는 소리 지껄이고 있는데, 거기에 일일이 대응하
　　 면 그 매체에 대한 사람들의 관심이 커질 것 아닙니까? 그냥 놔두세요.
　　 계속 지껄이라고.
대변인: 그래도 허위 사실이 너무 심하니까요. 사람들이 오해할 수도 있고요.
나: 대변인! 내가 그 정도 일보를 상대해야 할 정도로 급수가 낮습니까? 난
　　 그 정도의 매체는 안중에도 없어요. 사람들이 오해할 수도 있다고 했는
　　 데, 어차피 가짜 뉴스에 휘둘리는 세상 아닙니까? 내가 그걸 뭐로 막아
　　 요. 그냥 휘둘리라고 두세요.

'고장난명!' 외 손바닥으로는 소리를 내기가 어렵습니다.

확증편향 確證偏向

확증편향confirmation bias이란 자신의 가치관이나 신념에 합치하는 정보만 받아들이고 나머지 정보는 무시해 버리는 사고방식 또는 성향을 말합니다. 표현을 달리하면 자기가 믿고 싶은 것만 믿고, 누가 무슨 말을 하든 그것을 유일한 진리 또는 진실로 여기는 심리를 뜻합니다.

2010년 7월 1일 전북교육감 임기가 시작되는 첫날부터 지역의 언론은 저를 향해 전방위 공격을 가했습니다. 아마도 초반 기선제압의 강한 의지로 저를 몰아붙였던 것 같습니다.

그런 언론이 '바로 이것이다'라고 낚아챈 것이 하나 있었습니다. 그것은 '성적꼴찌' 프레임 만들기였습니다. '전북의 아이들은 성적이 전국 꼴찌다'라는 프레임이었습니다. 언론이 그 근거로 삼은 것은 일제고사 성적이었습니다. 일제고사 평가의 대상은 초등학교 6학년, 중학교 3학년, 고등학교 2학년입니다.

일제고사 실시의 목적은 전국적으로 성적 분포를 파악한 후 성적이 특히 낮은 지역이나 학교에 필요한 지원을 하기 위한 것이었습니다.

현실은 각 시·도별 일제고사 성적 경쟁으로 변질되었습니다. 점수를 높이기 위해 정규 수업 시간이나 방과후에 아이들에게 문제 풀이 연습을 시키기도 하고, 심지어 성적을 조작하는 사례까지 나타나기 시작했습니다. 특정 지역에서는 5년 연속 일제고사 전국 1위를 기념하는 탑을 세우기도 했습니다.

저는 교육부에 일제고사의 문제점을 지적하면서 일제고사 폐지를 요구했지만, 교육부는 그대로 강행했습니다.

저는 일제고사에 관한 저의 의견을 정리해서 도내 각급 학교에 전달하도록 했습니다. 아이들에게 일제고사 응시를 강제하지 말 것, 일제고사 응시를 원하지 않는 아이들에게 대체 학습 프로그램을 만들어서 제공할 것, 일제고사 점수를 높이기 위해 정규 수업 시간이나 방과후에 아이들에게 일제고사 문제 풀이 연습을 시키지 말 것, 도내 시·군별 또는 각급 학교별 일제고사 성적 순위를 매기지 말 것 등이었습니다.

일제고사의 결과는 보나 마나 뻔한 것이었습니다. 전북 아이들의 점수가 전국 최하위권으로 나왔습니다. 저는 이런 결과에 대해 각급 학교는 신경을 쓰지 말라고 했습니다.

지역의 언론에게 일제고사 성적 최하위권은 호재 중의 호재였습니다. 그들은 '전북 성적꼴찌'라는 프레임을 만들었고, 그것을 지속해서 퍼뜨렸습니다. 언론이 만든 프레임은 전북 사람들의 의식 속으로 파고들기 시작하더니 급기야는 하나의 확신으로 자리를 잡았습니다. '우리 전북 아이들은 성적이 전국 꼴찌야'라는 확신이었고, 그것은 확증편향으로 굳어졌습니다.

도교육청은 계속해서 전북 아이들의 성적이 꼴찌가 아니라는 자료를 발표했습니다. 그 자료는 수능시험 성적 자료였습니다. 전북의 수능성적은 거의 언제나 전국 중상위권을 유지하고 있었습니다. 도道 단위에서는 몇 차례 압도적으로 1위를 하기도 했습니다. 지역 내 공중파 방송에서도 가끔 수능시험 성적을 뉴스 시간에 보도했습니다. 하지만 전북 사람들의 이미 굳어 버린 확증편향은 요지부동이었습니다.

어느 성직자가 저를 보더니 짜증 섞인 표정을 지으면서 "교육감님! 전북의 애들 성적이 전국 꼴찌라는데 그래서야 되겠습니까?"라고 말하길래 "그건 일제고사 점수를 가지고 말하는 것이고요, 수능성적은 잘 나오고 있습니다."라고 말씀드렸습니다. 돌아온 반응은 "그까짓 중간치기들 말고 상위권에서 공부를 잘하는 애들이 많아야지요."라고 쏘아붙였습니다.

그 순간 저는 마음속으로 '당신은 무슨 공부를 얼마나 잘했다고 그따위 소리를 지껄이는 거야? 보나 마나 뻔하고만'이라고 비웃었습니다.

어느 종교의 큰 행사가 있는 자리에 갔더니 제 옆에 앉아 계시던 여신도 회장이 "교육감님! 일을 잘하시는데요, 아이들이 공부를 못하면 안 되잖아요. 꼴찌가 뭐예요?"라고 말하길래 "회장님! 그렇게 말씀하시는 근거 자료가 뭡니까?"라고 묻자 "근거 자료고 뭐고 사람들이 다 그렇게 말하잖아요."라고 말했습니다.

방송토론에 나갔을 때 패널로 나온 지역의 교수 한 분이 몇 차례나 "성적꼴찌"라는 말을 했습니다. 어느 교사와 말을 하던 중 그 교사의 입에서도 "성적꼴찌"라는 말이 나오길래 "선생님! 우리 전북 아이들의 성적이 꼴찌라는 근거는 뭐지요?"라고 물어보자 "글쎄요? 꼴찌 아닌가요? 다 그러던데요."라고 말했습니다.

전북교육청과 교육감인 저를 공격했던 지역 언론이 매설해 놓은 "성적꼴찌" 프레임은 성공한 것입니다. 지금도 압도적으로 많은 전북 사람들이 '전북의 아이들은 성적꼴찌야."라는 확증편향에서 벗어나지 못하고 있습니다.

____ 교육감 학습

도교육청은 2015년 12월부터 2016년 2월 5일까지 어느 사립고등학교를 감사했습니다.

특정 분야 인재 양성을 목표로 설립된 이 학교는 학비와 교육과정 운영이 자율화되어 있는 학교입니다. 학비 자율화란 학생들이 학비를 부담하는 학교라는 뜻입니다.

감사결과 학교의 설립자이자 교장인 사람이 6억여 원의 인건비와 급식비를 횡령한 사실이 확인되었습니다. 아내와 지인을 각각 기숙사 관장과 방과후 강사로 채용한 것처럼 서류를 꾸며 4억여 원의 인건비를 빼돌렸습니다. 소고기 등을 구매한 것처럼 허위 서류를 꾸며 급식납품업체에 돈을 지급한 뒤 그 돈을 되돌려 받았습니다. 학교장은 구속기소 되어 재판에 회부되었습니다.

문제는 그다음이었습니다.

법원에서 일정 기간 실형 선고를 받는다고 하더라도 학교법인 운영은 학교의 실소유주인 교장과 가까운 사람들의 손에 맡겨져 있어서 도교육청으로서는 더 이상 할 수 있는 일이 없다는 것이었습니다.

감사담당 직원들에게 방안을 물어보자 더 이상 어찌할 방법이 없다고 말했습니다. 예산과 학교회계팀 직원들도 마찬가지의 답변을 했습니다.

나오는 결과가 뻔할 것이라는 생각을 하면서, 학교회계팀에 한 가지를 지시했습니다. 교육부 담당자에게 공문이나 전화로 '이 경우 도교육청이 추가로 취할 수 있는 법률적 수단이 있는지' 물어보라고 했습니다. 답변 내용은 "없다"였습니다.

어느 날 마치 번개처럼 저의 머리를 스치는 게 있었습니다. "학교가 이 지경이 되도록 학교장의 직무를 관리·감독할 의무를 진 학교법인은 뭐 했다는 것이지?'라는 의문이 들었습니다.

즉시 감사관을 저의 사무실로 오시라고 해서 학교법인에 대해 감사를 하라고 지시했습니다. 감사 결과는 학교법인의 이사장과 이사들이 학교장의 직무에 대한 관리·감독의 의무를 다하지 않았다는 것이었습니다. 교장의 횡령과 학교법인의 관리·감독의무 소홀 사이에 상당인과관계의 성립이 확인되는 순간이었습니다.

저는 학교법인 이사장과 이사 전원에 대해 승인 취소처분을 내렸습니다. 그다음 절차는 교육부 사학분쟁조정위원회(약칭 "사분위")에 임시이사회 구성 승인을 요청하는 것이었습니다. 당시 정권의 성격에 비추어 도교육청이 원하는 결과를 얻어내기는 쉽지 않아 보였습니다. 사분위 회의에 참석했던 학교회계팀 실무진에게 위원들이 뭘 질문하더냐고 물어봤을 때 돌아온 답변을 듣고 저는 암담한 기분이 들기도 했습니다.

그런데 놀라운 결과가 나왔습니다. 2016년 8월 25일 사분위는 전체 회의에서 해당 학교법인에 대한 전북교육청의 임시이사 선임안을 의결했습니다. 이사 9명 중 7명의 승인을 취소한 것이었습니다. 아쉬운 것은 도교육청 추천 5명과 학교 측 추천 2명으로 임시이사회를 구성하라는 것이었습니다. 도교육청에 임시이사회 구성의 '전권'을 주지 않은 것입니다.

도교육청은 즉시 도교육청 추천 몫의 2배수 명단을 사분위에 제출했고, 사분위는 그중 5명을 임시이사로 승인했습니다.

일이 모두 마무리되고 저는 지난날을 생각하면서 회한에 빠져들었습니다. 그건 '왜 5년 전 다른 사학법인에서 이와 유사한 일이 발생했을 때는 학교법인에 대한 감사를 생각하지 못했을까?'라는 것이었습니다.

결과적으로 저는 교육감으로서 매우 비싼 수업료를 지급한 셈이었습니다. 저의 이 경험은 2019년에 발생한 또 다른 사학법인 설립자의 대형 비리 사건 뒷수습에 적용하게 되었습니다.

_____ 누리고 싶으세요?

2010년 교육감 선거 예비후보 등록을 마치고 제가 처음으로 찾아간 곳은 부안군 위도면에 있는 위도초등학교였습니다. 그곳에서 아이들이 저에게 말했습니다. "당선되시면 우리 학교에 가장 먼저 와 주세요."

일반의 예상과는 전혀 달리 저는 교육감 선거에서 당선되었고, 전북교육문화회관(지금은 전주교육문화회관)에 취임준비위원회를 차려 놓고 당선인으로서 일을 시작했습니다. 저의 첫 방문지는 당연히 위도초등학교였습니다. 아이들과의 약속을 지키기 위한 것이었습니다.

위도초등학교에 가기에 앞서, 저는 준비위원회 위원들께 한 가지 당부를 했습니다. 격포항에 부안교육지원청 직원은 한 사람도 나오지 마시라는 것, 그리고 나의 위도초등학교 방문을 축하하는 플래카드를 도로가 됐든 학교 내부가 됐든 한 장도 걸지 말라는 것이었습니다.

그로부터 며칠 뒤 14개 시·군의 교육장들께서 인사차 취임준비위 사무실로 오셨습니다. 축하한다는 인사를 받고 차를 마시는데, 뜬금없이 어느 교육장께서 "교육감님! 교육감님께서 어느 정도 누리셔야 저희도 누리는 것 아니겠습니까?"라고 말씀하셨습니다. 그 순간 저는 '저 사람 지금 제정신인가? 내가 잘못 들었나?'라고 생각하며 말했습니다.

"교육장님들! 내가 이 자리에 누리러 왔다고 생각하십니까? 그리고 누리고 싶으세요? 누리고 싶으면 누리셔야지요. 다만, 내가 누리는 선까지만 누리세요. 아시겠습니까?"라고 말했습니다.

위도초등학교로 가기 전날 오후 저는 혹시나 하는 마음에 취임준비위 위원 한 분께 위도초등학교에서 나를 환영하는 플래카드를 내 지시대로 안 만들었는지 확인해 보라고 했습니다.

확인 결과 한 장 준비해 놓았다는 것이었습니다. 저는 재차 단호하게 말했습니다. 그 플래카드를 내일 절대로 걸지 마시라, 만약 걸려 있는 걸 확인하면 나는 학교에 머무르지 않고 바로 돌아오겠다고 말했습니다.

다음 날 저는 무사히 위도초등학교를 방문한 후 돌아왔고, 취임식에 그 아이들을 초청해서 앞자리에 앉혔습니다. 아이들은 전주에서 하룻밤을 지내며 즐거운 시간을 가졌습니다.

____ 임명은 나의 몫,
배반은 그 사람의 몫

어느 해에 교육장 자리 몇 개가 비게 되었고, 규정에 따라 교육장 공모 공고를 낸 후 심사위원회를 구성해 심사 절차에 들어갔습니다.

좋은 분들께서 많이 지원했고, 심사위원회는 저에게 3배수를 추천했습니다. 몇 개 지역 중 가장 큰 지역의 교육장을 어느 분으로 결정할 것인지가 어려운 문제로 떠올랐습니다.

교원인사과 과장, 초등인사 장학관, 중등인사 장학관과 의견 교환을 했습니다.

> 나: 다른 지역은 모두 쉽게 결론을 내릴 수 있겠는데, (시 단위) 이 지역이 문제네요. 어떻게 생각하십니까?
>
> 인사팀: (특정인의 이름을 가리키며) 이분이 좋기는 합니다.
>
> 나: 그래요? 좋기는 한데, 걸리는 게 있다는 뜻인가요?
>
> 인사팀: 예. 그렇습니다. 요즈음 교육감님께서 이 지역의 ○○고등학교와 다툼이 심한데요. 이분이 바로 그 고등학교 출신입니다.
>
> 나: 그렇습니까? 그런데 이분이 실력 있고, 인품도 훌륭하다고 들었는데, 그건 맞습니까?
>
> 인사팀: 예. 맞습니다.
>
> 나: 이분을 그 지역의 교육장으로 임명하면 그 고등학교와 힘을 합해 나를 괴롭힐 수도 있다는 건데요?
>
> 인사팀: 네. 그게 걸립니다.

나: 좋아요. 일단 중요한 것이 교육장 일을 잘 감당할 수 있을 정도의 실력과 인품을 갖췄느냐는 것이고요. 리스크가 있음에도 불구하고 임명했더니 나에게도 잘한다면 그건 고마운 일이지요. 나에게 잘못하면 그건 어쩔 수 없고요. 임명은 나의 몫이고, 배반은 그 사람의 몫이지요. 이분으로 결정합니다. (책상 위에 있는 결재안을 가리키며) 여기에 이름을 쓰면 되는 것이지요?

인사팀: 예. 그렇습니다.

나: 자, 가져가세요. 발표하시지요.

인사팀: 예.

2010년 취임 초부터 전국을 떠들썩하게 할 정도로 그 고등학교가 소속되어 있는 학교법인과 저는 심한 충돌을 하고 있었습니다. 쟁점은 고등학교 유형의 전환에 관한 것이었습니다. 국정감사 때는 한나라당(지금의 국민의힘) 의원들의 집중 공격을 받았습니다. 그 고등학교 출신 전직 고위공직자들의 전화도 받았습니다.

상황은 그분이 그 지역의 교육장 일을 시작하면서 크게 바뀌었습니다. 교육장과 그 고등학교 사이에 대화가 잘 이루어졌고, 더 이상 교육감인 저를 힘들게 하는 일도 없었습니다.

역시 중요한 건 사람이었습니다. 그때부터 세월이 어느 정도 흐른 어느 날 그 교육장께서 저에게 "저는 그때 교육감님께서 저를 그 지역 교육장으로 임명하실 것이라는 생각을 전혀 못 했습니다. 발표 소식을 듣고 깜짝 놀랐습니다."라고 말씀하셨습니다.

____ 점심 대접

어느 날 오전에 교육지원청 한 곳을 방문했습니다. 직원들 일하는 모습을 둘러보고 교육장실에서 과장님들과 함께 차도 마시면서 현안에 관한 설명을 들었습니다. 손목시계를 보니 12시가 거의 되어가고 있었습니다. '이 정도면 나가도 되겠다.' 생각하고 자리에서 일어섰습니다.

그때 교육장께서 저에게 말씀하셨습니다.

교육장: 교육감님! 지금 때도 됐고 하는데, 저희랑 함께 점심 드시지요.
나: 함께 점심 드시자고요?
교육장: 예. 교육감님! 제가 점심 대접해 드리겠습니다.
나: 교육장님이 점심을 대접하시겠다고요?
교육장: 예. 교육감님.
나: 교육장님! 지금 하고 계시는 일 누가 시킨 것이지요?
교육장: 그거야 당연히 교육감님께서 시키신 것이지요.
나: 그럼, 일을 시키고 밥을 얻어먹는다는 것이 논리적으로 맞나요?
교육장: 예?
나: 그래요. 함께 가십시다. 오늘 점심은 내가 대접해 드릴게요.

그제야 교육장님과 두 분 과장님이 소리 내 웃으셨습니다.

브리핑

브리핑^{briefing} 이란 간단하게 보고하는 것 또는 간단하게 설명하는 것입니다. 이것은 어디까지나 문자적인 의미가 그렇다는 것이지 실제로도 그렇다는 것은 아닙니다. 브리핑을 잘해서 좋은 기회나 자리를 얻는가 하면 브리핑을 잘못해서 불이익을 입는 일도 있습니다.

브리핑 자료를 브리핑하는 사람이 직접 준비하는 경우는 거의 없을 것입니다. 준비하는 것은 그 아랫사람들의 몫으로 떨어집니다. 교장선생님의 브리핑 자료는 수업 준비를 해야 할 선생님의 몫이 된다는 뜻입니다.

브리핑하는 목적, 시각을 달리해서 보면 브리핑을 듣는 목적은 어느 기관의 전체 상황이나 특정 사안의 실체를 간단명료하게 파악하기 위한 것입니다. 학교에서 교장선생님이 교육감에게 브리핑하는 것도 그런 목적이 있습니다. 그런데도 저는 처음부터 끝까지 교장선생님들로부터 학교 브리핑을 받지 않았습니다.

학교 현황은 교장실 벽에 걸려 있는 현황판을 일별하는 것으로 충분하고, 학교에서 도교육청에 요구할 사항이 있으면 그 자리에서 바로 설명을 들으면 되는 것입니다.

저에게는 어느 학교가 어떤 상태에 있는지, 즉 그 학교의 건강성을 확인하는 자료가 따로 있었습니다. 그것은 학교 구성원들의 표정이었습니다. 교사의 얼굴, 행정실 직원의 얼굴, 식생활관 구성원들의 얼굴, 그리고 정말 중요한 아이들의 얼굴은 한순간에 가공할 수가 없습니다.

거기에 더하여 몇 마디 말을 걸어보면 알게 됩니다. 학교 구성원들의 삶이 편하면 말하는 것에도 여유가 있고, 묻지 않은 것도 말하고 싶어 합니다. 반대로 학교 구성원들의 삶이 편하지 않으면 교육감이 아니라 그 누구라도 말을 거는 걸 부담스러워 합니다.

_____ 학교 없애라고 교장 발령 냈습니까?

교육감 일에 착수한 즉시 중요하다고 여겨지는 몇 가지 사항을 확인하는 작업에 들어갔고, 그중 하나가 학교 통폐합 문제였습니다.

놀라웠던 것은 제가 일을 시작한 2010년 7월 1일부터 역산^{逆算}하여 30년 동안에 전북에서 사라진 학교가 무려 320개였다는 사실입니다. 더 심각한 문제는 그 학교들의 터가 어디로 갔는지 대부분 흔적도 찾기 어려웠다는 것입니다.

폐교부지는 계속 관리하거나 매각하거나 대부하는 것이었습니다. 대부? 저는 그때까지 대부란 금융기관에서 일정한 이자를 납부하는 조건으로 일정 기간 돈을 빌려 쓰는 것으로 이해하고 있었습니다.

폐교부지는 부동산, 그중에서도 토지이니까 그것을 타인에게 이용하도록 할 때는 (대부가 아니라) 토지임대차라고 해야 맞을 것입니다. 불구하고 폐교부지의 경우에는 '대부'라는 용어를 지금도 그대로 사용하고 있습니다

폐교부지의 대부는 매각과 달라서 계약서에 명기한 사용 기간이 지

나면 반환해야 하지만, 실제는 달랐습니다. 온갖 이유를 대고 세력을 동원해서 사실상 소유물처럼 사용하는 사례가 비일비재했습니다. 이유는 간단합니다. 우리가 살고 있는 이곳은 대통령 대선 공약부터 시작해서 약속이 지켜지지 않는 대한민국이기 때문입니다.

이런 저간의 사정을 고려하여 저는 학교 통폐합과 폐교부지 처리에 관한 원칙을 정했습니다. 학교 통폐합은 하지 않는다는 것과 폐교부지는 매각하거나 대부하지 않는다는 것이었습니다.

이런 원칙이 만만하게 통할 리는 없습니다. 온갖 공격이 들어오기 시작했습니다. 공격은 상대가 움직여야 힘이 생기는 것입니다. 철저하게 외면해 버리자 공격하는 사람들도 더 이상 어떻게 할 수가 없었습니다.

2011년 말부터 2012년 초까지 도내 시^{市} 지역 초등학교 한 군데의 폐교 문제가 대두되었습니다. 시의 경계선에 위치한 그 학교는 2012년 2월 기준으로 전교생이 3명이었습니다.

간부들께서는 지속적으로 저를 설득했습니다. 교육감의 뜻을 모르는 것은 아니지만, 더 이상 유지될 수 없는 학교라는 것이 폐교의 주된 이유였습니다. 간부들의 표정에서는 교육감이 대학에만 있다가 와서 이쪽 현실을 잘 모른다는 생각도 엿보였습니다.

저의 입장을 명확히 정리할 단계가 되었고, 확대간부회의 자리에서 제 생각을 밝혔습니다. 내 임기 중에 학교 통폐합은 하지 않는다는 뜻을 다시 한번 분명한 어조로 말했습니다. 여기에 다음과 같은 말을 덧붙였습니다.

"교육국장님! 지금 내가 하는 말을 그 학교의 교장선생님에게 그대로 전달하십시오. 학교 없애라고 교장 발령 냈다고 생각하는지 내가 묻더라고 전하십시오."라고 말했습니다.

그 당시 도교육청 차원에서 농어촌 작은 학교와 원도심 학교를 살리기 위한 정책이 만들어지고 있었습니다. 이름하여 '어울림 학교'였습니다. 어울림 학교의 유형 중에는 공동통학구형 어울림 학교가 있었습니다. 도시 지역 큰 학교와 인근의 작은 학교를 '하나의' 통학구로 묶어, 큰 학교 주변에 거주하고 있는 아이들이 작은 학교로 갈 수 있는 길을 열어 주는 것입니다.

공동통학구형 어울림 학교는 위에서 문제가 된 바로 그 학교에 적용되었습니다. 교장선생님도 적임자로 발령을 냈습니다.

변화는 매우 빠른 속도로 일어났습니다. 전교생 고작 3명이었던 학교가 20명, 30명, 40명, 50명 씩으로 계속 커지기 시작했고, 병설유치원도 생겼습니다. 학부모들의 관심이 늘어나면서 이제는 가고 싶은 학교로 자리를 잡았습니다.

____ 대안교육

교육감 1기 초에 저는 정읍으로 갔습니다. 그곳에 있는 공립 대안중학교인 전북동화중학교를 보기 위해서였습니다.

교육과정부터 학생 중심으로 짜여 있고, 무엇보다 교장선생님을 중심으로 모든 교원과 직원 들이 아이들을 가르치고 지원하는 일에 힘을 모으고 있었습니다. 학교가 도교육청의 지원을 받고 싶어 하는 것이 무엇인지 들어본 후 정리했습니다.

이 학교에 근무하는 교사라고 해서 모두 대안교육에 대한 사명감이 있는 것은 아니었습니다. 자신이 원하지는 않지만, 인사 원칙에 따라 어쩔 수 없이 이 학교에 근무하는 교사들도 있었습니다. 바람직한 것은 상당히 많은 수의 교사들이 고생할 것을 뻔히 알면서도 이 학교에 근무하기를 자청한다는 것이었습니다.

그때부터 한두 해 지나면서 공립 대안고등학교를 설립해야 한다는 의견들이 나오기 시작했습니다. 전북동화중학교에서 공부하다가 회복되어 자신이 원래 다녔던 학교로 되돌아가는 경우 또는 졸업하면서 학교 적응력이 회복된 아이들도 있지만, 여전히 해결되지 않는 아이들이 있다는 것이 그 이유였습니다.

공립 대안고등학교 설립의 필요성 여부를 확인하기 위한 의견수렴 절차에 들어갔고, 절대다수의 의견이 필요성을 인정하고 있었습니다.

다음으로 결정해야 하는 문제가 '어느 지역에 학교를 세우느냐?'라는 것이었습니다. 전북동화중학교의 의견은 중학교에서 가까운 곳에 세우는 게 좋겠다는 것이었습니다. 그 의견이 타당성이 있어 보여 도교육청 실무진에게 정읍에서 적당한 장소를 물색해 보라고 지시했고, 적당한 장소가 바로 나왔습니다.

순탄하게 진행되는 듯하던 장소 선정이 뜻밖의 암초를 만났습니다. 대안고등학교 설립 예정 부지의 주민들이 적극적으로 반대한다는 것이었습니다. 아마도 대안고등학교를 혐오 시설로 취급하는 것 같았습니다.

실무진은 저에게 다른 지역에서 적지^{適地}를 찾아보는 게 좋겠다고 말했지만, 저는 다른 의견을 냈습니다.

"우리가 바로 다른 지역으로 지정하게 되면 대안고등학교가 들어오는 것을 반대했던 사람들이 자신들에게 생각할 수 있는 충분한 여유를 주지 않았다며 다른 말을 할 수가 있습니다. 한 번 더 설득하는 모양새를 갖춘 다음, 그래도 반대하면 그것을 정확히 기록으로 남기십시오. 그래야 뒤탈이 없을 겁니다."라고 말했습니다.

실무진은 저의 의견대로 일처리를 마무리한 후, 새로운 장소를 찾기 시작했습니다. 실무진이 내놓은 의견은 익산 여산남초등학교 폐교 부지였습니다. 현장에 가서 보니 그보다 더 좋은 장소는 없다는 것이었습니다.

이번에는 도의회 교육위원회가 제동을 걸었습니다. 아직 '교육의원' 제도가 남아 있던 당시에는 위원 9명 중 5명이 교육의원이었는데, 이분들이 집중적으로 반대를 한 것입니다. 이유는 "김승환 교육감이 자신의 고향인 익산을 챙긴다."는 것이었습니다.

참으로 희한한 일이었습니다. 같은 공립 대안고등학교가 어느 지역에서는 혐오시설로, 다른 어느 지역에서는 우호시설로 바뀌는 웃지 못할 일이 벌어진 것입니다.

저는 실무진에게 다섯 분의 교육의원 중 특히 반대가 심한 분이 누구인지를 확인한 후, 그분에게 가서 자신의 지역구 내에서 좋은 지역을 찾아서 추천하시도록 하라고 했습니다. 처음에는 반기는 듯하던 그 의원이 나중에는 슬며시 꼬리를 내려버렸습니다.

도교육청은 그 기간에도 계속해서 공립 대안고등학교 설립에 관한 토론회와 공청회를 열었습니다. 거기에 더하여 우리나라 공립 대안고등학교 역사의 새 길을 열어 놓은 경남 창원의 태봉고등학교 여태전 교장 선생님을 모시고 의견을 들어보라고 했습니다.

태봉고등학교는 교육감 1기 때 당시 고영진 경남교육감께서 저에게 태봉고등학교를 구경시켜 줄 테니 함께 가보자고 해서 방문한 적이 있습니다. 경남 태봉고등학교의 방문이 전북 공립 대안고등학교 설립으로 이어지게 된 것입니다.

전문가들의 다양한 의견을 듣는 과정은 저에게는 대안학교에 관한 학습을 하는 과정이었습니다. 실제로 대안학교에 대한 저의 고정관념에 근본적 변화가 일어나기 시작했습니다. 대안고등학교는 학교 적응학생과 부적응학생을 구분하여 부적응학생이 다니는 학교라는 사고를 저 스스로 버리기 시작했습니다.

어떤 아이들은 학교의 교육과정에 따라가지 못하는 경우가 있는가 하면, 학교의 교육과정이 아이들을 따라가지 못하는 경우도 얼마든지 있을 수 있다, 전자를 '과소부적응'이라고 한다면 후자는 '과잉부적응'이라고 할 수 있다, 이 두 유형의 아이들 또는 어느 유형에도 속하지 않는 아이들이 같은 학교에서 한 데 어울려 배우고 성장하도록 할 수도 있지 않을까, 원래 배움이란 아이들이 선생님에게서만 배우는 것이 아니라 또래들끼리 서로 배우는 것도 배움이라고 할 수 있는 것 아닌가,라고 생각하게 된 것입니다. 그때부터 방향을 통합형 공립 대안고등학교로 잡아 전문가들의 의견을 계속 수렴했습니다.

그때 떠올랐던 학교가 완주군에 있는 고산고등학교였습니다. 고산고는 오랜 세월 전주에서 고입 연합고사에서 탈락한 아이들이 모이는 학교로 알려져 있었고, 지역민들의 신뢰도 또한 매우 낮았습니다.

고산고등학교를 공립 대안고등학교로 전환하는 것은 장소 선정을 둘러싼 시비도 잠재울 수 있다는 장점이 있었습니다. 도교육청은 2018년 3월 1일 자로 고산고등학교를 대안교육 특성화고등학교로 전환했습니다.

그에 앞서서 내부형 교장공모제를 실시했고, 수석교사 출신이 교장 선생님으로 임명받았습니다. 변화는 한 해 전인 2017년부터 일어나기 시작했습니다. 고산면을 중심으로 완주군의 뜻있는 학부모들께서 자녀를 고산고등학교로 보내기 시작한 것입니다.

학교는 신입생 면접시험을 치를 때 부모의 면접도 함께 치렀습니다. 오로지 점수 높이기, 유명 대학 보내기에 몰두해 있는 학부모들께 고산고등학교는 그런 학교가 아니라는 것을 주지시켜 드리기 위한 것이었습니다.

2020년 11월에는 사회적기업 유형의 학교협동조합 '고순도순'이 문을 열어 학생, 교원, 직원과 지역민들이 조합원으로 참여해 활동하고 있습니다. 2020년 9월에는 임기 4년의 두 번째 교장선생님이 취임하여 학교를 이끌고 계십니다.

많은 사람이 여전히 '그래도 그렇지, 아이들이 대학에 잘 들어가야 하잖아'라고 생각합니다. 그러한 생각을 비웃기라도 하듯, 고산고등학교는 대입에 집중하는 학교가 아님에도 불구하고, 아이들은 대학에 잘 들어가거나 일찍 사회생활에 뛰어들어 자신의 꿈을 키워나가고 있습니다.

고산고등학교와 관련해서도 거의 불치不治 수준의 '확증편향confirmation

^{bias}'이 있습니다. 그것은 '고산고등학교는 그렇고 그런 학교야, 완주군이 다른 건 다 좋은데 제대로 된 일반계 고등학교가 없어서 문제야'라는 편견입니다. 주로 완주군에 터를 잡고 입신양명의 길을 걷는 정치인들이 그렇습니다.

"김승환 교육감님! 우리 완주군에 제대로 된 일반계 고등학교 하나 만들어 주세요."라는 똑같은 버전을 완주 출신 정치인들에게서 들어왔습니다. 저는 그때마다 '이런 수준으로 정치를 하고 있으니 정치가 뭐가 되겠어' 라는 탄식을 할 수밖에 없었습니다.

_____ 유아교육

교육감 1기 직무를 시작하자마자 제 앞에는 즉시 결단을 내려야 하는 몇 가지 굵직한 사안들이 있었습니다. 그중 하나가 유아교육진흥원을 설립할 것인가 말 것인가였습니다.

찬성과 반대의 의견이 팽팽하게 대립하고 있었습니다. 자세히 들여다보니 찬성 측이나 반대 측이나 치밀한 논리 구성을 하는 것은 아니었습니다. 유아교육이란 무엇인가라는 문제부터 접근하는 의견은 거의 보이지 않았습니다.

또 하나 감지했던 이상한 분위기가 있었습니다. 중등교사는 은근히 초등교사를 무시하고, 초등교사 역시 은근히 유치원 교사를 무시하는 분위기가 느껴졌습니다.

사람들의 입에서 '보통교육'이라는 말이 나올 때 열이면 열 모두 '초·중등교육'이라고 말하지 '유·초·중등교육'이라고 말하지는 않았습니다. 유아교육을 담당하는 전문직도 도교육청에 장학사 딱 한 명이 배치되어 있었습니다.

유아교육진흥원 설립의 가·부에 대한 결단을 내리기에 앞서 저는 홀로 사유하는 시간을 가졌습니다.

유아교육은 공교육이다, 공교육의 출발점은 유아교육이다, 아이들은 유아 단계에서 인격의 상당 부분이 형성된다, 우리나라 유아교육은 아이들이 함께 잘 놀도록 도와주는 교육을 하는 것이 아니라 국민의 병적인 자녀 교육열에 따라서 유치원 때부터 문자와 숫자를 가르치고 그것이 유아교육의 본질적 구성 부분이라고 생각하고 있다, 유치원에서의 문자와 숫자 교육은 아이들에게서 배움의 호기심과 궁금증을 앗아가 버린다, 선진국들이 유치원에서 아이들에게 문자와 숫자 가르치는 것을 범죄행위 수준으로 다루는 이유도 여기에 있다, 유아교육의 혁신을 위해서는 유치원 교원들의 의식이 바뀌어야 한다, 이것을 위해서는 체계적이고 지속적인 교원 연수가 필요하다, 이와 함께 개별 유치원이 유아교육에 필요한 모든 시설과 준비물을 갖추는 것은 실용적이지도 못하고 가능하지도 않다, 그 지원을 전담하는 기구가 필요하다, 이 모든 방대한 일을 총괄하는 유아교육 컨트롤타워가 있어야 한다, 유아교육진흥원을 설립하는 것이 타당하다는 결론을 내렸습니다.

도교육청에는 유아교육팀을 독립시켜 팀장급 장학관과 장학사를 배치하고, 유아교육진흥원에는 연구관인 원장과 연구사를 배치했습니다.

유아교육진흥원의 활용도는 급속히 올라갔고, 안정적인 궤도에 오르면서 저는 유아교육진흥원에 한 가지 부탁을 했습니다. 그것은 어린이집에 관한 것이었습니다.

어린이집은 법률상 우리 도교육청의 관할이 아니다, 어린이집은 보건복지부와 지자체의 관할이다, 하지만 어린이집 보육교사들의 연수와 아이들의 놀이를 지원하는 지자체의 교육시설은 없다, 우리 유아교육진흥원 구성원들에게는 아주 미안하지만, 어린이집 중에서 유아교육진흥원의 시설을 이용하고 싶다는 요청이 들어오면 최대한 받아주면 좋겠다는 것이었습니다. 유아교육진흥원 구성원들로서는 직무 외의 일을 하게 되는 것입니다. 저의 이 부탁을 유아교육진흥원 구성원들께서 받아들여 지금까지 계속해서 어린이집 아이들도 유아교육진흥원의 놀이 시설을 이용하고 있습니다.

_____ 유치원 재롱잔치

유치원에 다니는 아이들은 그 존재 자체가 미스터리이고, 아이들의 일상적인 움직임 하나하나가 재롱입니다. 누가 말하거나 지시하거나 가르쳐 주지 않아도, 아이들은 타고난 호기심과 궁금증으로 이것저것 만져보고 느끼고 생각합니다. 어른들이 할 일은, 그런 아이들이 자신의 결대로 잘 성장해 갈 수 있도록 지켜보고 응원하고 격려하는 것입니다.

그러나 유치원 아이들을 둘러싼 어른들의 의식과 세계는 절대 만만치 않습니다. 어른들은 자신들의 생각과 삶과 욕심을 아이들의 의식과 삶 속에 집어넣는 일에 온 신경을 곤두세웁니다. 내 아이와 다른 아이를 비교하면서 내 아이가 우쭐거리도록 하거나 내 아이를 다그치는 일에 여념이 없습니다.

유치원은 유치원대로 자신들이 얼마나 유능하게 아이들을 잘 가르치고 있는지를 부모들에게 보여 주고 싶어 합니다. '우리 유치원은 특별하고 다르다'라는 것을 보여 주는 것을 유치원의 존재 의의로 생각하는 때도 적지 않습니다.

유치원의 욕망과 부모의 욕망이 만나는 지점에 유치원 재롱잔치가 자리 잡고 있습니다. 유치원 재롱잔치는 부모들에게도 중요한 관심 사항입니다. 내 아이가 얼마나 귀엽고 깜찍하게 노래, 율동, 발표를 잘하는지 보고 싶어 합니다. 유치원 역시 부모들의 기대에 어긋나지 않도록, 더 나아가 부모들의 기대를 훨씬 뛰어넘도록 온갖 방법을 동원합니다.

교육감인 저도 처음에는 뭣 모르고 유치원 재롱잔치를 그냥 즐겁게 보고 있었습니다.

저의 그런 안일한 의식이 깨지는 데는 오랜 시간이 걸리지 않았습니다. 어른들의 욕망을 채워 주느라 유치원 아이들이 혹사당하고 있다는 것을 알게 되었습니다. 어른들의 기대를 채워 주기 위한 재롱잔치를 성공적으로(?) 치르기 위해 유치원 아이들은 고된 연습을 거듭해야 했습니다. 아이들은 자신이 싫어도 지겨워도 원장님과 선생님들이 시키는 대로 연습해야 했습니다.

그 과정에서 아이들의 정신과 몸속으로 파고드는 것은 스트레스였습니다. 싫어도 더 잘하기 위해서 실수하지 않기 위해서 연습에 연습을 거듭하다 보니 어린아이들이 스트레스를 받게 되는 것이었습니다.

이걸 알게 된 저는 지시를 했습니다. 유치원 재롱잔치를 최대한 억제할 것, 각종 유치원 행사 때 아이들이 발표하는 것은 특별한 사정이 없으면 하지 말 것 등을 지시했습니다.

그런 지시를 얼마나 철저하게 이행했는지는 확신할 수 없습니다. '교육감의 지시가 어떠하든 우리는 우리 갈 길을 간다'라는 식으로 구태를 그대로 유지한 유치원도 있었을 것입니다.

유치원 재롱잔치! 진정으로 아이들을 위한 것인지 아니면 어른들을 위한 것인지 생각해 보아야 합니다.

_____ 유치원 일일교육계획안

초·중·고 수업시간과 유치원 수업시간은 그 밀도^{密度}가 다릅니다. 초·중·고의 경우 수업시간과 수업시간 사이에 들어 있는 쉬는 시간은 문자 그대로 교사도 학생도 쉬는 시간이지만, 유치원 교사들에게 수업시간 사이의 쉬는 시간은 실질적으로 아무런 의미도 없습니다. 아이들이 쉬는 시간에도 유치원 교사의 시선은 계속 아이들의 움직임을 살펴보고 있어야 하기 때문입니다. 따라서 유치원 수업의 한 시간과 초·중·고 수업의 한 시간은 '시간'이라는 같은 용어를 사용하고 있지만, 그 의미는 다릅니다.

교육감 1기 초에 유치원 교사들이 쓰고 있는 일일교육계획안이 있다는 것을 알게 되었습니다. 유치원 교사들은 일일교육계획안을 줄여서 '일안'이라고 부르고 있었습니다.

명칭에 드러나 있는 그대로 유치원 교사들은 매일매일 수업계획안을 써야 하는 것이었습니다. 잠시도 아이들에게서 시선을 뗄 수 없고, 아이들 가르치는 일에만 집중해야 하는 유치원 교사에게 일안을 쓰는 일은 매우 큰 부담이 된다는 것 정도는 굳이 설명을 듣지 않아도 알 수 있는 일이었습니다.

이런 확인 과정을 거쳐 유치원 일일교육계획안은 즉시 폐지되었습니다.

_____ 사립유치원

유아교육은 공교육의 출발점이다, 유아교육은 아이들의 인격 형성에 지대한 영향을 끼친다, 유치원에서 문자와 숫자를 가르치는 나라는 대한민국밖에 없다, 아이들에게는 노는 것이 학습인데 우리나라에서는 그 평범하고도 중요한 진리가 통하지 않는다, 유아교육 단계에서부터 부모의 맞춤형 교육에 들어가는 것은 교육이 아니라 아동학대이다, 국가가 오랜 세월 유아교육을 방치하고 있을 때 유아교육의 공백을 사립유치원이 메꿔왔다는 것을 인정해야 한다, 그런데도 사립유치원의 회계 문제는 법률적으로 정리되어야 한다, 사립유치원 회계의 지나친 일탈은 막아야 한다.

교육감 일을 하면서 유아교육, 사립유치원과 관련해서 저의 머릿속을 채우고 있던 기본 의식이었습니다.

일단 사립유치원 운영과 관련해서 제가 할 일을 시작해야겠다고 생각했습니다. 미리 정리해 두지 않으면 나중에 큰일을 당할 수도 있고, 그것은 관련 사립유치원들이 감당하기 어려운 수준이 될 수도 있다고 판단했습니다.

2015년 저는 도교육청 감사관에게 사립유치원 회계 상황에 대한 감사를 지시했습니다. 도내 모든 사립유치원이 아니라 어느 정도 규모가 있는 사립유치원을 대상으로 했습니다. 중·소 규모의 영세한 사립유치원은 감사대상에서 일단 배제한 것입니다.

여러 달에 걸친 감사 끝에 저는 감사결과를 보고받게 되었습니다. 어느 정도 예상은 하고 있었지만, 회계 일탈이 매우 심한 사례들이 나왔습니다. 유치원 원비를 원장이 사적으로 사용하는 경우가 가장 많았습니다. 그중에서도 단위가 큰 사례들을 따로 정리했습니다.

도교육청 학교교육과 유아교육팀에 지시했습니다. 40여 개 사립유치원의 명단을 넘겨주면서 날짜와 시간을 정한 후 원장님들을 모두 오시도록 했습니다. 물론 참석을 강제할 수는 없었고, 참석을 원하지 않으면 오시지 않아도 된다고 했습니다.

도교육청 8층 회의실에는 참석 대상이 되는 사립유치원 원장님들이 모두 참석했습니다. 저는 그 자리에서 다음과 같은 말을 했습니다.

유아교육은 공교육의 출발점이다, 이것은 공립유치원이나 사립유치원이나 마찬가지이다, 여러분들은 바로 그 공교육의 출발점에서 아이들과 교사들 그리고 직원들을 만나는 분들이다, 여러분들은 사업가가 아니라 교육자이다, 그 점을 분명히 인식해 달라, 이미 알고 계시는 것처럼 지난 몇 달 동안 도교육청 감사관은 사립유치원 회계감사를 했다, 많은 문제점이 발견됐다, 사소한 일탈은 일단 접어 뒀다, 문제는 매우 큰 일탈이다, 사립유치원 회계에 대해 국회가 입법 차원에서 제대로 정리를 못 한 탓도 있다, 그렇다 하더라도 국민의 눈높이에서 도저히 받아들일 수 없는 일탈이 있다, 오늘 이 자리에 모이신 여러분들이 바로 그런 경우에 해당한다, 나는 이 자리에서 여러분에게 선택을 요구하겠다, 앞으로도 계속해서 이렇게 할 것인지 아니면 더 이상 이렇게 하지 않고 정상적으로 회계 처리를 할 것인지 결단하시라, 만약 앞으로는 이런 일이 없도록 약속하겠다고 하면 감사결과를 가지고 더 이상 문제 삼지 않겠다, 앞으로도 계속 이런 식으로 하겠다고 하면 감사자료를 그대로 수사기관에 넘길 수밖에 없다, 결단하시라.

그 자리에 모인 사립유치원 원장님들은 이구동성으로 한 번만 기회를 달라고 요청했고, 저는 그 요청을 받아들였습니다.

그날부터 얼마 지나지 않아 유아교육 장학관께서 담당 장학사들과 함께 교육감실로 들어왔습니다. 얼굴에는 긴장하는 기색이 역력했습니다.

장학관: 교육감님! 검찰에서 사립유치원 감사자료를 달라고 하는데요. 어떻게 할까요?
나: 그래요? 언제 누가 요청을 받은 거예요?
장학관: (서류를 제게 넘겨주면서) 여기 있습니다.

나: 음. 이건 공문이군요. 영장이 아니고. 이걸 가리켜 행정협조 요청이라고 하는 거예요. 판단은 요청받은 우리가 하는 것이고요. 보내지 마세요.

장학관: 보내지 말라고요? 그래도 괜찮을까요?

나: 안 보내도 돼요. 그래도 반드시 자료가 필요하면 검찰에서 영장을 가지고 올 거예요. 그땐 나도 어쩔 수 없이 내줘야 하고요. 일단 공문 가져가세요.

장학관: 예. 알겠습니다.

그 뒤로 몇 날 지나지 않아 어느 시市의 경찰서에서 해당 지역의 교육지원청에 사립유치원 감사자료를 보내라는 공문을 보냈다는 보고를 받았습니다. 저는 똑같은 지시를 내렸습니다. 보내지 말라고 했습니다.

엉뚱한 말이 나돌기 시작했습니다. 해당 지역의 사립유치원 연합회에서 '김승환 교육감이 우리를 속였다, 그래서 경찰이 감사자료를 내라고 한 것이다, 교육감이 우리에게 거짓말을 한 것이다'라는 말이 퍼져나갔습니다. 저는 해당 지역의 교육장께 상황 설명을 하고 그대로 전달하도록 했습니다.

그때부터 3년 후, 사립유치원 회계 비리 문제가 전 국민적 관심사로 떠올랐고, 언론과 정치권에서는 연일 사립유치원을 질타하는 소리가 나오기 시작했습니다.

저는 교육부에 말했습니다.

사립유치원 회계 비리는 바로잡아야 한다, 다만 모든 사립유치원이 마치 범죄집단이라도 되는 것처럼 집단매도 하지는 말라, 사립유치원 교원들의 자존감을 무너뜨리면 큰일 난다, 사립유치원 교육자들의 공功

은 공대로 인정하면서 바로잡을 것을 바로 잡아라, 라고 말했습니다.

하지만 이미 정치권, 언론, 여론은 사립유치원에 대한 비판과 비난의 격랑 속으로 빠져들어 갔습니다.

저는 도교육청 유아교육팀에 지시했습니다. '교육부가 자료 제출 요구를 하거나 지침을 낸다고 해서 그대로 따르지는 말라, 다시 한번 강조하지만 우리는 이미 공식적으로 사립유치원장들께 기회를 줬다, 그 약속을 지켜야 한다'라고 말했습니다.

세상을 시끄럽게 했던 사립유치원 파동은 그렇게 막을 내렸습니다.

_____ 혁신학교 - 인센티브

교육감 자리에 들어서서 교실 수업의 실태를 보니 대학의 학부 강의, 특히 법대 강의와 일란성 쌍생아처럼 닮아 있었습니다.

수업 시간에 교실에서는 가르치는 사람과 배우는 사람, 말하는 사람과 듣는 사람이 구분되어 있었고, 일방적 주입식·암기식 수업이 주류를 이루고 있었습니다. 아이들의 개성, 잠재력, 꿈, 진로는 중요하지 않았습니다. 정해진 시간 내에 정해진 진도를 나가면 되는 것이었습니다. 교육이라는 명분을 붙이지만, 그것은 개별적 인격체들인 아이들을 표준화된 상품으로 주조鑄造해 내는 공정工程이었습니다.

대학의 학부 강의 시간에 교수에게 까다로운 질문을 했다가 학점으로 당한 사례들이 많았던 것처럼, 아이들은 교실 수업에서 궁금한 것이 있어도 마음 편하게 질문을 할 수가 없었습니다. 말하는 것은 교사의 몫이고, 듣는 것은 아이들의 몫이었기 때문입니다.

언론과 정치권에서는 잊을 만하면 아이들이 학교에서 수업 시간에 공부는 하지 않고 잠을 잔다, 이래서야 되겠느냐, 교육을 바꿔야 한다는 식으로 떠들다가 대중들이 싫증을 낼 때가 되면 조용히 들어갑니다.

저는 당시의 교실 수업의 성격을 "프로크루스테스^{Procrustes} 침대식 교육"이라고 진단했습니다. 프로크루스테스는 괴물입니다. 지나가는 사람들을 자신이 만들어 놓은 침대 위에 올려놓고 침대보다 길이가 길면 침대 길이에 맞게 잘라내고, 침대보다 길이가 짧으면 침대 길이만큼 늘려 놓는 것입니다. 'Procrustean'은 성공 여부를 측정할 때 자의적^{恣意的}인 기준이 사용되는 경우를 묘사하는 데 사용되는 용어입니다. 이런 교실 수업에서 학습이 아이들에게 매력적이고 흥미롭고 즐거운 것으로 여겨질 리가 없습니다.

전주의 어느 중학교에 독일 중학교 학생 몇 명이 와서 일정 기간 우리 아이들과 함께 학교생활을 한 적이 있습니다. 계획된 일정을 마치고 도교육청의 담당 장학사께서 독일 중학생들을 만나 물어봤습니다.

장학사: 여기에서 지내본 느낌이 어떤가요?
독일 아이들: 믿을 수가 없어요.
장학사: 무엇을 믿을 수가 없어요?
독일 아이들: 아이들은 수업 시간에 한마디도 하지 않고, 선생님만 말해요.
장학사: 여러분들이 다니는 학교에서는 어떤데요?

독일 아이들: 우리 학교 수업 시간에는 선생님은 30%만 말하고, 아이들이
70% 말해요.

뇌물과 부패 그리고 권위주의로 물들어 있는 전북교육의 풍토를 바
꾸는 것은 당연한 일이었고, 그것보다 더 중요한 것은 수업을 '교사들 중
심에서 아이들 중심'으로 바꾸는 것이었습니다.

그 방법은 혁신학교였습니다. 처음부터 모든 학교를 혁신학교로 만
드는 것은 무모한 것이고, 불가능한 것이며, 의미도 없는 것이었습니다.
목표는 전북의 모든 학교를 혁신하는 것이지만, 일단 준비가 되어 있는
몇 개의 학교를 혁신학교로 지정한 후, 그 혁신학교들이 (모든) 학교혁
신의 마중물 역할을 하도록 하는 것이었습니다.

제가 교육감이 되기 전에 이미 군산 회현중학교와 완주 삼우초등학
교는 자율적으로 교실 수업의 혁신을 이루고 있었고, 지역 내 많은 학교
의 관심을 끌고 있었습니다.

문제는 혁신학교에서 근무하는 교사들에게 어떤 예우를 할 것인가
였습니다. 혁신학교 교사들은 일반학교 교사들과 비교하면 수업 준비와
학생 상담 등 업무 부담이 훨씬 많아질 수밖에 없으므로, 그에 상응하는
인센티브를 줘야 한다는 의견과 인센티브를 줘서는 안 된다는 의견이
팽팽하게 맞섰습니다.

결단은 교육감인 저의 몫이 되었고, 저는 곰곰이 생각했습니다.

'교사는 무엇으로 움직이는가?'라는 질문이 계속 저의 머릿속을 맴돌
았습니다. '열심히 하면 뭔가 의미 있는 혜택을 주니까 교사가 움직인

다?' 그건 어색했습니다. 제가 교사라면 인센티브는 저의 자존감에 상처를 주겠다고 생각했습니다. '나는 교사이니까 움직인다'라는 것이 답이었습니다.

결론을 내렸습니다. 혁신학교에 근무하는 교사들에게 인센티브는 없다, 만약 이것 때문에 전북의 혁신학교가 실패한다면 혁신학교 정책은 과감하게 거둬들이겠다, 비판이나 비난을 받아도 어쩔 수 없다는 것으로 정리했습니다. 전북의 혁신학교는 그렇게 닻을 올렸습니다.

____ 혁신학교 - 저항

2011년 20개 학교로 시작한 전북의 혁신학교 정책은 시작부터 거센 저항에 부딪혔습니다.

전라북도의회 교육위원회는 혁신학교 예산을 모두 없애 버렸습니다 (사람들이 '삭감'이라는 용어를 습관적으로 사용하는데, '삭'은 삭제이고 '감'은 감액임. 이 둘을 합해서 '삭감'이라고 하는데, 당시 도의회 교육위원회는 혁신학교 예산을 '삭제'해 버렸음.).

지역의 언론, 서울 지역의 극우보수 언론, 극우보수 정치권 그리고 교육부까지 혁신학교를 좌파 학교로 취급하면서 혁신학교에 대한 대대적인 공세를 취했습니다.

오랜 세월이 지나 뒤늦게 우연히 알게 된 것이지만, 지역의 어느 일간신문에는 당시 김승환 교육감이 선거 논공행상 차원에서 특정 학교를 혁신학교로 지정했다는 기사도 있었습니다.

일단 도의회 교육위원회(당시 교육의원 5명, 일반도의원 4명, 총 9명으로 구성)가 혁신학교 예산 전액을 삭제해 버림으로써, 혁신학교는 한 걸음도 앞으로 나아갈 수 없게 되었습니다. 민주당 일색인 도의회이지만, 그건 말 그대로 '민주당일 뿐'이었습니다.

급기야 학부모들이 나서기 시작했습니다. 전액 삭제한 혁신학교 예산을 살려내라는 것이었습니다. 기자회견, 시위, 도의회 항의 방문이 이어졌습니다. 이때 도의회 쪽에서 나온 말이 "김승환 교육감이 학부모들을 사주했다."라는 것이었습니다. '뭐 눈에는 뭐밖에 안 보인다'라는 말이 떠올랐습니다.

교육위원회가 없애 버린 2011년 혁신학교 예산은 예결위원회에서 50%가 살아났습니다. 당시 도의회 분위기는 마치 자신들의 돈을 인심 쓰듯이 주는 것 같았습니다.

이렇게 시작한 전북의 혁신학교는 '추진 의지'와 '좌초 시도' 사이에서 칠흑같이 깜깜한 바닷길로 들어섰습니다.

_____ 말해도 소용이 없으니까요

교육감 1기 초반 어느 가을날 저는 무주군으로 갔습니다. 전주를 기점으로 무주는 교원들과 직원들이 날마다 출·퇴근하기에는 버거운 거리에 있습니다. 특히 젊은 교·직원들이 문제가 됩니다. 나이가 어느 정도 든 교·직원들은 '조상 3대가 덕을 쌓아야 주말 부부가 될 수 있다'라는 우스갯소리를 주고받으면서 주말 부부가 된 것을 축하하기도 한다는 말을 듣기는 했습니다.

저는 수행비서, 수행기사와 함께 중·고 통합학교 한 곳으로 들어갔습니다. 교장실로 가서 교장선생님과 인사를 나누고 학교를 둘러보다가 제가 말했습니다.

나: 교장선생님! 학교에 교직원 관사가 있지요?
교장: 네. 있습니다. 교육감님.
나: 함께 거기로 가봅시다.
교장: (잠깐 머뭇거리다가) 예에. 알겠습니다.

교직원 관사로 가서 문이 잠겨져 있지 않은 방으로 들어간 저는 '지금 교장선생님이 나를 어디로 데리고 오신 것이지?' 하며 잠깐 의아스러웠습니다.

나: 교장선생님! 여기가 관사입니까?
교장: 네. 관사입니다.
나: 여기에서 사람이 잠을 잡니까?
교장: 네. 잠을 잡니다.
나: 여기 보십시오. 방바닥은 깨져 있고, 벽에는 곰팡이가 슬어 있는데, 이런 곳에서 우리 교·직원들이 잠을 잔다고요?
교장: 죄송합니다.
나: 나 그다지 까탈스러운 사람이 아니지만, 나 같은 사람도 이런 곳에서는 잠을 못 자겠습니다. 이걸 고쳐 달라고 말씀 안 하셨습니까?

교장: 했습니다. 말해도 소용이 없으니까요.

나: 알았습니다.

저는 그다음 날 도교육청으로 돌아와 시설과장께 담당 직원들을 학교로 보내 건물 진단을 하고, 대책을 세우라고 지시했습니다.

그 뒤로 저는 여러 지역의 학교를 방문하면서 한 가지 묘한 공통점을 발견했습니다.

그것은 전주, 익산, 군산, 김제, 정읍, 남원 등 도내 14개 시·군에서 전통적으로 그 지역의 공교육을 이끌어 왔던 공립고등학교의 시설이 매우 낡아 있었다는 것이었습니다. 예외를 발견할 수 없을 정도였습니다. 더 정확히 말해서 매우 낡은 정도가 아니라 방치되어 있었습니다.

특정 사학법인 한 곳에 6년 동안 무려 930억 원을 몰아준 도교육청이 공립고등학교 시설에 대해서는 철저히 외면하고 있었던 것입니다. 임기 초 무주로 간 저의 발걸음은 도내 공립 고등학교 시설의 전면적인 실사實査와 대책 수립·이행으로 이어졌습니다.

_____ 취임 준비

6월 2일 지방선거가 끝나고, 6월 3일 당선 확인을 한 다음, 6월 4일부터 취임 준비 작업에 들어갔습니다. 장소는 전북교육문화회관(지금의 '전주교육문화회관') 1층에 있는 공간이었습니다.

기구의 명칭에 대해서는 쉽게 의견이 모아졌습니다. 교육감직인수위원회는 권위적이고 점령군 같은 느낌을 주기 때문에, 교육감취임준비위원회로 하기로 했습니다. 저는 위원회의 모든 구성원께 말과 행동에서 철저하게 겸손함을 유지하시라, 점령군 행세를 하지 마시라고 부탁했습니다.

분과별 전문가 그룹을 구성하되 전문성, 도덕성, 지난날의 경력 등을 참고하도록 했습니다. 기존의 공조직에서도 공무원의 파견을 받되 전문성, 도덕성, 과거 경력 등을 고려했습니다. 며칠 일을 하면서 도교육청에서 파견 나온 공무원들이 실력 있는 분들로 짜여 있다는 것을 알 수 있었습니다.

도교육청 조직 개편의 방향도 잡았습니다. 대상 중심이 아니라 기능 중심의 조직 구성을 원칙으로 했습니다. 제가 드러내 놓고 말하지는 않았지만, 교육개혁의 기본 동력은 기존의 공조직의 역량을 강화하는 방향으로 잡고 있었습니다. 외부 수혈은 공조직으로는 감당하기 어려운 것, 외부의 전문적 도움이 꼭 필요한 것으로 한정 지었습니다.

취임식 때 사용할 취임사를 쓰기 위해 국어 전공 교사들 몇 분의 도움을 받았습니다. 며칠 지나서 저에게 그 초안이 왔습니다. 저는 읽고 나서 저의 의견을 말하겠다고 했습니다.

취임사 초안은 무엇을 말하고자 하는지 주제가 명확히 보였고, 용어 선택과 문장 구성이 탄탄하고 수려했습니다. '역시 전문가는 다르구나' 라고 생각하지 않을 수 없었습니다.

이상한 것은 그런 수준 높은 취임사 초안이 저의 몸에 달라붙지 않는다는 것이었습니다. 마치 매우 격조 있는 디자인의 옷인데 저의 몸에 오자 어색한 느낌을 주는 것 같은 그런 것이었습니다.

고민하다가 솔직하게 저의 의견을 말했습니다. 제 말을 듣고 있던 교사들은 이구동성으로 "교수님! 그러실 수 있습니다. 저희는 그 마음을 충분히 이해합니다. 그럼 어떻게 하면 좋겠는지 교수님의 의견을 제시해 주십시오."라고 말씀하셨습니다.

저는 저의 의견을 말했습니다.

"그렇게 이해해 주시니 고맙습니다. 일단 내가 내 식으로 취임사 초안을 써 보겠습니다. 그 초안을 써서 드릴 테니까 그걸 토대로 선생님들께서 의견을 나눠 주십시오. 어떤 결론이 나오든지 나는 그대로 따르겠습니다."라고 말했습니다.

제가 쓴 취임사 초안을 제출한 다음 날 결론이 나왔습니다. 그것은 제가 작성한 초안을 쓰기로 하되, 일부 표현이 부족한 부분은 위원들이 더 좋은 표현으로 바꿔 쓰기로 한다는 것이었습니다.

7월 1일 교육감 직무 개시일이 가까워지고 있었습니다. 어느 날 저녁 저는 홀로 있게 되었습니다.

지난날의 순간들이 주마등처럼 스쳐 지나갔습니다. 나 참 미치도록 열심히 살았는데, 그런데 어쩌다가 내 인생이 이렇게 된 것이지?, 그래 이 시대 이 나라에 태어나 이 정도 조건으로 이렇게 살았으면 잘 산 것이야, 누릴 것 충분히 누렸어, 만약 더 누리고자 하다면 나는 정말 나쁜 사람이지, 내 인생은 여기까지야, 앞으로 더 이상 내 인생은 없어, 나는 살기 위해서 가는 게 아니야, 나는 죽으러 가는 거야, 그래 가서 깨끗하게 죽자,라는 생각들이 이어졌습니다. 마음을 정리하고 나니 알 수 없는 서러움이 파도처럼 밀려왔습니다.

그때부터 저는 평소에 하지 않던 새로운 습관 하나를 들이기 시작했습니다. 그것은 날마다 샤워를 하는 것이었습니다. 아침에 나가는 그날이 나에게는 마지막 날이 될 수도 있다고 생각하면서 어느 순간 어느 장소에서든 내 몸을 깨끗한 상태로 남겨야겠다는 다짐을 한 것입니다. 두려움은 전혀 없었습니다. 어느 찰나에라도 담담히 갈 수 있다는 심리적 안정감이 잘 유지되고 있었습니다.

당시 주변에서 많은 사람이 저에게 말했습니다. '교수님, 안전에 신경을 많이 쓰셔야 합니다, 가능한 한 혼자 다니지 마시고요, 이런 선거 결과를 충격적으로 받아들이는 사람들이 많거든요, 그 사람들은 언제 어디에서 무슨 일을 저지를지 알 수 없습니다'라는 내용의 말을 저에게 많이 했습니다.

저의 교육감 12년은 그렇게 시작되었습니다.

_____ 신규 장학사 연수

2012년 11월에 전혀 예상하지 않았던 일이 발생했습니다. 국회가 교육공무원법을 개정하여 그때까지 대통령 또는 교육과학기술부장관(지금의 "교육부장관")의 권한으로 되어 있던 교육전문직(장학관, 연구관, 장학사, 연구사)의 임용권한을 시·도교육감에게 이양한 것입니다. 교육과학기술부는 임용권한이 교육감에게 이양된 것일 뿐 보수, 승진 등에는 전혀 변한 것이 없다고 말했습니다.

교육과학기술부의 설명과는 달리 저의 눈에는 매우 큰 것 하나가 들어왔습니다. 그것은 교육전문직 신규 연수와 직무연수의 권한도 교육감에게로 넘어온 것이었습니다. 그중에서도 특히 해마다 신규로 임용되는 장학사들의 연수를 더 이상 교육과학기술부가 할 수 없게 되었다는 것이 떠올랐습니다. 저는 마음속으로 '때를 기다리자, 아직은 때가 아니다'라고 생각하며 때를 기다리고 있었습니다.

2014년 6월 13일 지방선거의 결과를 보면서 저는 웃음을 지었습니다. 때가 되었기 때문입니다. 다른 시·도 몇 분의 교육감님들께 제안했습니다. 그것은 해마다 몇 개 시·도교육청이 합동으로 신규 장학사 연수를 하자는 것이었습니다.

광주, 경남, 부산, 전남, 제주가 동의하면서 전북과 함께 여섯 개 시·도교육청이 2015년부터 신규 장학사 연수를 합동으로 진행한다는 것과 각 시·도교육청이 돌아가면서 연수를 주관한다는 것이었습니다.

그때부터 얼마 지나지 않아 함께하기로 한 몇몇 지역의 교육감님들께서 저에게 연락하셨습니다. 교육부가 신규 장학사 연수를 시·도교육청이 할 수 없다고 하는데, 어떻게 하면 되겠느냐는 것이었습니다.

저는 다음과 같이 정리했습니다.

교육공무원법 개정으로 장학사 임용권한이 교육감에게로 넘어왔다는 것, 교육전문직의 신분은 국가직에서 지방직으로 바뀌었다는 것, 교육전문직이 교원(교사, 교감, 교장)으로 전직하는 경우 다시 그 법률적 신분이 지방직에서 국가직으로 바뀐다는 것, 따라서 지방직인 장학사 신규 연수에 교육과학기술부가 개입할 수 없다는 것이었습니다.

결국, 2015년부터 위 여섯 개 시·도교육청은 합동으로 신규 장학사 연수를 진행하게 되었습니다. 2020년 코로나 상황이 발생하면서 거의 모든 연수가 온라인으로 전환되었고, 이러한 상황은 신규 장학사 연수에도 영향을 끼쳤습니다. 그런데도 전북교육청은 신규 장학사 연수를 현장 연수, 다른 말로 하면 오프라인 연수로 치렀습니다.

_____ 시민단체와 선출직 공직자

거의 모든 선출직 공직자들, 그중에서도 특히 기관장들은 시민단체에 많은 신경을 씁니다. 아니, 쓸 수밖에 없습니다.

시민단체를 유지해 가는 데 핵심적인 것은 정체성 유지, 회원 확보, 재정 운용 등입니다. 많은 시민단체는 공공선을 추구하는 그 순수성에도 불구하고 회원 확보와 재정 운용의 어려움을 겪습니다.

정부나 지자체 차원에서 민간경상비 보조를 해주는 제도도 시민단체들의 이러한 어려움을 조금이라도 해결해 주고자 하는 취지를 갖고 있습니다. 물론 여기에도 당연히 정치적 고려와 계산이 있습니다. 선출직 기관장이 우호 세력과 비우호 세력을 갈라치기 해서 지원 여부와 지원의 정도를 결정하는 것은 쉽게 예상할 수 있고, 그것이 어느 정도 현실이기도 합니다. 예산을 쥐고 있는 쪽에서는 돈을 무기로 시민단체를 관리하거나 통제할 수도 있습니다.

시민단체라고 해서 모두 진정한 의미의 공익, 즉 시민의 이익을 추구하는 것은 아닙니다. 시민단체 중에는 이미 '시민성'을 상실한 채 권력화·귀족화되어 있는 예도 있습니다. 그러한 단체에 찍히는 선출직 공직자나 기관장은 임기 내내 불편을 겪게 됩니다. 틈만 나면 건수를 만들어서 정치적 공격을 하기 때문입니다. 때로는 '이것이 의심스럽다'라고 말하면서 수사기관에 고발이나 수사 의뢰를 하기도 합니다. '빈 총도 안 맞는 것보다 못하다'라는 의식으로 선출직 공직자나 기관장은 이것마저도 신경을 씁니다.

시민단체가 재정을 조성하는 방법은 회원의 회비와 민간경상보조비입니다. 극소수의 시민단체를 제외하고는 이것만으로 시민단체의 재정 수요를 충당하기는 어렵습니다. 그래서 나오는 것이 주로 연말에 치러지는 후원의 밤 행사입니다. 어려운 여건 속에서도 시민의 이익을 위해 헌신적으로 활동하는 시민단체 후원의 밤에는 많은 사람이 자발적으로 찾아가게 됩니다. 단순히 몇 푼의 후원금으로 음식을 먹는 것을 넘어서서 고생 많이 한다고 격려하는 의미가 큽니다.

시민단체의 세력이 클수록 후원의 밤 행사는 더 북적거리게 됩니다. 기관장, 국회의원, 광역지자체 의원, 기초지자체 의원, 공직선거 출마 예상자들이 얼굴을 드러냅니다. 후원금 봉투만 내고 가서는 안 되고, 그 자리에 앉아서 술도 마시고 음식도 먹으면서 자리를 빛내줘야(?) 합니다. 후원금은 음식값을 치르는 하나의 형식입니다.

여러 해 전 어느 도단위 선출직 기관장의 사무실에서 함께 차를 마실 때의 일입니다. 기관장의 테이블 위에 쌓여 있는 여러 장의 티켓이 저의 눈에 들어왔습니다. 궁금해서 물어보았습니다.

나: 저게 뭡니까?

기관장: 아, 이거요? 티켓입니다. ○○○시민단체 후원의 밤 행사를 한다네요.

나: 그래서 저 많은 티켓을 사 주신 거예요?

기관장: 하하~ 사 준 게 아니고요. 그냥 놓고 간 겁니다.

나: 얼마치인데요?

기관장: 오십 만원이에요.

나: 티켓을 강매하는 것이네요? 그걸 그냥 사 주시는 거예요?

기관장: 어쩔 수 없지 않습니까? 교육감님한테는 안 왔습니까?

나: 저한테는 안 왔습니다. 올 수 없겠지요. 저한테 그런 짓을 하면 저는 호통을 쳐 버렸을 겁니다.

저와 대화를 나누던 중 그 기관장의 얼굴에는 씁쓸한 미소가 번지고 있었습니다.

_____ 정치권력이 선호하는 기관장

'반드시' 그런 것은 아니지만 '대체로' 정치권력은 적당히 부패해 있는 선출직 기관장을 선호합니다. 민주적 정당성 democratic legitimacy; demokratische Legitimität 이 약한 정치권력일수록 그런 경향은 더욱 심합니다.

정치권력만 부패해 있는 선출직 기관장을 좋아하는 것이 아닙니다. 정치권력을 둘러싸고 있는 주변 권력들도 그런 기관장을 좋아합니다. 마치 정글의 세계에서 사자나 호랑이 주변을 어슬렁거리면서 '남아 있는 찌꺼기'를 핥아먹는 동물들과도 같습니다.

부패해 있는 선출직 기관장을 정치권력이 선호하는 이유는 그러한 기관장들을 마음대로 다룰 수 있기 때문입니다. '이것은 이렇게 하라, 그런 것은 하지 마라'라는 오더가 떨어지면 그대로 실행에 옮기게 됩니다. 그런 기관장들에게 자신을 선출해 준 유권자들의 삶은 안중에도 없습니다. 가장 중요한 것은 자신이 정치적으로 계속 솟아올라야 하고, 정치적으로 법적으로 다치는 일이 없어야 하는 것입니다.

정치권력은 부패해 있는 선출직 공직자들의 목을 틀어쥐고 원하는 것을 마음껏 얻어냅니다. 말을 듣지 않으면 경고를 보내고, 그래도 미온적으로 나오면 더 강한 수단을 동원합니다. 일단 정치권력에 목줄이 걸린 선출직 기관장은 임기 내내, 경우에 따라서는 임기 후에도 정치권력의 하수인 노릇을 할 수밖에 없습니다.

정치권력이 부패한 선출직 공직자를 버리는 일도 있습니다. 그것을 용도 폐기라고 부를 수도 있습니다. 그런 분위기를 감지한 선출직 공직자는 자신이 살기 위한 방법을 총동원합니다.

'사람들이 나를 가리켜 보수라고 하는데 저는 진보입니다.'라는 식으로 이념 세탁을 하든가, '사람들이 저를 일컬어 진보라고 하는데 저는 절대 진보가 아닙니다.'라는 식으로 전향을 선언하든가, '저는 무슨 일이든지 시키는 일은 원하시는 대로 하겠습니다.'라고 충성 맹세를 하는 식입니다. 여러 통로의 정치적 연줄을 들이대는 것은 정해진 수순입니다.

교육감직에서 떠나 전국 이곳저곳으로 사람들을 만나러 다니던 중 경남 산청山淸에서 매우 오랜만에 친구를 만났습니다. 독일에서 10년 유학 생활을 하면서 그 어렵다는 경제학 박사학위를 취득하고 돌아와 국내에서 활동한 친구입니다. 그 친구에게 "어때, 그 자리에 오래 있어 보니까 우리나라 공직사회, 특히 기관장들이 얼마나 부패해 있는지 알겠지?"라고 물었더니 "정말 그렇데. 눈에 다 보이더라. 다 자기 자신을 위해서 일하데."라고 말했습니다.

정치권력과 선출직 기관장 더 나아가 선출직들이 부패의 관행에서 벗어나지 않는 한 대한민국의 미래, 특히 청년들의 삶은 없습니다.

_____ 진정한 의미의 청렴이란?

아주 오래전 저는 동양 최후의 초서草書로 불리던 취운 진학종翠雲 陳學鐘; 1924-2010 선생님을 뵙게 되었습니다.

선생님께서는 저의 얼굴을 유심히 보시더니 즉석에서 저의 호號를 지어 주셨습니다. '대나무의 꿈'이라는 뜻의 竹夢^{죽몽}이었습니다. 그 뒤로 저는 위에서 아래로 내리쓰기, 즉 종서^{縱書}로 쓰여 있는 취운 선생님의 초서 한 점을 받았는데, 청렴에 관한 글이었습니다. 스물세 글자로 되어 있는 글의 내용은 아래와 같은 것이었습니다.

洪規罷會稽太守歸無資不欲令人知其淸以船載土而還
홍 규 파 회 계 태 수 귀 무 자 불 욕 영 인 지 기 청 이 선 재 토 이 환

윗글을 해석하면 이렇습니다.

홍규가 회계태수 일을 마치고 고향으로 돌아가야 하는데 노잣돈이 없었더라. (하지만 그는) 사람들이 '그 사람 참 청렴했어'라고 알게 되는 것을 원하지 않았다. (그래서) 배에 흙을 싣고 (고향으로) 돌아갔더라, 라는 뜻입니다.

홍규가 배에 흙을 싣게 된 이유가 있었습니다. 나룻배에 흙을 실으면 나룻배가 무거워지면서 강물 속으로 조금 잠기게 되고, 사람들이 그 상황을 보면서 청렴하다고 했던 홍규 그 사람도 어쩔 수 없었어,라고 말하기를 기대했기 때문입니다. 이 글은, 진정한 청렴이란 청렴이라는 평가조차도 미련 없이 던져 버리는 것이라는 뜻을 담고 있습니다.

저는 이 글을 받은 후 대학 연구실에 20년 이상 그리고 교육감실에 12년 동안 걸어 놓고 날마다 하루에도 몇 번씩 묵독^{默讀}했습니다.

언젠가 중국에서 손님들이 오셨을 때 A4 용지에 만년필로 이 글을 써서 보여 드렸더니 자신들은 처음 듣는 이야기라면서, 저에게 날짜를 쓰

고 서명해 달라고 해서 원하는 대로 해 드렸습니다. 그분들은 가서 꼭 확인해 보겠노라는 말도 덧붙였습니다.

_____ 청렴은 경제적 가치도 창출한다

스쿨넷 SchoolNet 서비스라는 것이 있습니다. 이것은 2005년 초고속국가망사업 종료 이후, 교육기관과 공공기관에 제공되는 인터넷 통신 서비스를 가리킵니다. 스쿨넷 서비스 사업자로 선정된 통신사는 5년의 계약 기간 도내 모든 학교와 도교육청 및 그 산하기관에 고품질의 안정적인 인터넷 통신 서비스를 제공하게 됩니다.

이 사업은 처음에는 특정 통신사업자가 전국 거의 모든 시·도교육청의 사업을 수행하다가 KT, SK, LG유플러스 등 3개 사업자 사이의 경쟁이 첨예해지기 시작했습니다.

2011년 '2단계 스쿨넷 서비스 사업자 선정' 이후 계약 기간 5년이 만료되면서 2016년에 '3단계 스쿨넷 서비스 사업자 선정' 작업이 시작되었습니다. 이 일의 중요성을 매우 민감하게 받아들인 저는 5년 전인 2011년의 사업자 선정 작업의 경험을 살려 몇 가지 원칙을 세웠습니다.

심사위원은 전북지역 외의 전문가들로 한다, 누가 심사위원으로 들어오는지 심사위원들이 서로 전혀 모르게 한다, 심사 작업 실무진들은 외부에서 경쟁 사업체 관계자들을 만나지 않는다, 커피 한 잔도 마시지 않는다, 할 말이 있으면 도교육청 사무실에서 만나서 하기로 한다, 퇴근 시간 후에 밖에서 사람을 만나는 것을 최대한 자제한다, 평가 기준은 미리 경쟁 사업체들에 보내서 의견을 듣고 수렴하기로 한다, 이런 과정은 다른 경쟁 사업체들이 그대로 알게 한다, 이런 절차를 거쳐 확정된 평가 조건을 공고한다, 심사일 당일에는 심사위원들이 도교육청에 들어오는 순간부터 모든 것을 영상으로 녹화한다, 심사위원들이 모두 모이면 실무 책임자가 심사장으로 들어가서 우리 교육청의 입장을 말한다, 심사에 관한 우리 전북교육청의 입장은 없다는 것을 분명히 하고 공정하게 심사해 달라고 부탁한다, 심사위원장은 위원들의 합의로 결정해 달라고 한다, 이상의 절차가 끝나면 실무책임자는 심사장의 문을 밖에서 잠그고 나온다, 라는 것이었습니다.

2016년 심사에서 입찰 참가 사업자 한 곳이 파격적인 제안서를 냈습니다. 그것은 계약금 총액인 207억 원 전액을 대응 투자금 명목으로 전북교육청에 되돌려 주겠다는 것이었습니다.

실무진에게서 이 말을 들은 저는 궁금해서 물어보았습니다.

나: 과장님! 그 업체가 이렇게 파격적인 제안을 하는 이유가 뭡니까? 계약 금액 전체를 되돌려 주면 그 업체는 뭘 먹고 사는 겁니까?

과장: 사실 저도 깜짝 놀랐습니다. 제가 물어보니까 통신사업자들 사이의 경쟁이 이토록 치열한 상황에서 전북교육청의 낙찰을 받으면 그 상징적 효과가 매우 크다고 합니다.

나: 그게 무슨 말인데요?

과장: 전북교육청이 가장 공정하게 심사한다는 것을 경쟁 사업자들이 모두 인정하고 있다고 합니다. 전북교육청 것을 따내면 그것은 자기 업체의

기술력의 우위를 자연스럽게 드러내는 효과를 얻는다는 것입니다.

나: 예. 잘 알겠습니다. 다만, 이 한 가지 조건 때문에 다른 조건과는 무관하게 낙찰받는 일은 없겠지요?

과장: 당연합니다. 모든 결정은 심사위원회가 합니다.

나: 알겠습니다. 끝까지 긴장 늦추지 마시고 일하십시오.

과장: 예. 그렇게 하겠습니다.

심사 당일 저녁 늦게 전북교육청 3단계 스쿨넷 서비스 사업자가 선정되었습니다. 이례적인 대응 투자를 약속한 사업자로 확정되었습니다. 대응 투자는 전북교육청 전산통합센터 신축, 장비 구입, 학교 인터넷 보안장비 유지·보수비 등으로 투입되었습니다.

참으로 이상한 일이었습니다. 전산통합센터를 신축하는 것은 교육감 1기 때부터 추진했던 일이었습니다. 하지만 도의회 교육위원회의 반대와 도교육청 관련 일부 공무원들의 교묘한 방해 공작으로 좌초되었습니다.

그러던 것이 2016년에 전혀 새로운 국면을 맞이하게 되었습니다. 교육연구정보원 내에 있던 (매우 낡은 시설의) 과학교육원이 익산으로 신축·이전하게 되었고, 그 부지에 전산통합센터가 들어서게 된 것입니다. 과학교육원 이전 계획을 세우고 이전 작업을 할 때만 하더라도 전산통합센터 신축 공사는 전액 도교육청 예산으로 할 계획을 세워두고 있었습니다.

넘어야 할 산이 또 하나 있었습니다. 그것은 2016년 국정감사였습니다. 저는 실무진에게 다른 시·도 교육감님들의 입장을 생각해서 스쿨넷 서비스 사업자 선정에 관한 세부적인 내용이 외부에 알려지지 않도록 하라고 했습니다.

우리 도교육청의 실무진이 주의에 주의를 기울였음에도 이 사실을 외부에서 조금씩 알게 되었고, 급기야 지역마다 언론이 '전북교육청은 저렇게 했는데, 왜 우리 지역 교육청은 못 했느냐?'라는 기사를 쓰기 시작했습니다.

국정감사를 며칠 앞두고 감사를 준비하는 실무진의 책임자인 과장님이 저에게 왔습니다.

과장: 교육감님! 국회 교육위원회에서 스쿨넷 서비스 사업자 선정 자료를 제출하라고 합니다. 어떻게 할까요?

나: 그건 주면 안 돼요. 우리 교육청과 해당 통신사업자 사이의 계약이에요. 그걸 국정감사 자료로 제출하면 우리는 계약상의 의무를 위반하게 되는 거예요. 계약 사항은 어떤 이유로든지 제3자에게 제공하면 안 됩니다. 보내지 마세요.

과장: 그렇게 해도 될까요?

나: 괜찮아요. 교육감의 지시 사항이라고 하세요.

과장: 예. 알겠습니다.

모든 상황이 종료하고 나서, 저는 간부와 직원들께 "청렴은 도덕적 가치뿐만 아니라 경제적 가치도 창출합니다."라는 말을 했습니다.

_____ 오디세우스 프로젝트

건강하고 행복한 공동체에는 분야별로 실력있는 지도자들이 있습니다.

우리나라 전직 대통령 중 외환보유고 부족으로 국가 부도를 내고도 "내가 경제에 대해서 뭐 알았나, 아래에서 잘 된다고 하니까 그런 줄 알았지."라고 말하는 사람, 황우석 박사를 만난 다음 너무 감동한 나머지 "마치 전기에 감전된 것과 같았다."라고 말하는 사람, "나는 경제와 교육에 대해서는 정말 모르겠다."라고 말하는 사람 등등, 그 자리에 올라간 사람의 입에서 나오는 말이라고는 도저히 믿을 수 없는 사례들이 한둘이 아닙니다.

지도자, 특히 국가 차원의 지도자는 최소한 경제, 교육, 과학의 기본은 알고 있어야 합니다. 교육에서의 공정성 개념 파악도 정확히 못 하는 사람들이 국가 지도자의 자리에 들어가면 교육에 끼치는 후유증은 가히 파괴적입니다.

교육감이 되고 나서 학교 상황, 특히 아이들의 상황을 살피는 일을 집중적으로 했습니다. 그러다가 한 가지 의문이 생겼습니다. '아이 중에는 과학에 특별한 흥미를 갖고 평생 과학 연구에 자기 삶을 바치고자 하는 아이들도 있을 텐데, 그 아이들은 자신의 과학적 호기심을 어떻게 풀어낼까?'라는 의문이었습니다. 그때 떠올랐던 것이 '과학 분야에서 실력있는 교수들의 도움을 받자'라는 것이었습니다.

전북의 모든 고등학교 학생 중 과학에 특별한 관심과 호기심이 있는

50명 이내의 아이들을 모은다, 이 아이들에 대한 지도를 전북대 이공계 교수들께 맡긴다는 아이디어를 정리해서 전북대 공대 교수 한 분(나중에 전북대 총장이 된 김동원 교수)께 연락했습니다. 그것이 2012년의 일이었습니다.

저는 이렇게 말했습니다.

전북의 고등학교 아이 중 과학에 특별한 관심과 호기심이 있는 아이들이 있다, 이 아이들은 학교에서 하는 과학 수업만으로는 자신의 실력을 제대로 키울 수 없다, 그래서 교수님들의 도움이 필요하다, 교수님들이 재능 기부의 형식으로 이 아이들을 지도해 주시면 좋겠다, 실력이 탄탄한 교수님들로 구성해 주시라,는 부탁을 드렸습니다.

제 말이 끝나자마자 긍정적인 답변이 나왔습니다.

교육감의 취지에 나도 공감한다, 당장 실력이 탄탄한 교수님들로 팀을 꾸리겠다, 지금 생각으로는 열다섯 분 정도의 교수님이 모이면 될 것 같다, 교수님 한 분당 서너 명의 아이들을 지도하는 것이다, 결론이 나는 대로 연락을 드리겠다고 대답했습니다.

두 사람의 대화가 있은 지 얼마 되지 않아 교수팀이 꾸려졌고, 전북의 모든 고등학생을 대상으로 희망자를 모았습니다. 지도하는 교수님들에게 특별한 사례비는 없었습니다. 말 그대로 재능 기부였고, 한 번 과정을 마치는 기간은 1년으로 했습니다. 그다음 학년의 아이들을 맞이해야 하기 때문입니다. 이 연구 과정의 이름을 "오디세우스 프로젝트"라고 불렀습니다.

반도체, 분자생물학, 지구환경과학, 화학공학, 고분자·나노공학, 항공우주공학, 전기·전자공학 등 7개 분야로 출발했습니다.

교수님들께서 아이들 몇 명씩 분담하여 함께 실험하고, 실험 결과를 논문으로 작성하는 작업을 1년 내내 한 것입니다. 2013년 7월에 오디세우스 프로젝트 1기 연구발표회 및 수료식이 있었고, 곧이어 2기 오디세우스 프로젝트가 시작되었습니다.

현재까지 이어지고 있는 오디세우스 프로젝트와 관련한 미담^{美談}들이 매우 많이 있습니다. 이 프로젝트 1기 때 어느 교수님께서는 자신이 지도하는 아이의 집이 군산이라는 것을 알고 실험이 끝나면 아이를 자신의 승용차에 태워 군산 집까지 바래다주셨습니다.

이 프로그램을 수료한 아이들은 거의 예외 없이 이공계 대학으로 진학을 해오고 있습니다.

_____ NSLI-Y 프로그램

2014년 1월에 교육감실로 방문객이 들어왔습니다. 동행하는 분들도 있었습니다. 모두 미국인들이었습니다. 방문객의 책임자는 중국 베이징에 사무실을 두고 일하고 있었습니다. 직책은 'director', 번역하면 '소장'입니다. 소장이 하는 일은 아시아 지역에서 수행되는 NSLI-Y 프로그램을 총괄하는 것이었습니다.

NSLY-I는 'National Security Language Initiative for Youth'의 약자이고, 우리말로 옮기면 '청소년을 위한 국가안보언어 교육계획'입니다.

여기에서 눈여겨볼 것은 미국 연방정부가 언어를 '국가안보^{national}

'의 차원에서 보고 있다는 것입니다. 아마도 2001년에 발생한 9·11 테러가 상당한 영향을 끼치고 있다고 볼 수 있습니다.

미국 국무부가 소요 예산 전액을 지원하는 이 프로그램은, 미국 전역에서 선발하는 15세~18세의 청소년들을 대상으로 6주간 외국 현지에 파견하여 학습하도록 하는 것입니다. 미국의 입장에서 가장 중요한 아랍어를 중심으로 한국어, 중국어, 일본어 등을 주요 대상 언어로 하고 있습니다.

베이징에 사무소를 두고 있는 아시아권의 소장이 저의 사무실로 들어왔고, 저와 함께 대화를 시작했습니다. 저는 이미 실무진의 설명을 들었던 터라 기본 사항은 파악하고 있었습니다. 소장은 국내 몇 개의 시·도교육청으로 가서 미국의 학생들을 맡기기에 가장 적합한 곳이 어디인지를 파악하고 있었습니다.

나: 이렇게 만나서 반갑습니다. 이곳에 오신 목적은 알고 있습니다. 의견을 말씀하시지요.

소장: 이렇게 만날 시간을 주셔서 감사합니다. 우리는 미국 전역에서 15세부터 18세 사이의 학생들을 선발해서 몇 개 나라로 보내고 있습니다.

나: 알고 있습니다. 한국에는 몇 명의 아이들을 보냅니까?

소장: 15명입니다.

나: 당신네 아이들이 한국에 오면 우리가 해 줘야 하는 일은 뭔가요?

소장: 그 아이들이 6주 동안 한국에 머물면서 한국 아이들과 수업도 같이 듣고 한국어도 배우고 한국의 문화, 예술, 스포츠 등도 경험하도록 하고 싶습니다.

나: 방금 내게 말씀하신 그런 기대 효과를 6주 동안에 달성할 수 있다고 생각하십니까?

소장: "………"(멍한 표정으로 저를 쳐다보고 있었습니다.).

나: 공부는 아이들이 알아서 하는 것입니다. 당신네 학생들을 우리 교육청으로 파견하는 경우 내가 가장 크게 신경을 써야 하는 것은 아이들의 안전입니다. 한 가정에서 한 명씩 home stay 하도록 할 것이고, 당신네 아이들이 머무를 만한 가정인지 우리 장학사들이 직접 확인할 겁니다.

소장: 같은 또래의 아이들이 있으면 더 좋을 텐데요.

나: 그건 당연합니다. home stay는 해당 가정에 또래 아이가 있어야 하는 것을 조건으로 하게 될 겁니다.

소장: 알겠습니다.

나: 돌아가서 검토하신 후 결과를 알려 주십시오.

약간 밋밋한 표정으로 교육감실에서 나가는 소장의 모습을 보면서 저는 '우리에게 안 보내겠구나'라고 짐작했습니다. 방문객들이 모두 떠나고 얼마 있다가 과장, 장학관, 장학사들께서 저의 사무실로 들어왔습니다.

과장: 교육감님! 그 소장님이 나가면서 믿음이 간다고 했답니다.

나: 그래요? 기다려 봅시다.

그 뒤로 며칠 지나서 연락이 왔습니다. 그 해, 그러니까 2014년부터 한 해 15명씩 미국의 학생들을 전북교육청으로 보내겠다는 것이었습니다. MOU 체결을 위한 초안이 들어왔고, 내용을 검토한 다음 서명을 해서 보냈습니다. MOU는 1년 단위로 체결하는 것으로 했습니다.

그해 4월 16일! 대한민국은 물론 국제사회가 깜짝 놀라는 사건이 터졌습니다. 바로 세월호 참사였습니다. 세월호 참사는 NSLI-Y 프로그램의 진행에도 영향을 끼쳤습니다. 전북교육청으로 오기로 한 15명의 아이 중 2명이 들어오지 않겠다고 했습니다. 부모들께서 한국은 위험하니까 자녀들을 보낼 수 없다고 했다는 것입니다.

그다음 해부터는 15명씩 보냈고, 3년 정도 지나서 MOU의 효력 기간을 4년으로 하자는 제안이 들어와 수용했습니다. 파견하는 아이들의 숫자도 15명에서 5명을 늘려 20명으로 했습니다.

미국의 아이들이 6주 동안 머무를 한국인 가정은 도교육청의 공개 모집을 통해서 (현장 실사를 포함한) 심사를 거쳐 결정하는 것으로 했습니다. 2020년과 2021년 두 해는 코로나바이러스 사태로 이 프로그램의 진행이 중단되었습니다.

_____ 반도체 사업장과 학생 취업

지난 2015년 1월 19일 저는 월요일 아침마다 갖는 확대간부회의에서 특성화고와 마이스터고 학생들을 삼성반도체 '등' 반도체 사업장에 취직시키는 것에 대해서 교장선생님들은 신중을 기해 주시기 바란다고 말했습니다. 아이들과 부모들이 원하면 어쩔 수 없지만, 반도체 사업장이 아이들의 생명과 건강에 끼치는 위험성을 충분히 인식할 필요가 있다는 말도 덧붙였습니다.

제가 이런 발언을 하게 된 것은 반도체 사업장이 백혈병을 비롯한 각종 직업병을 유발하는 만큼 학생 안전 차원에서 주의할 필요가 있다는 것을 강조하고자 한 것이었습니다.

반도체 사업장에서 일하는 노동자들이 계속해서 각종 암이나 치명적 질환에 걸려 사망하거나 기약 없는 투병 생활을 하고 있고, 그런 노동자들의 권리를 찾기 위해 활동하고 있는 '반올림'의 핵심 인물이 전북의 특성화고 출신이라는 것, 당시 이미 군산의 특성화고 졸업생이 반도체 사업장에서 일하다가 암에 걸려 사망했고, 여러 명이 투병 생활을 하고 있다는 사실도 알게 되었기 때문입니다.

반도체 사업장에서 일하다가 암이나 치명적 질환에 걸린 노동자들이 산업재해 인정 요구, 소송 제기 등 온갖 수단을 강구해도 그것은 마치 바위에 계란 치기식이었습니다.

저의 이 발언은 지역과 서울의 언론 보도를 통해서 일파만파 퍼지기 시작했고, 저를 공격하는 언론은 하나의 프레임을 만들어 냈습니다. 김승환 교육감이 삼성전자 등 반도체 기업에 학생을 보내지 말라고 했다, 반도체 기업에 학생들을 단 한 명도 취직시키지 말라고 했다, 김승환 교육감이 자신의 반反기업 정서를 드러냈다는 식으로 공격을 가했습니다.

자신이 하고 싶은 말만 한다는 언론의 행태를 잘 알고 있는 저는, 당시 이 사안에 관한 언론 보도에 일일이 대응하지 않았습니다. 헌법 제15조에 따라 특성화고와 마이스터고 학생들도 직업선택의 자유를 갖고 있고, 자신의 자유로운 의사에 따라 반도체 사업장은 물로 어떤 사업장에

라도 취직할 수 있지만, 자신이 일하고자 하는 사업장에 관한 기본 정보
는 알고 있어야 합니다.

〈근로기준법〉및 〈근로기준법 시행령〉에도 여자와 미성년자 특
별보호 조항이 있고, 이 조항에는 반도체 등 전자부품 세정제로 사용되
는 2-브로모프판이 포함되어 있습니다. 이것은 법령이 유해환경 위험성
고지를 하도록 명령하고 있는 것입니다.

이 사태를 겪으면서 저는 다시 한번 깨닫게 된 것이 있습니다. 그것
은 우리나라에서 재벌 그룹의 문제점을 언급하는 것은 성역^{聖域}을 건드
리는 것과 마찬가지라는 것이었습니다. 더 나아가 '특정' 재벌 그룹을 연
상할 수 있는 부정적 언급을 하는 행위는 반^反국가사범과 마찬가지의
취급을 당하게 된다는 것을 알게 되었습니다.

_____ 정수장학금

2016년 8월로 접어들면서 외부에서 전북의 학생들에게 주는 장학금
의 정당성 문제를 둘러싸고 전북교육청은 언론과 정치권의 집중적인 공
격을 받기 시작했습니다. 문제가 있어 보이는 몇 개 장학금을 전북교육
청이 학생들에게 연결하는 일을 더 이상 하지 않겠다고 했기 때문입니
다. 학생 개개인이 직접 신청하여 장학금을 받는 것은 학생 개인의 선택
의 자유에 속하기 때문에, 그것은 문제 삼지 않겠다고 했습니다.

도의회에서는 민주당 출신 도의회 의원들이 5분 자유발언이나 긴급

현안질문을 통해서 저의 입장 변화를 압박해 들어왔습니다. 그해 연말과 다음 해인 2017년 연초를 거치면서 저는 새로운 의문점 하나를 갖기 시작했습니다. '문제가 될 만한 장학금이 이것만은 아닐 텐데'라는 의문점이었고, 그때 떠오른 것이 '정수장학금'이었습니다. 정수장학금의 '정'은 박정희 전 대통령의 이름자이고, '수'는 육영수 여사의 이름자였습니다.

월요일에 열리는 확대간부회의에서 저는 학교교육과장께 질문했습니다.

나: 과장님! 정수장학금 아시지요?

과장: 네. 알고 있습니다.

나: 우리 교육청도 정수장학금 장학생을 추천해 왔습니까?

과장: 네. 그렇게 해 온 것으로 알고 있습니다.

나: 그런데 왜 나는 그 사실을 전혀 모르고 있었지요?

과장: "………."

나: 우리 교육청이 언제부터 몇 명씩 정수장학회 장학생 추천을 해 왔는지 자료를 정리해서 보고해 주십시오.

과장: 예. 그렇게 하겠습니다.

전북교육청은 1966년부터 해마다 다섯 명 내외의 장학생을 정수장학회에 추천해 왔고, 2016년 현재 학생 1인당 2백만 원 안팎의 장학금을 받아왔습니다. 저는 2017년부터 더 이상 정수장학회에 장학생 추천을 하지 말라고 지시했습니다. 구체적으로는 이미 장학금을 받는 2명의 학생의 경우는 장학금을 받는 것이 그 학생의 '권리'이므로 우리 교육청이 거기에 손을 댈 수는 없지만, 정수장학회가 우리 교육청에 배정한 신규자 3명은 추천하지 말라고 한 것입니다.

그 이유로는, 학생들이 국민의 지탄을 받는 장학금을 받는 것은 성장과정에 해가 될 것으로 판단된다는 것, 장학금을 받을 기회를 차단한다는 비판이 있을 수 있지만 아이들이 성장해서 '내가 그런 돈으로 장학금을 받았구나'라는 부끄러움이 들 수도 있다는 것, 정수장학회는 5.16 군사정부가 강탈한 돈으로 만든 것이므로 그 모든 것을 사회에 환원하는 것이 맞다는 것을 들었습니다.

교육감의 직무지시와 학생들의 선택의 자유는 별개의 것이므로, 학생들이 개인적으로 정수장학회 장학금을 신청하는 것은 막지 않았고, 법적으로 막을 수도 없는 일이었습니다. 물론 언론이 이 부분을 충실히 보도할 리는 없었습니다. 정치권 역시 마찬가지였습니다.

_____ 아이들과 방학

영어의 vacant ^{비어 있는}, vacancy ^{비어 있음}, vacation ^{휴가, 방학} 의 공통점은 '비어 있다'라는 것입니다. '비어 있음'은 '아무것도 없음'과는 그 의미가 다릅니다. '아무것도 없음'은 그것이 다시 채워질지 아니면 영원토록 그 상태로 갈지 알 수 없지만, '비어 있음'은 뭔가 다시 채워진다는 것, 그것을 위해서 뭔가 움직임이 있다는 것을 뜻합니다.

아이들에게 방학 ^{vacation} 이란 스스로 뭔가를 채워 나가고, 뭔가를 채우기 위해서 움직인다는 의미가 있습니다. 방학은 아이들의 시간이고 아이들이 주도해 나가는 시간입니다.

교육감 1기 초반에 저는 교육감실에서 학교교육과 초등교육팀 장학관과 장학사 들을 만나 대화했습니다.

나: 초등학교 아이들에게 방학 숙제를 내잖아요.

장학관: 네.

나: 방학 숙제를 내는 이유가 있겠지요?

장학관: 네.

나: 그 이유가 뭔가요?

장학관: 글쎄요. 그렇게 물어보시니까 딱히 이것이라고 말씀을 못 드리겠네요. 오랫동안 그렇게 해 와서요.

나: 장학사님들은 그 이유를 아시나요?

장학사들: 저희도 잘 모르겠는데요. 지금까지 그 생각을 해본 적이 없어서요.

나: 내가 며칠을 드릴게요. 두 가지를 알아 오세요. 초등학교 아이들에게 방학 숙제를 내는 이유 그리고 주요 국가들의 경우 초등학교 아이들에게 방학 숙제를 내는지를 알아 오세요. 시간은 많이 안 걸리겠지요?

장학관: 네. 가능한 한 빨리 확인해서 말씀드리겠습니다.

시간은 많이 걸리지 않았습니다. 사흘 후에 장학관, 장학사들께서 교육감실로 들어왔습니다.

장학관: 교육감님! 일전에 지시하신 것에 대해 보고를 드리겠습니다.

나: 네. 말씀해 보시지요.

장학관: 초등학교 아이들에게 방학 숙제를 내는 명확하고 구체적인 이유
는 없습니다. 오랫동안 그렇게 해 왔습니다. 주요 국가들의 경우를
살펴보았는데, 초등학교 아이들에게 방학 숙제를 내는 나라는 없
습니다.

나: 그렇지요? 방학이 시작되면서 담임선생님들은 아이들에게 '어린이 여러
분! 오늘부터 방학이에요. 기분이 좋지요? 가서 재미있게 놀다가 와요'
라고 말하거든요. 그러면서 숙제를 몽땅 내줘요. 아이들의 기분은 어떻
겠어요? 그 많은 방학 숙제를 내주면서 방학이라고 말하고, 재미있게 놀
다 오라고 하고. 어디 그뿐인가요? 방학 숙제의 상당 부분은 엄마가 해주
신 것인데, 그걸 가지고 개학하면 열심히 잘한 방학 숙제 결과물들이라
는 이유로 교실 뒤편에 걸어 놓고 그런단 말이지요. 결국 아이들이 볼 때
방학 숙제는 엄마 숙제예요. 더 나아가 어른들은 아이들이 방학 때 노는
것을 아무것도 하지 않고 쓸모없이 시간을 버리는 것으로 인식하고 있어
요. 아이들에게는 노는 것도 배움과 성장의 과정이라는 것을 어른들은
이해하지 못하는 것이지요. 결론을 냅시다. 명확하고 구체적인 이유가
없는 것은 더 이상 하지 말자는 것입니다. 돌아오는 방학부터는 초등학
교 아이들에게 방학 숙제를 내지 않는 것으로 합시다.

장학관: 교육감님! 그래도 방학 때 아이들에게 아무런 과제도 주지 않는 것
은 좀 그렇지 않은가요? 오랫동안 해 오던 것을 갑자기 없애는 것도
그렇고요.

나: 장학관님이 생각하시는 것이 있으면 말씀해 보세요

장학관: 그러니까요. 당장 떠오르지는 않지만요.

나: 이렇게 합시다. 외국의 사례를 보면 방학 중 해야 할 과제를 아이들 스
스로 선택하도록 하는 경우들이 있어요. 예를 들어 자기가 좋아하는 특
정 동물, 특정 식물, 특정 장소 등을 관찰하고 그 느낌을 가볍게 정리하

도록 하는 것이지요.

장학관: 그럼 아이들이 아무것이나 알아서 하도록 하는 건가요?

나: 그렇게 하면 아이들도 담임선생님들도 좀 막연하겠지요. 담임선생님이 아이들에게 몇 개의 예시를 주는 것이지요. 그중에서 자신이 원하는 것 하나 또는 두 개를 해도 되고, 예시에 없는 것이라 하더라도 자신이 좋아하는 것을 관찰하도록 하는 것이지요.

장학관: 알겠습니다. 그럼 전체 내용을 정리해서 결재를 올리도록 하겠습니다.

나: 그렇게 하시고요. 공문을 기안하기 전에 초등교육팀 장학사님들과 현장 초등 선생님들의 의견을 충분히 듣도록 하세요.

장학관: 예. 알겠습니다.

전북의 초등학교에서 방학 숙제는 그렇게 사라졌습니다.

____ 중간·기말시험

많은 사람이 학교자치의 중요성을 강조하고 있습니다. 그런 사람들에게 학교자치의 핵심이 무엇인지 물어보면 멈칫합니다.

학교자치란 단위학교의 일은 단위학교의 구성원들이 스스로 결정하고 집행하도록 하는 것을 말합니다. 이것을 위해서 교사회의 자치, 직원회의 자치, 학생회의 자치, 학부모회의 자치가 필요합니다.

학교자치의 핵심은 교사의 권한 존중입니다. 교사가 가지고 있는 핵심적인 권한은 교육과정 편성권, 수업권, 평가권입니다. 교사의 이러한 권한을 실질적으로 보장하기 위해 학교자치가 필요한 것입니다.

"교권"이라는 용어가 입에 붙어 있는 사람들에게 '교권이 무엇인가?' 라고 물어보면 정확한 답변을 하지 못합니다. '교권'에는 교사의 '권한' 과 교사의 '권리'가 포함되어 있습니다.

가령 교사가 승진을 위해 근무평정을 잘 받을 목적으로 교장에게 뇌물을 바쳐야 한다면, 그것은 교사의 권한이 아니라 교사의 권리(인격권, 공무 수행권 등)를 침해당하게 되는 것입니다. 수업 시간에 학부모가 교실로 들어와 '교사에게 폭언한다면', 그것은 그 학부모가 교사의 권리가 아니라 교사의 권한(수업권)을 침해하는 것입니다.

'권리'는 자기 자신(교사 자신)의 이익을 위해 행사할 수 있는 법적 힘이고, '권한'은 제3자(교사의 경우 학생)의 이익을 위해 행사할 수 있는 법적 힘입니다. 교사의 수업권은 교사 자신의 이익이 아니라 학생의 이익을 위해서 행사하도록 법률이 교사에게 부여하고 있는 법적인 힘입니다.

교사의 평가권이라는 측면에서 볼 때, 그리고 학생들의 배움과 성장이라는 측면에서 볼 때, 같은 학년의 모든 아이가 같은 시간에 같은 공간에서 같은 문제지로 평가를 받는 것은 문제가 있습니다.

실제로 이런 식의 일제 평가(중간시험, 기말시험)를 치르는 나라는 주요 선진국들에서는 (찾아보기 어려운 정도가 아니라) 찾아볼 수 없는 제도입니다.

전북 정읍의 어느 초등학교에서 교사들이 합의하여 중간시험과 기말시험을 없앴습니다. 아이들의 학습 '결과'를 중시하는 평가 방법을 버리고 아이들의 학습 '과정'을 중시하는 방법을 택한 것입니다.

이것이야말로 전형적인 풀뿌리 교육 자치 grassroots educational autonomy 의 사례였습니다.

도교육청 학교교육과 초등교육팀은 이 학교의 사례를 분석한 후 2016년부터 '초등 성장 평가제'라는 제도를 내놓았습니다. 모든 초등학교가 이 제도를 도입하라고 '강제'한 것이 아니라 이 제도를 참고하는 것이 어떻겠는지 '권고'한 것입니다.

이것으로 끝내지 않고 초등 성장 평가제 도입을 위한 교사 연수를 시작했습니다. 처음에는 많은 교사가 힘들어했지만, 성장 평가제 교사 연수에 참여하는 교사들의 수가 늘어나면서 이 제도를 도입하는 학교들이 많아졌습니다.

도교육청은 이 제도에 대해 "줄 세우기 평가가 아닌 학생의 성장을 돕는 평가를 통해 참학력을 신장시키고 평가 결과에 대한 적절한 정보 제공과 추수 지도를 통해 학생과 교사와 학부모가 소통하고 함께 성장하는 평가 제도"라고 밝혔습니다.

일부에서는 '참학력 authentic ability to learn'이라는 용어를 두고 '그렇다면 지금까지의 학력은 거짓 학력이었다는 것이냐?'라는 몰이해沒理解 의 말도 했지만, 성장 평가제는 전북의 초등학교에 급속도로 확산되어 나갔고, 교사의 평가 자율권을 보장하는 순기능을 발휘하기 시작했습니다.

이것은 결과가 아니라 과정 중심의 평가를 강조하는 교육부의 '2015 개정 교육과정'의 기본 정신에도 맞는 것이었습니다.

___ 학습 효과

법률용어 중 일반예방 효과라는 것이 있습니다. 일정한 범죄행위를 저지르면 그에 상응하는 일정한 형벌을 받을 수 있다는 것을 미리 법률로 명확히 규정해 놓으면, 사람들이 그 규정을 위반하지 않으려고 노력하는 것을 가리켜 일반예방 효과라고 합니다.

이 법률용어를 알기 쉽게 일반용어로 풀면 그것은 학습효과입니다. 어떤 범죄행위를 저질렀을 때 그에 상응하는 형벌이 정확히 부과되고 그것이 반복되면 그 자체로 범죄행위를 예방하는 효과를 얻게 됩니다.

형벌과 구별되는 것으로 징계가 있습니다. 주로 공무원에게 적용되는 것이지만, 사기업에서도 노동자들을 상대로 징계합니다. 형벌과 징계 사이에는 이중처벌금지prohibition against double punishment의 원칙이 적용되지 않습니다. 형벌은 형벌이고, 징계는 징계입니다. 형벌을 형사처벌이라고 하기도 하고, 징계를 징계처분이라고도 합니다.

법치국가 체제에서 '유전무죄 무전유죄'가 있어서는 안 되는 것처럼, '유전 무징계 무전 징계'가 있어서도 안 됩니다. 여기에서 '전錢'의 문자적 의미는 '돈'이지만, 그것은 돈뿐만 아니라 그 사람이 동원할 수 있는 모든 물적 수단과 배경 그리고 힘을 가리킵니다.

2010년 7월 1일 교육감 일을 시작하고 숨 돌릴 사이도 없이 도교육청 앞에서는 피켓 시위가 벌어졌고, 노동조합 활동을 하는 교사들, 특히 여성 교사들의 항의 방문을 받았습니다.

그들이 주장하는 내용은 이랬습니다.

지방공무원 한 사람이 원조 교제와 여고생 성추행 혐의로 징계처분을 받게 됐다, 지방공무원징계위원회는 해임 의결했지만 소청심사위원회가 정직 3개월로 감경해 줬다, 여기에서 끝난 것이 아니다, 그 사람은 1년 휴직 허가를 받고 미국으로 갔다, 휴직 허가에는 허가 사유가 있는데 유학 휴가를 내줬다는 말이 있다, 그 사람이 복직 신청을 하려고 한다, 절대로 복직처분을 하면 안 된다는 것이었습니다.

저는, 원조교제+여고생 성추행 사건인데, 해당 공무원에게 정직 3개월의 처분을 내린 것을 이해하기 어려웠습니다. 하지만 이미 처분은 내려졌고, 정직 기간도 지났습니다. 복직 요건을 갖추고 있을 때 복직 신청을 하는 것은 해당 공무원의 권리입니다. 그것을 막을 법률상의 권한이 교육감에게는 없습니다. 복직을 시켜주지 않으면 그건 직권남용·권리행사방해가 됩니다.

저에게 항의하는 교사들에게 말했습니다.

지금 나에게 하는 것처럼 그 당시에 교육감에게 강하게 압박하지 그랬느냐?, 왜 나한테 이러느냐?, 나에게는 복직을 안 시킬 법률상의 권한이 없다, 불구하고 혹시라도 방법이 있는지 찾아보기는 하겠다고 말했습니다.

그렇게 해서 나온 방법이 해당 공무원을 학생들에게서 거리'두기'를 하도록 하는 것이었습니다. 더 구체적으로 말하면 해당 공무원은 아이들이 있는 학교에는 근무하지 못하도록 하는 것이었습니다. 그 조치는 12년 동안 계속 이어졌습니다.

이런 사례에서 처음에 엄정하게 징계처분을 내렸더라면, 그것이 공직사회에 미치는 학습효과는 매우 컸을 것입니다.

_____ 의식의 거품

국가공동체 내에서 어떠한 직위를 갖고 있든, 그것이 공적이든 사적이든, 그 사람은 본질적으로 '국민'의 한 사람이면서 동시에 거주하고 있는 지역 '주민'의 한 사람입니다. 그가 맡은 직위의 근원은 '국민' 또는 '주민'입니다.

그 직위가 어떤 것이든 시간의 관점에서 볼 때 그것은 '한시적'입니다. 때가 되면 자신이 원하지 않더라도 내려놓게 되거나 떠나야 합니다. 그 직위에 사회적 신뢰와 존경이 따를 수는 있지만, 그것마저도 타인에게 과시하거나 타인을 지배하는 수단으로 악용되어서는 안 됩니다.

교육감 1기 어느 날 토요일 오후에 저는 길을 걷고 있었습니다. 주말 탓인지 장소 탓인지 오가는 행인들이 많았습니다. 앞쪽에서 어느 젊은 부부가 딸 아들과 함께 걸어오다가 저를 보더니 걸음을 멈추며 말을 걸었습니다.

아빠: 아니, 김승환 교육감님 아니신가요?

나: 네. 안녕하세요. 김승환 맞습니다.

아빠: 그런데 왜 이렇게 혼자 걸어가세요?

나: 오늘은 시민의 한 사람으로 다니는 겁니다.

아빠: 아, 네에. 안녕히 가십시오.

나: 네. 즐거운 시간 보내십시오.

주말 오후에 혼자서 길을 걷는 교육감의 모습을 낯설어하는 시민의 모습이 저에게는 어색하게 느껴졌습니다.

경사慶事는 예고되기 때문에 거기에 일정을 맞출 수 있지만, 애사哀史는 예고 없이 옵니다. 특히 주말에 갑자기 오는 애사가 문제입니다. 저는 수행직원들(수행비서, 수행기사)에게 "주말에 연락이 오는 부고訃告는 나에게 문자만 보내요. 문상은 내가 알아서 할 테니까 신경 쓰지 말고요." 라고 지시했습니다.

제 말에 처음에는 수행직원들이 멈칫거렸지만, 제가 단호하게 말을 하니까 수행직원들도 그대로 따랐습니다. 문제는 저를 문상객으로 받는 상주喪主와 그 가족들의 의식입니다. 도 단위 기관장 정도 되면 문상을 올 때 수행하는 공무원들이 여러 사람 따라와야 할 텐데 혼자서 오는 것이 이상해 보였고, 그것이 상주 측을 가볍게 보는 것이 아닌가,라는 오해가 있었던 것 같습니다.

문상하러 가면 상주 측에 정중히 문상하는 데서 그치지 않고, 알든 모르든 이곳저곳 앉아 있는 문상객들에게 일일이 인사를 하고 악수를 하는 것이 상례였지만, 저는 그것도 일절 하지 않았습니다.

어느 날 저녁 어느 공중파 방송에 출연하러 갔을 때 방송국 마당에 도교육청 직원 여러 명이 서 있었습니다. '무슨 일로 여기에 와 있지?' 의아한 생각이 들어서 다가가 물어보았습니다.

나: 여기에 왜 와 있는 거예요?

공무원: 교육감님께서 방송에 출연하시는데, 저희가 당연히 와야지요.

나: 여기에 와서 뭐 하실 건데요?

공무원: 예? 원래 이렇게 하는데요. 저희가 안 나올 수가 없지요.

나: 그러니까 말이에요. 여기에 와서 나를 위해 해줄 일이 있나요? 나 방송
　　출연하는데 뭘 도와주실 거예요?

공무원: 예……?

나: 지금 퇴근 시간도 지났네. 어서 퇴근하세요. 그리고 앞으로는 이런 데
　　나오지 마세요. 방송은 내가 알아서 하면 되잖아요.

공무원: 그럼 오늘만 교육감님 방송하시는 거 보고 갈게요.

나: 그럼 그렇게 하세요. 오늘만.

위에서 언급한 몇 가지 사례를 통해서 제가 깨닫게 된 것이 있습니다. 그것은 공직에 덮여 있는 두꺼운 의식의 거품이었습니다. 공직을 맡고 있는 사람, 특히 선출직 기관장은 물론이고, 그 기관장과 함께 일하는 공직자들, 그리고 시민들의 의식 모두에 불필요한 거품이 끼어 있는 것입니다.

사람들의 의식이 그렇다 보니 선출직 기관장은 거드름을 피우고, 자신에게 부여된 권한을 사유화하는 것입니다. 시민들은 시민들대로 선출직 기관장들을 특별한 존재인 것처럼 대합니다. 시민들 스스로 자신의 지위와 격을 낮춰 버리는 것입니다.

민주주의 democracy; Demokratie 는 인간의 존엄, 자유, 평등을 그 이념

으로 하고 있습니다. 프랑스는 여기에 하나를 더 추가합니다. 그것은 'Fraternité'입니다. 그것을 '박애' 또는 '우애'로 번역하지만, 풀어서 설명하면 '이웃사랑' 즉 공동체 의식입니다. 프랑스를 포함하여 유럽의 여러 나라가 '나쁜 사마리아인 조항the bad Samaritan clause or laws'을 두고 있는 것도 그 때문입니다. 위험에 처해 있는 사람을 자신이 직접 개입하여 도와줘야 할 법적 의무를 부과하고 그 의무를 이행하지 않으면 불이익을 주는 조항을 가리켜 '나쁜 사마리아인 조항'이라고 부릅니다.

민주주의는 원칙적으로 국가공동체 내에 존재하는 그 누구도 특별한 존재로 여기지 않고 있습니다. 공직에 끼어 있는 거품의 존재 여부나 정도는, 그 나라가 선진국인지 비선진국인지를 판단하는 중요한 척도의 하나로 보아도 지나침이 없을 것입니다.

_____ 들 때와 날 때

우리는 어린 시절에, 특히 초등학교~중학교 시절에 들었던 경구警句는 평생 잊지 않고 기억하게 됩니다. 그런 경구는 중요한 순간에 삶에 그대로 적용되기도 하고, 그런 경구가 적용된 삶에는 오류나 실패가 거의 발생하지 않습니다. 그런 경구중 하나가 "사람은 들 때와 날 때를 알아야 하느니라."였습니다.

대학에서 일하던 어느 날, 평소에 만날 기회도 없고 서로 대화를 나눈 적도 없고 더구나 전공 연관성도 전혀 없는 교수 한 분을 캠퍼스를 걸

다가 우연히 마주치게 되었습니다. 저보다 나이가 한참 많은 그분께서 먼저 반갑게 인사를 하셨고, 저도 머리를 깊게 숙여 인사를 드렸습니다. 바쁘지 않으면 자신의 연구실로 가서 차 한잔하자고 하셔서, 함께 그분의 연구실로 들어가 커피를 마셨습니다. 그분의 입에서 먼저 나온 말은 자신의 업적이었습니다. 몸담은 학과를 그 정도 궤도에 올려놓기까지 무진 고생했는데, 문제가 생겼다는 것입니다.

> 나: 선생님! 무슨 문제가 있는데요?
> 교수: 내가 정년을 얼마 남겨 놓지 않고 있습니다.
> 나: 그러시군요.
> 교수: 그런데 말이지요. 문제는 내가 나간 다음에 학과가 어떻게 될 것인지 그게 걱정입니다.
> 나: 그게 왜 걱정이신데요?
> 교수: 남아 있는 교수들이 학과를 제대로 이끌어 갈 수 있을까 염려됩니다.
> 나: 예에. 그러시군요.

그 말을 들은 저는 '이 학과는 저 교수가 빨리 나가야 제대로 돌아가겠네, 당신 걱정이나 하실 일이지 별걱정 다 하시네'라고 생각했습니다.

교육감 12년을 지내면서 제가 마지막 순간까지 이해할 수 없는 것이 있었습니다. 그것은 학부모 활동입니다. 단위 학교별로 설치되어 있는 학부모회는 문제 될 게 없습니다. 내 자녀가 졸업하면 부모도 자동으로 학부모회에서 나가야 하기 때문입니다. 문제는 '학부모'라는 이름이 붙은 학교 내·외의 각종 단체에서 하게 되는 학부모 활동입니다. 내 자녀가 이미 초등학교, 중학교, 고등학교를 졸업했고, 군대에도 갔다 오고 결혼도 했는데, 그 부모는 여전히 학부모단체 활동을 하는 것입니다.

그러다 보니 새내기 학부모는, 내 자녀가 버젓이 학교에 입학해서 학교에 다니고 있는데도, 학부모단체에 들어가서 활동하는 것이 매우 어려워집니다. 바로 '들 때'는 알았지만 '날 때'는 모르고 있거나 무시하고 있는 (과거의) 학부모들 때문입니다. 이런 경우에 내 자녀는 성장하고 있는데, 학부모 자신이 성장할 기회는 차단되는 것입니다.

제가 내린 결론은 '학부모단체 활동도 권력이 될 수 있다'라는 것이었습니다.

_____ 선거 때 열심히 할 겁니다

기관장, 특히 선출직 기관장들이 가진 권한 중 가장 막강한 것이 인사권입니다. 신규 공무원(또는 교사) 임명권, 전보발령권, 승진 인사권, 보직 임명권 등 그 권한의 폭이 매우 넓습니다.

이 경우 인사권자가 가장 우선으로 고려해야 하는 것은 해당하는 자리의 성격, 그 자리를 감당할 수 있는 전문성과 도덕성 등입니다. 이런 고려 요소들은 '그렇게 해야 한다'라는 당위론을 구성하는 요소들입니다. 당위론과 함께 존재하는 것이 현실론입니다.

그중 선출직 기관장들이 가장 민감하게 여기는 것이 자신에 대한 '충성심'입니다. 그 충성심은 절대적일수록 좋습니다. 기관장이 법적·정치적 위험에 처해 있을 때 자신을 던져 기관장을 구하는 정도의 충성은 더 이상 바랄 수 없는 최상의 충성입니다. 이와 함께 선출직 기관장들이 매우 민감하게 계산하는 충성심이 있습니다. 그것은 선거 때의 충성입니다. 공직선거법상 공무원은 어떤 선거운동도 할 수 없지만, 그것을 중요하게 생각하며 자신과 함께 일하는 공무원을 지켜주려고 하는 선출직 기관장은 많지 않습니다.

'이익은 기관장인 나에게, 불이익은 공무원인 너에게'라는 묵시의 관행이 존재합니다. 나중에 그것이 법적으로 문제가 되어도 크게 당황할 필요는 없습니다. 그런 때에 대비해서 미리 꾸준히 '보험금'을 들어놓거나, 사건이 되었을 경우 '전관예우 케이스'를 잘 활용하면 됩니다. 프로페셔널 수준의 선수들은 거의 언제나 안전합니다. 걸리는 것은 아마추어들입니다.

전북교육청이 시행해 온 교육장 공모제의 경우 최상의 선택지는 능력이 출중하면서 동시에 해당 지역 출신인 경우입니다. 이 두 개의 조건을 충족시키는 사람이 없을 때는 당연히 능력을 기준으로 합니다.

어느 해 교육장 공모제를 시행할 때 저에게 들어온 말이 있었습니다. 교육감 선거가 다가오고 있는데, 아무개 교장이 그 지역 출신이라는 것, 그 사람을 교육장으로 발탁하면 선거 때 열심히 하리라는 것이었습니다. 저에게 그런 말을 전하는 사람이 너무나도 한심하게 보였습니다.

"나한테 그 말을 할 때 기분이 전혀 이상하지 않습니까? 나라는 사람에게 교육장 임명권을 선거용으로 쓰라고 말하는 겁니까?"라고 말한 후,

정해진 원칙대로 교육장 인사발령을 냈습니다.

_____ 성공하고 싶으세요?

에머슨^{Ralph Waldo Emerson} 의 시 "What is Success?"는 우리나라에서 "성공의 비결"로 번역되어 많은 사람이 읊고 있습니다. 문장 하나하나가 단순한 듯하면서도, 누구나 시의 내용이 자기 삶과 가까운 곳에 있다고 여기기 때문인지도 모릅니다.

다만, 에머슨의 이 시를 "성공의 비결"이라고 번역하는 것이 옳은가에 대해서 저는 의심합니다. 이 시는 성공의 '방법론'이 아니라 성공의 '본질론'을 말하고 있기 때문입니다.

번역이 원작자의 의도를 정확히 옮기고 있는지 의문이 드는 시나 다른 문학작품들은 부지기수로 많습니다. 그 대표적인 것 중의 하나가 브레히트^{Bertolt Brecht} 의 시 "Ich, der Überlebende"입니다. 이 시를 우리나라에서는 "살아남은 자의 슬픔"이라고 번역했지만, 이 시는 결코 '슬픔'이라는 하나의 감정만을 말하고 있지는 않습니다. 가령 "그러나 오늘 밤 꿈속에서 나는 이 친구들이 나에 대해 말하는 것을 들었어요.^{Aber heute nacht im Traum, Hörte ich diese Freunde von mir sagen:}"라는 부분은 '슬픔'이라는 감정 하나만으로는 해석할 수 없습니다. 또 하나 이 시의 제목을 "살아남은 자의 슬픔"이라고 번역해 버리면 그 슬픔이 살아남은 '모든' 자의 슬픔인 것처럼 되어 버리지만, 브레히트는 이 시에서 개별자個別者를 특별히 드러내고 있기 때문에 제목에서 '나^{Ich}'를 생략해 버리면 안 됩니다.

2018년 여름 저는 축사를 해달라는 요청을 받았습니다. 저를 초청한 주체는 전국시도교육장협의회였습니다. 강릉에서 열리는 정기총회에 시도교육감협의회 회장 자격으로 와서 축사를 해주기를 바란다는 것이 었습니다.

저에게 배정된 축사 시간은 5분이었습니다. 5분 축사하기 위해 전주에서 강릉까지 간다는 것이 선뜻 내키지는 않았습니다. 전주에서 강릉까지 고속도로를 달리면 편도로 3시간 반 내지는 4시간 정도 걸립니다. 하지만 시도교육감협의회 회장이 직접 와서 축사를 해주는 것이 좋겠다는 요청을 거절할 수 없어 정기총회가 열리고 있는 곳으로 갔습니다.

5분 동안에 말할 수 있는 주제가 뭘까 생각하다가 '성공'이라는 단어를 떠올렸고, 이런 요지의 말을 했습니다.

교육장님들! 성공하고 싶으십니까?, 성공하셔야지요, 그리고 꼭 성공하십시오, 그런데 말이지요, 여러분들께서 성공적인 인생을 살았는지 그렇지 않았는지 뭐로 알 수 있을까요?, 정답이 따로 없는 질문입니다, 지금 이 자리에서 한 번 생각해 보십시오, 교육감인 저도 성공하고 싶습니다, 그래야 저의 인생이 성공하는 것이니까요, 저는 이렇게 생각합니다, 언젠가는 이 자리에서 떠나야 할 때가 옵니다, 공직에서 벗어나 자연인으로서 시민의 한 사람으로서 살아가게 될 텐데요, 어느 날 홀로 길을 걸어가고 있는데 누군가 '김승환 교육감님'이라고 저의 이름을 부르길래 그 사람의 얼굴을 보니 옛날에 함께 일했던 직원이었습니다, 그 직원이 반가운 얼굴로 저의 손을 꼭 잡으면서 '교육감님, 바쁘시더라도 저랑 커피 한잔하시게요'라고 하는 말을 들을 수 있다면 저의 인생은 성공한 것으로 생각합니다.

실제로 공직생활을 했던 수많은 사람, 특히 타인의 시선과 관심을 많이 받았던 선출직 기관장이나 정치인들이 공직에서 물러나 겪는 것이 있습니다. 그것은 대인기피증對人忌避症 이라고 합니다. 야인이 되어 길을 걷다가 과거에 함께 일을 했던 직원을 만나면 겁부터 난다는 것입니다. '저 사람이 나를 어떻게 생각할까?'라는 불안감 때문입니다.

영원할 줄 알았던 그 자리가 나에게서 흔적도 없이 사라지고, 그렇게 따뜻하고 공손하게 느껴졌던 사람들의 시선이 싸늘히 식어 있는 것을 보면서 마음의 평정을 유지하기는 쉽지 않을 것입니다.

_____ 권위적인 교육감

가끔 도내 시·군교육지원청으로 가서 직원들을 만나 대화하는 시간을 가졌습니다. 대화에 앞서 제가 간단한 인사를 하는 때도 있고, 강의하는 때도 있습니다.

어느 교육지원청으로 가서 직원들의 의견을 듣고 있었습니다. 그때 장학사 한 분께서 자신의 의견을 말했습니다. 요지는 이랬습니다.

월요일 아침마다 열리는 도교육청 확대간부회의 동영상을 보고 있다, 거기에 교육감이 말하는 장면이 나오는데 혼자서 일방적으로 말을 하고 다른 간부들께서는 아무 말 없이 듣기만 한다, 그런 교육감의 모습이 너무 권위적으로 보인다는 것이었습니다.

그 순간 저는 '저 장학사님이 좀 부드럽게 말씀하시지, 가능하다면 웃는 얼굴로 말하면 더 좋을 텐데, 저렇게 생각하고 말하는 것도 무리는 아니지, 그 동영상은 대체로 회의의 마무리 발언인데 그걸 모르고 있었던 것이지'라고 생각하면서 답변했습니다.

"장학사님! 장학사님이 그렇게 생각하실 수도 있어요. 하지만 확대간부회의의 성격을 아셔야 합니다. 그 회의는 교육감과 간부들께서 토론하는 자리가 아니에요. 그 자리는 과별로 한 주간의 업무계획을 교육감에게 보고하는 자리예요. 회의 중에 간부들께서도 필요한 발언들을 자유롭게 하시거든요. 내가 물어보는 것에 대해 답변도 하셔야 하고요. 간부들께서 교육감에게 질문할 수도 있고요. 그 동영상은 회의 상황을 찍은 게 아니라 회의를 마치면서 마무리 발언을 하는 것을 찍은 거예요. 그러다 보니 혼자서 일방적으로 말하는 것처럼 보일 수 있고, 장학사님의 말씀처럼 내가 권위적으로 느껴질 수도 있어요."

그날의 일정을 마치고 돌아왔는데, 뒷이야기가 저의 귀에 들어왔습니다. 동료 장학사들께서 그 장학사께 '뭐 하러 그런 말을 했느냐, 너 이제 큰일 났다, 너는 찍혔다' 등등의 말을 했다는 것입니다.

그다음 정기 인사 때 그 장학사는 도교육청으로 발령받았습니다. 자기의 생각을 명확히 말할 줄 아는 인재들을 가깝게 둘 필요가 있었기 때문이었습니다. 예상했던 대로 그 장학사는 직무수행 능력이 출중했습니다.

교육정책 그리고 그 배후에 있는 정치와 자본

저는 도교육청의 간부들께, 교육부나 정권 차원에서 교육과 관련한 정책을 내놓을 때 반드시 그 정책의 배후에 정치나 자본이 숨어 있는지 분석하라고 했습니다. 그 정책에 나쁜 정치적 의도가 깔려 있거나 자본의 이해관계가 숨어 있을 때는 그 정책을 거부하라고 말했습니다. 그런 정책은 교육이라는 허울을 내세워 교육을 정치적 의도 실현이나 자본의 이윤 추구의 수단으로 악용하기 때문입니다.

2015년 박근혜 정부가 추진했던 역사교과서 국정화 정책은 정권의 정치적 의도를 챙기기 위한 것이었습니다. 선진국은 이미 오래전부터 교과서 자유발행제를 적용하고 있고 교과서가 없는 나라도 있다는 것을 감안하면, 이 정책은 차마 드러내 놓고 떳떳하게 말하지 못하는 정치적 의도가 있다는 의심에서 벗어나기가 어려웠습니다. 더구나 1917년생인 박정희 전 대통령의 출생 100주년을 2년 앞두고 있던 시기라서 의문은 더욱 쌓여 갔습니다.

전북교육청은 다른 몇 개의 시도교육청들과 함께 국정교과서 반대 운동과 역사교과서 보조 교재 편찬 작업에 들어갔습니다.

2019년 3월 문재인 정부는 전국 모든 학교의 교실에 공기청정기를 설치한다는 발표를 했습니다. 교육부에서 나온 것이 아니라 청와대에서 나온 것이었습니다. 공기청정기는 미세먼지를 빨아들이고, 청청한 공기를 발산하는 순기능을 갖고 있다는 선전도 이어졌습니다. 정기적으로 필터를 갈아 줘야 하고, 교체할 때마다 들어가는 예산 등은 일단 고려되지 않았습니다.

저는 실무진에게 이 제품을 반드시 '매입'해야 하는 것인지 물어보았습니다. 대답은 매입할 수도 있고, 임차할 수도 있다는 것이었습니다. 임차로 하는 경우 '최소 임차 기간'이라는 것이 있었는데, 그 기간은 3년이었습니다.

누가 주기적으로 필터 교환을 할 것이냐, 혹시라도 공기청정기 자체에서 나오는 인체 유해물질이 있다면 그에 대한 대책은 무엇이냐, 업체로서는 안정적으로 이윤을 확보할 수 있는 통로를 확보하게 될 것이다, 결국 이것은 시간이 지나면서 애물단지로 전락할 것이다,라고 판단했습니다.

그렇다고 해서 전면거부를 하는 것도 부담스러웠습니다. 그래서 임차 형식으로 공기청정기를 도입하기로 하고, 예산팀에 물어봤습니다. 매입하는 것이 아니라 임차함으로써 우리 교육청이 절약하게 된 예산이 얼마인가,라는 것이었습니다. 그 돈은 350억 원이었습니다.

저의 우려는 상당 부분 현실로 드러났습니다. 지금은 공기청정기에 대해 말하는 사람들이 거의 보이지 않게 되었습니다. 교육정책이라는 이름으로 정치적 의도를 챙기고, 자본의 이윤을 챙겨주는 구태는 속히 사라져야 합니다.

_____ 교육정책 연구

2010년 7월 1기 교육감 임기를 시작하면서 교육정책연구소 설립 논의가 시작되었습니다. 주로 도교육청 정책공보관 쪽에서 저를 이해시키고 설득하려고 노력했습니다.

교육현장에서 교사들이 아이들을 가르치다가, 교육행정현장에서 지방공무원들이 교육행정을 수행하다가, 도교육청의 실무부서들이 낡은 교육정책을 버리고 새로운 교육정책을 탐구하다가 이론적 토대의 지원이 필요하다고 판단할 때, 그 필요를 충족시키는 연구 기관이 필요하다는 것이었습니다.

여기에서의 이론이란 현장에 접목할 수 있는 이론이었습니다. 따라서 연구소는 이론적 전문성만 가지고 있어서는 안 되고 현장 전문성도 갖고 있어야 하는 것이었습니다.

교육정책연구소 연구진의 구성이 매우 중요했습니다. 이론과 현장을 알고 있는 사람들이 누구인지를 찾아내야 했습니다. 연구소 설립의 기초 작업을 하는 전문직과 교육행정직의 의견을 받아들여 교사, 전문직, 교육행정직으로 구성하기로 했습니다.

우연의 일치인지는 몰라도 그때 먼 옛날의 기억이 떠올랐습니다. 2010년을 기준으로 10년 전쯤의 일입니다. 대학에서 동료 교수들과 대화하다가 전북교육청 이야기가 나왔습니다. 전북교육청이 해마다 정책연구 프로젝트를 발주하는데 주로 받는 교수들이 받고 또 받고 한다는 것이었습니다.

같은 기관으로부터 같은 교수들이 거듭 정책연구 프로젝트를 받다 보니, 나중에는 제목 바꾸고 내용만 조금 수정해서 제출하기도 하고, 학교현장에서 교사들은 '이것 그때 그것이네'라고 냉소하면서 쳐다보지도 않는다는 것이었습니다. 저는 확대간부회의 때 이 이야기를 하면서 한 가지 방향을 정했습니다.

교육현장에 도움이 안 되는 정책연구 프로젝트는 더 이상 발주하지 말 것, 연구 결과를 납품받은 후 케비넷에 던져 넣는 캐비넷 프로젝트는 더 이상 없도록 할 것, 전북교육정책연구소를 설립할 것이었습니다.

이렇게 해서 전국 최초로 교육정책연구소가 문을 열었고, 계속 제도 보완을 해나가면서 연구소의 기능을 정확히 수행하는 기관으로 자리를 잡았습니다.

_____ 선거와 학부모단체

선출직 공직자들이 가장 많이 신경을 쓰는 것이 '조직'입니다. 그 조직에는 공조직도 포함됩니다. 시민사회영역에서 활동하는 모든 조직이 선출직 공직자들이나 예비 선출직 공직자들이 연결 지점을 갖고 싶어 하는 대상입니다.

동창회, 친목회, 사교 클럽 등이 모두 그들의 관심의 대상입니다. 그런 각종 조직도 선출직 공직자들의 심리를 모를 리 없습니다. 될 만한 곳으로 선을 대고, 선거에 이기고 나면 각종 유·무형의 혜택을 누리게 됩니다.

　조직을 이용한다는 점에서 가장 유리한 고지에 서 있는 사람들이 선출직 기관장들입니다. 그들은 정치적 감각이 있고 요령 좋은 사람들을 지근거리에 포진시킵니다. 공직자들은 알게 모르게 소위 기관장 '측근 세력'의 눈치를 보고 심기를 살피게 됩니다. 그걸 잘해야 승진이나 보직 배정에서 혜택을 볼 수 있다고 기대하기 때문입니다. 최악의 경우 공조직은 그런 식으로 '사실상' 선출직 기관장의 사조직으로 활용될 수도 있습니다. 전체를 장악하는 것은 불가능하더라도 '의미 있는' 장악은 가능한 것입니다.

　이런 부정적 요소 때문에 선거 제도를 없애야 한다고 말을 하는 사람들도 있습니다. 그들의 마음을 이해하지 못하는 것은 아니지만, 선거 제도가 사라지는 순간 그 나라는 민주주의 국가도 아니고 법치국가도 아니고, 리더 한 사람이 통치하는 국가, 이름하여 '지도자 국가'가 되는 것입니다.

　선거는 민주주의를 가능하게 하고, 민주주의를 역동적인 제도로 만듭니다. 선거 제도 때문에 발생하는 각종 부정적인 요소는 민주주의의 비용으로 여겨야 합니다. 권력자들이 제아무리 자신의 사적·정치적 이익을 위해 공조직을 사유화하려 시도하고 사조직에 침투하더라도 주권자와 유권자가 깨어 있으면 됩니다. 일탈 행위에 대한 엄정한 법률적 제재가 반복되고 거기에서 불문의 학습 효과가 형성되면 선출직 공직자(특히 선출직 기관장)와 공·사조직의 부정한 연계와 거래는 끊기게 됩니다.

　2014년 저는 교육감 재선에 출마했습니다. 4.16 세월호 참사로 마음이 무거운 상태에서 2014년 5월 8일에 출마 선언을 했습니다. 당시 6월 13일이 지방선거일이었기 때문에 비교적 늦게 출마 선언을 한 것입니다. 도교육청에서 나가 선거 캠프로 들어가 선거운동을 시작했습니다.

어느 날 어느 학부모단체의 임원들께서 저를 만나러 오셨습니다. 그분들은 저에게 "교육감님! 저희가 어떻게 도와 드리면 되겠습니까?"라고 물었습니다. '여기에서 내 생각을 단호하게 말해 줘야 한다'라는 생각으로 말했습니다. "학부모단체가 선거에 개입해서는 안 됩니다. 선거는 내가 알아서 할 겁니다. 학부모단체는 평소 하던 일만 하시면 됩니다. 염려해 주셔서 고맙습니다."라는 말로 정리했습니다.

그 후로 선거 때 저를 도와주겠다고 나서는 학부모단체는 없었습니다.

___ 컨설팅

교육감 일을 하면서 컨설팅이라는 용어를 많이 듣게 되었습니다. 컨설팅은 전문성과 경험을 더 많이 갖춘 사람이 전문성과 경험이 많지 않은 사람을 지원해 주는 일을 가리킵니다. 대표적으로 전문직(장학사)이 학교현장에서 일하는 교사들을 컨설팅하는 것을 들 수 있습니다.

2013년 4월 전주 시내 중학교 행정실에 근무하는 직원이 극단적 선택을 하는 일이 발생했습니다. 이유는 신규공무원으로 견디기 어려운 직무 스트레스를 받은 것이었습니다.

이 일이 저에게 주는 심리적 부담감이 컸습니다. '내가 놓친 것이 뭘까? 행정실 내에서 상위 직급자가 하위 직급자에게 일상적으로 직무수행에 도움을 주는 것이 아니었나? 이 부분을 상위 직급자의 선의^{善意}에만 맡기는 것이 옳은 일인가? 선의를 제도화하는 방법은 없을까?' 등등의 고민을 했습니다.

그러다가 어느 날 확대간부회 자리에서 저는 한 가지 질문을 했습니다.

"간부님들! 컨설팅은 교원 업무에 특유^{特有}한 것입니까? 행정 업무에도 컨설팅은 필요한 것 아닐까요?"라고 물었습니다. 간부들의 표정에서 '느닷없는 질문이다'라는 반응을 읽을 수 있었습니다. 저는 이어서 "총무과장님은 이 부분을 검토한 후 해결책을 보고해 주십시오."라고 말했습니다.

총무과는 저의 지시 사항에 대한 검토에 들어갔고, 제가 예상했던 것보다 훨씬 더 탄탄한 계획을 제시했습니다. 그렇게 해서 나온 것이 '학교교육행정 컨설팅'이었고, 이 직무를 전담하는 팀도 만들었습니다.

2014년부터 학교교육행정 컨설팅팀은 신규공무원 컨설팅, 소규모학교 행정실장의 장기 휴가(병가, 출산휴가)로 생기는 행정 공백 지원 등의 일을 시작했습니다. 구체적으로는 예·결산, 세입·세출, 계약, 학교운영위원회, 물품·재산 관리, 에듀파인 시스템 컨설팅을 하는 것이었습니다.

기존의 행정대체인력을 통해서 지원하는 방법보다 그 효과가 훨씬 더 크게 나타났고, 더불어 예산 절감의 효과도 얻을 수 있었습니다. 무엇보다 신규 공무원이 행정실무에서 겪는 스트레스를 줄이는 데 큰 도움이 되었습니다.

_____ 고정관념

　제가 교육감 일을 시작하던 2010년만 하더라도 아이들, 특히 중·고등
학교 아이들의 큰 관심사는 두발 자유, 야간자율학습 폐지, 보충수업 자
유 선택이었습니다. 아이들은 그중에서도 특히 두발 자유가 언제 시작
될지 지대한 관심을 두고 있었습니다. 당시 한국, 중국, 일본을 제외하
고 아이들의 두발에 획일적인 기준을 설정해 놓고, 그에 위반하는 경우
제재를 가하는 나라는 거의 없었습니다.

　2010년 교육감 선거 토론회 때마다, 저를 포함해서 모든 후보는 당선
되면 두발 자유화 정책을 펴겠다고 약속했습니다. 공약 실현의 의지는
제각각이라 하더라도 모두 동일한 약속을 한 것입니다.

　어느 정책이든 '즉각적으로' 실현되는 경우는 거의 없습니다. 대체로
정책 설계, 정책 실시 준비 기간, 정책실시의 단계를 거치게 됩니다.

　두발 자유화 정책의 구상 설계 단계에 있던 2010년 7월~8월 무렵에
저의 귀에 들어오는 말이 있었습니다. 시 단위에서 오랜 전통을 가지고
있고, 규모도 매우 큰 일반계 고등학교에서 발생한 두발 규제와 관련한
다툼이었습니다. 내용은 이랬습니다.

　그 학교 두 명의 학생이 장래 영화배우가 되는 꿈을 갖고 있고, 그중
한 명은 촬영 중인 영화에 캐스팅되었습니다. 그 두 아이는 머리카락을
짧게 자르게 되면 촬영하는 데, 또는 배우 지망 테스트를 받는 데 큰 지
장을 받게 되어 있었습니다. 그러나 교장선생님의 뜻이 완강했습니다.
절대로 두발 자유를 허용할 수 없다는 것이었습니다.

'이 일을 어떻게 풀어나가야 할까?' 생각하다가 '이건 교육감이 교장선생님에게 지시를 할 사안은 아니다, 내가 교육감이지만 교장선생님을 만나서 의견도 들어보고 부탁을 드리는 것이 낫겠다'라고 판단했습니다.

어느 날 저는 아무에게도 알리지 않고 조용히 수행비서에게 그 학교로 가자고 했습니다. 학교 교정으로 들어갔지만, 취임 초라서 그런지 저를 알아보는 사람도 거의 없어서 이동하기가 편하고 좋았습니다. 교장실로 들어갔습니다.

교장선생님이 깜짝 놀라는 표정을 지으시면서 저에게 자리를 권하셨습니다.

교장: 교육감님! 아무 연락도 없이 어쩐 일이십니까?

나: 교장선생님! 매우 바쁘시지요. 굳이 미리 연락을 드릴 일은 아닌 것 같아서 이렇게 왔습니다.

교장: 네.

나: 지금 재학생 중 두 명이 장래 영화배우가 되고 싶어 한다고 들었는데 그것이 사실입니까?

교장: 예. 두 명의 학생이 있습니다.

나: 네. 맞군요. 그런데 그 아이들이 머리카락을 기를 수 있도록 해달라고 한다면서요. 한 아이는 현재 영화에 캐스팅되었고요.

교장: 예. 맞습니다. 두발 자유를 해달라고 하고 있습니다.

나: 교장선생님의 생각은 어떠신가요?

교장: 저는 반대입니다. 한두 명의 학생들에게 예외를 허용하면 너도나도 허락해 달라고 할 겁니다. 그래서 허락하지 않는 것입니다.

나: 교장선생님의 마음을 충분히 이해합니다. 하지만 조금만 여유를 두고 생각하시면 어떨까요? 특히 그중 한 아이는 이미 영화에 캐스팅되어 촬영 단계에 들어가 있는데, 머리카락을 짧게 자르라고 하면 그 아이에게는 문제가 좀 심각하지 않겠습니까?

교장: "………."

더 앉아 있어 봐야 교장선생님의 입에서 '그렇게 해 보겠습니다'라는 답변을 얻기가 어렵겠다는 생각이 들어 교장실에서 나왔습니다. 그 뒤로 들리는 소리는 '교육감이 말한다고 해서 되나, 어림도 없지'였습니다.

그때부터 몇 달이 지났습니다. 도교육청 감사담당 공무원이 저에게 결재받으러 왔습니다. "감사계획"에 관한 공문이었고, 감사대상 공직자가 여러 명 있었습니다. 그중에 제가 찾아갔던 학교 교장선생님의 이름도 보였습니다. 감사공무원이 가져온 공문 그대로 결재했습니다. 감사를 개시해도 좋다는 결재입니다.

며칠 뒤 도교육청 간부 한 분께서 저에게 말했습니다.

간부: 교육감님! 그 교장선생님요.

나: 예. 왜요?

간부: 그분의 친조카가 ○○지검의 검사라는데요.

나: 그래서요?

간부: 그게 좀 마음에 걸립니다.

나: 교장선생님의 친조카가 현직 검사이니까 감사에 대해 신중하게 생각해 달라는 것인가요?

간부: 죄송합니다. 교육감님.

나: 상관없습니다. 혐의가 있으면 감사를 해야지요.

감사는 계획대로 진행되었고, 그 교장선생님은 징계처분을 받았습니다. 그 당시 그 두 아이에게 예외적으로 두발을 기를 수 있게 해줬다 하더라도, 그것과는 별개로 징계절차는 그대로 진행되었을 것입니다.

_____ 자릿값

수학 용어 중에서 자릿값이라는 것이 있습니다. 그것은 수에서 각 자리가 나타내는 수의 크기를 의미합니다. 444라는 수가 있을 때 맨 앞의 '4'와 맨 뒤의 '4'가 숫자 그 자체는 같지만, 그 자릿값은 다른 것입니다.

교육감 1기 때 도교육청, 교육지원청, 직속기관에서 일하는 교육전문직원(장학관, 연구관, 장학사, 연구사)들께서 워크숍을 하기 위해 충남 대천으로 떠나기에 앞서 일단 도교육청에 모두 모였습니다.

출발하기 전날 실무부서의 과장께서 저에게 인사말을 해달라는 부탁을 하셨고, 출발하는 날 아침에 과장과 함께 2층 강당으로 갔습니다. 2층 강당을 가득 채운 교육전문직원들은 모두 간편한 옷차림으로 떠날 차비를 하고 자리에 앉아 있었습니다.

짧은 인사말이라 할지라도 주제를 정해 놓고 말을 하는 습관이 있는 저는 그날 인사말의 주제를 "자릿값"으로 정했습니다. 자릿값은 독일어로는 'Stellenwert쉬텔렌베르트'라고 하는데, 영어로는 뭐라고 하는지 궁금해서 각각 다른 대학교의 관련 학과 두 분의 교수님께 전화를 걸었지만, 두 분 모두 그건 생각해 보지 않았다, 잘 모르겠다, 확인해 보고 연락드리겠다고 대답하셨습니다. 저는 'value of place'라고 하지 않을까 짐작해 보았습니다.

그날 아침 저는 교육전문직원들의 노고를 격려하면서 "자릿값"에 대한 제 생각을 말했습니다. 인사말은 10분 안으로 마쳤습니다.

세월이 흐르고 또 흘러 2018년 새해가 되었고, 그해 초에 서울시 양재동에 있는 '더케이호텔 서울'에서 재경전북향우회 신년인사회가 있었습니다. 맨 앞줄의 정중앙 테이블부터 번호가 매겨지는데, 저의 자리는 언제나 그러는 것처럼, 테이블 2번에 배정되었습니다. 테이블 1번은 전북을 대표할 만한 기관장과 원로들의 자리였습니다.

저는 테이블 2번에 앉아 있다가 테이블 1번의 자리가 거의 채워지는 것을 보고서 그곳으로 가서 한 분 한 분께 일일이 새해 인사를 드렸습니다. 그 순간 저에게는 한 가지 예상 밖의 일이 생겼습니다. 한 분께서 저에게 말씀하셨습니다.

그분: 아니, 김승환 교육감님! 왜 그러십니까? 내 모교에 잘 좀 해주세요.
나: "………"

저는 어안이 벙벙해서 무슨 말을 해야 좋을지 몰랐습니다. 굉장히 거친 말투로 힐난하듯 말했습니다. 자리도 자리이고, 그분의 말에 정면으

로 대응하는 것도 적절하지 않다는 생각이 들어 다시 한번 고개를 숙인
후, 다음 분들께로 걸음을 옮겼습니다. 이번에는 정반대의 상황이 발생
했습니다. 다른 분께서 저에게 말씀하셨습니다.

다른 분: 교육감님! 제 모교에 잘해 주시는 것 알고 있습니다. 고맙습니다.
나: 네. 감사합니다. 새해 더욱 건강하십시오.
다른 분: 네. 감사합니다.

저는 인사를 모두 마친 다음, 테이블 2번에 있는 제 자리로 와서 앉았
습니다. 참고로 그 두 분은 같은 고등학교 출신입니다.

자리에 앉아 있는 동안, 제 생각은 과거의 일로 거슬러 올라갔습니
다. '그분'과 있었던 지난날의 순간이 뚜렷하게 떠올랐습니다. 지금은 다
이루어진 일이지만, 그 당시에는 굉장히 큰 지역 현안 하나가 있었습니
다. 헌법 전공 교수인 저에게도 일정한 역할을 해 달라는 부탁이 들어왔
고, 저는 제가 할 수 있는 일을 하고 있었습니다.

어느 날 그 일을 추진하는 몇 분께서 저에게 함께 서울에 다녀오자고
했습니다. 국회의원, 변호사분들께서 함께 가는 길이었습니다. 왜 내가
함께 가야 하는지를 묻자, 서울에 가서 중요한 위치에 있는 분을 만나려
고 한다, 그분은 ○○○이다, 우리가 추진하는 일에 그분의 역할이 매우
중요하다, 그분이 불가 사유를 말하면서 헌법이론과 외국의 제도를 말
하는데 우리는 그분의 의견을 반박하기가 어렵다, 그 역할을 김승환 교
수가 해주면 좋겠다는 것이었습니다. 저는 그 제안을 기꺼이 받아들였

습니다.

강남의 한 호텔에서 우리 일행을 만난 '그분'께서는 우리가 추진하고자 하는 그 일은 안된다면서 몇 가지 불가 사유를 들었는데, 제가 이미 전해 들었던 그 말이었습니다. 저는 차근차근 헌법이론과 외국의 제도를 들어 반박했습니다.

말이 막히자, 그분은 자신의 자리를 말씀하셨습니다. 자신이 그 자리에 있으면서 자기 출신 지역의 일을 챙기면 다른 동료들이 자신을 어떻게 보겠는가라는 것이었습니다.

저는 '전북은 바로 이것이 문제다'라고 생각했습니다. 평생 전북을 팔아먹으며 입신양명하는 사람들이 정작 하는 일은 자신의 앞가림만 하는 것이었습니다. 그 사람들은 어느 정권이 들어서든 정권 앞에 굴신하는 것을 기본으로 삼았습니다. 중앙정부를 향해 '그것은 안 된다'라고 말하는 사람을 가리켜 그들은 '저 사람 또 시끄럽게 하네.'라고 비아냥거렸습니다.

제가 교육감 임기 첫해를 시작하면서 가장 크게 놀랐던 것이 전북지역 14개 시·군에서 그 지역을 대표할 만한 공립고등학교들의 시설이 매우 낡은 상태였다는 것이었습니다. 그 고등학교 중에는 '그분'의 모교도 포함되어 있었습니다.

그때는 뭐 하고 있다가, 교육감이 바뀌니까 저에게 그토록 거친 말을 쏟아내는지 이해하기 어려웠습니다. 저는 '그분'의 모교를 포함해서 공립고등학교의 시설 개선을 최우선 과제로 삼고, 꾸준히 낡은 시설(교실, 교무실, 행정실, 기숙사, 관사 등)을 새로운 시설로 바꿔 나갔습니다.

사람은 누구에게나, 특히 공직자에게는 더욱더, 자신의 자릿값이 있습니다. 그 자릿값은 누가 인정하든 인정하지 않든 누가 보든 말든 그 자리에 있는 사람이 사명감을 갖고 스스로 치러 나가야 합니다.

___ 공문 결재

현직에 있을 때 제가 간부들께 힘주어 강조했던 것이 공문을 결재할 때 정확히 읽고 결재를 하라는 것이었습니다.

공문은 최초 기안 공무원부터 최종 결재권자까지 이어지는 하나의 협력 작업입니다. 아래 단계에서 놓치는 것을 위 단계에서 발견해 주면서 공문의 완성도가 높아지고 오류를 최소화하는 것입니다.

공문을 결재하면서 질책하고 혼을 내는 일은 가능한 한 삼가야 합니다. 물어보고 대화하면서 결재를 하는 것이 최상입니다. 그렇게 해야 공문의 최초 기안 공무원부터 차례로 이어지는 공문 결재가 공무원에게 부담스러운 것이 아니라 즐거운 것이 됩니다.

공문을 결재할 때는 반드시 '기대가능성'을 머릿속에 두어야 합니다. 그 단위에서 할 수 있는 것만을 기대해야지 할 수 없는 것을 기대하면서 묻고 따지고 해서는 안 됩니다. 기대가능성을 넘어서서 요구하게 되면, 아래 단위의 공무원들은 주눅이 들어서 일을 못 하게 됩니다.

공문에 거의 언제나 따라붙는 것이 있습니다. 그것은 '법적 근거'입니다. 여기에서 말하는 '법'은 헌법을 정점으로 법률, 시행령(대통령령), 시행규칙(총리령, 부령), 조례, 규칙 등을 가리킵니다.

공무원들이 공문을 작성하면서 많이 막히는 것이 헌법 문제와 법률 문제입니다. 법치국가원칙(국민의 권리를 제한할 때에는 법률에 의하거나 법률에 근거해야 한다는 원칙), 체계정당성의 원칙(법률이나 법률조항은 서로 모순이 없어야 한다는 원칙), 기본권 제한 과잉금지의 원칙 등에 대해서는 결재 단계에서 그 의미를 정확히 설명해 줘야 합니다.

국회의원이 발의하거나 정부가 제출한 법률안에 대해서는 각 시·도 교육청으로 의견 조회가 옵니다. 시행령이나 시행규칙도 마찬가지입니다. 물론 의견 조회가 '통과 의례'인 경우도 적지 않습니다.

법률안을 대표발의한 국회의원이 법치국가원칙이나 체계정당성의 원칙을 제대로 이해하지 못한 채 법률안을 발의하고 의견 조회를 하는 경우가 더러 있습니다. 교육부가 법률유보의 원칙에 위반하는 시행령이나 시행규칙에 대해 의견을 조회하는 경우도 마찬가지입니다. 이 경우 결재 단계에서 해당 법률안, 시행령안, 시행규칙안의 어디가 문제인지, 왜 문제인지를 공무원에게 설명해 줘야 합니다.

필요한 경우 A4 용지에 만년필로 쓰면서 설명하기도 하고, 공문 자체의 여백에 설명을 쓰기도 합니다. 메모지에 써서 주는 때도 있습니다. 이 경우 간혹 결재받는 공무원이 "교육감님! 여기에 기념으로 교육감님의 사인을 해주세요. 날짜도 적어 주시고요."라고 말하는 때도 있습니다.

공문에 쓰는 용어의 경우 그 뜻이 명확하지 않을 때는 해당 공무원에게 그 뜻을 물어보기도 합니다. 즉시 설명하지 못하고 머뭇거리면 "스스로 이해하지 못하는 용어는 사용하지 않는 것이 좋습니다."라고 말해 주기도 합니다. 예를 들어 공문의 앞 페이지에는 "계획"이라고 썼다가 뒤 페이지에는 "기획"이라고 쓴 경우 달리 쓴 특별한 이유가 무엇인지 물어보는 식입니다.

이 경우 제가 쓴 것은 버리지 말라고 합니다. 만에 하나라도 나중에 공문의 내용이 문제가 되면 그에 대한 책임은 모두 교육감 자신이 져야 하기 때문입니다. 교육감이 그 방대한 교육행정 모두에 정통하거나 전문성을 갖추기는 어렵습니다. 공문의 결재 과정은 교육감에게도 학습 및 성장의 과정입니다. 모르는 것은 결재받는 공무원에게 정직하게 모른다고 말하고 설명해 달라고 해야 합니다.

공무 公務 는 공문 公文 으로 이루어집니다. 공무원은 공문을 작성하고 결재받는 과정에서 자신도 모르게 성장을 하게 됩니다. 그 성장의 끝은 없습니다. '내가 이렇게 성장을 했구나!'라는 감격을 느낄 때 공무원은 일하는 맛이 나는 것입니다. '이 공무원이 정말 많이 달라졌네!'라는 느낌을 받을 때 기관장도 일하는 맛이 나는 것입니다.

공문의 작성과 결재는 해당 공무원만을 성장시키는 것이 아니라 최종 결재를 하는 교육감도 성장시킵니다.

교육감 12년 세월을 돌아보니 전북교육에서 가장 많이 성장한 사람이 바로 교육감인 저 자신이라는 것을 깨닫게 되었습니다.

____ 각종 법적 분쟁에 얽힌 것들

도교육청처럼 광역 단위의 공조직이 움직이다 보면 각종 법적 분쟁이 발생합니다. 거의 한 해 내내 발생한다고 보는 것이 정확합니다. 광역 단위 공조직뿐만 아니라 중앙정부의 부처나 부처의 외청들도 정도의 차이가 있을 뿐 상황은 마찬가지입니다.

공공기관은 손해배상청구소송의 피고가 되기도 하고, 공공기관에 손해를 끼친 사람 또는 기관을 상대로 손해배상청구소송의 원고가 되기도 합니다. 공무원에게 형사처벌 사유가 발생하는 경우 수사기관에 형사고발을 하고, 내부적으로 감사를 거쳐 징계절차를 밟게 됩니다. 형사처벌 사유는 없다 하더라도 징계처분 사유가 존재하는 경우 징계절차로 들어갑니다. 이 경우 형사처벌과 징계처분 사이에는 헌법상의 '이중처벌금지 prohibition against double punishment 의 원칙'이 적용되지 않습니다. 형사처벌과 징계처분을 모두 받을 수도 있다는 뜻입니다.

위에 적어 놓은 각종 소송이나 징계에는 소장, 준비서면, 답변서, 징계의결요구서 등 많은 서류가 만들어집니다. 어느 것 하나 소홀히 할 수 있는 것이 없습니다. 흔한 것은 아니지만, 간혹 공공기관의 장이 피고로 되어 있는 소송에서 변호인 한 명 선임하지 않고 행정공무원에게 소송을 하도록 하고 패소해 버리는 경우가 있습니다. 이 경우 국가 또는 해당 공공기관에는 막대한 재산상의 손실이 발생합니다. 그런 결과를 기관장이 파악하지 못하는 경우가 대부분이겠지만, 기관장이 그런 결과를 의도하는 예도 있을 수 있습니다. 이 경우 해당 공공기관의 장에게는 업무상배임죄가 적용될 수도 있습니다. 공공기관이 이런 식으로 소송을 하는 경우, 재판부로서도 결코 유쾌할 리가 없습니다. 진지하게 소송에 임하지 않는 공공기관에 대해서 불쾌감을 느낄 수가 있습니다.

징계의결-징계처분-행정심판-행정소송의 경우에도 위에서 설명한 것과 동일한 상황이 발생할 수 있습니다. 징계혐의를 받는 공무원이 징계혐의에 상응하는 불이익을 받도록 최선의 소송수행을 해야 하는 공공기관의 실무진들이 소송수행을 느슨하게 함으로써 예상하지 못한 결과가 나와버리는 것입니다.

형사재판의 경우에도 마찬가지입니다. 범죄혐의가 있는 공무원이 저지른 범죄에 상응하는 형사처벌을 받을 수 있도록 공공기관은 수사기관에 최대한 협조를 해야 합니다. 공조직의 기관장이나 실무진은 알고 있지만, 수사기관에서는 알기 어려운 자료들이 얼마든지 있을 수 있습니다.

이런 일련의 법적 분쟁에서 중요한 위치에 있는 사람이 바로 기관장입니다. '내가 이 많은 서류를 읽어야 해?'라고 생각해서는 안 되고, '빠짐없이 다' 읽어야 합니다. 그렇게 하지 않으면 사건은 진실과 다른 반대의 방향으로 흘러가 버릴 수 있습니다.

'이렇게 쟁쟁한 분들을 변호인으로 세웠는데 놓치는 게 있겠어?'라고 생각하는 것도 역시 위험합니다. 변호인은 해당 공공기관의 사건, 그것도 그 하나의 사건에만 매달리는 것이 아니라, 또 다른 수많은 사건을 처리하고 있습니다. 변호인은 공공기관의 실무진들이 변호인에게 제공하는 자료의 범위 내에서 소송을 수행할 수밖에 없습니다. 이 때문에 기관장은 변호인을 돕는 자세로, 변호인이 작성하는 준비서면, 답변서 등을 꼼꼼하게 읽어 줘야 합니다. 빠진 것, 잘못된 것, 불충분한 것들이 보이면 분명하게 말해 줘야 합니다.

____ 어떤 느낌이 드시나요?

2008년 2월 25일에 시작한 이명박 정부 교육정책의 핵심 틀은 경쟁 교육이었습니다. 그 대표적인 것이 '고교 다양화 300' 프로젝트였습니다. 시대착오적인 이 정책을 거침없이 밀어붙이기 위해서는 시·도교육청을 장악하는 것이 급선무였습니다.

2010년 6월 2일 지방선거가 다가오면서 이명박 정부는 불안감을 갖기 시작했던 것 같습니다. 그 불안감의 단초는 경기도교육청이었습니다. 김상곤 교육감의 탁월한 의제 설정 능력과 정책 집행 능력은 경기도를 일약 혁신교육의 전진 기지로 올려세웠습니다. 혁신학교와 무상급식은 누구도, 심지어 속칭 진보 진영 내에서도 상상하지 못했던 획기적인 정책이었습니다.

저의 기억으로 경기도에서 불기 시작한 대한민국 교육 변화의 바람이 만만치 않을 것이라는 걸 예측한 대표적인 매체는 프레시안이었습니다. 프레시안은 이미 2009년 중반부터 관련 기사를 쓰기 시작했습니다. 그 당시는 아직 세종특별자치시가 출범하기 전이기 때문에, 전국의 광역지방자치단체는 16곳이었습니다. 프레시안의 예측은 전국 16곳 중 5

곳 정도를 진보교육감에게 내주게 되면 MB 교육정책의 추진은 상당히 어려움을 겪으리라는 것이었습니다.

2010년 지방선거의 결과 서울, 경기, 강원, 광주, 전북, 전남에서 속칭 진보적인 후보들이 교육감에 당선되었습니다. 이 계산이 엄밀하게 맞는 것인가에 대해서 저는 여전히 고개를 갸웃거리고 있지만, 어쨌든 언론은 그렇게 분류했습니다.

취임 첫해부터 저는 전국의 이곳저곳에서 들어오는 요청을 받아 강의했습니다. 취임 첫해 초에 저는 부산에서 초청받아 강의하게 되었습니다. 장소는 부산일보 지하에 있는 강당이었습니다. 이 자리에는 교원들은 물론이고 지방공무원, 학부모, 시민들께서 들어오셨습니다.

강의는 두 시간 정도 이어졌고, 질문 시간이 시작되었습니다. 질문은 교육정책과 같은 일반적인 것부터 수업, 평가 등 개별적인 것까지 다양하게 나왔습니다.

50대 초반 정도로 보이고 교사인 듯한 여성 한 분께서 뒷자리에 앉아 있다가 손을 들어 질문하겠다는 표시를 했습니다. 이렇게 질문을 하셨습니다.

방청객: 김승환 교육감님! 이번 선거에서 진보교육감이 여섯 분이나 당선되셨는데, 어떤 느낌이 드시나요?

나: ('받고 싶지 않은 질문이 나와 버렸네, 어떻게 대답해야 할까?' 잠시 머뭇거리다가) 남녀가 만나서 부부로 다정하게 살다가 나이가 50대 60대로 들어서게 되지요. 어느 날 밤잠을 자려고 누워 있다가 고개를 돌려 옆을 보니 내 배우자가 누워 있는 겁니다. 그때 드는 생각이 있지요. '그래, 있는 것으로 됐

다.' 그런 것 아닐까요?

이런 식으로 답변하자 객석은 웃음바다가 되어 버렸습니다. 저는 저의 답변에 이어지는 추가 질문을 듣고 싶은데, 웃음이 그치기까지 좀 기다리고 있어야 했습니다. 그 질문과 답변에 대한 추가 질문은 나오지 않았습니다. 제가 기다리고 있던 예상 추가 질문은 '그게 무슨 뜻인가요?'였습니다.

만약 그런 추가 질문이 나왔더라면 저의 입에서는 '내 길은 내가 갑니다.'였을 겁니다.

___ 이름 새기기

교육감 일을 시작하고 며칠 지나지 않아 교육감실로 장학관 한 분께서 들어오셨습니다.

나: 어서 오세요. 결재인가요?
장학관: 네. 교육감님. 이것 좀 보십시오.
나: 이게 뭔가요?
장학관: 이번에 도교육청이 내는 발간물입니다.
나: 그래서요?
장학관: (책상 위에 뭔가를 올려놓으면서) 표지를 어떤 것으로 하면 좋을지 교육
감님께서 결정해 주십시오.

나: 이 세 개 중에서 나더러 하나를 결정하라고요?

장학관: 예. 그렇습니다.

나: 원래 이렇게 합니까?

장학관: 예. 교육감님께서 선택하십니다.

나: 그것 좀 이상하네. 장학관님! 이 발간물을 주로 누가 읽습니까?

장학관: 주로 학생들과 교사들이 읽습니다.

나: 주로 학생들과 교사들이 읽는 발간물의 표지를 교육감이 결정한다는 게 좀 이상하지 않아요? 여기 도교육청 주변에 여러 학교가 있지요?

장학관: 예. 교육감님.

나: 지금 이 표지를 가지고 학교로 가서 아이들을 만나서 물어보세요. 어떤 것이 마음에 드는지. 아이들 마음에 드는 걸로 결정하시지요. 그리고 나한테 따로 그 결과를 보고하실 필요는 없습니다.

장학관: 네. 알겠습니다. 그렇게 하겠습니다.

이렇게 해서는 안 되겠다는 생각이 들었습니다. 도교육청과 단위학교들이 모두 교육감 중심으로, 즉 교육감의 입맛에 맞게 돌아가서는 안 되는 것이었습니다.

월요일 아침 아홉 시마다 열리는 확대간부회의에서 저의 의견을 밝혔습니다.

도교육청에서 내는 발간물에 특별한 사정이 없으면 내 사진은 내지 마시라, 그 자리에 아이들과 교사들의 사진을 내시라, 나는 내 임기 동안 어느 곳에든지 기념식수 등 내 이름을 새기는 일은 하지 않겠다, 내 이름 새길 곳에 아이들과 교사들 이름을 새기시라는 말을 했습니다. 그 지시는 임기 내내 거의 지켜졌습니다.

대통령이 약속한 누리과정
대통령이 책임져야 합니다.
교육감들과 대화해주세요.

'긴급 국고 지원'만이
보육대란의
해결책입니다.

전라북도교육감 김승환

제 3 부 ———

내일

——————

——————— 아이들을 놓치는 국가는
모든 것을 잃어

저의 교육감직 수행의 한복판에 자리잡고 있는 가치는 일관되게 아이들의 배움과 성장이었습니다.

아이들의 학습에 필요한 것이라면 예산을 아끼지 않아야 합니다. 아이들의 의식을 깨우고 눈을 뜨게 하는 데 도움이 되는 것이라면 어떠한 저항이나 압력에도 불구하고 돌파해야 합니다. 2017년 3월 10일 오전 11시에 시작한 헌법재판소의 박근혜 대통령 탄핵심판청구사건 결정 선고의 순간을 초·중·고 아이들이 실시간으로 시청할 수 있게 한 의도도 거기에 있었습니다.

아이들의 건강한 성장을 돕기 위해서 먹을거리에 특별히 주의를 기울여야 했고, 아이들을 대상으로 하는 성범죄에 관해서는 법령이 허용하는 최대한의 제재를 가한 것도 오로지 아이들을 보호하기 위한 것이었습니다.

장학금이라는 이름이 붙으면 어떠한 돈이라도 좋은 것은 아니었습니다. 그 장학금이 조성되는 과정을 살펴야 했고, 그러한 과정이 떳떳한 것이 아니라면 그러한 돈이 아이들의 삶으로 들어가는 것을 막아야 했습니다. 어느 정권이든 재벌을 위한 것이라면, 더 좁혀서 말하면 '특정' 재벌을 위한 것이라면 여당과 야당을 가리지 않고 모든 정치세력이 철벽 방어를 하는 것이 부끄럽기 짝이 없는 우리나라의 현실입니다. 사정이 그렇다 하더라도 교육감은 진실을 말해야 하고, 어떠한 불이익도 감수해야 하는 것입니다.

정권마다 대입제도에 손을 대고 있고, 문재인 정권에 들어와서는 고교학점제를 들고나왔습니다. 그러한 설익은 정책들이 아이들에게 남긴 것은 혼란과 피로의 누적이었습니다.

질문이 있는 교육이 살아 있는 교육입니다. 이것은 '교육에는 질문이 있어야 한다'라는 하나의 당위론이기도 합니다. 현실론으로 말하자면 대한민국의 교육은 여전히 질문이 없는 교육입니다. 아이들에게 마음의 근육을 길러 주는 교육을 정치권력과 언론은 그다지 좋아하지 않습니다. 그렇게 교육받은 아이들은 정치권력과 언론이 누리고 있는 기득권을 유지하는 데 심각한 걸림돌이 될 수도 있기 때문입니다.

_____ 아이들의 건강

저는 배우고 성장하는 아이들의 건강을 매우 중요하게 생각합니다. 이 때문에 2010년 선거 때 내세운 구호 중 하나가 "아이들에게 놀 틈, 쉴 틈, 잠잘 틈을 주겠습니다."였습니다.

2014년 10월 1일부터 '등교 시각 늦추기' 정책을 편 것도 이와 관련이 있습니다. 학교의 등교 시각과 하교 시각을 결정하는 것은 〈초·중등교육법〉상 학교장의 권한으로 되어 있어서, 교육감이 일률적으로 9시 등교를 강제한 것이 아니라 등교 시각을 늦춰줄 것을 학교장에게 권고했습니다. 그 결과 학교마다 다양한 등교 시각이 나왔습니다.

이 정책으로 아이들은 밤잠을 자는 시간이 늘어났고, 아침에 집에서 엄마 아빠와 함께 아침밥을 먹는 여유가 생겼습니다.

2010년 7월에 저는 전주 시내에 있는 전통도 길고 규모도 상당히 큰 공업계열 고등학교로 갔습니다. 실무진의 요청으로 간 것이 아니라 점심시간에 아이들이 어떻게 점심밥을 먹고 있는지 궁금해서 자발적으로 갔습니다.

교장선생님께서 저를 데리고 간 곳은 건물이 아니라 콘센트 막사처럼 생긴 곳이었습니다. 안으로 들어가자 열기가 후끈 달아올랐습니다. 식탁마다 아이들로 가득 차 있었고, 아이들은 얼굴과 등에 땀이 범벅이 된 채 열심히 밥을 먹고 있었습니다.

그 모습을 지켜보던 저는 가슴이 아리기 시작했습니다. 아이들이 안쓰러워 보였고, 아이들에게 미안한 마음이 들었습니다. 동시에 분노가

치솟아 올랐습니다. '그 많은 시설 예산은 다 어디에 쓰고 이런 시설 하나 해주지 않았나'라는 분노였습니다.

제가 여러 차례 언급한 것처럼, 제가 교육감이 되고 나서 확인해 본 공립학교들은 대체로 시설 측면에서 철저히 내팽개쳐져 있었습니다.

도교육청으로 돌아온 저는 시설과장께 지시했습니다. 바로 현장으로 가서 상태를 확인하고, 예산 계획을 세워 제대로 된 식생활관을 지으라고 했습니다.

참고로 저는 교육감 1기 초에 '급식소'라는 명칭을 폐지하라고 했습니다. 급식소란 음식물 배급소의 줄임말이다, 학교가 수용소도 아니고 그런 용어를 써서야 되겠는가, 아이들에게는 학교에서 음식을 먹는 것도 생활이다, 그러니 앞으로는 급식소라는 명칭을 없애고, 식생활관이라고 하자라고 말했습니다.

_____ 대통령 탄핵과 아이들

2016년 12월 9일 국회가 박근혜 대통령 탄핵소추안을 의결한 후, 국회는 헌법재판소에 박근혜 대통령 탄핵심판청구를 했습니다.

2018년 2월 24일이 대통령 임기 5년 만료일인 점을 감안할 때, 헌법재판소에 주어진 시간 여유는 많지 않았습니다. 게다가 박한철 헌법재판소장의 임기 만료일이 2017년 1월 31일이었고, 그 뒤를 이어받은 이정미 권한대행의 임기 만료일이 2017년 3월 13일인 점을 감안할 때 곳곳에 만만치 않은 암초들이 도사리고 있었습니다.

만약 이정미 권한대행이 결론을 내리지 못하고 퇴임하는 경우, 재적 헌법재판관의 숫자는 7명으로 줄어들게 됩니다. 탄핵심판청구 인용결정(간단하게 말하면 '탄핵결정')을 내리기 위해서는 반드시 7인 이상의 재판관이 출석하고, 그중 6인 이상의 재판관이 찬성해야 합니다. 그러니까 7인 중 누군가가 불미스러운 일로 중도 사퇴를 할 수밖에 없는 상황이 발생하는 경우, 대통령 탄핵심판결정은 불능 상태에 빠지게 되는 것입니다.

암초는 이것만이 아니었습니다. 헌법이나 헌법재판소법에 명문의 규정이 없고, 헌법 이론적으로도 정리되지 않은 '또 하나의' 사태가 발생하는 경우, 대통령 탄핵심판은 혼돈으로 빠져들 수밖에 없는 것이었습니다.

상황이 이러한데도 정치권은 마치 대통령 탄핵이 아무 일 없이 쉽게 이루어질 것처럼 느슨한 분위기에 빠져 있었습니다. 이래서는 안 되겠다는 생각이 들어 저는 어느 날 저녁 조용한 시간을 이용해 휴대폰의 번호를 누르기 시작했고, 바로 상대방의 목소리가 나왔습니다. 저의 전화를 받은 정치인은 유권자라면 누구라도 알 수 있는 분이었습니다.

나: 안녕하세요? 저 김승환 교육감입니다.
정치인: 아, 네. 교육감님! 웬일이십니까?
나: 박근혜 대통령 탄핵과 관련해 급히 드릴 말씀이 있습니다.
정치인: 네. 말씀하십시오.
정치인: 지금 정치권에서는 탄핵이 쉽게 당연히 될 것으로 보는 것 같은데,

상황이 그렇게 단순하지 않습니다. 국회 측 소추위원들이 헌법이론을 잘 모르고 있는 것은 그렇다 하더라도, 피청구인 측 소송대리인들도 헌법이론을 잘 모르고 있다는 것이 일단은 다행이긴 합니다.

정치인: 어떤 문제가 있는 겁니까?

나: 만약 제가 피청구인(대통령) 측 소송대리인이라면 탄핵심판 변론종결 직전에 대통령더러 사표를 내라고 할 겁니다.

정치인: 그럼 어떻게 되는 것이지요?

나: 대혼란에 빠지게 됩니다. 탄핵심판청구 절차 진행 중 피청구인이 사표를 제출했을 경우 그것이 절차 진행에 어떠한 영향을 미치는지에 대해서 헌법이나 헌법재판소법에 명확한 규정이 없습니다. 헌법학자들이 정리해 놓은 이론도 없고요. 그러면 결국 이 문제를 놓고 갑론을박하면서 대혼란에 빠지게 될 것이고, 그렇게 되면 대통령은 슬그머니 임기를 마치게 될 수도 있습니다.

정치인: 그런 문제가 있군요. 알겠습니다. ·········

나: ·········

헌법재판소가 박근혜 대통령 탄핵심판청구 결정 선고의 일시를 공고한 것은 3월 8일 오후였습니다. 저는 마음속으로 '이젠 됐다'라고 생각하면서 그다음 단계의 생각을 정리하기 시작했습니다. 그건 3월 10일 오전 11시에 탄핵심판청구 결정 선고가 TV를 통해 생중계되는데, 우리 아이들을 어떻게 할 것인가라는 것이었습니다.

3월 9일 저는 결심을 굳히고 오후 퇴근 시각 직전인 6시가 다가오기를 기다렸습니다.

드디어 오후 다섯 시, 저는 비서실장에게 교육국장, 학교교육과장, 대변인을 함께 교육감실로 들어오시라는 연락을 취하라고 했습니다. 이윽고 저는 그 세 분께 다음과 같은 말을 했습니다.

"내일 오전 11시에 박근혜 대통령 탄핵심판청구 결정 선고가 있습니다. 이것을 우리 전북의 아이들이 생방송으로 시청하도록 하는 게 좋겠습니다. 공문의 문안은 내가 직접 잡겠습니다."

저는 프린터에서 A4 용지 한 장을 꺼내 만년필로 쓰기 시작했습니다.

1. 2017년 3월 10일 오전 11시에 있게 될 박근혜 대통령 탄핵심판청구 결정 선고의 실황을 도내 모든 단위학교 학생들이 시청하도록 할 것을 권고함.
2. 이에 관해서는 교무회의 등 필요한 절차를 거치는 것이 바람직함.
3. 시청의 형식은 학급별, 학년별 또는 모든 학년별로 가능할 것임.

"공문에 이렇게 써서 오늘 6시 퇴근 시간 전에 모든 단위학교에 전달되도록 하십시오."라고 말하면서 교육국장께 넘겼습니다. 외부의 방해 공작을 고려해 "비밀을 철저히 유지하십시오."라는 당부도 덧붙였습니다.

세 분이 저의 사무실에서 나가려 돌아서는 순간 제 머릿속을 번쩍 스치는 생각 하나가 있었습니다. '설마 초등아이들도 포함되느냐 질문을 하는 사람도 있을까?'라는 생각이 들었던 것입니다.

"잠깐만요. 한 가지 덧붙일 것이 있네요."라고 말한 후 맨 마지막 줄에 "4. 초등학교도 포함함"이라고 썼습니다.

'학생들이 시청하도록 할 것'이라고 하지 않고 "학생들이 시청하도록 할 것을 권고함"이라고 쓴 것은 있을지도 모를 역공에 대비하기 위한 것이었습니다. 현행법률상 학교교육과정 운영의 권한은 교육감이 아니라 교장에게 있기 때문입니다. "2···. 교무회의 등 필요한 절차를 거치는 것이 바람직함."이라고 쓴 것은 교장선생님들의 불안감을 누그러뜨리면서 동시에 교장선생님들을 보호하기 위한 것이었습니다.

그날 오후 6시 공문은 무사히 도내 초·중·고등학교들로 전달되었고, 다음 날 11시 아이들은 대통령 탄핵심판청구 결정 선고라는 역사의 현장을 실시간으로 보게 되었습니다.

전주의 어느 사립 일반고는 전교생을 체육관에 모이도록 한 다음, 사회과 교사가 학생들에게 탄핵심판에 관한 기본 이론을 설명한 후 시청을 했고, 11시 21분 이정미 헌법재판소장 권한대행의 입에서 "피청구인 대통령 박근혜를 파면한다."라는 말이 나온 후, 체육관 그 자리에서 바로 토론회까지 했다고 합니다.

_____ 저도 안아 주세요

교육감 12년 세월을 지내는 동안 제가 기억하는 한, 아이들이 만나고 싶다고 할 때 거절한 적은 한 번도 없었습니다. 이와는 달리 어른들의 면담 요청은 10건 중 2~3건만 받아들였습니다.

아이들과 만남은 저에게 치유라는 선물을 주었지만, 어른들과 만남은 저에게 피로를 남겨 주었습니다.

교육감 1기 중반 어느 날 저는 김제시에 있는 일반계 남자고등학교에서 행사에 참석해 달라는 요청을 받았습니다.

비서실장에게 참석하겠다는 연락을 하라고 한 후, 정해진 날에 학교에 갔습니다. 행사장에는 학생과 교원, 직원들뿐만 아니라 졸업동문과 지역 인사들까지 많은 분이 참석하셨습니다.

1시간을 훌쩍 넘길 정도로 행사 시간이 길어졌지만, 전혀 지루하지 않았습니다. 행사를 마치고 저는 제 승용차가 있는 곳으로 걸어갔습니다. 교장선생님, 동창회장님 등 여러분들께서 따라오시길래 "알아서 갈 테니 들어가십시오."라고 몇 차례 말씀을 드렸지만, 끝까지 따라오셨습니다.

승용차 안으로 들어가려다가 뒤를 돌아보니 학생 한 명이 서 있었습니다. 학생회장이었습니다. "여기까지 왔어요? 고마워요. 건강하고 당당하게 잘 성장해요."라고 말하면서 저의 가슴 깊이 안아 줬습니다. 아이는 자신의 두 팔로 저의 등을 꼬옥 감싸고 있었습니다.

승용차 안으로 들어가서 차가 출발하기 직전에 밖에서 무슨 소리가 들렸습니다. 창문을 통해 보니 학생 한 명이 저의 차가 있는 쪽으로 뛰어오고 있었습니다. 창문을 열고 그 아이가 도착하기를 기다리고 있는데, 아이가 다가와서 말했습니다.

"교육감님! 저도 안아 주세요." 그 순간 가슴이 뭉클해졌습니다. '고등학교 2학년, 3학년 남자아이들에게도 어른의 가슴이 필요하구나'라는 생각을 하면서 문을 열고 나갔습니다.

"안아 달라고? 이리 와요. 안아 줄게요."라고 말하면서 아이의 몸을 제 가슴으로 끌어당겼습니다. "잘 자라야 해요. 잘. 알았지요?"라고 말하자 "예. 교육감님! 감사합니다."라고 말했습니다.

____ 쌀이 부족해요

때가 되면 아이들이 밥을 잘 먹고 있는지 그것이 늘 궁금했습니다.

언젠가 어느 지역 교장단 간담회를 할 때 교장선생님 한 분(여성)께서 아이들이 밥을 너무 잘 먹어서 쌀이 부족할 정도라는 말씀을 한 적이 있었습니다. 그 기억이 떠올라서 점심시간에 맞춰 그 학교로 들어갔습니다. 남학생들만 다니는 중학교였습니다(지금은 여자중학교와 통합).

먼저 교장실로 갔는데 교장선생님이 계시지 않았습니다. 직원 한 분께 물어보니 식생활관에서 아이들 밥을 떠 주고 계신다는 것이었습니다. 식생활관으로 갔습니다. 식탁마다 아이들이 밥을 먹고 있었고, 일부 학생들은 자리가 비기를 기다리며 서 있었습니다. 배식하는 쪽으로 갔더니 조리종사직원들과 함께 교장선생님께서 열심히 밥을 푸고 계셨습니다.

나: 교장선생님! 안녕하세요? 이렇게 직접 밥을 주시는군요.
교장: 어머나! 교육감님이 오셨네요. 조금만 기다려 주셔요. 곧 끝나니까요.
나: 예. 기다릴 테니까 천천히 오십시오.

잠시 후 교장선생님께서 저에게 오셨습니다. 함께 밥을 먹기 전에 몇 가지 설명을 하시겠다고 했습니다.

잔반殘飯통이 있는 곳으로 가시더니 "교육감님! 여기 좀 보세요. 잔반이 전혀 없어요. 우리 아이들은 딱 먹을 만큼만 가져가고 잔반을 남기지 않아요."라고 말씀하셨습니다. 실제로 잔반통에는 밥풀 하나 안 보였습니다.

함께 식판에 음식을 담아 자리에 앉았습니다.

교장: 교육감님! 저희 아이들은요 밥을 너무 먹어대서 제가 힘들어요.

나: 밥을 잘 먹으면 좋은 것 아닌가요?

교장: 그게 아니고요. 항상 쌀이 부족하거든요.

나: 쌀이 부족하면 어떻게 해요?

교장: 제가 시골에서 농사를 좀 짓거든요. 거기에서 쌀을 가져와서 먹이고 있어요.

나: 세상에! 아이들이 그 정도로 밥을 많이 먹어요?

교장: 예. 제가 힘들어요.

사실 그 중학교 아이들이 원래 그렇게 밥을 잘 먹었던 건 아니었습니다. 원래는 밥도 잘 안 먹고, 잔반통에는 잔여 음식이 가득하고, 밥 먹을 때는 소란스럽고 그런 학교였습니다. 그러던 학교가 교장선생님이 바뀌면서 전혀 새로운 학교가 된 것입니다. 문제는 사람입니다.

_____ 사람이 돼라

교육감 일을 시작하고 얼마 지나지 않은 어느 날 아침. 출근길에 익산에서 넘어와 전주로 들어섰습니다. 아무런 계획도 없었는데, 갑자기 학교 한 곳을 들르고 싶어졌습니다. 일반계 남자고등학교였습니다. 이 학교가 속해 있는 학교법인은 상당히 큰 규모의 대학을 운영하고 있기도 합니다.

학교에 들어서서 바로 교장실로 갔습니다. 제가 사전 연락도 없이 들어갔는데도, 교장선생님께서는 웃으며 친절히 저를 맞이해주셨습니다.

교장: 교육감님! 어서 오십시오. 웬일로 이렇게 갑자기 오셨네요.
나: 예. 출근하던 길에 들렀습니다. 교장선생님을 뵙고 좋은 말씀도 듣고 싶어서요.
교장: 예. 고맙습니다. 여기 앉으십시오.

그 자리에서 교장선생님께서는 자신의 사연을 말씀하셨습니다. 나는 원래 중등교원이 아니라 대학교수다, 그런데 학교법인에서 나더러 이 학교 교장을 한 번 해달라고 했다, 나는 펄쩍 뛰었다, 내가 무슨 교장을 하느냐고, 못한다고 했다, 그랬더니 4년 딱 한 번만 교장을 맡아달라고 했다, 그래서 이렇게 교장으로 있는 것이다, 라는 것이었습니다.

교장선생님의 설명을 듣고 둘이서 웃었습니다. 저는 "그런 경우도 있군요. 어쨌든 새로운 경험을 하시게 됐네요."라고 말씀드렸습니다.

교장선생님의 그다음 이야기가 매우 특별했습니다. 각 학년 각 반을 돌아다니면서 아이들을 만나는 시간을 가지셨던가 봅니다. 그러다가 어느 반에서 일어났던 일을 말씀하셨습니다.

그 반에 들어가 아이들에게 질문하셨는데, 한 아이가 자신이 대답하겠다고 손을 번쩍 들었고, 그 순간 다른 아이가 "교장선생님! 쟤 우리 반에서 꼴등이래요."라고 말했답니다. 그 말에 아이들은 모두 왁자지껄 웃음을 터뜨렸다는 것입니다.

아이들의 웃음이 잦아들기를 기다렸다가 교장선생님께서 다음과 같은 말씀을 하셨습니다.

"너희들 방금 너희 친구더러 꼴등이라고 했냐? 나는 말이야 맨날 일등만 했다. 그래서 대학교수가 됐고. 우리 반에도 꼴등을 하는 아이가 있었거든. 그 아이는 나중에 사회생활을 하면서 사업으로 돈을 많이 벌었다. 그 돈으로 해마다 모교에 상당히 많은 금액의 장학금을 내고 있다. 나는 일등만 해서 대학교수가 됐지만, 내 일만 하고 살았다. 그런데 꼴등을 한 그 아이는 후배들을 위해 장학금을 내는 거야. 나 너희들 공부 잘하는 것 관심 없다. 사람이 돼라!"

그날 오후 꼴등을 하는 그 아이가 번호를 어떻게 알았는지 교장선생님의 휴대폰으로 문자를 보냈다고 합니다. "교장선생님! 감사합니다. 열심히 하겠습니다."

"선사 직원의 증언에 따르면 출항 직전 선박직 선원들이 출항을 거부하며 애걸복걸했다고 한다. 이유는 알 수 없지만, 선장의 상태도 평소와 달리 불안해 보였다. 세월호는 국가보호장비로 지정된 배였고 국내 이천 톤급 이상 여객선을 통틀어 유일하게 유사시 국정원에 우선 보고를 해야 하는 배였다. 안개가 많이 낀 밤이었다. 다른 여객선의 출항이 모두 취소된 상황에서 그날 밤 인천항을 출항한 배도 세월호가 유일했다. 다음 날 배는 침몰했다. 예견된 사고였다고, 가라앉을 수밖에 없는 배였다고 모두가 말했지만 …"(47, 48쪽).

"해군과 119구조단, 각지에서 모여든 민간잠수사들…… 어느 누구도 아이들을 살리기 위해 바다에 뛰어들 수 없었다. 심지어 해군참모총장이 두 번이나 명령을 내린 통영함도 현장에 투입되지 못했다."(49쪽)

위 두 개의 문장은 2014년 10월 6일 계간 문학동네가 펴낸 책 〈눈먼자들의 국가〉에 실려 있는 작가 박민규의 글입니다. 박민규는 2003년에 〈삼미슈터스타즈의 마지막 팬클럽〉으로 제8회 한겨레문학상을 받은 작가입니다.

저는 2014년 4월 16일 세월호 참사가 발생한 직후 그 분노를 삭이기가 어려웠습니다. 그 당시 저는 이런 말을 했습니다.

- 세월호 참사의 본질은 국가살인이다.
- 2014년 4월 16일은 대한민국이 아이들 앞에서 국가이기를 스스로 포기한 날이다.
- 2014년 4월 16일은 대한민국이 국가이성을 상실한 날이다.
- 20세기 인류사 최대의 만행은 나치스에 의한 유대인 학살이고, 21세기 인류사 최대의 만행은 세월호 국가살인이다.

저는 그해 가을을 기다리고 있었습니다. 현직 교육감이 이 정도 수위의 발언을 했으면, 가을 국정감사에서 파상적인 공격이 가해질 것으로 예상했습니다. 정확히 말한다면 그러한 공격을 기다리고 있었습니다. 하지만 그해 국정감사에서 저는 세월호 관련 질문은 고사하고, 단 하나의 질문도 받지 못했습니다.

2017년 5월 10일 문재인 정권이 들어서고 나서, 저의 마음에는 조금의 여유가 생겼습니다. 촛불 국민에게 진 빚을 생각해서라도, 세월호 유가족에게 한 약속을 이행하기 위해서라도, 세월호의 진실을 찾는 정부 차원의 노력이 조직적으로 치밀하게 진행될 것이라고 예상했습니다.

하지만 문재인 정권은 세월호 진실 찾기에 지극히 소극적이었습니다.

대통령-법무부장관-검찰총장으로 이어지는 지휘 계통은 전혀 의미가 없었습니다. 정부조직법 제11조 제1항은 "대통령은 정부의 수반으로서 법령에 따라 모든 중앙행정기관의 장을 지휘·감독한다."라고 규정하고 있습니다. 검찰청법 제8조는 "법무부장관은 검찰사무의 최고 감독자로서 일반적으로 검사를 지휘·감독하고, 구체적 사건에 대하여는 검찰총장만을 지휘·감독한다."라고 규정하고 있습니다.

위 두 개의 법률들이 근거 규정을 마련해 두고 있는데도, 문재인 정권은 그 흔한 검찰특별수사단 하나 만들 노력도 하지 않았고, 그것으로 정권은 막을 내렸습니다.

___ 세월호 참사와 애도할 자유

세월호 참사로 인한 아이들의 죽음 앞에 대한민국이라는 나라는 고개를 숙이지 않았습니다. 진도 팽목항과 진도체육관 주변에는 이름하여 '사복조'가 다니면서 공포 분위기를 조성했습니다.

전국 각지에서 세월호 참사로 목숨을 앗긴 304명(단원고 학생 204명, 단원고 교사 11명, 일반승객 89명)의 영혼을 애도하는 행사들이 열렸지만, 정부는 애도하는 행위마저도 불온시했습니다. 정부는 국민의 '애도할 자유'도 억압한 것입니다.

급기야 교육부는 각 시도교육청과 각급 학교에 공문을 보냈습니다. 2014년 9월에 보낸 교육부 공문은 학교 내에서 세월호 리본을 달지 말라는 것이었습니다. 이것은 학교 내에서 세월호 참사 희생자를 '애도하는' 행위를 하지 말라는 것이 핵심 내용이었습니다. 상황이 심각하다고 판단한 저는 각급 학교에 보내는 공문 초안을 직접 작성했습니다.

  1. 세월호 참사 희생자들을 애도하는 행위는 헌법 제21조 제1항의 의사표현의 자유에 의해서 보장된다.

2. 헌법이 보장하는 의사표현의 자유는 타인의 명예나 권리 또는 공중도덕
   이나 사회윤리를 침해하지 않는 한 아무런 제한 없이 보장된다.
3. 의사표현의 자유의 주체에는 학생들도 포함된다.

실무진의 손을 거쳐 완성된 공문은 전북 도내 모든 유치원과 초·중·고등학교로 전달되었습니다. 세월호 참사 희생자들을 애도할 것인지 말 것인지, 애도한다면 어떠한 형식과 내용으로 할 것인지에 관한 결정은 각급 학교에서 학생, 교원, 직원 그리고 학부모들의 의견을 모아 자율적으로 결정하도록 했습니다.

저는 이에 대한 교육부의 반응이 궁금했습니다. 그에 따른 대책을 마련해야 하기 때문이었습니다. 전북교육청의 결단에 대해 교육부는 아무런 반응도 보이지 않았습니다.

* 덧붙이는 말

세월호 참사가 일어난 2014년 4월 16일 대한민국에는 구조작업 등 상황을 총지휘할 컨트롤 타워가 없었습니다. 대통령은 즉시 팽목항 현장으로 갔어야 합니다. 그곳에서 총 지휘책임자가 누구인지 물었어야 합니다. 당연히 없었습니다. 그 자리에서 즉시 총 지휘책임자를 지명했어야 합니다. 그 근거는 대통령의 국정통할권일 수도 있고, 대통령의 군통수권일 수도 있습니다. 최적임자는 해군참모총장이었습니다. 해군참모총장을 즉시 현장으로 불러 그 자리에서 권한을 부여하고 대통령 자신의 개인 휴대폰 번호를 입력하라고 해야 했습니다. 그 순간부터 누구에게도 중간보고나 설명을 하지 말고 대통령에게 직보하라고 해야 했습니다. 예산이 얼마가 소요되든지 그것에는 신경 쓰지 말고 구조에 사력을 다하라고 해야 했습니다. 아무것도 하지 않았습니다.

416TV

〈416TV〉에서 사참위(사회적 참사 조사위원회)가 밝힌 권고안에 대해 지성 학생의 아버지가 조목조목 반박하고 계십니다. 지성 아빠께서 제기하는 문제점과 대책은 다음과 같은 것들입니다.

권고안이 이행되지 않는다면 어떻게 할 것인가? 권고안은 세월호 진상 규명과 무슨 관계가 있는가? 전혀 밝혀지지 않은 세월호 진상은 어떻게 할 것인가? 국가의 책임을 인정하고 공식적으로 사과하라고 했는데, 그것이 진상 규명과 무슨 관계가 있는가? 권고안의 모든 것은 국회가 해결해야 하는데, 세월호 때문에 국회의원 배지 단 사람도 있지 않은가? 강력한 조사 권한이 있어야 한다고 하는데, (우리가) 처음부터 강제조사권을 달라고 하지 않았는가? 말이 권고안이지 과거사로 만들자는 말로밖에 들리지 않는다. 국정원 등이 갖고 있는 세월호 기록물을 우리 세대에서 끄집어내야 한다, 이게 진상 규명 아닌가?

수학여행 안전지도사

4.16 세월호 참사는 우리나라 아이들에게 '국가의 부존재'를 경험하도록 만들었습니다. 이 참사(정확하게는 '사건')는 국제사회에서도 공분을 일으켰습니다.

뭘 감추고 뭘 드러내야 할지 몰라 허둥대던 정권은 설익은 대책을 쏟아내기 시작했고, 세월호 참사는 학교에서 안전교육을 하지 않았기 때문이라는 쪽으로 책임을 전가하기 시작했습니다.

이때 나온 대책 중 하나가 '수학여행 안전지도사'였습니다. 교육부가 발표한 지침에 따르면 150명 이상의 수학여행단의 경우 50명 단위로 1명씩 수학여행 안전지도사를 배치하라는 것이었습니다. 응급구조사, 청소년지도사, 경찰·소방경력자, 교원자격증 소지자 가운데 12시간 이상 안전교육을 이수한 안전요원을 수학여행단에 배치한다는 것이었습니다.

저는 2014년 8월 25일 확대간부회의를 통해서 교육부의 지침을 전면 거부한다는 의사를 명확히 했습니다. 그 이유는 이랬습니다.

세월호 참사가 수학여행 안전지도사가 없어서 발생한 것이냐? 백 보를 양보해서 수학여행 안전지도사가 세월호에 승선했다면 그들이 아이들을 구했을 거라는 것이냐? 12시간의 교육으로 바다에서 위험에 빠진 아이들을 구할 수 있다는 것이냐? 교육부는 세월호 참사의 원인이 학교에서 아이들에게 안전교육을 하지 않았기 때문이라고 생각하느냐? 교육부는 세월호 참사를 이용해 일자리 창출을 하는 것이냐? 수학여행에 안전지도사가 동행하는 경우 그들에 대한 뒤치다꺼리를 교사들이 하게 될 텐데 교사들에게 그런 부담을 줘도 되느냐? 대한민국이라는 나라는 왜 이렇게 아이들에게 부도덕하냐?

그날 오후 2시 무렵 비서실로 저를 찾는 전화 한 통이 걸려 왔습니다. 실장이 전화를 받을 것인지 물어보길래 일단 바꿔보라고 했습니다. 전화를 건 사람은 수학여행 안전지도사 교육을 하게 될 기관의 대표라고 자신을 소개했습니다.

대표: 김승환 교육감님! 안녕하십니까? 저는 수학여행 안전지도사 연수를 시키게 될 ○○○의 대표 ○○○라고 합니다. 이렇게 전화로 말씀을 드리게 되어 죄송합니다.

나: 대표님! 무슨 일이신가요?

대표: 예. 오늘 아침에 교육감님께서 하신 말씀을 보도를 통해서 잘 알게 됐습니다. 사실은 저도 교육감님과 생각이 같습니다. 국가가 아이들에게 잘해야지요.

나: 그래서요?

대표: 어쨌든 다시는 이런 비극적인 일이 일어나서는 안 된다고 생각합니다. 그래서 저희가 사명감을 가지고 수학여행 안전지도 연수를 수행하고, 그 요원들을 수학여행단에 배치해서 아이들의 안전을 지켜주려고 하는 것입니다. 교육감님의 이해와 협조를 부탁드립니다.

나: 대표님! 한 가지만 여쭤보겠습니다. 수학여행 안전지도사가 없어서 세월호 참사가 일어났다고 생각하십니까? 도대체 왜 이러십니까? 대한민국 이게 국가입니까? 우리 전북교육청은 단 한 명의 수학여행 안전지도사도 받을 수 없으니까 그리 아십시오.

대표: 교육감님! 저희가 정말 제대로 일을 해 보겠습니다. 교육감님의 협조를 부탁드립니다.

나: 대표님! 죄송합니다. 여기서 끝내겠습니다.

대한민국은 아이들 앞에서 최소한의 수치심도, 도덕적 의무감도, 인간존엄의 의식도 없는 나라였습니다.

____ 아이들의 언어

저는 교육감 일을 시작하면서 좋아하던 두 개의 운동을 접었습니다. 그중 하나가 수영이었습니다. 대부분의 운동이 몸의 어느 한 부분을 집중적으로 쓰지만, 수영은 몸의 모든 부분을 움직여야 하는 전신 운동입니다. 도교육청 건너편에 괜찮은 수영장이 있지만, 그저 바라만 볼 뿐 들어가서 수영을 하는 것은 감히 상상도 할 수 없었습니다.

교육감 1기 초 어느 날 전북체육중고등학교로 갔습니다. 도내 학생수영대회 개회식에 참석하기 위해서였습니다. 수영 선수가 있는 학교의 교장선생님, 지도교사, 운동부지도자 등 많은 분이 현장으로 오셨습니다.

물의 온도를 어느 정도 맞춰 놓았기 때문인지 실내가 후끈했습니다.

곧이어 개회식이 열렸고, 개회식이 끝나면서 바로 경기가 시작되었습니다. 몇 경기를 관람하다가 교장선생님들과 함께 수영장 밖으로 나와 잔디밭을 걷고 있을 때였습니다. 지척에서 초등학교 사내아이들 몇 명이 놀고 있다가 그중 한 아이가 저를 쳐다보더니 재빨리 친구들에게 "야! 김승환이다!"라고 큰 소리로 말했습니다.

그 순간 교장선생님들께서 깜짝 놀라는 표정을 지으셨고, 그중 한 분께서 두 팔을 앞으로 휘저으며 "어이~ 어이~"라고 하면서 아이들을 앞으로 모는 동작을 취하셨습니다. 찰나에 일어난 일이었고, 저는 나오는 웃음을 참기가 어려웠습니다.

"교장선생님들! 괜찮습니다. 그냥 두십시오. 아이들은 원래 저러잖아요."라고 말한 후, 아이들에게 "초등학교에 다니지? 반가워. 재미있게 놀아요."라고 기를 살려 주면서 돌발 상황은 마무리되었습니다.

_____ 명절과 아이들 맞이

어느 해 명절을 며칠 앞두고 학부모 한 분에게서 연락이 왔습니다. 초등학교에 다니는 두 아들을 데리고 교육감을 만나고 싶다는 것이었습니다. 단순한 만남, 대화 시간 갖기, 교육감실 구경 등 여러 가지를 추측하고 있었습니다.

약속한 날, 약속한 시간이 되어 두 아이가 엄마와 함께 교육감실로 들어왔습니다. 저와는 이미 몇 차례 만난 적이 있어 낯익은 아이들입니다. 엄마께서는 저에게 "명절을 앞두고 아이들이 교육감님께 인사를 드렸으면 해서 데리고 왔어요."라고 말씀하셨습니다.

'그랬구나, 나는 아무것도 준비를 안 했네' 생각하다가 잠깐 기다리라고 한 후 저의 책상으로 갔습니다. 서랍을 열고 안에 연녹색 속봉투가 들어 있는 흰색 봉투 두 장을 꺼냈습니다. A4 용지 두 장도 함께 준비했습니다. 종이에 각각 아이들 이름을 적고 아이들의 장래를 기원하는 글을 마음을 다해 적었습니다.

그 종이로 만 원권 지폐 몇 장을 각각 넣어 종이를 접어서 봉투에 넣은 후 아이들에게 다가가서 두 손으로 줬습니다. 두 아이는 받은 봉투를 열어보더니 얼굴이 밝아지면서 "교육감님! 고맙습니다."라고 인사를 했습니다.

그때부터 몇 달이 지난 후 엄마의 말을 들었습니다. 두 아이는 그 용돈을 쓰지 않고 봉투째 그대로 간직하고 있다는 것이었습니다. 어쩌면 몇 년이 지나 고등학교와 중학교에 다니는 지금도 그 아이들은 그 봉투를 그대로 보관하고 있을 것입니다.

저는 교육감에게서 정중한 예우를 받은 것이 아이들의 뇌리에 강하게 각인되었을지도 모르겠다고 생각했습니다. 예절과 정중함은 아랫사람이 윗사람에게만 지키는 것이 아니라 윗사람도 아랫사람에게, 어쩌면 더 깍듯이 지켜야 하는 것입니다.

_____ 아이가 왜 그러나요?

저녁 바람이 운해 雲海처럼 대기를 감싸고 도는 어느 가을날 초저녁에 저는 하루 일을 마치고 전주 덕진공원으로 들어갔습니다.

교육감 일을 시작한 지 겨우 한두 해 지난 때라서 여전히 많은 것이 낯설고, 몸에 와 붙지도 않는 어설픈 시기였습니다. 그럴 때 필요한 것이 틈이 나는 대로 쉬는 시간을 찾는 것이었습니다.

오랜 세월 전주시민들의 삶을 지켜온 공원답게 덕진공원에는 저녁 시간의 여유를 즐기는 시민들이 많았습니다. 공원으로 들어가 호수를 가로지르는 다리 앞에 서서 오른쪽으로 갈까 왼쪽으로 갈까 망설이다가 오른쪽으로 방향을 잡아 돌아서고 있었습니다.

그때 제 뒷쪽에서 이상한 분위기를 감지했습니다. 돌아보니 젊은 부부가 초등학교 1~2학년쯤으로 보이는 사내아이와 함께 서 있다가 저와 눈이 마주치자 목례를 했습니다.

다시 돌아서려는 순간 저는 아이를 보게 됐습니다. 아이는 뭔가 불만에 가득 차 있는 듯 아빠의 바지를 잡아끌고 있었습니다. 제가 아이의 아빠에게 물어봤습니다.

나: 아이가 왜 그러나요?

아빠: 김승환 교육감님이 맞는지 저더러 확인해 달라고 이러는 겁니다.

나: (웃으면서 아이에게) 내가 김승환 교육감 맞아요. 안녕하세요?

아이: (표정이 환하게 바뀌면서) 예. 안녕하세요?

나: 아빠 엄마랑 함께 나왔어요?

아이: 예.

나: 재미있게 놀다 가요.

아이: 예.

아이에게 손을 흔들며 돌아서는데 아이가 다시 아빠의 바지를 잡아당기고 있었습니다. '또 뭐가 문제지?' 생각하며 다시 아이의 아빠에게 물어봤습니다.

나: 아이가 기분이 별로 안 좋은가 봐요.

아빠: 교육감님이랑 인증샷 한 번 찍게 해달라고 이러는 겁니다.

나: 아하~ 그렇군요. 그래 나랑 인증샷 찍어요.

아이의 아빠께서 여러 차례 셔터를 누르셨습니다. 그제야 아이는 만족한 듯 아빠 엄마와 함께 앞을 향해 걷기 시작했습니다.

＿＿ 아이들 상담

저는 가끔 교사들로부터 아이들을 상담해 달라는 요청을 받았고, 그러한 요청은 모두 받아들였습니다. 우리 지역 어느 시市에 있는 남자중학교(사립). 어느 날 교사(여성)의 전화를 받았습니다.

교사: 교육감님! 안녕하세요? 저 ○○○중학교 ○○○예요.

나: 예. ○○○선생님. 오랜만이에요. 그동안 잘 지내고 계셨지요?

교사: 예. 교육감님. 교육감님께서도 잘 지내고 계시지요?

나: 예. 나도 잘 지내고 있어요. 그런데 무슨 일이세요?

교사: 네. 제가 교육감님의 도움이 필요해서요.

나: 내 도움요? 무슨 도움이 필요한데요?

교사: 저희 반에 좀 문제가 있는 아이가 있어요.

나: 폭력을 행사하고 그러나요?

교사: 아니요. 그런 건 아니고요.

나: 그럼 무슨 문제가 있는데요?

교사: 아이가 학교에 나오면 종일 한마디도 안 하고 있다가 집으로 가거든
　　　요. 친구들과도 전혀 어울리지 않아요.

나: 그래서요?

교사: 아이의 엄마를 학교로 오시라고 해서 아이의 상태를 말씀드렸어요.
　　　그랬더니 아무 말씀 안 하시고 눈물만 흘리다 가셨어요.

나: 그래요? 그럼 내가 해야 할 일은 뭔가요?

교사: 교육감님. 바쁘신 거 잘 아는데요. 그 아이를 한 번 만나 주시면 안 될
　　　까요?

나: 만나서요?

교사: 그냥 만나 주시기만 하면 돼요. 그다음은 어떻게 되겠지요.

나: 알았어요. 만날게요.

교사: 제가 있는 곳이 익산에서 가깝잖아요. 일요일에 제가 교육감님 계시
　　　는 익산으로 아이를 데리고 갈게요.

나: 알았습니다. 그렇게 할게요. 내가 저녁밥을 살게요.

일요일 저녁에 만나기로 하고, 식당은 익산에서 소문이 괜찮은 중국
음식점으로 잡았습니다. 몇 시간 지나지 않아 다시 그 교사의 전화를 받
았습니다.

교사: 교육감님! 꼭 그 아이 한 명만 만나셔야 해요?

나: 아니, 나더러 그 아이를 만나 달라고 하셨잖아요. 왜요?

교사: 그 아이 정도는 아닌데, 문제가 있는 아이들이 세 명 더 있거든요.
　　　그 아이들도 함께 만나 주시면 좋겠는데요.

나: 좋아요. 그럼 네 명을 만나는 거네요.

교사: 네. 교육감님.

나: 그런데 ○○○ 선생님 포함해서 다섯 명이잖아요. 차 한 대로 오기가 좀 벅차지 않으시겠어요?

교사: 그건 문제없어요. 제가 아이들 때문에 일부러 차를 칠인승으로 구입해서 타고 다니거든요.

나: 알았어요. 그럼 일요일에 만나요.

일요일 저녁에 익산의 중국음식점에서 교사와 함께 네 명의 아이들을 만났습니다.

나: 오늘 이 시간에는 마음 편하고 즐겁게 음식을 먹는 거예요. 특별히 먹고 싶은 음식 있으면 주문해도 돼요. 우선 탕수육은 먹어야 할 것 같은데 어때요?

아이들: (서로 눈치를 보더니) 예.

나: 그럼 탕수육을 주문하기로 하고, 자장면은 먹어야지요?

아이들: (표정이 밝아지면서) 예.

교사가 맨 처음 저에게 말했던 그 아이를 저의 왼쪽에 앉혔고, 그 옆에 교사가 앉고, 아이들 셋이 빙 둘러서 앉았습니다. 아이들은 음식을 먹기만 할 뿐 말은 거의 하지 않았습니다. '오늘 이 자리에서는 말을 많이 하는 게 중요한 것이 아니라 아이들과 자리를 함께하는 것 자체가 중요하다'라는 생각으로 저도 말을 많이 하지는 않았습니다. "맛이 어때요? 좋아요? 더 주문할까요? 아유~ 남자아이들이 얼굴이 이렇게 곱게 생겼네." 하는 정도로 가벼운 말만 했습니다.

　그렇게 했는데도 시간은 한 시간 반이 훌쩍 지났습니다. 아이들과 악수하고, 몸을 안아 주고 하면서 헤어졌습니다. 아이들은 집으로 가기 위해 담임선생님의 승용차에 올라타자마자 "아! 말을 좀 해야 했었는데."라며 아쉬워했다고 합니다.

　다음 날 오후 늦게 그 교사에게서 전화가 왔습니다. 목소리가 조금 들떠 있었습니다.

　　교사: 교육감님! 오늘 교실에서 놀라운 일이 벌어졌어요.
　　나: 무슨 일인데요?
　　교사: 세상에 그 아이가 말이지요. 제가 교실에 들어가서 보니까 교실 여기
　　　　저기 돌아다니면서 친구들에게 말을 걸고 있는 거예요. 자세도 의젓하
　　　　게 하고서요.
　　나: 하하~ 그게 정말이에요? 하루 만에 그렇게 변해요?
　　교사: 제 생각에는요. 그 아이가 뭔가 자신감이 생긴 것 같아요.
　　나: 잘됐네요. 선생님이 고생 많이 하셨어요. 혹시라도 앞으로 내 도움이 더
　　　　필요하면 바로 연락해 주세요.
　　교사: 네. 교육감님. 감사합니다.

　그 뒤로 그 아이와 관련한 전화는 더 이상 오지 않았고, 그 교사는 가끔 행사장에서 저를 만날 때 전보다 더 활짝 웃었습니다.

____ 봉숭아 선물

2011년 어느 날 전주 서곡초등학교 아이들 4명이 교육감실로 저를 만나러 왔습니다. 당시 저는 이명박 정권의 계속되는 검찰 고발로 빈번하게 경찰과 검찰을 들락거리고 있었습니다.

이 아이들이 그런 사실을 알고 있었던 모양입니다. 아이들이 "왜 그렇게 자주 조사받으러 다니시는 거예요?"라고 묻길래 "그걸 어떻게 알았어요?"라고 되물었습니다. 아이들은 "뉴스를 보고 알았어요."라고 대답했습니다.

제가 아이들에게 "별것 아니니까 걱정하지 말아요."라고 말하자, 아이들은 "정말이에요?"라고 말하면서 밝은 표정을 지었습니다.

이어서 아이들은 각자 뭔가를 풀기 시작했습니다. 그것은 봉숭아 물을 들이기 위한 재료였습니다. 4명의 아이가 저의 손가락 위에 봉숭아 물을 들이기 위한 재료를 올려놓은 다음 바느질 실로 칭칭 감기 시작했고, 며칠 지나면서 저의 손가락마다 고운 봉숭아 물이 들기 시작했습니다.

____ 만남의 기억

2015년에 초등학교 6학년 사회와 국어 융합 수업 시간에 만난 아이들이 있습니다. 제가 교육감 일을 시작할 때 이 아이들은 초등학교 1학년에 입학했고, 교육감 일을 마친 2022년에 이 아이들은 고등학교를 졸업했습니다. 초등학교 1학년부터 고등학교 3학년까지 12년 세월을 저와 함께한 아이들입니다.

이 아이들 중 두 명을 2016년 봄에 전주시 송천동에 있는 오송제 입구에서 만났습니다.

아이 1: 교육감님이다!

아이 2: 맞다. 교육감님!

아이 1, 아이 2: 안녕하세요?

나: 누구더라?

아이 1: 아이~ 작년에 우리 학교 와서 6학년 수업하셨잖아요.

나: 아! 그렇구나. 그럼 중학교에 들어갔겠네.

아이 2: 예. 1학년이에요.

아이 1: 교육감님. 부탁 하나 드려도 돼요?

나: 그래. 뭔데? 말해 봐요.

아이 1: 아침에 학교에 가는 시간을 더 늦춰주시면 안 돼요?

나: 지금 몇 시까지 가게 되어 있는데?

아이 1: 여덟 시 사십 분요.

나: 으음~~~

아이 2: 야! 그래도 그 시간에는 학교에 가야 되는 거 아니냐?

아이 1: 그래? 알았어. 교육감님! 안녕히 가세요.

나: 그래. 잘 지내라.

____ 아이 만나기

가끔은 시간을 따로 내서 '모든' 아이가 아니라 '한' 아이를 만나는 때가 있습니다. 대체로 교사, 때에 따라서는 교장선생님이 어찌해야 할지 몰라 버거워하는 아이들입니다.

이런 아이들을 만날 때 제가 갖는 기본자세가 있습니다.

아이에게 가르치려 하지 말자, 설득하려 하지 말자, 훈계하지 말자, 내가 교육감이라고 해서 아이를 변화시킬 수 있다는 오해를 하지 말자, 그냥 만나자, 그냥 함께 있어 주자, 아이가 입을 벌려 말을 하면 그것이 말이 되든 안 되든 진지하게 들어 주자, 아이가 내 앞에서 말하는 것 자체를 고맙게 여기자, 잠시라도 아이가 '나에게 관심을 두는 사람이 있구나'라고 생각한다면 그 만남은 의미 있는 것이다, 라는 것들입니다.

읍 단위에 있는 중학교에서 선생님들은 물론 교장선생님까지도 교육감인 제가 한 번 만나 주기를 바라는 남학생이 있었습니다.

약속 시간에 맞춰 교장실로 들어갔고, 아이가 들어와 자리에 앉았습니다. 교장선생님께서 아이에게 "○○○! 이분이 김승환 교육감님이시다. 오늘 특별히 너를 만나려고 오셨어. 인사드려야지."라고 말씀하시자 저에게 인사를 했습니다.

저는 아이에게 만나서 반갑다는 말을 한 후 가정 내의 형제자매에 관해서 묻고, 특별히 좋아하는 과목이 뭔지, 장차 뭘 하고 싶은지 등을 물어봤습니다. 아이는 저를 봤다가 교장선생님과 다른 선생님을 봤다가 하면서 짧게 대답을 이어갔습니다.

나: 혹시 말이지 내 도움이 필요한 것 있어요?

아이: 교육감님 도움요?

나: 응. 내 도움. 교육감이 이걸 도와주면 좋겠다는 생각이 드는 것 있어요?

아이: (잠시 저를 유심히 쳐다보더니) 예. 있어요.

나: 그래? 그게 뭔데요? 한번 말해 봐요. 내가 할 수 있는 것이면 도와줄게요.

아이: 제가 주유소에서 알바를 했거든요. 근데 사장님이 월급을 안 줘요.

나: 주유소 사장님이 월급을 안 주신다고요? 그게 얼만데요?

아이: 예. 백만 원이에요.

나: 백만 원? 굉장히 많은 돈인데. 알았어요. 내가 한번 해 볼게요.

아이: 교육감님이 받아주신다고요?

나: 우리 도교육청에 공인노무사 한 분이 계셔요. 내가 그 직원한테 학생 사정을 이야기할게요. 그분이 바로 학생에게 전화하시도록 할 테니까 상황 설명을 잘 해드려요. 우리 휴대폰 번호 서로 공유할까? 학생 번호 불러봐요. (아이가 불러주는 번호로 저의 휴대폰을 눌렀고, 아이의 휴대폰 신호음이 울리기 시작했습니다.) 내 번호 찍혔지요? 우리 그 번호로 연락 주고받기로 해요.

아이: 예. 알겠습니다.

아이와 헤어진 후 학교에서 나와 승용차에 올랐습니다. 한참을 가고 있는데 저의 휴대폰이 울렸습니다. 확인해 보니 그 아이의 이름이 찍혀 있었습니다.

나: 여보세요? 방금 만난 친구네. 맞지요?

아이: 예. 교육감님. 저 ○○○예요.

나: 무슨 일 있어요? 말해 봐요.

아이: 그 사장님이 우선 육십만 원을 주시겠대요.

나: 갑자기 육십만 원을 준다고 해요? 왜요?

아이: 제가요. 사장님한테 교육감님 만난 이야기를 했거든요. 교육감님이
      받아주신다고 했다고요. 그랬더니 우선 육십만 원 주시겠다고 했어요.

나: 확실한 것 같아요?

아이: 예. 와서 가져가라고 했어요.

나: 나머지 사십만 원은 어떻게 하시겠대요.

아이: 교육감님! 저는 일단 육십만 원도 크거든요. 나머지도 주시겠다고 했
      어요.

나: 그래. 알았어요. 잘됐네.

그 아이의 그 뒤로의 성장에 대해서 저는 잘 모릅니다. 저의 바람은
그 아이가 저를 만난 그 순간에 조금이라도 외로움을 덜었다면 좋겠다
는 것이었습니다.

____ 아이들의 시선

교육감 일을 하면서 항상 유쾌한 일만 있는 것은 아닙니다. 하고 싶
지 않지만 체면상 어쩔 수 없이 하는 일도 적지 않습니다.

특히 괴로운 것은 먹고 싶지 않은 음식을 체면상 억지로 먹는 것입니
다. 최악은 낮에 정식을 먹고, 저녁에 또 정식을 먹는 것입니다. 군대에
서 졸병^{卒兵}들이 하고 싶지 않은 일인데도 강제로 어쩔 수 없이 하게 되

는 경우 '사역使役한다'고 말하는 것처럼, 교육감에게도 몇 가지 사역들이 있는데, 그중 하나가 '먹기 사역'입니다.

어느 날 몸에서 변화를 느끼게 되었는데, 그것은 양쪽 옆구리에 살점이 생기기 시작한 것이었습니다. 아마도 지방脂肪이 낀 것이었을 것입니다(다행스럽게도 교육감 일을 마치고 만 2개월이 지나자 흔적도 없이 사라졌습니다). 먹기 사역이 없을 때는 수행직원들과 함께 또는 혼자서 가벼운 음식을 먹습니다. 된장찌개, 청국장, 두부찌개 또는 김밥입니다. 처음에는 그것조차도 시빗거리가 되기도 했습니다. '김승환 교육감이 소탈한 서민의 이미지를 연출하기 위해서 그런 음식을 먹는다'라는 것이었습니다.

교육감 1기 초에 운전하고 가다가 끼니때가 되어 길가에 있는 김밥집으로 들어가 김밥을 주문해서 먹고 있었습니다. 음식점 창문 밖으로는 지나가는 사람들의 모습이 보였습니다. 그때 뭔가 왁자지껄하는 소리가 들렸습니다.

여고생 몇 명이 지나가다가 그중 한 아이가 김밥집 안을 들여다보더니 저의 얼굴을 보고서 "야! 김승환 교육감이다."라고 소리치자 다른 아이들이 "뭐라고?", "어디?" 하면서 함께 쳐다보게 되었습니다. 그 모습을 저는 멍하니 보고 있는데, 그 아이들은 식당 안으로 우르르 들어왔습니다.

학생들: 교육감님! 안녕하세요. 안녕하세요.
나: 아, 예. 어느 학교예요?
학생들: 사대부고예요. 사대부고에 다녀요.

나: (저는 마음속으로 '사대부고가 이곳에 있나? 저기 멀리 있는데, 어떻게 여기까지 왔지?' 의아스럽게 생각하면서) 아, 그렇군요. 반가워요.

학생들: 저희랑 사진 한 번 찍어 주세요. 그래요. 찍어 주세요.

나: 그럴게요. 이리 와요.

저와 함께 사진을 찍은 아이들은 기분 좋은 표정으로 "교육감님! 감사합니다."라고 꾸벅꾸벅 인사를 하며 나갔습니다.

잠시 후에 알게 된 것이지만, 그 아이들은 '전주대' 사대부고에 다니는 아이들이었고, 제가 멀리 있다고 생각한 학교는 '전북대' 사대부고였습니다.

_____ 교육감님! 힘, 힘, 힘!

전북교육청은 2011년부터 학생기자단을 운영해 왔습니다. 초등학교, 중학교, 고등학교 학생들을 대상으로 학생기자를 선발하여 1년 동안 학생기자로 활동하게 하는 것입니다.

학생기자들은 매월 1건 이상의 기사 작성, 온라인 커뮤니티 활동, 각종 체험학습 참가, 기자교실 참가, 학생기자 신문제작, 전북교육뉴스 리포터 참여 등을 합니다. 아나운서, 기자 등 언론인들을 초청하여 강의도 듣습니다.

자기소개서의 경우 반드시 학생 스스로 작성해야 하고, 대리 작성이 확인될 경우 3년간 지원 자격을 제한당하기도 합니다. 초등학교 때 학생기자 활동을 한 후, 중학교 또는 고등학교 때 다시 학생기자에 지원할 수도 있습니다. 1년 동안의 활동을 마치면 수료식을 하게 되는데, 학생기자들의 소감 발표도 듣고, 분야별 우수 학생기자에 대해 시상도 합니다.

제가 기억하는 한, 저는 수료식에 빠짐없이 참석했습니다. 1년 동안 학생기자들이 무엇을 했는지 직접 듣고 싶었기 때문입니다. 교육감 1기 때 학생기자단 수료식에 참석하면서 학생들이 앉아 있는 자리에 함께 앉아서 진행을 지켜보고 있었습니다.

저의 오른쪽 옆으로는 초등학교 아이들이 앉아 있었습니다. 그때 한 여자아이가 저를 쳐다보더니 두 주먹을 쥐고 위에서 아래로 내리기를 반복하면서 "교육감님! 힘, 힘, 힘!"이라고 말했습니다.

평소 아이들이 저를 만나면 장난을 잘 걸기 때문에 그 순간에도 '저 아이가 나랑 장난하고 싶나 보다.' 하는 생각으로 웃으면서 똑같이 두 주먹을 쥐고 "힘, 힘, 힘!"이라고 말했습니다. 그 옆에 있던 또 다른 아이도 저를 쳐다보면서 "교육감님! 힘, 힘, 힘!"이라고 하더니, 또 한 명의 아이도 똑같은 동작을 반복했습니다.

'저 아이들이 장난이 아닌가 보네.' 생각하며 아이들의 눈빛을 보게 되었습니다. 세 명의 아이들 모두 눈빛이 예사롭지 않았습니다. 매우 간절한 눈빛이었습니다. 그제야 저는 깨달았습니다. 그 아이들은 저에게 용기를 북돋워 주고 있었습니다. 초등학교 아이들인데도 방송 뉴스나 신문 기사를 보면서 제가 무슨 일을 '당하는지'를 알고 있었던 것입니다.

저는 아이들 눈빛을 계속 보지 못하고 잠시 눈을 감고 있었습니다.

교육감인 제가 아이들을 지켜주는 것이 아니라 아이들이 저를 지켜주고 있었습니다.

_____ 방청석에서 우는 아이

어느 날 재판을 받으러 법정으로 들어가서 피고인석에 앉았습니다.

검사의 신문訊問이 시작되고 묻는 말에 답변했습니다. 이어서 재판장의 심문審問이 시작되었습니다. 중간중간 옆자리에 앉아 계시는 변호인의 의견을 물어보면서 답변하기도 했습니다(피의자가 검사 앞에서 조사받을 때는 피의자가 변호인에게 뭔가를 묻거나 변호인이 피의자에게 '이런 식으로 답변하라'라고 말하는 것이 금지되어 있지만, 피고인 신분으로 법원의 재판을 받을 때는 변호인에게 물어가면서 답변을 할 수 있음).

법정 방청석은 방청객과 취재하는 기자들로 빈자리 없이 가득 차 있었습니다. 공판이 끝나고 자리에서 일어서서 방청석을 거쳐 밖으로 나가고 있을 때 저의 눈에 한 아이가 들어왔습니다. 낯이 익었습니다. 옆에 서 계시는 아이의 엄마를 보니 더 확실히 알 수 있었습니다. 저에게 인사를 하시는 아이의 엄마와 이야기를 나눴습니다. 아이는 초등학교에 다니는 사내아이였습니다.

나: 바쁘실 텐데 정읍에서 여기까지 오셨네요.
아이 엄마: 예. 재판이 궁금해서 왔어요.

나: 그런데 아이도 함께 왔네요?

아이 엄마: 예. 아들을 데리고 왔어요. 방청석에서 막 울었어요.

나: 아이가 방청석에서 울었다고요? 왜요?

아이 엄마: 사람들이 왜 저렇게 우리 교육감님을 괴롭히는지 모르겠다면서
　　　　　울었어요. 엉엉 울었어요.

나: 내 참. 그러니까 왜 아이를 이런 곳에 데리고 오셨어요? 혼자 오셔야지요.

아이 엄마: 안 데리고 오려고 했는데, 아이가 자꾸 교육감님 재판받으시는
　　　　　것 보고 싶다고 해서 데리고 왔거든요.

나: (저는 아이를 보면서) 많이 울었어? 걱정하지 마. 나 괜찮으니까. 알겠지?

아이: (고개를 끄덕이면서) 예.

법정 방청석에서 눈물을 쏟은 아이의 모습이 지금도 눈에 선합니다.

_____ 저 선생님 될래요

2020년 저는 유아교육진흥원으로 갔습니다. 유치원 신규교사 연수에
서 특강을 하기 위해서였습니다. 한 시간 동안의 강의, 질문, 답변을 마
치고 강의실에서 나오고 있었습니다. 강의실 앞문보다 뒷문에서 더 많
은 사람이 나왔습니다.

그때 강의를 들었던 선생님 한 분이 쏜살같이 저에게로 다가왔습니다.

교사: 교육감님! 저 서○○예요. 기억나시지요?

나: 그러니까요. 얼굴은 기억이 나는데 ….

교사: 저 중학교 다닐 때 봉사활동으로 가을 농촌체험 갔을 때 거기에서 만
    났었는데요.

나: 아! 맞아요. 군산에서 가을 농촌 봉사활동을 했어요. 그때 만났지요.

그 순간 저는 타임머신을 타고 최소한 8년 전의 상황으로 돌아갔습니
다. 가을걷이를 하는 때에 저도 동네 사람들, 중학교 아이들과 함께 농
촌 일손을 거들었습니다. 익숙한 솜씨는 아니지만, 저로서는 나름 있는
힘을 다해 일했습니다. 일하면서 주로 아이들과 도란도란 얘기를 나눴
습니다.

작업을 마치고 간식을 먹으면서 아이들과 이야기를 나눴습니다. 아
이들은 저를 처음 보는 자리인데도 비교적 재잘재잘 말을 잘했습니다.

그때 한 아이가 말했습니다.

아이: 교육감님! 저 오늘 교육감님과 대화하면서 진로를 정했어요.

나: 그래요? 뭘로 정했는데요?

아이: 저 선생님 될 거예요. 유치원 선생님 될 거예요.

나: 그래요? 유치원 선생님 하면 잘할 것 같아요.

아이: 정말이에요? 고맙습니다.

유치원 선생님이 되어 저의 강의를 들으면서 다시 만나게 된 그 '아
이'가 제게 말했습니다. "저 그때 교육감님께 말씀드린 대로 유치원 선
생님이 되었어요. 교사 임용시험에 합격했어요."

_____ 누구를 만족시킬 것인가

시설 문제는 도교육청 시설과와 14개 시·군교육지원청 시설팀의 철저한 현장 실사를 통해서 해결해 나가기 시작했습니다.

시설 지원을 통해서 하나의 학교가 교육력을 회복·강화시켜 나갈 수 있다면 문제 해결은 매우 간단합니다. 문제의 핵심은 사람이었습니다. 그것은 위치마다 누구를 세워야 해당 학교나 기관이 건강성을 회복할 수 있는지를 진단하는 것이었습니다.

도내에는 전주, 익산, 군산 외에 또 다른 3개의 시가 있습니다. 그중 두 개의 시가 이상한 경쟁을 벌이고 있었습니다. 한쪽은 뺏고 다른 한쪽은 뺏기지 않으려 방어하는 위치에 있었습니다. 문제의 원인은 빼앗는 쪽의 이상한 학생 정원 구조였습니다. 중학교 정원보다 고등학교 정원이 더 많았던 것입니다. 도교육청 간부들과 실무진은 그런 상황을 어쩔 수 없는 일로 치부한 채 오랜 세월을 흘려보내고 있었습니다.

중학교 정원보다 고등학교 정원이 많은 문제, 설명을 달리하면 중학교 정원과 고등학교 정원의 가분수 구조는 그 뒤로 준비과정을 거쳐 해당 지역 모든 고등학교의 학급수를 감축하는 조치를 통해 해결했습니다. 반발이 있었지만, 그런 반발에 머뭇거릴 수는 없었습니다.

학생들을 다른 지역으로 빼앗겨 온 지역에도 전통적인 남·여 고등학교들이 있었습니다. 기숙사도 갖고 있고, 학교의 규모도 컸지만, 무기력 상태에서 벗어나지 못하고 있었습니다. 교사들은 지역 만기를 기다리고 있다가 빠져나가는 분위기가 팽배했습니다.

'문제는 사람이다'라는 확신이 들었습니다. 학교에는 구심점이 있어야 하고, 그 구심점은 교장선생님이었습니다. 교장선생님만 제대로 발탁하면 학교 변화는 일어날 수 있다고 봤습니다. 한 학교의 교장선생님을 임명하는 경우, 그것은 임명권자인 교육감이 아니라 새로운 교장선생님을 맞이하는 학교 구성원들을 만족시키는 것이 중요했습니다.

그러던 중 해당 지역 남자고등학교의 교장선생님이 4년 임기 만료로 자리를 비우게 됐습니다. 교원인사과장과 중등인사장학관께 교장으로 임명받을 자격이 있는 사람들 가운데 그 고등학교를 졸업한 사람들의 인적 사항을 가지고 오시라고 했습니다.

과장: 그 학교 졸업생 중 교장으로 임명될 수 있는 사람을 여기 장학관이 추려 보았습니다.

나: 어디 한 번 보십시다. 어! 한 분밖에 없습니까?

장학관: 네. 교육감님. 딱 한 분 계시는데요. 그것도 일반고에 근무하셨던 분이 아니고 공업계열에만 근무하신 분입니다. 가야 할 학교는 일반고인데요.

나: 어떤 분입니까? 교육철학, 교육자로서 능력, 도덕성 이런 것들을 묻는 겁니다.

장학관: 네. 공업계열에만 근무하셨다는 걸 빼고 나머지는 이 정도면 좋습니다.

나: 장학관님!

장학관: 네?

나: 이분도 학창 시절 정규 고등학교는 졸업하셨지요?

장학관: 예. 당연합니다. 해당 고등학교가 일반계이고, 그 학교를 졸업하셨
    으니까요.

나: 그렇다면 일반고가 어떤 것인지 정도는 알고 계시겠네요. 이분을 그 학
    교로 발령냅시다. 과장님! 그렇게 하십시오.

과장: 예. 교육감님. 알겠습니다. 그렇게 하겠습니다.

그분을 자신의 모교인 일반고 교장으로 발령을 낸 후 학교 분위기가
바뀌기 시작했습니다. 총동문회에서도 모교 출신이 교장으로 오셨다며
매우 반기고 있었습니다.

인사에서 누구를 만족시킬 것인가? 그것은 함께 생활할 구성원들을
만족시키는 것이어야 했습니다.

____ 교육감이 일을 안 하는 겁니다

전북교육청이 전라북도의회에 제출한 〈전북교육청 학교자치조례
안〉을 도의회가 의결했고, 전북교육청은 2016년 1월 4일 조례를 공포
하고 시행했습니다.

이에 대해 교육부는 "상위법에 규정되지 않은 (학교)자치·회의기구
를 의무적으로 설치하도록 하고, 회의기구의 논의 결과에 학교장이 사
실상 기속되도록 한 것은 상위법이 보장하는 학교장의 학교경영권, 학
교운영의 자율성을 침해할 위험성이 크다."라는 이유를 들어 도의회에

재의 요구할 것을 전북교육청에 요청했지만, 전북교육청은 교육부의 요청을 거부했습니다.

전북교육청은 "조례가 어떤 법령을 위반했다는 것인지 알 수가 없으며, 조례를 공포한 이후에야 재의 요구를 하는 것은 적절치 않다. 도의회에 재의를 요구할 뜻이 없다."는 입장을 밝혔습니다.

〈전북교육청 학교자치조례〉는 학생, 학부모, 교·직원 등 모든 학교 구성원이 학교운영에 참여할 권리를 담고 있는 조례입니다.

교육부는 2016년 1월 28일 대법원에 전라북도의회 의장을 피고로 하여, 전북교육청 학교자치조례안 의결 무효확인청구의 소를 제기하고, 조례 효력정지 가처분 신청을 했습니다. 대법원은 2016년 3월 23일 교육부가 낸 조례 효력정지 가처분 신청을 이유 있다고 보아 청구인용결정을 내렸습니다.

전라북도교육청은 대법원의 결정문에 제시된 법령 해석의 뜻을 살펴 학교자치조례 제정 작업에 다시 들어갔습니다.

결국 새로운 〈전북교육청 학교자치조례〉는 전라북도의회의 의결을 거쳐 2019년 2월 1일 공포·시행에 들어갔고, 전북교육청은 2019년 3월 23일 전북교육청 2층 강당에서 〈학교자치조례 공포식〉을 가졌습니다.

학교자치조례안을 만들기 위한 의견수렴, 토론회, 공청회 등을 포함해서 학교자치조례가 제 모습을 갖추기까지 무려 4년의 세월이 걸렸습니다.

학교자치조례가 시행된 지 몇 달이 지난 어느 날 서울의 어느 언론사 기자께서 찾아와 교육감실에서 인터뷰하게 되었습니다. 인터뷰의 내용은 전북교육청의 학교혁신 전반에 관한 것이었습니다.

그러다가 기자께서 마지막 질문 한 가지만 더하겠다고 하면서 질문을 했습니다.

기자: 김승환 교육감님은 평소에 학교자치를 강조하고 있고, 전북교육청은 다른 곳과는 달리 학교자치조례도 갖추고 있습니다. 그래서 드리는 질문인데요. 전북의 학교들이 학교자치를 잘하기 위해서 교육감이 해야할 일은 뭐라고 생각하십니까?

나: 교육감이 일을 안 하는 겁니다.

기자: (깜짝 놀라는 표정을 지으며) 아니, 교육감님이 일을 안 하시는 게 학교자치를 도와주는 것이라고요?

나:예. 그렇습니다. 교육감이 일을 많이 할수록 학교는 힘들어지는 것입니다. 학교 일은 학교 구성원들에게 맡기라는 것이 학교자치조례의 기본 취지입니다.

기자: 그런 뜻이군요.

나: 기자님! 공직자들이 가장 싫어하는 기관장 유형이 어떤 건지 아십니까?

기자: 글쎄요. 뭡니까?

나: '멍부'입니다.

기자: '멍부'라고요?

나: 예. '멍청하고 부지런한' 기관장입니다. 멍부 유형의 기관장은 자기 자신도 피곤하고 함께 일하는 사람들도 피곤한 겁니다.

기자: 하하하~ 알겠습니다.

유치원 아이들의 어린이날

어느 해 어린이날을 사흘 앞두고 임실군 면 단위에 있는 초등학교 병설유치원으로 갔습니다. 도교육청 공보팀이 유치원 아이들에게 줄 어린이날 축하 동영상을 찍자고 요청한 데 따른 것이었습니다.

학교에 들어서면서 보니, 학교의 전경全景이 동화 나라처럼 아기자기했습니다. 학교 건물 1층으로 들어가서 왼쪽으로 몇 걸음 옮기자 아담한 공간이 있었고, 그곳에서 유치원 아이들이 재잘거리고 있었습니다.

선생님들이 아이들에게 동영상 촬영과 관련해서 몇 가지 설명하려고 하는 것을 보고 저는 "선생님들! 아이들에게 따로 준비시키지는 마세요. 나와 아이들이 알아서 할게요."라고 말했습니다. 촬영을 위한 몇 개의 소품들이 놓여있었고, 촬영이 시작되었습니다.

나: 유치원 어린이 여러분! 안녕하세요?
어린이들: 안녕하세요.
나: 이렇게 만나서 반가워요.
어린이들: 네. 반가워요.
나: 내가 누군지 아나요?
어린이들: 네에~~~
나: 내가 누군데요?
어린이들: 교육감님요.
나: 하! 내가 교육감이라는 걸 어떻게 알았지요?
어린이들: (몇 명의 아이들이 손가락으로 저를 가리키면서) 하하하~ 아는데에.

나: 유치원 어린이 여러분! 오늘이 무슨 날이지요?

어린이들: 네에. 어린이날요.

나: ('어린이날은 글피인데, 아이들이 촬영 감각이 있네' 생각하면서) 오늘이 어린이날 이지요?

어린이들: 네에~~~

나: 어린이날 기분이 어때요?

어린이들: 네에. 좋아요.

나: 좋지요? 아침에 엄마 아빠한테서 어린이날 선물 받았나요?

어린이들: 네에.

나: 선물 받고 기분이 어땠어요?

어린이들: 좋았어요.

나: 유치원 어린이 여러분! 어린이날 축하해요.

어린이들: 네에~~~

예행연습 없이 동영상 촬영은 그것으로 끝났습니다. 도교육청 공보팀 실무진이나 유치원 선생님들 모두 어안이 벙벙한 표정을 짓고 있었습니다. 예행연습을 거쳐서 정식 촬영에 들어가려 했는데, 아이들이 한 번에 끝내버렸기 때문입니다. 아이들은 마치 질문과 대답의 대사를 모두 외우고 있었다는 듯, 한 글자도 다르지 않게 모두 똑같은 말로 반응을 보였습니다.

가르친다는 것은 아이들에게 자기표현과 성장의 기회를 주는 것입니다.

___ 콩나물국밥집에서 만난 우리 아이들

2015년 10월 어느 날 저녁밥을 먹으러 콩나물국밥집으로 들어갔습니다. 주인과 인사를 나누고 출입구 반대 방향으로 앉았습니다.

바로 옆 테이블에 고등학생으로 보이는 남학생 한 명이 자리를 잡았고, 잠시 후 두 명의 남학생들이 들어와서 먼저 온 학생과 합석했습니다. 세 학생은 저를 보더니 거의 동시에 인사했습니다. 저는 웃으면서 "그래."하며 인사를 받았습니다.

이윽고 두 테이블 모두에 콩나물국밥이 올려졌습니다. 그 학생들에게 제가 먼저 말을 걸었습니다.

나 : △△고야?
학생 1 : 아닌데요. □□고인데요.
나 : 그렇구나. 몇 학년?
학생 2 : 2학년요.

몇 숟갈 뜨다가 다시 물었습니다.

나: 수능 영어시험을 절대평가로 한다잖아? 학생들은 어떻게 생각하나?
학생 1: 아무 관심 없는데요.
나: 해당 사항 없으니까?
학생 1: 예. 지금 1학년부터 적용되거든요.
나: 그래도 유리하겠다, 불리하겠다, 이 정도는 생각할 거 아냐?
학생 3: 유리할 거예요.

나: 유리하다고? 유리하려면 전제조건이 있지 않을까? 영어 수능이 '물'영어
가 돼야 한다는 거지?

학생: 예. 그렇겠네요. 물영어가 돼야겠네요.

나: 또 한 가지. 영어가 절대평가로 가면 풍선효과가 나타나지 않을까?

학생 3: 그럴 것 같은데요.

다시 콩나물국밥을 먹다가 말했습니다.

나: 학생들은 체벌에 대해 어떻게 생각하지?

학생 3: 체벌이 필요하다고 생각해요. 수업을 흐리는 애들이 있거든요.

나: 그래도 체벌은 좀 그렇잖아? 사람은 맞으면 그것이 체내화되거든. 몸이
그걸 기억한다는 것이야.

학생 2: 그래도 체벌은 어느 정도 있어야 한다고 생각해요.

나: 선진국 중 체벌을 허용하는 나라는 없어. 그런데 우리나라는 체벌을 허
용해야 한다? 그 말이 정당한 것이 되려면 우리나라 학생들은 다른 나라
학생들에 비해 뭔가 문제가 많다는 조건이 성립해야 할 텐데?

학생들은 말하고 있는 저를 물끄러미 쳐다보고 있었습니다.

나: 내 발음 잘 들어 봐. 미국연방대법원 판례 중에 레스 리스트릭티브 올터
너티브 less restrictive alternative 라는 이론이 있어. '덜 제한적인 대안 선택의
이론'이야. 기본권을 덜 침해하는 방법을 선택해서 기본권을 제한하라는
것이거든. 체벌 아닌 다른 방법을 선택해야 하지 않을까?

학생 1: 그렇겠네요. 그럼 교육감님은 체벌에 반대하세요?

나: 내 전공은 헌법학이거든. 헌법학을 하는 사람이 체벌에 찬성하면 이상

한 사람이라는 소리를 듣지 않을까?

이 순간 학생 2가 학생 1에게 가만히 물어봅니다. "전공이 뭐라고?" 그
러자 학생 1 역시 나지막한 목소리로 "헌법학이래."라고 말했습니다.

계속 밥을 먹으면서 화제를 돌려봤습니다.

나: 학교 자판기 vending machine 에 탄산음료 있나?

학생 2: 없어요.

학생 3: 하나도 없어요.

나: 탄산음료가 건강에 해롭다는 것은 알지?

학생 3: 예.

나: (옆에 있는 컵을 가리키면서) 이 컵에 콜라를 붓고 그 속에 치아를 하나 넣어
봐. 1주일이면 그 치아가 다 녹아 버려.

학생 3: 예 ~~ 그렇게 안 좋아요?

나: 응. 마시지 마. 학교 자판기에 탄산음료 넣어서는 안 된다는 것은 도교
육청 지침이야.

학생 3: 예.

식사를 거의 마치면서 한마디 더 했습니다.

나: 이제 1년밖에 안 남았구나.

학생 1, 2, 3: (일제히) 예.

나: 건강관리 잘하고. 열심히 해.

학생 1, 2, 3: 안녕히 가세요.

식당에서 나오면서 '참 귀여운 아이들!'이라는 생각이 들어 저 혼자 빙긋이 웃었습니다.

____ 아이들이 졸업을 안 하겠대요

'전북의 학교들이 어떤 학교가 되어야 할까?' 저의 이 고민은 전북 학교의 미래상未來像으로 연결되었습니다.

'아이들은 배우며 성장하는 인격체들인데, 스승은 아이들을 가르치는 과정에서 아이들의 성장을 보며 감격의 눈물을 흘리는 분들인데, 왜 그리고 언제부터 학교는 동네북처럼 두들겨 맞는 존재가 되었을까?'라는 의문은 저에게는 마음 아픈 현실로 다가왔습니다.

전국시도교육감협의회 회장 시절 국가 단위 회의체에 당연직 위원으로 들어가 일할 때, 당시 그 회의체의 장이 인사말을 통해 "지금 우리나라의 학교 교실은 수업 시간에 아이들이 잠자는 곳이 되어 버렸습니다."라는 말을 했습니다.

인사말이 끝나는 것을 기다려 저는 바로 발언권을 얻어서 다음과 같이 말했습니다.

"방금 말씀하신 것처럼 현재 우리나라 학교 교실의 수업 시간이 아이들이 잠자는 시간이 되어 있다면 대한민국은 이미 망한 것이나 마찬가지입니다. 어떻게 그렇게 말씀하실 수 있습니까? 몇몇 유명 작가들이 학교를 소재로 하는 글을 쓰면서 방금 말씀하신 것과 똑같은 식으로 책을 쓰고 그런 책이 베스트셀러가 되고 있습니다. 오해하시면 안 됩니다. 그런 문제의 학교 또는 교실이 있는 것은 사실입니다. 하지만 그것이 이 나라 학교의 전부는 아니라는 것을 아셔야 합니다. 지금, 이 순간에도 전국의 수많은 교사가 아이들을 껴안고 좀 더 잘 가르쳐 보려고, 길 안내를 좀 더 잘해 보려고 몸부림치고 있습니다. 그런 교사들을 욕되게 하는 말을 해서는 안 됩니다."라고 말했습니다.

지난날의 학교에서 어떤 일이 있었는지에 대해서는 시간이 흐르면서 저도 자연스럽게 알게 되었습니다. 몇 분의 장학관들께서 저에게 이구동성異口同聲으로 "교육감님! 저희 장학사 시절에는 학교에 수금收金하러 다녔습니다. 창피했지만, 다 그러니까 그러려니 하고 살았습니다."라는 말을 했습니다.

제가 생각하는 학교의 미래상은 '아이들에게는 배움의 즐거움이 있고, 교사에게는 가르침의 보람이 있는 학교'였습니다. '교사는 아이들의 얼굴에 번지는 웃음과 아이들의 눈에서 흐르는 감사의 눈물을 먹고 사는 존재여야 한다'라는 생각도 했습니다. 교육감 임기 내에 이 꿈을 어느 정도 이루어내느냐를 교육감 성패의 잣대로 삼았습니다.

2015년 12월 초에 완주군에 있는 초등학교 교장선생님의 전화를 받았습니다. 학교마을도서관 준공식이 있는데 꼭 참석해 달라고 요청하셨습니다. 그렇게 하겠다고 약속했습니다. 교장선생님께서는 다른 말씀 한 가지를 더 하셨습니다.

교장: 교육감님! 제가 요즘 힘든 일 한 가지가 있어요.

나: 힘든 일이 있으시다고요? 그게 뭔데요?

교장: 6학년 아이들이 졸업을 안 하겠다고 떼를 쓰고 있어요.

나: 하하~ 졸업을 안 하면 어떻게 해요?

교장: 그러니까 말이에요.

학교마을도서관 준공식이 있는 12월 16일에는 아침부터 눈이 내리고 있었습니다. 저는 학교로 들어가 행사장 앞쪽 가장자리에 앉았습니다. 행사장 안에는 아이들이 강아지들처럼 꿈틀대며 계속 재잘거리고 있었습니다.

저는 저의 바로 앞에 앉아 있던 사내아이들에게 말을 걸었습니다.

나: 몇 학년이에요.

아이들: 6학년요.

나: 이제 학교 다 다녔네요? 졸업해야겠네. 그렇지요?

아이들: 싫어요. 졸업하기 싫어요. 졸업 안 할 거예요.

나: 왜 졸업하기 싫어요?

아이들: 학교가 너~~무 재밌어요.

나: 아무리 학교가 재미있어도 그렇지 6학년 형과 언니들이 졸업하지 않으면 1학년 동생들은 학교에 어떻게 들어와요? 말이 안 되는 것 같은데 ….

아이들: 예에? 어, 그거, 어 ….

아이들은 더 이상 말을 잇지 못했습니다.

행사의 마무리는 아이들과 함께 학교 마당으로 나가 하늘 높이 풍선을 날리는 것이었습니다. 아이들과 함께 눈을 맞으며 풍선의 실을 손끝에서 놓았고, 하늘은 금세 형형색색의 풍선으로 가득 찼습니다.

* 학교마을도서관은 작은도서관만드는사람들과 맥킨지 서울사무소 공동으로 추진해 오던 사업이었고, 당시 완주군의 이 초등학교가 254호였습니다.

____ 저 졸업하는데요

2013년 초에 저는 한 통의 편지를 받았습니다. 정읍에서 초등학교 졸업을 앞두고 있는 아이였습니다. 편지의 내용은 자신이 초등학교를 졸업하는데, 그날 학교에 와서 축하해 주면 좋겠다는 것이었습니다.

그날 오전에 저는 이미 공식 일정이 잡혀 있었습니다. 고창으로 가서 어느 학교의 졸업식에 참석하기로 되어 있었습니다.

수행비서에게만 살짝 말했습니다. 두 학교의 졸업식 시작 시각을 확인해 보라고 했습니다. 30분의 차이가 있었습니다. 정읍에서 고창까지 도저히 갈 수 없는 시간차였습니다. 정읍의 졸업식이 30분 빨랐습니다.

궁리 끝에 우선 정읍의 초등학교로 갈 결심을 했습니다. 졸업하는 아이들이 미리 모여서 준비하고 있을 것을 계산한다면, 조금 일찍 가서 그 아이의 얼굴만이라도 볼 수 있을 것이라고 판단했습니다.

비서실에는 아무 말도 하지 않고 길을 나섰습니다. 저 때문에 학교가 수선스러워서는 안 되기 때문이었습니다. 졸업식 시작 50분 정도를 남겨 두고 학교에 도착해서 교장실로 들어갔습니다. 갑작스럽게 나타난 저의 모습에 교장선생님께서는 깜짝 놀라셨습니다.

교장: 교육감님! 이렇게 갑자기 저희 학교에 웬일이십니까?

나: 네. 교장선생님. 오늘 아침에 졸업식에 참석하러 고창에 가야 하는데
요. 이 학교를 졸업하는 아이가 편지를 보냈어요. 오늘이 졸업식이니까
와서 축하해 주면 좋겠다고요. 그래서 잠깐 얼굴만이라도 보고 가려고
왔습니다.

교장: 그 아이의 이름이 뭡니까?

나: 오○○인데요.

교장: 네. 그 아이 오늘 졸업하는 거 맞습니다. 지금 와 있는지 모르겠네요.
교육감님! 지금 6학년 아이들이 강당에 모여 있거든요. 이렇게 오셨으
니까 그 아이들에게도 축하의 말씀을 해주시면 좋겠습니다.

나: 그래요? 그럼 함께 가십시다.

교장선생님과 함께 강당 쪽으로 가다가 교장선생님께서 밖을 가리키
면서 말씀하셨습니다.

교장: 교육감님! 저 아이입니다. 조금 늦게 오는구만요. 오○○! 이리 오너
라. 김승환 교육감님이시다. 니가 편지를 썼다면서? 그래서 이렇게 일
부러 오신 거야. 인사드려야지.

아이: 교육감님! 안녕하세요? 저 오○○예요. 이렇게 와 주셔서 고맙습니다.

나: 그래. 졸업 축하해요. 그런데 내가 지금 이 시각에 고창으로 가야 하거
든요. 졸업식 참석하겠다고 미리 약속해 놓은 학교가 있어요. 지금 나랑
친구들 있는 곳으로 함께 가요.

아이: 예.

저는 함께 강당으로 가서 졸업하는 아이들에게 축하의 인사를 하고 바로 나와 고창으로 길을 재촉했습니다. 저는 그 뒤로도 가끔 그 아이에게 전화를 걸어 학교에 잘 다니고 있는지 확인했습니다. 마지막으로 통화를 한 지는 좀 오래됐습니다. 잘 자라고 있는지 궁금합니다.

_____ 대입제도

우리나라에서 정치인들이 언급하기를 가장 꺼리는 것은 단연코 대입제도와 교육입니다. 그들은 교육에 관해서 '말해서 남는 것이 없다, 표 떨어진다'라는 의식을 경험적으로 그리고 뼛속 깊이 갖고 있습니다.

교사들 사이에서 그나마 괜찮은 정책으로 평가받았던 것이 박근혜 정부 때 시행된 〈2015 개정 교육과정〉이었습니다. 핵심은 결과 중심 평가에서 과정 중심 평가로 전환한다는 것이었습니다.

결과 중심 평가는 표현을 달리하면 성적을 기준으로 줄 세우기를 하는 평가입니다. 수업 시간, 특히 일반고 수업 시간이 아이들의 학습 흥미도를 끌어올리고 아이들에게 발견의 즐거움을 느끼게 하는 것이 아니라, 아이들이 단 1점이라도 점수를 더 받도록 하는 것입니다. 교사들은 자괴감을 느끼면서도 대입제도에 맞춰 그런 수업을 하지 않을 수 없고, 아이들은 친구마저 경쟁 상대 또는 잠재적 적으로 생각하며 대할 수밖에 없습니다.

다만, 과정 중심 평가의 지향이 대입제도까지 제대로 연결되지 못했다는 것은 많은 아쉬움을 남겼고, 비판받아야 했습니다.

문재인 정부의 교육개혁이나 대입제도 개혁에 대해서 특별한 기대를 했던 교육전문가들은 많지 않았습니다. 그래도 최소한 현상 유지는 하겠지,라고 생각했습니다.

속칭 '엄마 찬스, 아빠 찬스'가 세상을 시끄럽게 하면서 문재인 정부의 대입제도는 갈팡질팡하고 있었습니다.

그때 사람들의 입에 오르내렸던 '엄마 찬스, 아빠 찬스'는 이미 사라져 버린 과거의 것이었음에도, 정치권과 언론 그리고 여론은 그것을 현재진행형으로 읽었습니다. 정권은 '엄마 찬스, 아빠 찬스'의 시제時制가 다르다는 것을 말할 용기도 없었던 듯합니다.

충격적이었던 것은 2019년 10월 22일 문재인 대통령이 국회 본회의에 출석해 시정연설을 하면서, 수도권 16개 대학의 수능 정시모집 비율을 40% 이상으로 확대하겠다고 말한 것이었습니다. "국민이 가장 가슴 아파하는 게 교육불평등"이라는 말을 덧붙였습니다. 대통령 자신이 교육불평등을 가슴 아파한다면서 교육불평등을 심화시키는 정책을 발표한 것이었습니다. 그것은 대통령의 '논리 모순'이자 '자기모순'이었습니다.

대통령의 이 발언이 교육계에 준 충격은 엄청난 것이었습니다. 도대체 대통령이 누구와 협의한 것인가, 누구의 의견을 들은 것인가, 교육부는 뭐 했나, 교육감들 단 한 사람의 의견이라도 들어봤나? 의문은 꼬리에 꼬리를 물었습니다.

'대통령이 누구의 의견을 들었나?'에 대해서 교육감들의 입에서 나온 말은 정확히 일치했습니다. 대통령은 '그들'의 의견을 들었다는 것이었습니다. 저의 마음도 착잡했습니다.

그런 말을 대통령이 직접 국회 본회의에 나가서 할 거라면 장관은 뭐하러 세웠나, 혼자 다 하지, 이건 노무현 정부의 교육개혁 데자뷔가 아니고 뭔가, 노무현 정부 때 교육개혁을 망쳐 놓은 세력이 문재인 정부 들어와 다시 교육개혁을 망친 것 아닌가, 이제 일반고 수업은 어떻게 되는 것인가? 이 문제를 어떻게 풀어야 할지 방법이 보이지 않았습니다.

2020년 2월 19일 청와대에서 대통령과 교육감 간담회 자리에서 제가 대통령께 다음과 같은 의견을 제시했습니다.

교육감협의회가 설치한 대입제도개선연구단에는 전국 17개 시·도의 일반고 교사들 17명이 참여했다, 교사들은 아이들 교육에 관해서 그 누구보다 이해관계에 흔들리지 않는 분들이다, 대통령님께서 그분들을 한 번 만나 달라, 그분들이 말할 수 있는 충분한 시간을 달라, 교육감협의회 회장인 나는 그 자리에 있지 않겠다, 1948년 정부 수립 이후 대통령이 일반고 교사들을 만나 교육개혁에 관한 의견을 들은 적은 한 번도 없었다, 꼭 좀 만나 주시라, 라는 것이었습니다.

얼마 후 교육감협의회 사무국으로 돌아온 청와대의 대답은 '여러 의견을 듣다 보면 혼선이 생길 수 있으므로 만나지 않겠다'라는 것이었습니다. 저는 '그러면 그렇지, 듣고 싶은 사람한테 듣고 싶은 말만 듣겠다는 것이지'라고 생각했습니다.

대통령이 직접 대입 정시모집 비율 상향 조정을 밝힌 다음 날 저는 교육부 고위 간부에게 전화를 걸었습니다.

나: 대통령께서 그런 내용의 발표를 한다는 것에 대해 교육부와 사전 협의
　　가 없었고, 그것을 교육부도 모르고 있었지요?

간부: 아닙니다. 저희와 의견을 나눴습니다.

나: 우리 선수들끼리 이러지 맙시다. 발표 직전 교육부에 통보는 했겠지요.

간부: 그게 아닙니다.

나: 알았습니다. 내가 어제 점심때 광화문에서 누구랑 함께 있었는지는 아
　　시지요? 이 정도로 해 둡시다.

정부가 발표하는 대입제도가 올바른 것인지 그릇된 것인지를 가늠할
수 있는 결정적 척도가 하나 있습니다. 그것은 정부가 대입제도 정책을
발표했을 때 강남 학원가가 웃는지 우는지를 보면 됩니다.

＿＿＿＿ 고교학점제 - 설계도면 없는 건축

2016년 말부터 고교학점제 실시에 관한 관계자의 발언이 나오기 시
작했고, 2018년 교육부는 공식적으로 고교학점제를 발표하면서 이 제도
를 2025년부터 전면적으로 시행하겠다고 했습니다.

고교학점제는 고등학교 학생들이 필수과목 외의 선택과목은 자신의
적성과 진로를 고려하여 자유롭게 선택하도록 하고 졸업에 필요한 학점
을 이수하면 졸업할 수 있도록 하는 제도입니다. 고교학점제는 개념필
연적으로 '과목선택제'를 내포하고 있습니다.

고교학점제는 내신평가 및 대입수능시험과 연계될 수밖에 없습니다.

그렇게 하지 않으면 고교학점제, 내신평가, 대입 수능시험이 각각 고립적으로 운용되면서 학교와 학생들은 혼선을 빚게 되기 때문입니다.

현행처럼 내신평가를 상대평가로 하고, 수능시험을 일부 절대평가, 일부 상대평가로 해서는 고교학점제는 성공할 수가 없습니다. 수능시험의 경우 최소한 절대평가 또는 자격시험으로 바꾸어야 합니다.

내신평가를 상대평가로 하는 경우 학생들은 점수 따기에 유리한 과목과 수능시험과의 연계성이 높은 과목을 선택하게 되어 있습니다.

이런 현상을 실증적으로 보여 준 것이 법학전문대학원(일명 로스쿨) 제도입니다. 법학교육위원회는 법학전문대학원 인가 심사를 하면서, 학교별로 특색 있는 로스쿨을 어느 정도 지향하는지, 그 실행계획이 제대로 세워져 있는지를 집중적으로 확인했습니다. 변화하는 시대에, 다양한 법률 수요에 맞게, 다양한 법학전문대학원을 만들겠다는 것이 그 기본 취지였습니다.

하지만 막상 2009년부터 법학전문대학원이 문을 열자 마치 약속이나 한 듯이 25개의 모든 로스쿨이 똑같은 시스템으로 움직이고 있었습니다. 변호사 시험 합격자 수와 비율을 높이는 데만 혈안이 되었기 때문입니다.

학생들도 법조인으로서의 다양한 전문성을 갖추는 데 필요한 과목을 선택하는 것이 아니라 변호사 시험과의 연관성이 높은 과목으로 몰렸고, 그렇지 않은 과목은 외면했습니다.

저는 이 점에 착안해 교육부에 계속 문제를 제기하면서, 2016년 12월 26일 도교육청 확대간부회에서 "고교학점제는 과목선택제를 전제로 하는 것이고, 이것이 성공하기 위해서는 대학입시와 연결되어야 한다. 교육부는 이와 관련한 중·장기정책을 내놓아야 하는데 그렇게 하지 않고 있다. 교육부는 대통령이 바뀌면 또 새로운 정책을 낼 것이다. 학교현장은 혼란에 휩싸일 것이다."라는 말을 했습니다.

이에 더하여 도교육청 학교교육과에, 고교학점제 준비를 하되 교육부가 하라는 대로 하지 말고 속도 조절을 할 것과 고교학점제 도입이 실패할 경우 초래될 혼란을 최소화하기 위한 대비도 아울러 할 것을 주문했습니다.

고교학점제의 기본 취지, 그것이 성공하기 위한 조건, 선택과목의 다양한 설강에 맞춘 교원의 확보 방안 등에 대해 청와대도 교육부도 모르고 있었고, 국회 교육위원회 역시 이 부분에 대한 집중적인 질문과 확인을 하지 않았습니다. 고교학점제는 설계도면 없는 건축이나 마찬가지였습니다.

급기야 새로 취임한 교육부장관은 2022년 11월 22일 "고교학점제 때문에 (입시를 바꿔야 한다는) 부담이 있다면 속도를 조절하겠다. 학점제는 교실을 살리는 수단이지, 전면 도입이 지상목표는 아니다."라고 말했습니다.

1948년 정부 수립 이후 교육정책을 발표하는 기관은 있어도 그 누구도 교육정책의 실패에 대한 책임을 진 적은 단 한 번도 없는 나라가 바로 우리의 대한민국입니다. 교육에 대한 권력자들의 무지와 무책임 그리고 파렴치 때문에 고통받는 것은 오로지 우리 아이들과 교사들입니다.

집중이수제와 그 후유증

2010년 7월부터 교육감 일을 시작하면서 제가 도교육청 중등교육과 정 담당 장학사, 장학관들께 설명을 요구했던 것에 집중이수제라는 것 이 있었습니다.

집중이수제란 도덕, 실과, 음악, 미술, 체육 등은 학년별, 학기별 또는 분기별로 몰아서 수업하도록 하는 제도를 말합니다. 여기에 더하여 학 교장의 재량으로 특정 과목의 수업 시간 수를 20% 더하거나 20% 덜할 수 있도록 해 놓았습니다.

집중이수제가 적용되는 과목, 예를 들어 중학교 음악 수업은 1학년 1학기 한 학기 동안 집중이수를 하게 되면, 나머지 다섯 학기에는 음악 수업이 교육과정에 들어갈 수가 없습니다.

특정 교과목의 수업 시간 수의 20% 증·감 재량권 부여의 결과 국어, 영어, 수학 수업 시간 수에는 플러스 20%를 하고, 나머지 과목에서 20% 를 줄이는 결과가 전국의 거의 모든 학교에서 천편일률적으로 나타났습 니다.

집중이수제는 중등교원 임용시험에도 악영향을 끼쳤습니다. 대표적 으로 음악, 미술, 체육 전공자들이 타격을 입었습니다. 전북교육청의 경 우 몇 년 동안 중등교사 임용시험에서 음악과 미술 교사는 단 한 명도 선 발하지 않았습니다.

각 시·도교육청은 교육부가 하라는 대로 집중이수제를 충실히 따랐 습니다. 저는 이 상태를 이대로 두어서는 큰일 나겠다는 판단하에 대응책을 모색하기 시작했습니다.

우선 음악, 미술, 체육의 경우 교육부 지침을 크게 벗어나지 않는 범위에서 수업 학기의 수와 시간을 최대한 늘리도록 지시했습니다. 다음으로 단 몇 명에 불과하더라도 해마다 중등교사 임용시험 선발 분야에 음악과 미술을 포함하라고 지시했습니다.

2012년 1월 이명박 정부가 학교폭력 종합대책을 내놓았고, 교육부는 중학교 체육시간을 늘리라는 공문을 각 시·도교육청에 보냈습니다. 거의 모든 시·도교육청이 부랴부랴 중학교 체육시간을 늘리느라 요란스럽게 움직였습니다.

그 뒤로 집중이수제는 종적을 감춰 버렸습니다. 왜 사라졌는지, 어디로 갔는지, 그 뒷수습은 어떻게 했는지 알려진 것은 아무것도 없습니다. 집중이수제는 교육정책 날림공사, 교육정책 부실 공사, 그에 대한 무책임의 전형적인 사례로 남아 있습니다.

____ 거리 유지

저는 사람과 사람 사이의 관계에서 거리 유지 distance keeping; Distanzhaltung 를 매우 중요하게 생각합니다.

이 용어는 헌법학에서는 국가와 국민 사이의 관계에서 국가와 국민은 적정한 거리를 유지하라는 의미로 사용됐습니다. 예를 들어 국가가 국민을 보호한다는 명분으로 또는 국가의 존립과 안전에 필요하다는 이유로 국민 개개인의 삶과 관련한 '모든' 정보를 가져가겠다고 해서는 안 됩니다.

거리 유지는 특히 인간 대 인간 사이에서 중요한 작용을 합니다. 인간과 인간 사이의 거리 유지는, 인간은 누구나 그 자신만의 고유 가치^{own worth; Eigenwert}를 갖고 있다는 데 그 근거를 두고 있습니다. 관심, 배려, 사랑, 보호라는 이름으로 다른 인간의 모든 것을 알려고 한다면 그것은 '관계'가 아니라 '유착'이 되는 것입니다. 유착은 서로를 불행하게 만들고, 그 상태도 오래가지 못하게 됩니다. 거리 유지는 가족 구성원에게도 필요합니다.

선출직 기관장 일을 하다 보면 기관장 자신이 원하든 원하지 않든 소위 '측근 세력'이라는 존재가 나타납니다. 측근 세력 중 겉으로는 드러나지 않지만 은밀하게 실권을 행사하는 세력이 있습니다. 사람들은 그걸 가리켜 '비선秘線'이라고 부릅니다. 비선이 은밀하게 활동한다고 하지만, 시간이 흐르면서 결국 알 만한 사람은 그 존재를 알게 됩니다.

비선이 종국적으로 가는 길은 공조직의 기능력을 침해하거나 망가뜨리는 것입니다. 때에 따라서 공조직은 선출직 기관장보다 비선의 눈치를 더 보기도 합니다. 이미 기관장과 비선 사이에 유지되어야 하는 '거리'가 사라져 버렸기 때문입니다.

가끔은 비선이 궂은일은 도맡아서 하고, 좋은 평을 듣는 일은 기관장이나 공조직에 넘기는 예도 있습니다. 하지만 실제 그런 사례를 발견하기란 매우 어렵습니다. 권력이란 중독성이 강해서 권력을 손에 쥐는 순간 매우 빠른 속도로 권력을 가진 사람의 건강한 이성을 마비시켜 버리기 때문입니다.

기관장이 어려운 일을 당하거나 수세에 몰려 있을 때 비선이 자신을 희생해 가면서 앞장서서 기관장을 방어하는 일 역시 극히 드뭅니다. 처음에는 방어하는 듯이 보이다가도 자기 자신이 위태로워진다는 생각이 드는 순간 기관장을 향하여 칼을 빼게 되어 있습니다. 바로 이 지점을 주목해야 합니다.

기관장은 비선을 포함해서 가까운 거리에 있는 사람들에게 매우 특별하게 거리 유지를 해야 합니다. 특히 비선이 간부나 실무진에게 기관장의 뜻을 직접 전달하게 해서는 안 됩니다. 이 때문에 저는 확대간부회의 자리에서 여러 차례에 걸쳐 같은 말을 반복적으로 했습니다.

"교육감인 내가 누군가를 시켜서 간부나 실무진에게 인사나 계약 또는 예산 등과 관련하여 내 뜻을 전달하는 경우는 없습니다. 만약 그런 사례가 있으면 바로 나에게 직접 확인해 주십시오."라고 지시했습니다.

거리 유지를 위해, 이렇게 엄격하게 경계에 경계를 하는데도 불구하고, 적정 거리를 벗어나는 사람이 있습니다. 그 경우에 저는 조용히 인사권을 행사합니다. '이번 이 인사는 무슨 뜻이지?'라고 주위에서 의심을 하지만 저는 그 이유를 끝까지 말하지 않습니다.

교육의 통일성과 다양성

교육정책을 둘러싸고 각 시·도교육청이 중앙정부와 갈등을 빚고 충돌을 일으킨 근본 원인이 있습니다. 그것은 중앙정부의 권력이 시·도교육청에, 더 본질적으로는 각급 학교에 어느 정도로 영향력을 끼쳐야 하는가, 라는 문제와 연결됩니다.

제가 12년 내내 교육부를 상대로 주장했던 것은 '최소한의 통일성과 최대한의 다양성 원칙'이었습니다. 이것을 교육과정에 대입해 보면 중앙정부는 교육과정과 관련하여 최소한의 대강만을 정하고, 나머지는 모두 시·도교육청과 각급 학교에 맡겨야 한다는 것입니다. 최종 목표 지점은 학교자치입니다.

현장에서 교사들이 해야 하고, 할 수 있고, 나아가 그렇게 할 때 비로소 교육의 본질에 합치할 수 있는 것까지도 중앙정부가 틀어쥐고 일일이 개입하고 간섭한다면, 교육은 관치 교육과 중앙집권 교육에서 벗어날 수가 없는 것입니다.

직선 교육감 3기에 들어와서, 즉 문재인 정부 때 교육감들은 지방교육분권을 실현하기 위해 매우 특별한 노력을 기울였습니다. 시도교육감협의회에 필요한 기구도 설치하고, 교육부와 함께 교육자치정책협의회도 만들었습니다. 결과는 변죽만 울리다가 끝났습니다.

역사 변화의 도도한 물줄기가 만들어지기 시작하면 그것은 어떤 힘으로도 막을 수가 없습니다. 국가권력이 단위학교의 교육과정편성, 수업, 평가까지 모든 것을 자신의 고유 권한인 양 장악하고 있는 상황에서도 풀뿌리 지방교육자치 운동은 일어나기 시작했고, 지역 간의 편차는 있지만 교육의 혁신은 이제 돌이킬 수 없는 시대 정신으로 움직이고 있습니다.

교육에 관한 본질적인 권한은 어쩔 수 없이 단위 학교로, 교사의 손으로, 아이들의 삶으로 돌아갈 수밖에 없습니다. 이것은 다가올 언젠가 일어날 상황이 아니고, 이미 전개되고 있는 상황입니다.

어차피 대한민국에서 정권이 나서서 교육 혁신을 이뤄낼 수는 없습니다. 정파를 불문하고 정권은 교육혁신의 금치산자禁治産者라는 것을 그들 스스로 거듭 드러냈기 때문입니다. 교육에 관하여 정권은 '가만히 있는 것이 도와주는 것'입니다.

'최소한의 통일성과 최대한의 다양성 원칙'은 시·도교육청에도 마찬가지로 적용되어야 합니다. 시·도교육청이 일을 많이 할수록 학교는 힘들어지게 되어 있습니다. 시·도교육청도 단위학교의 교육과정, 수업, 평가에 관하여 최대한 'Let it be'해야 합니다. 상당수의 교사에게 시·도교육청이 '무엇을 도와 드릴까요?'라고 물어보면 '가만히 있는 것이 도와주는 것입니다.'라는 대답이 돌아올 것입니다.

2010년 7월 1일 교육감 임기 시작에 대비해서 교육비전을 짜기 위해 여러 교사와 머리를 맞댔습니다. 그 결과 나온 것이 "가고 싶은 학교 행복한 교육공동체"였습니다.

전례에 따르면 교육감이 최종적으로 확정한 교육비전은 도교육청, 시·군교육지원청, 직속기관 그리고 단위학교의 현판에 적어서 걸었습니다.

저는 교육비전은 도교육청과 시·군교육지원청 그리고 직속기관까지만 걸고, 각급 학교는 학교 자율적으로 결정해서 학교 구성원들이 원하는 교육 비전을 세우라고 했습니다. 도교육청부터 '최소한의 통일성과 최대한의 자율성 원칙'을 지키기 위한 것이었습니다.

학교마다 다양한 교육 비전이 나왔고, 그 교육 비전을 중심으로 학교가 움직이기 시작했습니다.

____ 축하

2022년 9월 어느 날의 일입니다. 제가 대학에 있을 때 그 누구보다 더 신뢰하고 존경했던 교수님이 계십니다. 나이는 저보다 네 살 더 많으십니다. 자신의 전공 그대로 살아왔고, 정년퇴직 이후로도 그렇게 살고 계신 분입니다.

권력, 명예, 재물 앞에 약해지지 않거나 굴절하지 않는 사람을 찾아보기가 불가능한 시대이지만, 그분은 그런 것들을 꼿꼿이 내려다보며 사셨습니다. 그 삶의 노선에는 앞으로도 전혀 변화가 없을 것입니다.

지식인들이 정권을 비판하다가도 그 정권이 내일 당장 자신을 부르면 바로 뛰어가서 곡학아세曲學阿世하는 것이 부정할 수 없는 세태이지만, 그분만은 그런 변절과 자기 부정을 죽기보다 더 싫어했습니다.

그분이 저를 만나고 싶다고 연락을 하셨고 약속 일시를 잡은 지 한 달 정도 지나서 만났습니다. 익산역 주차장에 차를 세워두고 출입구 앞으로 가서 기다리고 있다가 반갑게 손을 잡았습니다. 우리 두 사람은 만나면

줄곧 상대방의 눈을 쳐다보며 말을 합니다. 그것이 편하기 때문입니다.

예약해 둔 식당으로 가서 음식을 먹었습니다. 맛있게 잘 드시는 모습을 보면서 '내가 이 집으로 오기를 잘했네'라는 생각이 들었습니다. 점심밥을 먹고 나서 드립커피를 잘 내리고 분위기도 좋은 카페로 갔습니다. 커피를 마시면서 대화를 이어갔습니다.

"권력 앞에 장사는 없더군요."라는 제 말에 "그것이 명확한 진리입니다."라는 말로 동의를 표하셨습니다. 제가 이 말을 한 것은 교육감 일을 하던 12년 세월에도 수많은 지식인이 권력, 명예, 재물 앞에 무릎을 꿇는 참상을 봤기 때문입니다. 이윽고 그분은 본론을 말씀하셨습니다.

"오늘 내가 선생님을 만나러 여기까지 온 것은 12년 교육감 잘 마치신 것을 축하하기 위한 것입니다."라고 말씀하셨습니다. '역시 그랬었구나.' 제가 예상했던 대로였습니다. 단순한 말처럼 느껴질 수도 있지만, 아무나 할 수 있는 말은 아니었습니다.

사람이 사람을 만나면서 전율을 일으킬 정도로 감동하는 것보다 더 큰 기쁨을 찾기는 어려울 것입니다. 그분은 다시 말을 이으셨습니다.

"내가 여기에 왔으니까, 다음에는 선생님이 내가 있는 곳으로 오셔야 합니다. 기간은 1년 이내입니다. 그 기간이 지나도 오시지 않으면 내가 다시 옵니다."라고 말씀하셨습니다.

출발 시각에 맞춰 익산역 앞에서 내려드렸습니다.

____ 질문이 있는 교육

"중요한 것은 질문하는 것을 멈추지 않는 것이다. The important thing is not to stop questioning". 알버트 아인쉬타인Albert Einstein이 한 말입니다. 이 말은 인간의 일상 어디에나 적용될 수 있는 말이지만, 특히 교육 영역에서 매우 결정적인 의미를 갖고 있습니다.

오래전 어느 대학에서 학생들 사이에 널리 오르내리던 일화가 있었습니다. 저도 직접 들었습니다.

강의 시간에 어느 학생이 교수에게 질문을 했습니다. 그러자 교수는 질문에 대해 답변은 하지 않은 채 "자네 이름이 뭔가? 강의 끝나고 내 연구실로 좀 오게."라고 말했습니다. 강의실의 분위기는 일순간 얼어붙었고, 질문한 학생의 친구가 옆에서 "거 봐 인마. 내가 말했잖아. 질문하지 말라고."

강의가 끝나고 고개를 숙인 채 그 교수의 연구실로 들어간 학생을 세워 놓고 교수는 고향이 어디인가, 부모님은 뭐 하고 사시는가 등등 몇 가지 질문을 하더니 "자네 공부 열심히 해야겠구만. 가보게."라고 했다는 것입니다. 우리나라에는 오랫동안, 어쩌면 지금, 이 순간까지도, 질문이 없는 수업이나 강의가 적지 않다고 보는 것이 맞을 것입니다.

2021년 무렵 어느 대학교의 총장님한테서 이런 말을 들었습니다. 자기 학교 교수 한 사람은 강의 시간에 강의실에 들어가면 수강생 대표가 교수에게 "교수님은 저기 앉아 계시지요. 수업은 저희가 알아서 하겠습니다."라고 한다는 것이었습니다. 강의 시간 내내 해당 교수(시간강사가 아님)는 그냥 앉아 있다가 나온다고 했습니다.

자신의 전공에 대한 전문성이 약할수록 질문에 대해 알러지 반응을 일으키게 됩니다. 이 경우 학생들은 질문을 안 하는 정도가 아니라 두려워합니다. 질문을 잘못했다가 찍힐 수 있기 때문입니다.

교육에서 가장 중요한 것은 질문하는 것입니다. 학생만이 질문하는 것이 아니라 교사나 교수도 학생에게, 학생이 학생에게 질문을 하는 것이 교육의 본질적 구성부분입니다. 수업이나 강의 시간은 교육자와 학생이 서로 협력하면서 서로의 성장을 돕는 시간입니다.

아이들이 그렇게 성장해야 어른이 되어서도 누구에게나 질문을 할 수 있는 것입니다. 그렇게 성장한 국민이 많을수록 권력자들은 국민을 상대로 농간을 부리지 못하는 것입니다. 대형 사건이나 사고가 발생하는 경우 희생양 찾기에 급급한 파렴치한 짓을 하지 않게 됩니다. 권력자들은 질문할 줄 아는 국민을 두려워하게 되어 있습니다.

혁신학교와 혁신교육은 바로 그런 교육을 실행하는 학교이자 교육입니다. 똑똑하지 못한 권력자들, 자신의 직무나 전공도 제대로 이해하지 못하는 권력자들이나 교육자들이 혁신교육과 혁신학교를 좋아할 리가 없습니다. 그런 권력자들이 선호하는 것은 일방적 명령과 일방적 복종이기 때문입니다.

여전히 학생들을 점수로 줄세우기 하는 것을 교육의 지상과제로 여기는 대한민국의 권력자들이야말로 교육 적대적 세력 education-inimical power; erziehungsfeindliche Macht 입니다.

_____ 학생 대상 성추행과 의사표현의 자유

2016년 봄부터 1년여에 걸쳐 저는 '헌법 순회 특강'을 했습니다. 17군데로 가서 교원과 직원뿐만 아니라 학부모와 지역주민 들을 만났습니다. 제가 찾아간 17곳에는 고등학교 4곳도 포함되어 있었습니다.

어느 날 ○○군 ○○읍에 있는 여자고등학교로 가서 학생들 앞에 섰습니다. 강의의 주제는 "말할 수 있는 자유, 표현할 수 있는 자유"였습니다. 2시간 남짓 이어진 헌법 강의에서 저는 학생들에게 이런 말을 했습니다.

"건강한 민주주의 국가는 국민이 의사표현을 잘해요. 말과 글과 형상, 영상 등을 이용해서요. 국민이 자유롭게 자신의 의사를 표현하는 것에 대해서 절대로 국가가 함부로 사전에 억제하는 일을 해서는 안 돼요. 아직 발표하기도 전의 작품을 대상으로 '너, 그거 내지 마'라고 한다면 이걸 사전억제라고 하는 거예요. 반대로 사후 억제는 이것이 공공의 이익을 침해했냐, 국가의 이익을 침해했냐 이런 걸 물어요. '청소년의 보호를 위해서'라는 단서도 붙이죠.

이러한 의사표현의 자유, 알 권리, 정보취득권, 취재의 자유, 보도의 자유 등을 잘 보호해야만 우리 헌법이 말하는 제1조 제1항의 '대한민국은 민주공화국이다.'라는 표현이 힘을 얻게 되는 거예요. 표현의 자유가 얼마나 중요한지 알 수 있죠. 여러분이 어른이 되는 세상은 지금보다 훨씬 더 의사표현을 자유롭게 할 수 있는 세상일 거예요. 그러기 위해서는 지금부터라도 헌법이 내는 목소리를 주권자의 한 사람으로서 주의 깊게 들어야 하고요. 학생 여러분! 입은 말하라고 있는 거예요."

학생들은 매우 진지하게 강의를 들었고, 질문도 활발하게 했습니다. 저는 미리 학교 측에 학생들의 질문 시간을 제한하지 말아 달라고 부탁했습니다. '이 학교는 분위기가 매우 밝은 학교이구나.'라고 생각하면서 마음이 흡족했습니다.

해가 바뀌어 2017년 '바로 그 학교'에서 교사가 학생들을 상대로 오랜 기간, 은밀히 한 것이 아니라 보란 듯이 노골적으로 성추행을 한 사건이 발생했습니다. 가해교사의 심각한 일탈행위가 지속되었음에도 교장, 교감, 동료 교사 그 누구도 제지하지 않았다는 혐의가 수면 위로 떠오르기 시작했습니다. 성추행당한 학생도 한두 명이 아니라 졸업생을 포함하여 매우 많았습니다.

도교육청 감사관은 바로 감사에 착수했고, 경찰도 수사에 들어갔습니다. 자신을 졸업생이라고 밝힌 사람이 저에게 전화를 걸어 자신도 피해자라고 말하면서 필요하면 언제든지 진실을 말하겠다고 했습니다.

저는 감사와는 별개로 사립학교 업무를 담당하는 실무진에게 그 학교의 구조적 문제점이 무엇인지 물어보았습니다. 그 지역에서는 중학교를 졸업하고 고등학교에 입학하는 여학생들에게 고등학교 선택권이 없다는 설명을 들었습니다. 읍 단위에 단 하나의 여고가 있기에, 그 지역의 여중생은 좋든 싫든 그 여자고등학교에 가야 한다는 것이었습니다. 해당 학교법인은 '그 누구도 우리를 어떻게 할 수 없어'라는 자신감이 있었던 것 같았습니다.

실무진에게 대책을 물어보았습니다. 대답은 이번 기회에 그 지역에

여학생이 갈 수 있는 여자고등학교를 하나 더 만들자, 이를 위해 고등학교를 신설하는 것이 아니라 기존의 공립고등학교를 남녀공학 일반계 고등학교로 만들자는 것이었습니다.

그 보고를 받고 저는 간부들에게 한 가지 주의 사항을 줬습니다. 그 지역의 여중생들에게 고등학교 선택권을 주는 방안을 마련하되, 절대로 '이번 사건에 대한 제재로 하는 것이 아니다'라는 것을 공식화하라고 했습니다.

만에 하나라도 그 지역의 여중생들에게 고등학교 선택권을 부여하는 조치가, 성추행 사건이 발생한 그 여고에 대한 제재의 수단으로 취해지는 조치라고 말하게 되면, 그것은 '부당결부금지의 원칙'에 걸려 소송에서 불리하게 된다는 설명을 했습니다.

부당결부금지 不當結付禁止; Koppelungsverbot 의 원칙이란 행정기관이 행정작용을 할 때 그 행정작용과 실질적인 관련성이 없는 반대급부와 결부시켜서는 안 된다는 원칙을 말합니다. 행정제재의 수단으로 해당 행정작용과 실질적인 관련성이 없는 불이익을 가하는 것도 이 원칙을 위반하게 됩니다.

도교육청은 2018년부터 해당 지역의 상업계 여고를 일반고로 개편하여 신입생을 모집했습니다. 잠정적으로 상업계 1개 학급만을 유지하다가 1학년 상업계 학생들이 졸업하면서 완전히 일반고로 전환하는 계획을 세웠습니다. 성추행 사건이 발생한 여고에 대해서는 7개 학급을 3개 학급으로 감축하는 조치를 했습니다.

저는 교원인사과 중등인사팀에 상업계에서 일반계로 개편된 학교의 교장으로 적합한 후보군을 보여 달라고 했고, 그중 한 분을 교장으로 임명했습니다. 그 학교에 적합한 교사 몇 분을 교장선생님의 추천을 받아 전보 발령을 내라는 지시도 함께했습니다.

그해 늦은 봄, 저는 세 번째 교육감 선거에 출마하여 선거운동을 하러 다녔고, '그' 지역에도 갔습니다. 시장市場 상인들을 만나기 위해 가는데, 어느 중년 남성이 제 앞에 서서 싸늘한 시선으로 저를 바라보며 말했습니다.

"이번에 김승환 교육감이 우리 ○○에 어떻게 했는지 똑똑히 봤습니다. 우리한테 한 그대로 돌려드리겠습니다."

이 말에 저는 아무런 대꾸도 하지 않았습니다. '너 같은 자들의 말에 내가 흔들릴 정도면 이 자리에 있지도 않았겠지.'라고 독백했습니다. 추악했던 여고생을 대상으로 하는 교사 성추행 사건의 재판도 마무리되고, 그 지역 여중생들은 고등학교 선택권을 갖게 되었습니다.

그런데도 성추행 사건이 발생했던 여고와 같은 학교법인 소속의 중학교 학생들은 고등학교 지원을 할 때 무언의 압박을 받는다는 말이 계속 들어왔습니다. 만약 그것이 사실이라면 그 학교는 '교육의 효과'가 아니라 '선발의 효과'를 기대하는 학교라고 볼 수밖에 없습니다.

_____ 교육은 보여 주는 것

'가르친다는 것'이 무엇인가에 대해서는 지금도 여전히 많은 의견이 나오고 있습니다. 의견의 다양성이 아니더라도 '가르친다는 것은 이것이다'라고 말할 정도로 그 의미가 일의적 一義的 인 것은 아닙니다.

가르친다는 것이 학교의 전유물 專有物 인 것도 아닙니다. 가르침의 출발은 가정이기 때문입니다. 독일연방헌법재판소의 판례에 따르면 자녀에 대한 양육과 교육은 부모의 자연권 natürliches Recht 입니다.

살아 있는 가르침은 '보여주는 것'이라고 말해도 큰 무리는 없을 것입니다. 올바른 '말'은 누구나 할 수 있지만, 올바른 '보여주기'는 누구나 할 수 있는 것은 아닙니다. 행정구역은 시 市 에 속해 있지만, 면 面 단위에 위치한 초등학교에서 일어난 일입니다. '그' 일이 외부적으로 알려진 것이 아니라 우연히 제가 인지하고 상황 설명을 듣게 되었습니다.

2학년에 다니는 사내아이가 있는데, 그 아이는 학교 내의 권력구조를 알고 있고, 그에 따라서 어른들을 대하는 태도가 다르다는 것이었습니다.

그 아이는 교장-교감-부장교사-교사-기간제 교사-방과후 교사로 이어지는 서열을 알고 있었다고 합니다.

어느 날 그 아이가 기간제 교사를 향하여 "선생님! 우리 아빠한테 말해서 선생님 ○을 끊어 버릴 거예요."라는 말을 했고, 그 말은 순식간에 학교 내에 퍼지게 되었습니다. 위에서 언급한 '○'은 사람 신체의 특정 부위를 가리킵니다.

그 말을 저에게 전해주시는 분께 "어린아이의 입에서 어떻게 그런 섬뜩한 말이 나올 수 있나요?"라고 물어봤습니다. 그분의 대답은 이랬습니다.

그 아이의 아빠가 지방의원(시의원)인데 툭하면 '당신 ○을 끊어 버리겠어.'라고 말한다는 것, 그리고 그 아이가 어려서부터 아빠의 입에서 나오는 그 말을 들으며 자랐다는 것이었습니다.

아빠가 지방의원이기 때문에 학교에서는 후환이 두려워 아무런 말도 못 하고 전전긍긍하고 있다고 했습니다. 학교는 그 상태를 그대로 두지 않았습니다. 교장선생님을 중심으로 선생님들이 지혜를 모았고, 결국 그 아이의 아빠는 영문도 모른 채 아이를 데리고 규모가 큰 동洞 단위 학교로 갔다는 것이었습니다.

제가 학부모 대상 특강 등 학부모들을 만날 때 자주 했던 말이 있습니다. '자녀의 선생님이 아무리 엄마나 아빠의 마음에 들지 않더라도 자녀가 듣는 데서 선생님 욕을 하거나 선생님에 대해 부정적인 말을 하지 마시라, 자녀가 듣는 데서 그런 부정적인 말을 하는 것은 자녀에게 독을 주는 것이다'라는 말이었습니다.

저는 가끔, 학창 시절 자신들을 가르치셨던 선생님이 하도 멋져 보여서 교대나 사대에 갔고, 선생님이 되었다고 말을 하는 교사들을 만나게 되었습니다. 그럴 때마다 드는 생각은 '진정한 의미의 교육은 보여 주는 것이다'라는 것이었습니다.

____ 입시 철

대학입시 철이 되면 고등학교와 시·도교육청 그리고 시·군·자치구 교육지원청은 사실상 비상에 걸립니다. 도교육청에서 입시 업무와 직접 관련이 없는 부서에 근무하는 직원들도 정도의 차이가 있을 뿐이지 긴장된 분위기 속으로 빠져들게 됩니다.

도교육청에는 '대입진학지도지원단'을 설치해 두고 공·사립 일반고에서 대입진학지도의 경험이 많은 선생님들을 위촉해서 대입 준비생들의 전화 상담 또는 방문 상담을 해줍니다.

제가 대학에 근무할 때 우연히 '서울에서 개인별 대입진학지도의 상담료'가 얼마나 비싼지 알게 되었고, 그 때문에 교육감이 되고 나서 이 부분을 해결하는 데 힘을 썼습니다. 경우에 따라서는 교육감인 제가 부모님의 요청으로 직접 아이들을 만나 진학 지도를 하기도 했습니다.

2013년 가을 어느 날의 일입니다. 도내 어느 시^市 단위에 있는 일반고 학부모의 다급한 전화를 받게 되었습니다.

> 학부모: 교육감님! 안녕하세요? 저 ○○에 사는 ○○○인데요. 저 기억하시지요?
>
> 나: 예. 기억하지요. 무슨 일로 이렇게 다급하게 전화하셨어요?
>
> 학부모: 제 아들은 아직 고1이고요. 제가 잘 알고 지내는 엄마의 아들이 제 아들과 같은 학교 3학년이에요. 이번에 대입 치르거든요. 그 아이의 엄마가 봉사활동도 굉장히 열심히 하시는 분이에요.
>
> 나: 그런데 그분 아이한테 무슨 일이 있어요?

학부모: 예. 오늘 서울 ○○대학교 면접을 보러 가고 있거든요. 그런데 야가 타고 가는 케이티엑스[KTX]에 사고가 생겨서 도저히 면접 시간에 맞춰서 갈 수가 없대요.

나: 큰일 났네. 그러니까 그런 만일의 경우를 대비해서 시간 여유를 충분히 두고 다녀야 하는 거예요.

학부모: 시간 여유를 충분히 두고 갔대요. 그런데 케이티엑스에 이런 일이 발생할지는 몰랐겠지요. 지연되어도 너무 심하게 지연되니까요. 교육감님! 어떻게 안 될까요? 좀 도와주세요.

나: 이게 천재지변이 일어난 것도 아니고, 교통수단의 지연은 있을 수 있는 일이란 말이에요. 대학으로서도 예외를 인정하기가 쉽지 않을 거예요. 또 다른 문제가 발생할 수도 있으니까요. 아무튼 내가 한 번 알아보기는 하겠지만, 기대하지는 마세요. 아이한테는 무조건 면접장으로 가라고 하시고요.

학부모: 예. 교육감님. 감사합니다. 잘 부탁드릴게요.

나: 예.

'이 일을 푸는 데 어떤 식으로 접근해야 하나?' 궁리하다가 한 가지 생각이 떠올랐습니다. 그건 해당 대학교의 입학처장께 제가 직접 전화를 걸어 부탁을 드리는 것이었습니다. 다행히 바로 전화가 연결되었습니다.

나: ○○○ 처장님! 안녕하십니까? 저는 전북교육감 김승환이라고 합니다.

처장: 아, 네. 김승환 교육감님. 안녕하세요?

나: 오늘 학부 신입생 면접시험이 있는 날이지요?

처장: 예. 맞습니다. 오늘 있습니다. 그런데 무슨 일 있으신가요?

나: 예. 전북의 ○○시 일반고 학생인데요. 오늘 면접시험을 보기 위해 케이티엑스를 탔는데, 기차에 문제가 생겨서 시간이 많이 지연되고 있다는 것입니다. 아무리 계산해 봐도 정시定時에 들어갈 수는 없을 것 같고요. 많이 지연될 것 같아서요.

처장: 그러게요. 어떻게 하면 좋을까요?

나: 만일의 경우를 대비해서 시간 여유를 충분히 두고 가야 하지 않았냐고 말했더니, 그 정도면 되겠지 하고 충분히 시간을 확보하고 갔다는 겁니다. 천재지변도 아니고, 이 경우 대학으로서도 처리하기가 쉽지 않다는 것을 잘 알고 있습니다. 하지만 아이로서는 최선을 다한다고 한 것이고, 아이의 일생이 걸려 있는 문제인데, 처장님께서 원칙에서 크게 벗어나지 않는 선에서 잘 처리해 주시면 고맙겠습니다.

처장: 잘 알겠습니다. 이 문제를 저 혼자서 결정할 수 있는 것은 아니고요. 내부 논의를 거쳐서 신중히 결론을 내도록 하겠습니다.

나: 고맙습니다. 그럼 일단 아이에게는 늦더라도 면접시험장으로 가라고 하겠습니다.

처장: 네. 그렇게 하십시오.

나: 처장님! 고맙습니다.

처장: 네. 교육감님.

그 아이는 정시보다 늦은 시각에 면접장으로 들어가 무사히 면접을 치렀고, 좋은 결과를 받았다는 말을 전해 들었습니다. 같은 기차에 탑승했다가 면접 시간에 늦은 다른 아이들도 그 아이 덕분에 함께 면접시험을 치를 수 있었습니다.

학부모를 형사고발 하라

우리나라의 교육이 언제까지 암기교육, 주입식 교육, 줄 세우기 교육, 획일적 교육, 경쟁교육, 질문이 없는 교육, 표준화된 인간을 길러내는 교육, 프로크루스테스 침대식 교육에만 머물러 있어야 하는가,라는 비판적 의식에서 태동한 것이 혁신학교였습니다.

혁신학교의 맹아^{萌芽}는 김상곤 교육감이 이끄는 경기도의 남한산초등학교였습니다. 혁신학교에서 올라온 봉화^{烽火}는 전국의 학교로 번지기 시작했습니다. 혁신학교가 아닌 학교에서도 혁신학교의 교육과정을 살펴보기 시작했고, 학교의 상황에 따라서 적정한 것을 적용하기 시작했습니다.

그 혁신학교의 바람은 전북에서도 불기 시작했습니다. 전북교육청은 2010년 혁신학교 신청 학교 중 20개 학교를 혁신학교로 지정하여 2011학년도부터 혁신교육을 시작했습니다.

전북 혁신학교의 출발에 제동이 걸리기 시작한 것은 민주당이 주도하는 도의회였습니다. 도의회 교육위원회는 혁신학교 예산 전액 삭제라는 초강수를 두었고, 예결위원회에서 마치 선심을 쓰듯 절반의 예산을 의결해 줬습니다.

당시 이명박 정권이 볼 때 혁신학교 정책을 펼치는 지역은 모두 속칭 진보교육감 지역이었습니다. 진보교육감 지역을 몹시 못마땅하게 여겼던 정권은 혁신학교의 싹을 자르기 위한 작전을 구사하기 시작했습니다.

혁신학교를 대상으로 하는 먼지털이식 감사, 기우제식 감사는 그렇게 해서 시작된 것입니다. 교육부는 그 감사역량을 총동원하여 혁신학교 감사에 돌입했습니다.

전북에서는 20개 혁신학교 중 특히 3개의 혁신학교(진안 장승초, 임실 대리초, 정읍 수곡초)가 그 대상이었습니다.

심지어 아이들이 학교에 들어오는 시간에 맞춰 학교 주변에 잠복해 있다가 아이들을 실은 차가 신호를 위반했다는 적발도 감사 실적으로 삼았습니다. 2011년 12월 1일 교육부(당시의 이름은 '교과부')는 전북교육청에 혁신학교 감사결과를 공문으로 통지했습니다.

교육감에게 3개의 초등학교 학부모 145명을 형사고발하고, 학교장들에 대해서는 중징계와 형사고발을 하라는 것이었습니다. 교육부는 진안 장승초, 임실 대리초, 정읍 수곡초 아이들이 위장전입으로 재학 중이라고 문제 삼았습니다. 학교장들에 대해서는 그 사실을 인지하고 있었으면서도 입학을 허가한 범죄행위를 저질렀다는 것이었습니다.

저는 다음과 같은 이유를 들어 교육부의 요구를 거부했습니다.

"주지하고 있는 바와 같이, 교육을 위한 위장전입의 극치를 이루는 곳은 강남 8학군이다. 그곳에서는 수십 년 동안 당연한 것처럼 교육을 위한 위장전입이 발생했고, 감독관청인 교과부는 모르쇠로 일관하고 있었다.

강남 8학군으로의 위장전입을 하는 사람들은 거의 모두 부유층이다. 이와는 달리 전북의 장승초, 대리초, 수곡초로 아이들을 보내는 학부모들은 거의 모두 서민층 내지는 중산층이다.

그렇다면 귀족형 위장전입은 문제가 되지 않는 것이고, 서민형 내지는 중산층형 위장전입은 형사처벌을 받아야 하는 것인가? 지방교육, 농산어촌 교육을 홀대해 온 정부가 농산어촌 교육이 스스로 살아나고자 발버둥 치는 상황을 강하게 문제 삼는 저의는 무엇인가?

국회에서 인사청문회를 통과한 상당수의 고위공직자가 마치 교양 필수처럼 위장전입의 경력을 지니고 있다. 이들의 위장전입행위에 대한 형사고발은 어떻게 할 것인가? 교육부는 전북교육청에 대한 감사결과에 부끄러움은 없는지 생각해 보아야 한다. 학부모 145명에 대한 형사고발을 하지 않으면, 장관은 다시 전북교육감을 검찰에 직무유기 혐의로 고발할 것인가?"

교육부를 앞세운 정권의 강한 압박이 전북의 혁신학교를 무너뜨릴 수는 없었습니다.

____ 하나를 바르게 가르치는 소박함

2017년 9월 초, 저는 멕시코에 있었습니다. 전북을 포함해서 세 개 지역의 시·도 교육감과 직원들이 멕시코의 학교를 둘러보고 한글학교 등 관련 기관을 찾아갔습니다.

9월 10일 저녁에는 멕시코 대사께서 저희 일행을 대사관저로 초청했습니다. 밖에서 저녁밥을 먹는 것보다 대사관저 내에서 소박하게 저녁

밥을 먹으면서 대화를 나누는 게 좋겠다는 대사의 의견에 따라 함께 만나게 되었습니다.

그 자리에서 들었던 이야기 하나는, 최근 멕시코 대통령이 주재하는 국가업무보고 첫 번째 사안이 교육이었다는 것이었습니다. 어떻게 하면 아이들에게 더 나은 교육의 기회를 제공할 것인가에 대한 고민을 드러내는 것이었다고 볼 수 있습니다. 당시 멕시코 정부는 한국의 교육에 대해서 관심이 많다는 말도 들었습니다. 제가 보기에는 한국의 교육과 멕시코의 교육 중 어느 쪽이 더 바람직한가에 대해서 한 마디로 단정하기가 어려웠습니다.

우리나라에서는 이미 사라져 버린 지 오래된 재봉틀을 멕시코의 학교에서 봤습니다. 저희 일행을 안내한 교실에서 학생들이 재봉틀을 돌리고 있었습니다. 저는 그 모습을 보면서, '이 학교는 교육에서 아이들이 손가락을 움직이는 것이 얼마나 중요한지를 알고 있구나'라고 생각했습니다.

대사관저에서 저녁밥을 먹는 자리에서 저는 대사 부인의 말을 귀담아들었습니다. 그분께서는 교육과 관련한 자신의 경험을 이야기했습니다. 어느 날 대사 부인들이 모인 자리에서 이런저런 이야기를 하다가 다른 나라의 대사 부인들께서 우리 한국의 대사 부인께 어떻게 그런 것까지 알고 있는지 놀라더라는 것입니다. 문제는 그다음이었습니다. 그 부분에 관해서 더 듣고 싶다면서 이야기를 계속해달라고 했지만, 대사 부인께서는 더 이상 아는 것이 없어서 할 말이 없었다는 것입니다. 그때 느꼈던 것이 하나를 알더라도 정확하게 깊이 알고 있어야 하는데, 자신이 받은 교육은 그것이 아니었다고 말했습니다.

진정한 의미의 교육은 아이들의 잠재력을 '끌어내는 교육'이어야 합니다. 불행하게도 우리나라의 교육은 지금 이 순간까지 일관되게 아이들에게 '집어넣는 교육'을 하고 있습니다. 가능한 한 최대한 많이 집어넣는 교육을 하다 보니 아이들은 자기 잠재력을 키울 기회를 놓치는 경우가 많고, 아이들에게는 즐거워야 할 학습이 지겨운 노동이 되어 버리는 것입니다.

우리나라 국민 1백 명 중 99명은 소크라테스가 '너 자신을 알라', '악법도 법이다'라고 말한 것으로 알고 있습니다. 철학자 헤겔이 미네르바의 부엉이는 황혼 녘에 날기 시작한다고 말했다고 생각하고 있습니다.

소크라테스는 악법도 법이다,라고 말한 사실이 없습니다. 그가 너 자신을 알라는 말을 자주 한 것은 사실이지만, 그 말 역시 소크라테스 자신의 말이 아니고 델포이^{Delfoi}의 아폴론^{Apollon} 신전 현판에 적혀 있던 말 ^{nosce te ipsum; know thyself}을 소크라테스가 금언처럼 인용한 것이었습니다. 악법도 법이다,라는 말은 경성제국대학 법철학 교수였던 일본인 오다카 토모오^{尾高朝雄}가 한 것이었습니다.

위에 인용한 헤겔의 말에는 매우 중요한 '비로소^{erst}'라는 부사가 빠져 있습니다.

글을 쓰는 사람들이 외국인의 말을 인용할 때는 기본적으로 원문을 확인해야 하는데, 확인하지도 않은 채 이미 돌아다니고 있는 말을 가져다 쓰는 경우가 비일비재합니다.

시인 김시천은 자신의 시 〈아이들을 위한 기도〉에서 "열을 가르치려는 욕심보다 하나를 바르게 가르치는 소박함을 알게 하소서"라고 말하고 있습니다. 저는 시인의 이 말을 떠올릴 때마다 그 말의 울림을 크게 느끼고 있습니다.

____ 재능에 대한 존중

행복지수가 높은 나라일수록 그곳에서 사는 사람들이 자신의 존재감을 느끼면서 가진 재능을 충분히 발휘할 수 있는 체제를 만들어 놓는 일에 노력을 기울입니다.

아주 오래전 독일 트리어^{Trier} 에서 머무를 때의 일입니다. 트리어는 고대 로마 제국의 행정수도였고, 중세 마녀 사냥^{witch hunting} 의 본거지였으며, 칼 맑스^{Karl Marx} 가 태어난 곳이기도 합니다. 그 당시 제가 일상의 삶에서 곤란을 겪었던 것 중 하나가 이발을 하는 것이었습니다. 간명하게 말하자면 그곳에서 이발하고 나면 마음이 개운치 않았습니다.

저의 그런 마음을 알고 있는 어느 분께서 저에게 도움의 말을 주셨습니다. 아우토반을 타고 2시간 남짓 달리면 만하임^{Mannheim} 이라는 곳이 나오는데, 그곳 어느 가게에 가면 이발을 매우 잘하는 사람이 있으니까 그 사람을 찾아가 보라고 했습니다. 알려 준 주소대로 길을 달려 그 가게로 들어갔습니다. 사정을 설명하자, 30세 전후로 보이는 남성이 자리에 앉으라고 하더니 가위로 저의 머리카락을 자르기 시작했습니다. 그 사람의 손놀림을 보니 한국의 이발관이나 미용실에서의 손놀림과 똑같았습니다.

그분에게 매우 잘한다며 칭찬의 말을 해 줬더니 그때부터 신이 나서 말하기 시작했습니다.

나는 터키에서 건너왔다, 독일로 와서 이발 공부를 했고 18세에 마이스터가 됐다, 나는 앞으로 평생 먹고사는 일에 전혀 걱정이 없다는 것이었습니다. 말을 할 때의 표정에서 자신감과 자부심이 묻어났습니다. 그때 그 일은 오래도록 저의 뇌리에 머물러 있었습니다.

교육감이 되고 나서 어떻게 하면 우리 아이들이 즐겁게 공부하고 실컷 뛰어놀고 자신의 재능을 발견하여 그 재능을 마음껏 꽃피우도록 할 수 있을까,라는 생각에 몰두하며 하루하루를 지냈습니다.

그러다가 저의 머릿속에 들어온 것이 '요즘 아이들은 손가락을 너무 놀리지 않는다'라는 것이었습니다.

'교실에서 연필도 칼로 깎는 것이 아니라 기계로 돌려 버린다, 연필을 깎다가 손가락을 조금 벨 수도 있는 건데 지나치게 조심한다, 유치원 때 무릎을 다치지 않은 아이는 어른이 되어 허리를 다친다는데 요즘 아이들은 부모의 과잉보호로 조금이라도 위험성이 있으면 움직이지를 않는다, 아이들이 손가락을 제대로 사용하면 뇌 운동에도 많이 도움이 될 텐데 뭔가 뾰족한 수가 없을까?'라고 고민하고 있었습니다.

그런 고민 끝에 떠오른 것이 '목공木工'이었습니다. 목공은 뇌와 손가락 그리고 전신全身이 함께 움직이는 창조적 작업입니다. 그것은 육체작업이면서 동시에 정신작업입니다. 집중력과 마음의 평정 상태 그리고 목공 재능이 좋을수록 좋은 작품을 만들어 내는 것은 당연합니다. 특히 집중력과 마음의 평정은 공부하는 아이들에게 매우 중요한 정신작용을 합니다.

저는 도교육청 관련 실무진들을 만나 제 생각을 말하고 서로의 의견을 교환했습니다. 결론은 학교에 목공체험센터 또는 목공실을 만들어 아이들이 이용하도록 하자는 것이었습니다. 큰 규모의 학교에 세우는 목공체험센터는 그 학교 아이들뿐만 아니라 다른 학교의 아이들도 이용하도록 하고, 작은 학교에도 원하는 곳에 목공실을 만들어 주자고 했습니다.

저는 한 가지 중요한 사항을 정리했습니다.

도내에 목공 장인들이 상당히 많이 계실 것이다, 14개 교육지원청이 중심이 되어 그분들을 찾아내자, 그분들의 인적 사항을 만들자, 그분들에게 목공 교육의 기본 취지를 설명드리고 협조를 구하자, 단순한 재능기부로 처리하지 말고 노력과 재능에 상응하는 정당한 사례를 드리도록 하자,라는 것이었습니다.

목공 교육은 그렇게 해서 시작되었습니다.

____ 학생 사이의 차별

2010년 교육감이 되고 나서 학교현장에서 발견한 몇 가지 불합리하고 부당한 것들이 있었습니다. 요약해서 말한다면, 학교가 학칙이나 관행으로 학생들을 차별하는 것이었습니다.

기숙사 입사 여부를 결정할 때 성적을 기준으로 하고 있었고, 학생회장 등 학생회 임원 출마 자격에 성적순을 적용하고 있었습니다. 우열반을 편성하여 성적이 높은 학생들에게 특별한(?) 수업을 제공하고 있었습니다. 학생들이 참여하는 중요한 행사에도 상위권 성적의 학생들이 주요 임무를 독차지하고 있었습니다.

'차이 differences'는 '다름'일 뿐인데도 불구하고, 학교는 그 차이를 차별 discrimination 의 근거로 삼았고, 그런 학칙이나 관행을 바로잡아 줘야 할 교육청은 그런 것에 거의 관심을 두지 않았습니다.

차이는 보호와 존중의 대상이지, 침해와 차별의 근거가 될 수 없습니다. 학교에서 학생들 사이의 차별이 오랫동안 유지되어 온 데는 우리 사회 종교 근본주의자들 regional fundamentalists 의 영향도 매우 큽니다. 그들의 인권 몰이해沒理解 와 인권적대적人權敵對的 태도는 학교를 비롯하여 국가와 사회의 모든 영역을 극심한 갈등과 분열의 상태로 몰아넣었습니다.

교육감이 되고 나서 최소한 학교 영역에서만이라도 이런 문제점들을 없애야겠다는 각오를 하면서 하나씩 풀어나가기 시작했습니다. 기숙사 입사, 학생회장 등 학생회 임원 피선 자격, 우열반 편성 등을 폐지하거나 개혁했습니다.

또 하나, 교육감이 학생들을 대상으로 강의할 때 학교 측에서 미리 질문할 학생과 질문 내용을 결정하거나 검열하는 것을 금지했습니다. 질문 내용은 교육감인 저 자신에게도 사전에 주지 말도록 했습니다.

이런 저의 뜻을 제대로 관철하기 위해서는 도교육청 실무부서와 공보팀의 협력이 필요했습니다. 사전·사후 점검을 정확히 하도록 했습니다.

강의를 마치고 질문 시간에 학생들이 저에게 질문할 때 저는 기습적으로 "혹시 학교에서 질문할 학생들을 미리 정하거나 질문지를 사전에 학교에 제출한 적이 있습니까?"라고 역질문을 하기도 했습니다.

이런 사례가 반복되면서 교육감 강의 시간에 학생들을 차별하는 일은 ('거의' 완전하게가 아니라) 완전하게 사라졌습니다. 수업에 지장이 없는 한, 질문 시간의 총량도 제한하지 못하도록 했습니다.

이렇게 하는 것이, 아이들이 그 존엄성을 존중받고 차별당하지 않으며 의사표현의 자유의 주체로 서도록 하는 길이었습니다.

_____ 기간제 담임선생님과 함께
졸업식을 맞이하고 싶어요

2016년 12월 하순의 날씨는 매우 추웠습니다. 정읍 평화의소녀상 제막식 행사장에 앉아 있는 내내 저는 추위에 떨고 있었습니다. 그건 제막식에 참석한 다른 분들도 마찬가지였을 것입니다.

공교롭게도 바로 그 시간대에 도교육청에서는 예기치 못한 일이 일어나고 있었습니다. 전주에서 초등학교 6학년 아이들 17명이 교육감을 만나 할 말이 있다며, 추운 날씨를 무릅쓰고 무려 1시간 동안 걸어서 도교육청 교육감실로 온 것입니다.

아이들이 교육감에게 하고 싶은 절박한 말은 이것이었습니다. 원래의 담임선생님이 질병으로 휴직하고 계시다가 2017년 1월에 복직하시게 되었다, 그렇게 되면 현재 자신들을 가르치고 계시는 기간제 담임선생님은 계약해지 당하시게 되고 자신들은 기간제 담임선생님과 함께 졸업식을 맞이할 수가 없게 된다, 그러니 교육감이 이 문제를 해결해 달라, 기간제 담임선생님과 함께 졸업식을 맞이하게 해달라는 것이었습니다.

교사가 법정 휴가를 내고, 정당한 사유가 있을 때 휴직하며, 복직을 하는 것은 법률이 보장하고 있는 교사의 권리입니다. 이와는 달리 기간제 교사는, 휴직교사가 복직하는 경우, 기간제 교사 계약의 해지 사유가 발생하면서 그 직에서 물러나게 되어 있습니다.

갑작스러운 상황을 맞이한 도교육청 간부와 직원들께서는 교육감이 돌아오면 아이들의 의견을 전달하겠다는 것으로 일단 마무리했습니다. 그 사실을 보고받은 저는 이리저리 궁리해 봤지만, 법률의 한계 내에서 풀 수 있는 묘책이 떠오르지 않았습니다. 월요일 확대간부회의 때 저는 이렇게 말했습니다.

휴직교사가 복직을 하는 것은 법률이 휴직교사에게 인정하는 권리이다, 그 권리를 행사하는 것은 정당한 것이다, 그 권리를 포기하라고 말할 수는 없다, 다만 학교장과 해당 휴직교사는 어떤 선택이 아이들을 보호하는 것인지 심사숙고해 주면 좋겠다,라고 말했습니다. 제가 할 수 있는 일은 거기까지였습니다.

그때부터 며칠 지나지 않아 해당 학교에서 도교육청으로 연락이 왔습니다. 복직하고자 하는 교사가 아이들이 졸업할 때까지 복직을 미루겠다고 했다는 것입니다. 저는 그렇게 결정해 준 선생님께 고마운 마음이 들었습니다.

_____ 댓글과 답글
그리고 아이들 사이의 다툼

지난 2023년 3월 4일 저는 이곳에 군산서해초등학교 5학년 4반 어린이들의 시집 〈우리 반이 터지겠다〉(2023. 1, 학이출판사)를 소개했습니다.

그중 이서권 어린이의 시 "싸움"에 대해서는 최근의 학교폭력 논란을 생각하면서 의견을 달았고, 댓글에 대한 답글도 다른 때보다 길게 썼습니다. 그 가운데 페친들의 관심이 상대적으로 높은 답글 하나를 이곳에 옮깁니다. 더욱 상세한 것은 3월 4일에 쓴 글을 참고해 주시면 됩니다.

〈싸움〉

이서권

오늘 쉬는 시간에 은후랑
치고 박고 싸웠다.
내가 잘못한 것 같은데
사과를 못 하겠다.
그래서 점심때
내 베이컨말이 볶음밥을 나눠줬다.
은후가 다람쥐처럼 볼 빵빵하게 먹었다.
다음부턴 싸우지 말아야겠다.

범죄피해자학이라는 학문이 있어요.

범죄행위가 발생하고, 법원의 판결을 통해서 형이 확정되지요. 형벌에는 최고형인 사형부터 최하형인 과료까지 있고요. 형법전에는 벌금 아래 단계인 과료(科料)라는 형벌이 규정되어 있기는 하지만, 과료를 선고한 경우는 못 봤어요.

과료는 행정기관이 부과하는 과태료와는 달라요. 과료는 전과기록을 남기지만, 과태료에는 전과기록이 없어요. 이걸 가리켜 형벌이라고 하지 않고 '행정질서벌'이라는 이름을 붙이거든요.

앞으로 돌아가서,

극악무도한 범죄행위가 발생했고, 그 범죄자에게 법원이 극형에 가까운 형벌을 선고했다고 해서 범죄피해자나 그 가족이 입은 막대한 피해가 회복되는 것은 아니라고 해요.

범죄자가 자신의 범행에 대해 진실로 뉘우치고, 몇 번이고 거듭 범죄피해자나 그 가족에게 용서를 구하고, 그 용서를 받아들이면서 화해가 이루어지고 동시에 범죄로 인한 상처들이 아문다고 해요.

범죄를 저지르면 법정 최고형을 선고하고, 가능한 한 오랫동안 사회에서 격리하면 문제가 해결될 것이라는 사고를 가리켜 응보론이라고 말하지요.

문제는 그 범죄자가 형기를 마치고 형무소 밖으로 나왔을 때예요. 그 범죄자의 앞길은 어떤 것일까요? 이 부분에 대해 국가와 사회가 아무런 노력도 하지 않고 방임할 경우 또 다른 범죄로 이어지게 되어 있어요. 범죄 자체는 밉고 제재받아야 하지만, 범죄를 자행한 인간을 버려서는 안 된다는 뜻이에요.

학교폭력에서 가해학생에게 엄정한 징계를 내리고, 그 사실을 학생부에 적어서 가해학생의 앞길을 막았다고 해서 학교폭력 문제가 해결될까요? 가해학생을 강제전학 시키면, 가해학생과 피해학생이 학교 밖에서 우연히라도 만나게 될 여지는 없을까요?

위 본문에서 언급한 것처럼, 가해학생의 부모나 조부모가 정순신처럼 권력자일 경우 가해학생을 원칙대로 처리할까요? 대한민국이라는 나라가 그 정도로 공정한 나라인가요? 저는 단연코 말해요. 대한민국은 천박한 나라예요.

대한민국이 경제대국이라고요? 겉으로 아무리 강하게 보여도 토대가 약하면 한 방에 훅 가는 거예요. 1997년 12월 3일(외환위기) 대한민국 스스로 그걸 보여줬잖아요. 아무리 학생이라 할지라도 성인 범죄 못지않은 수준의 범죄를 저질렀을 경우에는 어쩔 수 없이 학교에서 분리해야 해요. 수사기관의 수사를 받아야 하고 법원의 재판을 받아야 해요. 전과기록이 남더라도 어쩔 수 없는 일이지요. 다만, 그런 아이들이라고 해서 국가가 그 아이들의 앞길을 영원히 막아 버려서는 안 되겠지요.

거의 모든 사람이 모르는 법률조항이 하나 있어요. 그것은 <소년법> 제70조예요.
- 제1항: 소년 보호사건과 관계있는 기관은 그 사건 내용에 관하여 재판, 수사 또는 군사상 필요한 경우 외의 어떠한 조회에도 응하여서는 아니 된다.
- 제2항: 제1항을 위반한 자는 1년 이하의 징역 또는 1천만 원 이하의 벌금에 처한다.

소년법은 왜 이런 규정을 두고 있을까요? 그걸 가리켜 입법취지라고 하는데요. 이 조항의 입법취지는 뭘까요?

앞으로는 학교폭력 가해학생들에게 엄벌을 하라는 말이 나왔지요? 어떤 범위의 학교폭력에 대해서 엄벌해야 할까요? 엄벌이란 어떤 형벌을 가리키는 걸까요? 여기에서 말하는 엄벌에는 헌법이 규정하는 죄형법정주의 원칙이 적용되지 않을까요? 엄벌을 가해야 한다고 할 때, 가해학생이 받아야 할 불이익을 몰래 빠져나간 가해학생의 부모 또는 조부모에게는 어떤 엄벌을 가해야 할까요?

한 부모 밑에 두 명의 자녀가 있는데 한 아이는 다른 아이를 상대로 가해 행위를 했고, 다른 한 아이는 또 다른 아이로부터 가해를 당했을 경우, 그 부모는 어떤 입장을 취해야 할까요? 내 아이(들)는 절대로 가해행위를 하지 않는다고 단언할 수 있을까요?

법원에서 다루는 이혼사건 중 70% 이상이 평생 한 번도 다퉈본 적이 없는 부부라는 것 정도는 이미 널리 퍼져 있지요. 그 이유는 무엇일까요? 위에 옮겨 적은 이서권 어린이의 시 <싸움>을 우리 어른들은 암기하듯이 읽어봐야 할 거예요.

학교폭력 문제를 해결하겠다는 진실한 마음을 가지고 있다면 그런 논의에 들어와서는 안 되는 사람들 또는 직역 職域 이 있어요. 정치인, 언론(인), 권력기관의 구성원은 절대로 이 문제의 논의 구조에 들어와서는 안 돼요. 그들은 길을 찾는 것이 아니라 길을 막아 버리기 때문이에요.

제 4 부 ——

자존감

—————— 교육감은

교육의 방패막이

타인과 비교의 결과 얻게 되는 자존'심'^{esteem by others} 은 자기 자신을 끊임없이 비교의 수렁으로 몰아넣게 됩니다. 자신의 능력으로 받은 것임에도 불구하고 윗사람에게 인정받은 결과라고 오해하기도 합니다. 이와는 달리 자존'감'^{self-esteem} 은 자기 삶을 자기 스스로 평가하면서 성공 여부를 판단하고, 자신에게 주어진 또 다른 과제를 찾아 나서기 때문에 직업공무원의 삶에 역동성을 부여합니다.

공직자, 특히 직업공무원에게 승진의 꿈은 결코 포기할 수 없는 욕구입니다. 상위 직급으로 올라갈수록 해당 직급의 숫자는 줄어들기 때문에, 승진을 위한 경쟁은 치열해지고, 거기에 비리의 싹이 트기 시작합니다. 승진 비리는 어쩌다 발생하는 것이 아니라 구조화되어 있습니다. 기관장을 쳐다보는 충성 경쟁은 직업공무원의 숙명과도 같은 것입니다. 이런 상황에서 직업공무원의 자존감을 기대하는 것은 매우 어렵습니다.

직업공무원의 자존감을 키워 주기 위해서는 공정한 승진 구조를 만들어 내야 하고, 그것은 철저히 기관장의 몫입니다. 법령의 범위 내에서 승진 인사와 관련하여 기관장이 가진 폭넓은 재량권을 기관장이 내려놓으면 내려놓을수록 직업공무원의 자존감은 높아지게 되어 있습니다. '나는 누구의 힘도 빌리지 않고 내 힘으로 승진했다'는 확신이 하나의 당연한 인사 체제로 뿌리를 내릴 때 그 기관의 건강성은 높아지게 됩니다.

교사들에게 가장 필요한 자존감은 '나는 교사다' 또는 '교사인 내가 움직이는 이유는 내가 교사이기 때문이다'라는 의식일 것입니다. 어느 나라이든지 학교에는 교사만 있는 것이 아니라 교감과 교장도 있습니다. 그러한 직위가 승진 사다리로 이용될 때 교사의 자존감에는 균열감이 생기게 됩니다.

교사는 공적 신뢰를 먹고 사는 존재이기도 합니다. 교사에 대한 불신을 전제로 하는 교사 정책은 실패의 길을 걷거나 후유증만 남기게 됩니다. 교원평가가 그러했고, 교사 상피제가 마찬가지의 길을 걸었습니다.

엄정한 평가 과정을 거쳐 공정하게 수여하는 상인데도 받기를 거부하는 교사들이 있습니다. 그들이 상 받기를 거부하는 이유를 생각하다가 상을 주려는 사람이 고개를 숙이게 되는 때도 있습니다.

이탈리아는 그 존재 자체로 쉴 새 없이 많은 관광객을 끌어들입니다. 이탈리아 사람들이 자신의 나라에 이러저러한 역사적 흔적들이 있다고 자랑하지 않아도 외국인들은 자발적으로 이탈리아의 역사에 깊은 관심을 갖습니다.

국가기관과 공공기관의 청렴도 마찬가지입니다. 청렴은 국가 공조직의 산소와도 같은 것입니다. 청렴을 다짐하는 행사가 있는 나라는 그 자신이 청렴하지 못하다는 것을 공적으로 고백하는 나라입니다. 공조직의 호흡이 그만큼 건강하지 못하다는 것을 반증하는 것입니다. 우리나라는 아직도 청렴 행사를 하는 나라입니다.

_____ 교육장 공모제

2010년 6월 2일 교육감 선거에서 교육감에 당선되고 7월 1일 임기 개시까지 주어진 시간은 많지 않았습니다. 제16대 전북교육감 취임준비위원회를 구성한 후, 전북교육문화회관(지금은 전주교육문화회관으로 개칭)에서 위원들과 함께 일을 시작했습니다.

취임준비위원회는 제가 선거 때 내걸었던 공약을 집중 검토하고, 새로이 제안할 정책들을 발굴하고 있었습니다. 그중 하나가 교육장 공모제였습니다. 교육장에 뜻이 있는 분들이 지원하고, 교육장 공모제 심사위원회가 적격 심사를 한 후, 3배수로 교육감에게 추천하면, 교육감은 그중 한 사람을 교육장으로 지명하도록 하는 것이었습니다.

교육장은 각 시·군의 교육을 이끌어 가는 매우 중요한 권한과 책임을 갖고 있는데, 교육감 한 사람의 판단으로 교육장을 지명하는 것보다 여러 사람의 판단을 모아 적격자를 찾아내는 것이 최선의 선택 가능성을 훨씬 더 높일 수 있다고 보았기 때문입니다.

만약 적격자가 없으면 어떻게 하느냐, 지원자의 숫자가 현저히 적으면 어떻게 하느냐 우려하는 의견을 고려하여, 그런 경우에는 교육감이 직접 지명할 수 있도록 하는 예외 조항도 두었습니다. 다행히도 2010년 여름에 처음 시행한 교육장 공모제에 많은 인재가 지원했습니다.

저는 교육감취임준비위원회가 저에게 언급하지 않은 '또 다른 곳'에 주목하고 있었습니다. 그것은 심사위원회 구성을 어떻게 할 것인가, 즉 누가 심사위원으로 들어가도록 할 것인가,라는 것이었습니다. 저는 '누구든 들어갈 수 있다'라는 원칙을 굳히고 있었습니다. 교사, 교감, 교장, 장학사(연구사), 장학관(연구관), 학부모, 시민사회단체 구성원 누구나 교육장 공모제 심사위원으로 참여할 수 있도록 한 것입니다.

저는 그런 구상을 교원인사과 과장, 초등인사담당장학관, 중등인사담당장학관에게 설명했습니다. 세 분 모두 멈칫하는 반응을 보였습니다.

"이렇게 해서는 안 된다는 규정은 없지요?"라고 묻자 "예. 그렇습니다."라고 답변했습니다.

이때 제가 목표로 삼았던 것이 있었습니다. 그것은 전북교육을 '수직적 명령·복종의 체계'에서 '수평적 협력의 체계'로 만드는 것이었습니다. 교육감 자리부터 시작해서 '군림하는 자리'는 더 이상 존재하지 못하도록 하겠다는 것이었습니다. 이와 함께 교육장이 소신을 갖고 일할 수 있도록, 특별한 하자가 없는 한, 그 자리에 최대한 길게 머물도록 했습니다. 교육장에게도 성장의 기회가 주어져야 하기 때문입니다.

하나의 자리에서 전체가 시야에 들어오기까지는 대체로 2년 정도의 시간이 걸립니다. 이제 막 일을 제대로 해 보려 하는데, 교체해 버리면 교육장의 수준은 언제나 제자리걸음을 면할 수 없게 됩니다. 세월이 흐르면서 교육장 5년을 하는 분들도 나오기 시작했습니다. 규정상 5년은 동일한 기관에 근무할 수 있는 최대한의 기간입니다.

저의 교육감 3선 잔여 임기가 2년으로 접어들면서 교육장 공모제 지원을 둘러싸고 눈치를 살피는 분위기가 역력해졌습니다. 일단 공모제에 통과하더라도 얼마나 오래 근무할지 예측할 수 없기 때문입니다. 그래

서 예외 조항을 적용하여 공모 절차를 거치지 않고 제가 직접 지명하는
방식을 취했습니다.

_____ 이 은혜 잊지 않겠습니다

2010년 9월 1일 자 인사 작업을 거쳐 교육장 임용 예정자 명단을 발
표했습니다. 그때부터 며칠 지나 교육감실로 저를 만나러 오신 분이 계
셨습니다. 교육장 임용 예정자 중 한 분이셨습니다.

나: (자리에서 일어나 악수를 하며) 축하드립니다. (소파를 가리키며) 여기 앉으십
　　시오.
교육장: (공손히 인사를 하시며) 교육감님! 정말 감사합니다. 옛날 같으면 제가
　　　　이런 자리 상상이나 할 수 있었겠습니까?
나: ('그랬지. 얼마 전까지만 하더라도 그 자리로 가려면 몇 억의 거래가 있어야 했지'라
　　고 생각하며) 그렇게 말씀하지 마십시오. 당연히 가실 자리로 가시는 것
　　입니다.
교육장: 교육감님! 그게 아닙니다. 저로서는 상상할 수도 없는 자리였습니
　　　　다. 이 은혜 잊지 않겠습니다.
나: 교육장님!
교육장: 네. 교육감님.
나: 방금 이 은혜 잊지 않겠다고 말씀하셨지요?
교육장: 네? 아, 예. 이 은혜 잊지 않겠습니다.

나: 그래요? 궁금하네요. 은혜를 어떻게 잊지 않으실 건데요?

교육장: 예?

나: 방금 그렇게 말씀하셨잖아요. 은혜를 잊지 않겠다고요. 그게 궁금해서 물어보는 거예요. 어떻게 잊지 않으실 건데요?

교육장: 아, 네에.

나: 교육장님! 혹시라도 오해하지 마십시오. 내가 내 것을 교육장님에게 드리는 것이 아닙니다. 내가 행사하는 인사권은 법적으로 해석하면 전북도민의 권한입니다. 나는 도민을 대신해서 인사권을 행사하는 것에 불과하고요. 교육장님! 지금 가시는 그 자리는 그 누구의 자리도 아니고 교육장님 자신의 자리입니다. 그 자리는 교육장님의 몫입니다. 내가 아무 망설임도 없이 교육장님을 그 자리에 보내드릴 수 있도록 준비를 잘해 주셔서 고맙습니다. 그 자리에 계시는 동안 내가 특별히 직무 지시를 하는 일은 없을 겁니다. 그 지역의 교육은 교육장님에게 맡깁니다. 그곳에 가셔서 그동안 교육자로서 닦으신 역량을 마음껏 펼치십시오. 도와 드리겠습니다. 교육장님은 하늘을 우러러 한 점 부끄러움 없이, 무엇보다 교육장님 자신에게 당당하게 그 자리로 가시는 것입니다. 그래도 꼭 은혜를 갚고 싶으시면 그 은혜는 우리 아이들과 선생님들에게 갚으십시오. 가서 일하십시오.

교육장: 네. 감사합니다. 교육감님.

그분은 기대했던 대로 교육장의 직무를 빛나게 수행하셨습니다.

교육감도 인사청탁 하지 않아

제가 2010년 7월 1일부터 교육감 일을 시작하고, 같은 해 9월 1일 자로 시·군교육지원청 교육장으로 임명받은 분들 앞에는 첫 번째 인사가 기다리고 있었습니다. 그것은 2011년 1월 1일 자 일반직 인사였습니다.

일반직의 경우 5급(사무관) 이상은 교육감이 직접 근무처를 명시해서 발령하지만, 6급 이하 주무관은 교육감이 해당 시·군만 정하고 구체적인 근무처는 해당 지역 교육장이 결정합니다.

바로 그 인사를 앞두고 전북에서 상당히 큰 규모의 교육지원청의 교육장께서는 한 통의 전화를 받게 되었습니다. 전화를 건 사람은 도의회 교육위원회의 의원이었습니다. 전화의 내용은 일반직 주무관 한 명을 특정해서 어느 자리로 인사 발령을 내달라는 것이었습니다.

이 말을 들은 교육장께서는 "의원님! 우리 교육감님도 저에게 인사청탁을 하지 않으십니다."라고 말했다고 합니다. 이런 대응 앞에 더 이상의 말이 나올 수는 없었습니다.

그 뒤로 그 의원께서 의정활동을 통해서 저를 어떻게 상대했는지에 대해서는 누구든지 쉽게 상상할 수 있는 것이었습니다. 저는 잔잔한 웃음으로 그 교육장님을 바라보았습니다.

____ 승진

2011년 9월 어느 날 엘리베이터를 타고 5층에서 내려 몇 걸음 걸었을 때 오른쪽에 있는 계단에서 누군가 통화하는 소리가 들렸습니다. 목소리는 심하게 떨리고 있었고, 계단으로 나가는 문이 닫혀 있었는데도, 저의 귀에 통화의 내용이 들렸습니다.

"여보! 나 됐어. 응. 합격했어."

그분은 제가 전북교육감이 되고 나서 최초로 실시한 사무관 승진 심사에서 합격한 6급 주무관이었습니다. 어쩔 수 없이 통화의 내용을 듣게 된 저의 마음도 뭉클해지면서 '그래. 공무원 생활을 하면서 저렇게 전율 속에 빠져드는 순간들이 있어야지.'라는 생각을 했습니다.

공무원이 가지고 있는 여러 가지 꿈 중에 가장 큰 꿈은 아마도 승진하는 것일 겁니다. 그 승진도 누구한테 잘 보였다거나 아첨을 잘해서 승진하는 것이 아니라, 자신의 실력으로 당당하게 승진하는 것이어야 합니다.

교육감 등 기관장이 가지고 있는 승진 인사권은 막강합니다. 승진 배수 범위에 들어오면, 그중에서 그 누구를 승진시켜도 법적으로는 전혀 하자가 없습니다. 그 막강한 권한에 맛을 들인 기관장들은 하루하루가 황홀하게 지나갈 것입니다.

지방공무원 임용령 [별표 4]에 따르면 5급(사무관) 이상 승진 정원이

1명일 경우, 기관장은 7배수의 범위에서 1명을 선택해 승진시킬 수가 있습니다. 2명일 경우에는 10명 중 2명, 3명 이상 5명 이하일 경우 곱하기 4를 해서 그중 3명 이상 5명을 승진시킬 수 있습니다.

저는 취임 직후 승진 규정 개정을 통해서 교육감이 가지고 있는 5급 (사무관) 승진 인사권을 내려놓았습니다.

근무평정을 20%로 하고, 나머지 80%는 역량평가(보고서 작성과 심층면접)로 했습니다. 보고서 작성이나 심층면접은 제아무리 학원 강의를 열심히 들어도 풀어낼 수 없도록 했고, 자신이 그동안 쌓아온 공직수행 역량으로 해결하도록 했습니다.

이 모든 과정은 심사위원회가 관장하도록 했습니다. 심사위원은 원칙적으로 다른 시·도의 대학교수들로 구성했습니다. 도내 대학의 교수들이 심사에 참여하는 경우, 각종 연줄이 개입할 여지가 있기 때문입니다.

저는 심사위원회가 보낸 심사 결과에 그대로 서명하는 것으로 승진 인사 작업을 끝냈습니다. 인사권자인 교육감이 가진 승진 재량권을 전혀 행사하지 않은 것입니다.

주변에서 우려하는 소리도 컸습니다. 승진 인사권을 놓아 버리면 교육감의 조직 장악력이 약화될 수 있다는 것이었습니다.

전북교육청의 경우, 현실은 그런 우려와는 전혀 다르게 나타났습니다. 교육감의 영향력을 전혀 받지 않고 사무관으로 승진하게 된 공직자들의 자존감은 대단한 것이었습니다. '내가 해냈다'라는 성취감은 그들의 삶 자체를 역동적으로 바꿔 놓았습니다.

2011년 최초로 실시한 사무관 승진 역량평가를 통과한 17명(교육행정

15명, 시설 1명, 사서 1명)은 2012년 1월 1일 자로 사무관 발령을 받았습니다.

2013년 어느 날 저는 군산의 어느 초등학교를 찾아갔습니다. 교장실에는 교장·교감선생님과 함께 행정실장님이 배석하셨습니다.

그 자리에서 그 행정실장님이 하셨던 말이 지금도 기억에 선명합니다.

"교육감님! 제가 그동안 사무관 승진에서 계속 밀렸습니다. 후배들이 앞으로 치고 나가는데 저는 늘 승진에서 탈락했습니다. 창문 밖으로 뛰어내려 죽을 생각도 여러 차례 했습니다. 그러다가 교육감님으로 바뀌고 나서 이제 한번 해 볼 수 있겠다고 생각했습니다. 하지만 역량평가에서 한 번 실패했습니다. 그 결과를 저는 인정했습니다. 제가 부족했거든요. 그다음 해에 합격한 것입니다."

지방공무원 임용령이 교육감 등 기관장에게 부여하고 있는 폭넓은 5급 이상 승진 인사 재량권의 필요성 자체를 부정하기는 어렵습니다. 문제는 기관장이 자신이 가지고 있는 승진 인사권을 어느 정도로 공정성과 객관성과 투명성을 유지하면서 행사하느냐,라는 것입니다. 폭넓은 승진 인사 재량권은, 내부에서 인사 비리가 자행되는 것은 물론, 외부에서 인사청탁이나 인사 개입을 하는 통로로도 악용될 수 있습니다. '통제받지 않는 권한이나 권력'은 남용과 부패의 길로 갈 수밖에 없습니다. 그래서 필요한 것이 기관장 스스로 '자기통제 장치'를 작동시키는 것입니다.

과공비례 過恭非禮

    교육감 1기 초에 사무관 한 분이 결재받으러 교육감실에 들어왔습니다. 인사가 특이했습니다. 저를 향하여 90도 각도로 허리를 숙여 인사를 했습니다. 제가 물어봤습니다.

> 나: 사무관님!
> 사무관: 네. 교육감님.
> 나: 사무관님은 상급자한테 인사를 할 때 원래 그렇게 하십니까?
> 사무관: 예?
> 나: 방금 나한테 어떻게 인사하셨는지 기억 안 나세요? 구십도 각도로 허리를 숙여 인사했습니다. 원래 그렇게 인사하세요?
> 사무관: (당황하는 빛을 띠며 말을 잇지 못했습니다.).
> 나: 과공은 비례過恭非禮라는 말 아시지요? 지나치게 공손하면 그건 예가 아니라는 것이지요.
> 사무관: 예. 압니다.
> 나: 예는 아랫사람이 윗사람에게만 지키는 것이 아니라 윗사람도 아랫사람에게 예를 지키는 것이고, 모든 인간관계에서 지켜야 하는 것이 예입니다. 그런데 그것이 지나치면 예가 아니라는 것이에요. 상대방에 대해서뿐만 아니라 자기 자신에 대한 예도 아니에요. 예를 지키는 것 중 가장 중요한 것이 자기자신에게 지키는 예예요. 지나치게 공손한 것은 자기자신에게 예를 지키지 않는 것이에요. 자기자신을 지키세요.
> 사무관: 예. 명심하겠습니다.
> 나: 상급자가 하급자의 그런 인사에 젖어 들면 그 상급자는 망하는 겁니다.

교육감인 나와 사무관님은 서 있는 위치와 하는 일이 다를 뿐이에요. 우리 두 사람 사이에 인격적 가치의 차이는 없어요. 똑같아요.

사무관: 앞으로는 꼭 교육감님께서 말씀하신 대로 인사를 하겠습니다.

나: 그래요. 고마워요.

____ 실무진이 일할 수가 없는 겁니다

공직 수행에는 청탁이 따라붙습니다. 청탁하는 사람들은 대체로 사회에서 기득권을 누리고 있거나 일삼아 완장질을 하는 사람들입니다. 청탁과 구분해야 할 것이 분명히 있습니다. 그것은 공직이 더 적정하게 수행되도록 돕기 위한 요청입니다.

교육감 2기 중반을 앞둔 어느 날, 저는 상당히 큰 규모의 행사장으로 갔습니다. 객석을 둘러보니 사오백 명 정도는 앉아 있었습니다. 저는 맨 앞줄로 가서 이미 자리에 앉아 계시던 분들과 악수하며 인사를 나눈 다음, 의자에 붙어 있는 저의 이름표를 찾아가 앉았습니다.

제 옆에는 지역구 국회의원께서 앉아 계셨습니다. 반갑게 악수를 한 후, 서로 어떻게 지내냐며 다정하게 안부를 물었습니다. 그 국회의원께서 저의 얼굴을 한 번 살피시더니 조심스럽게 말을 꺼내셨습니다.

국회의원: 저도 이제 총선을 치러야 합니다.

나: 그러시지요? 잘 되시겠지요.

국회의원: 그래서 드리는 말씀인데요. 제 지역구에 ○○고등학교가 있지 않습니까?

나: 네. 그 학교 알고 있습니다. 그런데요?

국회의원: 학교 체육관이 낡아서 리모델링이 필요하다고 하는데요. 교육감님이 좀 도와주시면 고맙겠습니다.

(그 순간 제 머릿속에는 직감적으로 숫자가 떴습니다. 이거 십오억이네.)

나: 의원님! 학교 체육관과 강당의 신축이나 리모델링은 인성건강과 체육팀과 시설과 실무진이 현장 조사를 나가서 정밀하게 확인합니다. 그 결과를 정리해서 결재라인을 따라 결재받은 후, 그 결과를 공시하게 되어 있습니다. 올해도 이미 공시되어 있고요.

국회의원: 그래도 어떻게 좀 도와주시면 안 될까요?

나: 의원님! 이미 결재까지 마치고 공시를 한 리스트에 교육감이 중간에 끼워 넣기를 하면 실무진이 일할 수가 없는 겁니다. 의원님께서 너그럽게 이해해 주시면 고맙겠습니다. 죄송합니다.

국회의원: "………."

저는 사무실로 돌아와 시설과 담당 사무관님을 교육감실로 오도록 했습니다.

나: 사무관님! ○○고등학교 아시지요?

사무관: 네. 알고 있습니다.

나: 그 학교 체육관 리모델링 공사가 리스트에 올라 있습니까?

사무관: 아닙니다. 아직 그 정도로 낡지는 않았습니다.

나: 그래요? 리모델링 공사를 한다면, 공사비는 얼마나 들어갈까요?

사무관: (잠깐 생각하더니) 네. 십오억 정도 들어갈 것 같습니다.

나: 그 학교 체육관 리모델링과 관련해서 외부에서 청탁이 들어오면 그대로 자르세요. 이미 작업이 끝났다, 교육감 지시사항이다, 라고 말씀하시고요.

사무관: 네. 알겠습니다.

_____ 시 낭송

2011년 영남의 어느 지역에서 중학생들이 동료 중학생을 상대로 집단폭행을 함으로써 피해 학생이 사망하는 사건이 발생했습니다.

중앙과 지방의 모든 언론은 이 사건에 대한 보도로 도배를 하고 있었고, 정부는 다음 해인 2012년 2월 6일 학교폭력 종합대책을 발표했습니다.

학교폭력 가해학생에 대해서는 징계처분을 하는 것에 그치지 말고, 그 사실을 학생부에 기재해 가해학생의 대학입학 전형 자료 또는 취업 전형 자료로 제출하고, 가해학생이 졸업한 후 일정 기간 그 기록을 보존하라는 것이 학교폭력 종합대책의 골자였습니다.

전북교육청은 정부 대책의 문제점을 제기하면서 그대로 따를 수 없다는 입장을 밝혔습니다.

가해학생에게 징계처분을 내리는 것에 그치지 않고 대학입학이나 취업에 결정적인 불이익을 줘서 그 앞길을 막는 것은 교육적으로 해서는 안 되는 일이다, 그것은 헌법 제13조 제1항이 규정하고 있는 이중처벌 금지 원칙의 정신에 비춰볼 때 맞지 않는 것이다, 대통령 자리에 있으면서 수천억 원을 챙긴 전두환과 노태우도 형사처벌 한 번 받는 것으로 끝났다, 국가가 어린 학생들에게 너무 잔인하게 해서는 안 된다, 우리나라의 풍토에서 만약 가해학생의 부모가 정치·사회적으로 영향력 있는 지위에 있을 때 그 가해학생에 대한 처리는 어떻게 할 것이라고 보는가, 학교폭력이 발생한 경우 시·도교육청과 학교는 피해학생 보호(가해학생과의 격리, 상담, 치료 등)를 최우선으로 해야 한다, 하지만 거기에 그쳐서는 안 된다, 가해학생이 스스로 뉘우치고 피해학생에게 용서를 구하면서 서로 화해하는 기회를 만들어나가야 한다, 그것이 학교폭력 문제를 본질적으로 그리고 교육적으로 해결하는 길이다, 수사기관과 법원이 개입해야 할 정도로 가해행위의 가벌성이 심한 경우 그 사건은 학교의 손을 떠나 수사기관과 법원으로 가야 한다, 전북교육청은 형사처벌을 받았을 때에 한하여 가해학생의 학교폭력 사실을 학생부에 입력하지 않고 수기手記로 별도 기록하겠다는 것이 골자였습니다.

교육부(당시는 교육과학기술부)는 8월부터 9월까지 세 차례에 걸쳐 전북교육청과 도내 고등학교 54곳을 상대로 강도 높은 특정감사를 실시했습니다. 학교폭력 자료를 내라는 것이었습니다.

교장선생님들에게는 자료제출을 거부하면 초임 교장인 경우 중임을 시켜주지 않겠다, 검찰에 고발하겠다, 중징계를 하겠다며 압박했습니다. 그러나 쉰네 분의 교장선생님 중 쉰한 분의 교장선생님께서 자료 제출을 거부했습니다.

교육부는 도교육청에 감사실을 설치해 놓고 시도 때도 없이 도교육청 직원들을 불러들였습니다. 감사실에서는 고성이 오가는 경우도 있었습니다. 어느 직원은 "야! 너 민증 까 봐. 몇 살인데 나한테 반말하고 지랄이야."라며 항의하기도 했습니다.

도교육청의 분위기는 하루하루가 전쟁터였습니다. 문제는 그해 9월 3일이 다가오고 있다는 것이었습니다. 석 달 걸러 한 번씩 하는 직원조회날이 눈앞으로 온 것입니다.

우리 도교육청 소속 공직자들이 어쩌다가 나 같은 교육감을 만나 이런 생고생을 하고 있나, 다른 지역의 공직자들은 아무 일 없이 평화롭게 일하고 있지 않은가, 이런 상황에서 내가 어떻게 직원조회를 하겠다고 우리 도교육청 간부·직원들 앞에 선다는 것인가, 이번 직원조회는 그냥 건너뛸까, 그렇게 되면 혹시 간부·직원들의 사기가 더 떨어지는 건 아닐까…… 상념이 이어졌습니다.

일단 9월 3일(월요일)에 직원조회를 하겠다고 총무과에 말했습니다. 문제는 그다음이었습니다. 그것은 교육감인 제가 직원들 앞에 서서 무슨 말을 할 것인가,라는 것이었습니다. 할 말이 없었습니다. 생애 처음으로 저의 언어가 끊기는 상황에 부딪히게 된 것입니다.

그때 섬광처럼 하나의 생각이 떠올랐습니다.

그래, 내 언어가 끊기면 타자의 언어를 가져오는 거야, 타자의 언어라?, 맞아, 그거야 시를 가져오는 거야, 시 낭송을 하면 되겠네,라는 생각이었습니다.

어느 시인의 어떤 시를 직원조회에서 낭송할까 궁리하다가 때는 가을의 길목이라는 것, 저항의 삶을 살다간 시인이면 좋겠다는 것, 그중에서도 내가 좋아하는 시인의 시가 좋겠다는 결론을 내렸습니다.

9월 3일 아침 9시, 도교육청 2층 강당에서 직원조회가 열렸습니다. 호된 고생을 하는 직원·간부들께 정중히 고맙다는 인사를 한 후 윤동주의 '별 헤는 밤'을 낭송했습니다. 제 평생 처음으로 공식 석상에서 시를 낭송하는 순간이었습니다. 그 순간 객석은 아무 소리도 없이 조용했습니다. 모두들 저의 얼굴과 입을 쳐다보고 있는 것 같았습니다. 간부·직원들의 눈에서 '한번 해 보자'라는 결기가 느껴졌습니다.

그것이 제가 직원조회에서 처음으로 시 낭송을 한 것이었고, 2022년 5월 30일 마지막 직원조회에서는 신경림의 "가난한 사랑 노래"를 읊었습니다.

____ 그 사람

2012년 12월 19일 제18대 대선에서 새누리당 박근혜 후보의 주요 공약 중 하나가 (유치원, 어린이집) 누리과정을 국가책임제로 하겠다는 것이었습니다. 이는 유치원이나 어린이집에 다니는 만 3세~5세의 아이들에게 부모의 소득과 상관없이 유아학비와 보육료를 지급하는 것을 골자로 하고 있습니다. 이름도 당시 집권당이었던 '새누리당'의 이름과 비슷한 '누리'과정이었습니다.

문제는 그다음이었습니다.

새누리당 정부는 누리과정 국가책임 대선 공약을 무시하고, 유치원뿐만 아니라 어린이집까지 누리과정 예산을 모두 시·도교육청이 책임지도록 압박했습니다. 그 방법도 국회가 제정한 〈유아교육법〉과 〈영유아보육법〉의 개정이 어렵다고 판단했는지, 하위 규범인 〈유아교육법 시행령〉과 〈영유아보육법 시행령〉에 근거 조항을 두는 편법을 사용했습니다. 시행령을 통한 법률의 무력화였습니다.

정부의 이러한 정책이 지닌 문제점은 시·도교육청의 예산 운용에도 악영향을 끼치지만, 유아교육과 영유아보육의 관할을 명확히 구분해 놓은 유아교육법과 영유아보육법에도 위반하는 것이었습니다.

유치원에 대한 관할은 교육부-시·도교육청으로 이어지고, 어린이집에 대한 관할은 보건복지부-시·도-자치구·시·군으로 이어지기 때문입니다.

오죽했으면 저는 2016년 어느 날 전주를 방문한 박원순 서울시장과 전주의 어느 찻집에서 둘이 앉아 차를 마시면서 이런 말을 하기도 했습니다.

"박원순 시장님! 법률상 서울의 어린이집 관할권은 시장님이 갖고 계시지요? 그런데 왜 어린이집 누리과정 예산 문제에 대해서 아무 말씀도 안 하고 계시는 겁니까? 어차피 다른 사람들은 아는 게 없으니까 그렇다고 칩시다. 하지만 시장님은 법률가이시잖아요."라고 말했습니다.

저는 일단 유치원은 법률상 도교육청의 관할이니까 정부가 책임을 질 때까지 잠정적으로 도교육청이 부담하기로 했지만, 어린이집 누리과정에 대해서는 한 푼도 지원할 수 없다는 방침을 명확히 했습니다.

이 문제는 2014년 교육감 선거에도 상당한 영향을 끼쳤지만, 저의 방침에는 조금도 변화가 없었습니다. 상황은 2016년 6월 9일 낮에 발생했습니다. 그때 저는 도의회 임시회 본회의에 출석하여 추가경정예산안 의결 과정을 지켜보고 있었습니다. 의장의 산회 선포가 있자마자 수행 비서관이 급히 제 옆으로 다가왔습니다.

"교육감님! 지금 의사당 밖을 어린이집연합회 사람들이 점거했습니다. 위험하니까 교육감님은 도지사님 옆에 바짝 붙어서 나오셔야 합니다."라는 것이었습니다. "알았어요."라고 말한 후 본회의장 밖으로 나갔을 때, 로비는 수많은 사람으로 인산인해를 이루고 있었습니다.

여기저기서 "김승환 잡아라, 김승환 잡아!"라는 소리가 빗발쳤습니다. 도지사 옆에 몇 발짝이나 붙어서 갔을까? 저는 이미 도지사와 분리되어 있었습니다. 직원들이 저더러 (평소 다니던 길로 가지 말고) 도청 건물로 이어지는 구름다리로 가라고 했습니다. 그 말을 따라 오른쪽으로 나 있는 구름다리 방향으로 갔지만, 얼마 가지 못해 저는 어린이집연합회 사람들에게 둘러싸였습니다.

저를 보호하기 위해서 직원들이 제 주변을 감쌌지만, 중과부적이었습니다. 직원들도 이미 몸을 다치고 있었습니다. 제 바로 곁에는 완산경찰서 정보계장께서 저의 상황을 살피면서 구름다리 쪽으로 길을 내기 위해 안간힘을 쓰고 있었습니다. 그러다가 숨을 쉬기 어려울 정도로 목이 조여들었습니다. 누군가 저의 넥타이를 힘껏 당긴 것입니다. 그 순간 정보계장께서 깜짝 놀라면서 그 사람의 손을 내리쳤습니다. 또 다른 손이 제 몸으로 다가오고 있었습니다. 저는 재빨리 그 사람의 손목을 꺾어 버렸습니다.

심각한 상황은 또 다른 곳에서 벌어지고 있었습니다. 저는 도청 건물로 접근하지도 않았는데, 도청의 경비직원들이 대형 출입문을 닫기 시작한 것입니다. 그 상황을 지켜본 부교육감께서 "문을 닫으면 안 됩니다."라며 사력을 다해 방어하고 있었고, 부교육감 한 사람에게 수많은 사람이 대들었습니다.

부교육감께서는 자신의 안위는 안중에도 없다는 듯, 계속 저의 눈을 보면서 상황을 살피고 있었습니다. 바로 그 순간! 도청의 대형 유리 출입문이 와장창 소리를 내며 산산이 깨졌습니다. 저는 정보계장과 직원들의 도움을 받아 도청 건물로 진입했고, 엘리베이터를 타고 지하주차장으로 가 승용차에 올라탔습니다.

그 길로 도교육청 인근의 병원으로 가서 진찰받고 링거를 맞으며 안정을 취하고 있었습니다. 병원을 찾아온 간부와 직원들에게서 상황 설명을 들었습니다. 부교육감과 직원들 여러 명이 다쳤다는 보고도 받았습니다. 오후 6시가 다 되어 저는 병원에서 나왔습니다. 그때 불현듯 부교육감님 생각이 떠올라 전화를 걸었습니다.

나: 부교육감님! 지금 몸 상태가 어떠세요?
부교육감: 다리도 아프고 한데, 눈이 특히 안 좋습니다.
나: 눈이 어떻게 안 좋으신 거예요?
부교육감: 눈이 계속 따끔거립니다.
나: 안과에 가보셨어요?
부교육감: 안과 여기저기에 연락해 봤는데, 모두 퇴근 시간이라서 안 된다
　　　　고 합니다.

나: 그래요? 알았습니다. 잠깐만 기다리세요. 내가 한 군데 연락을 해볼게요.

(저는 평소 제가 다니던 안과로 전화를 걸었습니다.)

나: 원장님! 지금 병원에 계세요?

원장: 지금 막 퇴근하려는 중입니다. 왜요?

나: 오늘 도의회에서 사고가 났어요. 우리 부교육감님이 눈 상태가 매우 심각한 것 같습니다. 죄송하지만 좀 봐주시지요.

원장: 알겠습니다. 기다리고 있을 테니까 바로 오시라고 하시지요.

그날 저녁 저는 부교육감님의 눈 상태를 확인하기 위해 안과 원장께 전화를 걸었습니다.

대형 출입문이 깨지면서 유리 분진이 부교육감의 두 눈으로 들어갔다, 오늘 안구 세척을 했다, 충분히 한다고 했지만 그게 100% 세척이 가능한 건 아니다, 양쪽 눈 시력의 균형은 잃었다는 것이었습니다.

부교육감님의 부상은 여기에서 끝나지 않았습니다. 한쪽 무릎이 뒤로 꺾였고, 그때부터 오래 서 있는 것이 어려워졌습니다. 도의회와 도청 어디에서도 저의 안부를 염려하는 전화는 없었습니다. 저의 마음이 먹먹해지기 시작했습니다.

'부교육감은 직업공무원인데 직업공무원이 자신의 기관장을 지키겠다고 자신의 몸을 던지는 게 가능한 일인가, 그것은 자신의 직무범위에 들어 있는 것도 아니지 않은가, 어떻게 그런 일이 가능한가?'라고 생각하면서 눈에 이슬이 젖어 들기 시작했습니다.

부교육감! 그 사람은 저의 공직생활을 통해 만난 귀인이었습니다.

_____ 나를 평가한다고?

교육감 1기 첫해 어느 날 교육감실로 대변인께서 들어왔습니다.

대변인: 드릴 말씀이 있는데요.

나: 무슨 말인데요.

대변인: ○○일보에서 시·도교육청 평가를 하고 싶다고 합니다.

나: 그래서요?

대변인: 지금 다른 시도교육청 교육감님들은 모두 동의해 주셨고, 전북교육
　　　감님만 동의하시면 된다고 하네요.

나: ○○신문이 시·도교육청 평가를 하겠다? 그건 교육감도 평가하겠다는
　　것인데. 대변인은 내 입에서 무슨 말이 나올 것 같아요?

대변인: 예? 하하하. 그래서 제가 교육감님의 의견을 여쭤보는 겁니다.

나: 그 말을 누가 대변인한테 전했어요?

대변인: 아, 여기 주재하는 기자입니다.

나: ○○일보가 그동안 이런저런 평가로 재미를 많이 봤나 보네. ○○일보에
　　내 말을 정확히 전하세요. ○○일보는 나 김승환과 전북교육청을 평가할
　　자격이 없다고요. 아시겠지요?

대변인: 알겠습니다. 그렇게 전하겠습니다.

(다음 날 대변인께서 다시 교육감실로 들어왔습니다.)

대변인: ○○신문에 교육감님의 뜻을 그대로 전달했습니다.

나: 그랬더니 뭐라고 하던가요?

대변인: 김승환 교육감님이 왜 우리 ○○일보를 그렇게 미워하는지 모르겠
　　　다고 하던데요.

나: 그 이유는 지들이 잘 알겠지. 됐어요. 수고하셨어요.

____ 소신대로 하십시오

지난 2017년 규모도 상당히 크고 전통도 깊은 도내 어느 일반고에서
중대한 사안이 발생했습니다. 그 학교를 지역구로 하는 어느 지방정치
인이 교장선생님에게 운동부 하나를 신설해 달라는 압박을 가하고 있었
습니다. 그 정치인이 신설을 요구하는 종목은 골프였고, 이 정치인을 통
해 이 학교로 들어가 골프 선수 생활을 하고 싶어 하는 중학교 졸업 예정
학생은 1명이었습니다.

교장선생님은 그 정치인에게, 학교에 골프 시설도 없고 지도자도 없
다는 이유를 들어 골프 운동부 설치에 반대한다는 뜻을 밝혔습니다. 그
러자 해당 정치인은 자신이 사용할 수 있는 방법을 최대한 동원하기 시
작했습니다. '이제 내가 개입할 때가 됐구나'라는 판단이 섰고, 교장선생
님에게 전화를 걸었습니다.

나: 교장선생님! 안녕하세요? 교육감입니다.

교장: 교육감님이시라고요? 저 교장 ○○○입니다. 웬일이십니까, 교육감님?

나: 요즘 학교 운동부 신설 문제로 많이 시달리고 계시지요?

교장: 예. 그렇습니다. 스트레스를 많이 받고 있습니다.

나: 골프 운동부 신설에 대한 교장선생님의 정확한 의견은 뭔가요?

교장: 저는 반대합니다. 학교의 여러 가지 여건상 설치해서는 안 됩니다.

나: 그러시군요. 알겠습니다. 그럼 교장선생님 소신대로 하십시오.

교장: 예? 제 소신대로 하라고요?

나: 골프 운동부 설치 반대가 교장선생님 의견이라고 하셨잖아요?

교장: 예. 그렇습니다.

나: 그럼 그 의견 그대로 밀고 가시라고요. 내가 받치고 있을 테니까 뒷일은 걱정하지 마시고요.

교장: 그렇게 해도 되겠습니까?

나: 네. 그렇게 하십시오. 소신대로 하십시오.

교장: 알겠습니다. 그럼 저는 교육감님을 믿고 제 소신대로 하겠습니다.

나: 예.

뒤늦게 해당 학교의 총동문회가 그 사실을 인지하게 되었고, 동문회 차원의 대응이 나오기 시작했습니다. 우여곡절 끝에 학교 운동부 신설 문제는 그것으로 종지부를 찍었습니다.

____ 단호하셔야 합니다

2020년 6월 전주의 일반고에서 한 학생이 코로나바이러스에 감염된 사실이 확인되었습니다. 당시 사회의 분위기는 시 단위에서 감염자 2명이 발생하자 마치 전쟁이라도 일어난 것처럼 우왕좌왕하고 있을 정도로 어수선했습니다.

모든 언론의 마이크와 카메라는 그 학교를 중심으로 돌아갔습니다. 원도심에 있는 학교이기 때문에 학교 주위에 높은 건물도 없습니다. 그런데도 언론사의 카메라는 주변 건물의 옥상으로 올라가 학교의 모습을 카메라에 담는 일에 분주했습니다. 학교에서는 해당 3학년의 모든 학급을 원격 수업으로 돌리는 등 방역 당국의 지침에 따라 움직였습니다.

'학교 구성원들이 얼마나 힘들어할까?' 하는 생각이 들어 교장선생님께 전화를 걸었습니다.

나: 교장선생님! 안녕하세요? 김승환 교육감입니다.

교장: 네? 교육감님이시라고요?

나: 예. 교육감입니다. 확진 학생이 나와서 많이 힘드시지요?

교장: 네. 교육감님! 제가 많이 힘이 듭니다.

나: 그러실 거예요. 그런데 교장선생님! 교장선생님의 잘못으로 감염자가 발생한 것은 아니잖아요? 그렇지요? 물론 그 아이의 잘못도 아니고요. 누구든지 확진자가 될 수 있는 거예요.

교장: 네~에.

나: 교장선생님! 내가 드리는 말 잘 들어보세요. 언론 인터뷰 요청이 많이

들어오고 있지요?

교장: 네. 그렇습니다.

나: 언론은 인터뷰 요청을 할 수 있어요. 하지만 교장선생님이 언론의 인터뷰 요청에 응할 법적 의무는 없어요. 그러니까 인터뷰 요청이 들어오면 거절하세요. 자세한 것을 알고 싶으면 도道방역대책본부로 연락해서 알아보라고 하세요.

교장: 그렇게 해도 될까요?

나: 예. 그렇게 하셔도 됩니다. 그렇게 하셔야 하고요. 교장선생님이 단호하셔야 합니다. 그래야 학교 구성원들이 안정을 찾는 것이고요.

교장: 예. 알겠습니다.

나: 누가 뭐라고 하면 '나는 교육감의 지시에 따른다'라고 단호하게 잘라 말씀하세요. 나한테 다 떠넘기시라는 뜻이에요.

교장: 그렇게 해도 될까요?

나: 예. 그렇게 하십시오. 그리고 그 아이와 통화를 하고 싶은데요. 아이가 동의하면 아이의 휴대폰 번호를 나에게 알려 주세요. 내 번호도 아이에게 알려 주시고요.

교장: 예. 알겠습니다. 그렇게 하겠습니다.

이윽고 아이의 전화번호가 제게 들어왔습니다. 아이에게 전화를 걸었습니다.

나: ○○○ 학생 맞나요?

학생: 예. 맞아요.

나: 나 김승환 교육감이에요. 교장선생님을 통해서 전화번호를 받았어요.

맞지요?

학생: 예. 제가 교장선생님께 번호 말씀드렸어요.

나: 지금 상태는 어때요? 많이 아파요?

학생: 아프지는 않아요. 괜찮아요.

나: 코로나바이러스 치료제는 아직 없지만 치료 방법은 있다는 것 알고 있지요?

학생: 예. 알고 있어요.

나: ○○○ 학생이 코로나바이러스에 감염된 것은 학생의 잘못이 아니에요. 코로나바이러스는 사람을 가리지 않아요. 어른인지 학생인지, 여성인지 남성인지, 내국인인지 외국인인지, 부자인지 가난한 사람인지 가리지 않아요. 누구나 감염될 수 있는 거예요.

학생: 네.

나: ○○○ 학생은 시간이 지나면 낫게 되어 있어요. 잘 먹어야 해요. 잠도 잘 자야 하고요.

학생: 그렇게 하고 있어요.

나: 지금 3학년이라 마음이 급할 텐데, 어쩔 수 없잖아요. 병실에서 공부를 계속 하고 있지요?

학생: 예. 계속 공부하고 있어요.

나: 내가 앞으로도 가끔 전화해도 괜찮을까요?

학생: 네. 좋아요. 교육감님.

그 뒤로도 저는 그 아이와 계속 통화하면서 상황의 변화를 확인했습니다. 미술을 전공하는 그 아이는 3학년을 졸업하면서 바로 원하는 대학, 원하는 학과에 진학했습니다.

_____ 국정감사 준비

우리는 당연한 제도라고 생각할 수 있지만, 비교헌법적으로 볼 때 국정감사는 일반적인 것이 아니라 이례적입니다. 우리가 알고 있는 주요 국가 중 국정감사 제도를 두고 있는 나라는 없습니다. 다만, 국정조사권은 국민 대의기관인 국회의 본질적 권한이기 때문에 명문의 규정이 있든 없든 당연히 인정됩니다.

어쨌든 국정감사 제도는 헌법제정권력자인 국민이 헌법개정안 국민투표를 통해 결정한 것이기 때문에 그것을 운용해야 합니다.

국정감사에서 고생을 가장 많이 하는 사람들은 실무직원들입니다. 팀장(장학관, 사무관)의 지휘하에 한 달 정도 집에도 제대로 들어가지 못하고 준비합니다.

국회 교육위원회 위원 사무실별로 접촉해서 예정 질문을 뽑아냅니다. 그것도 부족해서 예상 질문도 작성해 답변을 씁니다. 국정감사 당일 새벽 4시~5시까지도 의원실에 사정사정해서 질문을 알아냅니다.

언젠가 국정감사가 열리는 날 국회의사당 복도 끝에서 우리 교육청 두 명의 직원이 잠에 곯아떨어져 있는 모습을 보면서 마음이 무척 아팠습니다. 직원들의 그런 피로는 교육감이 풀어줘야 합니다. 말로 격려하고, 좋은 음식을 대접하는 것으로 해결되는 것이 아닙니다. 국정감사장에서 국회의원이 자신의 교육감을 향해 질문하는데, 교육감이 그 질문에 여유 있게 답변할 때 직원들의 피로는 싹 풀리게 되어 있습니다. 직원들은 그 맛으로 국정감사 준비를 합니다.

국정감사에 조금씩 관록이 붙어 가던 어느 해, 국회 교육위원회는 여덟 군데 시·도교육청의 교육감을 국회 교육위원회 회의장으로 나와 함께 국정감사를 받으라고 했습니다.

아침 10시에 시작한 국정감사는 밤 11시가 넘어서 종료했습니다. 문제는 저 자신이었습니다. 다른 일곱 분의 동료 교육감들께서는 돌아가면서 질문을 받았지만, 저는 종일 단 한 번의 질문도 받지 못했습니다. 어떤 의원이 저를 골똘히 쳐다보고 있으면 '아! 나한테 물어보나 보다.'라고 생각하는 순간 그 의원의 질문은 다른 교육감에게로 넘어가 버렸습니다.

그래도 저는 경계의 끈을 놓지 않았습니다. 제가 지루한 나머지 휴대폰을 만지작거린다거나 딴짓하고 있다가 걸리면 그것으로 종일 난타를 당할 수도 있기 때문입니다.

결국, 위원장의 종료 선언이 있기까지 저는 단 한 건의 질문도 받지 못했습니다. 회의장의 문이 열리고 직원들이 들어오기 시작했습니다. 그때 우리 교육청의 남성 주무관 한 분이 "아 ㅆㅂ! 나 내년부터 국정감사 준비 안 해!"라고 말했습니다. 그 순간 저는 미안해서 그 직원의 얼굴도 쳐다보지 못했습니다.

_____ 교육감님! 죄송합니다

저는 현직에 있을 때 직무 수행에 관한 몇 가지 원칙을 세워두고 그것을 지켰습니다. 이 원칙은 자신에게 지키는 원칙이었습니다.

오후 6시가 되면 퇴근한다, 퇴근 시간 후에는 간부와 직원들께 전화하지 않는다, 교육장과 직속기관장들께 임명장을 수여하고 나면 특별한 사정이 없는 한 그 자리에서 떠날 때까지 구체적인 직무지시를 하지 않는다, 국외 출장을 갈 때 휴대폰 로밍을 해 놓고 직무 보고를 받는 것은 하지 않는다는 것이었습니다.

도교육청 간부들께도 부탁을 드렸습니다. 오후 6시 퇴근 시간 후에는 특별한 사정이 없으면 내게 전화하지 마시라, 뭔가 일이 있을 때 그건 간부들끼리 상의해서 알아서 판단하시라, 국외 출장의 경우 부교육감의 지휘하에 일을 처리하고 나한테는 보고하지 마시라는 것이었습니다.

퇴근 시간 후로 교사들께서 민원 전화에 시달린다는 말을 듣고 교사에게도 사적 생활을 할 권리가 있다, 퇴근 시간 후에는 특별하고 예외적인 사정이 있는 경우를 제외하고는 교사가 민원 전화에 시달리는 일이 없도록 하라고 했습니다.

교육장이나 직속기관장(연수원장 등)들께 구체적인 직무지시를 하지 않는 이유가 있었습니다. 일단 임명하고 책임을 맡겼으면 그에 상응하는 권한을 부여하고 기다려 주는 것이 맞다고 생각했기 때문입니다. 기관장도 일하다가 오류를 범할 수가 있는데, 그것을 스스로 판단하면서 직무에 참고할 수 있도록 해줘야 직무 수행을 통해 성장할 수가 있는 것입니다.

교육감 3기 어느 날 저녁 시간이었습니다. 휴대폰을 끄려고 하는데, 전화가 걸려 왔습니다. 전화를 받지 않으려고 하다가 '이 시간에 누구 전화지?'하면서 전화를 받았습니다.

나: 여보세요?

상대방: 교육감님! 저 ○○시장 ○○○입니다.

나: (그분은 우리 지역의 시장님이었습니다.) 아~ 시장님! 웬일이십니까? 목소리를 들으니 기분이 굉장히 좋으신 것 같네요?

시장: 예. 교육감님. 저 한잔했습니다. 한잔하면서 기분이 좋아가지고 교육감님께 전화를 드렸습니다.

나: 그러시군요. 맛있게 드십시오.

시장: 교육감님! 제 마음 아시지요? 존경합니다. 사랑합니다.

나: 예. 시장님! 그러잖아도 시장님께 언제나 고맙게 생각하고 있습니다. ○○교육지원청 교육장님에게서 시장님 말씀을 듣고 있거든요. 교육협력을 매우 잘해 주신다고요. 시장님! 고맙습니다.

시장: 아닙니다. 제가 당연히 해야 할 일인데요. 그런데 옆에서 자꾸 전화를 바꿔 달라고 하네요.

나: 그래요? 누구신데요? 바꿔 주시지요.

시장: 예. ○○○ 의원입니다. 바꿔드리겠습니다.

의원: 교육감님! 저 ○○○ 의원입니다. 오늘 저녁에 한 잔 제대로 하고 있습니다.

나: 그러시군요. 목소리에 힘이 있고 좋으시네요.

의원: 네. 저야 건강 하나는 자신 있습니다. 교육감님!

나: 네. 의원님. 말씀하십시오.

의원: 다음 교육감 선거 때 누구를 찍어야 하는지 저한테 미리 말씀해 주십시오. 제가 꼬옥 찍겠습니다.

나: (이 순간 저는 '그 말 잘못 했다가 녹음이라도 해 놓으면 공무원의 선거중립의무 위반으로 걸리게?'라고 생각하면서) 예. 의원님. 관심 가져 주셔서 고맙습니다. 그럼 맛있게 드십시오.

의원: 교육감님! 아니요. 잠깐만요. 옆에 통화할 분이 또 한 분 계십니다.

나: 예. 그럼 바꿔 주십시오.

(전화를 바꾼 분은 그 지역의 교육장이셨습니다.)

교육장: (혀가 잔뜩 꼬부라진 목소리로) 교육감님! 죄송합니다. 제가 교육감님 휴대폰 전화번호를 몰라가지고요.

나: 괜찮아요. 내 폰 번호 모르는 기관장이 한두 분이 아니시잖아요. 전화 끊고 어서 맛있게 드십시오.

교육장: 예. 교육감님. 고맙습니다. 안녕히 계십시오.

위에 언급한 교육장님은 3년 반 동안 그 자리에 계시면서도 저의 휴대 전화 번호를 모르고 계셨습니다. '그렇다 하더라도 굳이 다른 기관의 공직자들께서 듣는 자리에서 자신의 기관장 휴대폰 번호를 모른다고 말할 필요가 있나?'라는 생각을 하면서 혼자 웃고 말았습니다.

_____ 책과의 인연

인연因緣이란 사람과 사람 사이에 맺어지는 어떤 관계 또는 상황을 말합니다. 더 나아가 인연은 사람과 사람 사이에서만 형성되는 것이 아니라 사람과 사물 또는 어떤 지위 사이에도 발생합니다. 저의 경우 책과의 인연을 많이 경험하며 살고 있습니다.

2010년 7월 어느 날 저에게 책 한 권이 왔습니다. 그 책은 미국의 인지언어학자cognitive linguist이자 철학자인 조지 레이코프George Philip Laykoff가 쓴 〈코끼리는 생각하지 마Don't Think of an Elephant〉였습니다.

이 책이 어떻게 저의 손에 들어오게 됐는지 저는 지금까지도 모르고 있습니다. 이 때문에 저는 이 책이 저를 '찾아왔다'라고 말하고 있습니다. 저와 이 책 사이에는 보이지 않는 인연이 있었다고 보는 것입니다.

이 책에 나오는 매우 중요한 용어가 있습니다. 그것은 '프레임frame'입니다. 조지 레이코프는 이 책에서 현대의 정치는 프레임 정치라고 규정하면서, 상대방이 나를 공격하기 위해서 어떤 프레임을 사용할 때 그 프레임에 걸려들지 말라는 것을 계속 강조하고 있습니다.

예를 들어 상대방이 나에게 '당신은 종북이야'라며 종북 프레임을 걸 때 '나는 종북이 아닙니다'라고 반격하면, 나는 이미 상대방의 프레임에 걸려들었다는 것을 의미합니다. 내 입에서 종북이라는 용어가 나오는 순간 나는 상대방의 프레임 공격에 당한 것입니다.

저는 교육감 임기 내내 조지 레이코프의 '프레임'이라는 용어를 마치

하나의 경전처럼 뇌리에 새기며 지냈습니다. 그러다 보니 누가 어떤 프레임을 걸어서 저를 공격해도 저의 마음에는 잔물결 하나 일어나지 않았습니다.

2018년 저는 교육감 3선에 출마했습니다. 현장 선거운동, 유권자 만나기, 인터뷰 등을 이어갔습니다.

2018년 5월 8일 저는 군산의 어느 사회복지회관으로 들어가 관장실에서 차를 한 잔 마시고 있다가 전화를 받았습니다. 기독교전북방송 〈생방송 사람과 사람〉 인터뷰였습니다.

진행자가 저에게 기습 질문을 했습니다. "김승환 후보님! 상대 후보들은 이른바 3선 피로감을 얘기하고 있어요. 이런 여론도 없지는 않을텐데요. 어떻게 극복해 나갈 생각이세요?"라는 질문이었습니다.

저는 질문을 받고 잠깐 멈칫하다가 "3선 피로감이라는 프레임에 대해서는 3선 중량감이라는 말씀을 드리고 싶습니다. 어느 지역보다 교육감의 역량을 잘 키워 온 곳이 전라북도라고 생각하고요. 그 본인이 바로 저 자신이고요. 3선 중량감이 어떤 것인지 앞으로 4년 동안 보여드리고 싶습니다."라고 대답했습니다.

저는 3선 피로감이라는 프레임에 3선 중량감이라는 저 자신의 프레임으로 역공逆攻을 가한 것입니다. 그 뒤로 저를 향해서 더 이상 3선 피로감을 말하는 사람이나 언론 매체는 없었습니다.

조지 레이코프의 〈코끼리는 생각하지 마〉와 맺게 된 인연이 중요하고 결정적인 시기에 그 모습을 드러낸 것입니다.

____ 어느 시인

2018년 한여름, 저는 세 번째 교육감 선거에 출마하여 날마다 땡볕에 땀을 흘리며 현장을 뛰어다녔습니다. '당선이 보장된 선거는 없다'는 저의 지론에 따라 단 한 표라도 더 얻기 위해 있는 힘을 다 쏟아부었습니다. 지칠 때는 길가든 쓰레기장 옆이든 어디든지 주저앉아 쉬는 시간을 가졌습니다.

어느 날 저는 정읍에 있는 'ㅎ 마트' 안으로 들어갔습니다. 그때 마트 안에서 누군가 "교육감님!" 하면서 저를 꽉 껴안았습니다. 제가 평소에 시인다운 시인으로 생각하고 있는 시인, 어느 시이든 기교가 보이지 않고 진솔한 시를 쓰는 시인, 자기만의 언어로 시를 쓰는 시인, 어린아이와도 같은 순백 純白의 여린 심성을 가지고 있는 시인, 엄마에 대한 애절한 감성을 품고 사는 시인, 그는 박성우 시인이었습니다. 그가 저를 껴안는 순간 저의 몸은 더위에 지쳐 이미 땀이 흥건히 배어 있었습니다. 그는 아랑곳하지 않고 저의 몸을 붙들고 있었습니다.

그해 11월 16일 그는 시집 〈웃는 연습〉으로 제20회 백석문학상 수상자가 되었습니다. 교육감협의회 총회에 참석하고 돌아오는 승용차 안에서 그 소식을 들었습니다. 꽃다발을 들고 시상식장에 가야 하는데, 이미 시간이 맞지 않았습니다. 며칠 후 저는 교육감실에서 휴대폰으로 그에게 전화를 걸었습니다.

나: 박성우 시인님! 축하합니다. 백석문학상 받으셨지요?

시인: 예. 교육감님. 감사합니다.

나: 마치 내가 상을 받은 기분이에요.

시인: 감사합니다.

나: 박성우 시인님! 그런 큰 상을 받고 나면 갑자기 외로움에 빠질 수 있어 요. 잘 이겨내셔야 해요.

시인: 교육감님께서 그걸 어떻게 아십니까?

나: 내가 왜 그걸 모르겠어요. 저 사람만은 나에게 진심으로 축하해 줄 것으 로 생각했는데, 그 사람의 눈빛이 그게 아니라는 걸 느낄 수도 있어요.

시인: 예.

나: 만약 견디기 힘들 정도로 외로울 땐 나에게 전화하세요. 내가 만날게요.

시인: 예. 알겠습니다. 그렇게 하겠습니다.

그 뒤로 저는 공보팀에 한 가지 부탁을 했습니다. 박성우 시인의 백 석문학상 수상을 기념하는 토크쇼를 해보자, 그 자리에는 전북의 교사 교감 교장 전문직 중 작가들을 주된 초청 대상으로 하자, 장소는 1층 징 검다리 카페로 하자,라고 했습니다. 그날 그 자리에 많은 사람이 모였습 니다. 박성우 시인은 언제나 그랬듯이 수줍어하는 표정을 지으며 토크 쇼를 재미있게 이끌어 갔습니다.

〈다정다한 다정다감〉

박성우

내 어머니도 김정자고 내 장모님도 김정자다
내 어머니는 정읍에서 정읍으로 시집 간 김정자고
내 장모님은 봉화에서 봉화로 시집 간 김정자다
둘 다 산골짝에서 나서 산골짝으로 시집 간 김정자다
어버이 날을 앞둔 연휴가 아까운 터에
봉화 김정자와 함께 정읍 김정자한테로 갔다
봉화 김정자는 정읍 김정자를 위해
간고등어가 든 도톰한 보자기를 챙겼다
정읍 김정자는 봉화 김정자를 위해
시금시금 무친 장아찌를 아낌 없이 내놓았다
정읍 김정자는 봉화 김정자 내외에게
장판과 벽지를 새로 한 방을 내 주었으나
봉화 김정자는 정읍 김정자 방으로 건너갔다
혼자 자는 김정자를 위해
혼자 자지 않아도 되는 김정자가
내 장인 어른을 독숙하게 하고
혼자 자는 김정자 방으로 건너가 나란히 누웠다
두 김정자는 잠들지도 않고 긴 밤을 이어갔다
두 김정자가 도란도란 나누는 얘기 소리는
아내와 내가 딸과 함께 자는 방으로도 건너왔다
죽이 잘 맞는 '근당게요'와 '그려이껴'는
다정다한한 얘기를 꺼내며 애먼 내 잠을 가져갔다

달그닥거리는 소리에 잠을 깬 이른 아침
한 김정자는 쌀 씻어 솥단지에 앉히고
한 김정자는 화덕불에 산나물을 삶고 있다

____ 리더의 품격

리더는 다수인이 모여 있는 집단을 앞에서 이끌어 가는 사람입니다.
공공기관에서 기관장만 리더가 아니라 기관장 아래 단위마다 그 단위를
이끌어 가는 권한과 책임을 진 또 다른 리더들이 있습니다.

리더라는 용어보다 지도자라는 용어가 더 괜찮기는 합니다만, 저는
지도자라는 용어를 꺼립니다. 지도자라는 용어에는 아돌프 히틀러 Adolf
Hitler 의 흔적이 너무 강하게 남아 있기 때문입니다.

히틀러가 이끌어 가던 당시의 독일을 가리켜 지도자 국가 Führerstaat 라
고 했습니다. 독일어 'Führer'는 영어의 'leader'에 해당합니다. 독일어
'Führer'를 우리나라에서는 '총통總統'이라고 번역하기도 했습니다.

지도자다운 지도자가 있는가 하면, 지도자답지 못한 지도자가 있습
니다. 지도자다운 지도자는 자신의 공적을 드러내지 않습니다. 도리어
자신의 공적을 함께 일하는 사람들의 공으로 돌립니다. 지도자는 책임
을 회피하지 않습니다. 자신의 과오가 아니라 함께 일하는 사람의 과오
인데도 그것을 자신의 과오로 돌립니다. 지도자다운 지도자는 함께 일
하는 사람들이 자신을 떠받드는 것보다는 도리어 자신이 함께 일하는

사람들을 떠받드는 것을 더 좋아합니다.

#

어느 해 정기 인사가 끝나고 새로운 간부들께서 도교육청으로 들어와 일하기 시작했습니다. 일을 시작한 지 며칠 되지도 않아 어느 과장(여성)께서 외부인사의 전화를 받게 되었습니다. 그 외부인사는 교육감 선거 때 저를 위해 정말 열심히 선거운동을 한 사람이었고, 그 사실을 알만한 사람들은 알고 있었습니다. 그 외부인사가 과장에게 축하한다는 인사를 한 후 자신과 저녁밥을 함께 먹자고 했습니다. 과장은 그 요청을 거절하면서 할 말이 있으면 사무실로 들어와서 하시라고 했습니다. 그 후로 더 이상의 연락은 없었습니다. 그 과장은 생각했을 것입니다. '김승환 교육감이 이런 식으로 일할 리가 없다, 만약 이게 김승환 교육감의 뜻이고 일하는 방식이라면 나는 언제라도 그만두고 나간다'라는 생각입니다. 자신이 외부인사에 끌려다니면 자기의 지휘를 받는 팀장(장학관, 사무관)들도 마찬가지로 외부의 입김에 끌려다닐 수밖에 없다는 판단을 한 것이고, 그 판단은 옳았습니다. 저는 우연한 기회에 그 과課의 다른 직원을 통해서 그 사실을 알게 되었습니다.

#

어느 중학교는 교장을 중심으로 교무실, 행정실, 식생활관 등 모든 곳이 분위기가 매우 좋다는 말을 듣게 되었습니다. 분위기가 어떻게 좋다는 것인지 그리고 그 이유가 무엇인지 궁금했습니다. '어떻게 알 수 있을까?' 궁리하다가 교사 한 분이 떠올랐습니다. 전화를 걸어 궁금증을 말했습니다. 대답은 단순했습니다. "교육감님! 저희 학교는요 교장선생님도 엔 분의 일(1/N)의 일이거든요."라고 말했습니다. "그게 무슨 뜻이지요?"라고 되묻자 "어떤 과제를 나눠 연구하고 발표할 때 교장선생님께서도 교사들과 똑같이 과제를 받아서 연구하고 발표하시거든요."라고 대답했습니다.

#

학교마다 정도의 차이는 있지만 평균 수준의 학습 진도에 이르지 못하는 아이들이 있기 마련입니다. 그런 아이들을 가리켜 '학습 부진아'라고 말하지만, 이미 그 용어에는 아이들의 인격을 무시하고 아이들을 공부 잘하는 아이와 그렇지 않은 아이로 갈라치게 하는 폭력성이 들어 있습니다. 이 때문에 전북교육청은 '학습 부진아'라는 용어를 버리고 '학습 더딤'으로 바꾸었습니다. 아이들은 저마다 학습의 속도가 다르다는 것에 착안한 용어입니다. 아이들이 학습의 속도에 차이를 보이는 것에는 다양한 이유가 있습니다. 그것을 가장 잘 아는 사람이 바로 그 아이를 가르치고 있는 교사입니다. 사정이 이러한데도 정치인과 언론은 '학습 부진아'라는 딱지를 붙여 그것을 해결하기 위한 법률을 만들고 교사와 학교에 온갖 압박을 가합니다. 그들은 자신들의 행위가 현장 교사들을 얼마나 힘들고 지치게 하는지, 그런 행위가 얼마나 반^反교육적인지 그리고 그런 행위가 얼마나 무식하고 무책임한 짓인지 전혀 모릅니다.

도시 서민들이 많이 사는 지역의 어느 초등학교. 그 학교에 근무하는 행정실장과 얘기를 나누다가 실장께서 저에게 그 학교의 교장선생님에 관한 말을 해주었습니다. 교장선생님께서는 정규 수업이 끝나고 선생님 들도 다 퇴근한 후에 아이들 몇 명을 교장실로 불러 수업 시간에 제대로 이해하지 못한 부분을 물어보고 가르쳐 주신다는 것이었습니다. 일주일 에 하루 이틀이 아니라 날마다 그렇게 하신다는 것이었습니다. 그 행정 실장께서 말해 주지 않았더라면 저는 그대로 모르고 지냈을 것입니다.

#

2020년 1학기는 코로나바이러스의 여파로 1학기 등교 수업이 계속 늦춰지고 있었습니다. 그해 2월 19일 청와대에서 열린 대통령과 교육감 의 간담회에서 제가 대통령께 "코로나 상황에서 아이들에게 가장 안전 한 곳은 학교입니다. 학교 교육과정이 최대한 정상적으로 운영될 수 있 도록 해주는 것이 중요합니다."라고 말했지만, 우이독경 식이었습니다.

온라인 수업, 즉 원격수업이 열리던 첫날 저는 전주의 어느 일반고로 갔습니다. 온라인 수업의 상황을 보기 위해서였습니다. 안내받아 어느 교실로 들어갔더니 화면에 아이들 모습이 나와 있고, 영어 선생님께서 수업을 진행하고 계셨습니다. 마치 오래전부터 온라인 수업을 준비해 오신 것처럼 여유 있게 웃으면서 수업을 이끌어 가는 모습이 돋보였습 니다.

교실에서 나와 교장선생님께 "같은 과목의 선생님들이 함께 수업 준 비를 한다면 더 좋을 것 같습니다. 규모가 아주 작은 학교의 경우 전공 별로 한 분의 교사밖에 없으니까 이렇게 큰 규모의 학교에서 규모가 작

은 학교의 교사들을 초청해서 함께 수업 준비를 하는 것도 좋을 것 같고
요."라고 말씀드렸습니다. 교장선생님께서는 '별걱정 다 하시네'라는 표
정으로 "교육감님! 방금 말씀하신 것을 우리 선생님들이 이미 하고 계십
니다. 교장인 제가 특별히 주문할 것이 없습니다. 다 알아서 척척 해내
거든요. 우리 선생님들 정말 대단하고 훌륭하십니다."라고 말씀하셨습
니다.

#

전북교육청은 2011년도부터 혁신학교를 운영했습니다. 교사 연수,
행정직원 연수, 학부모 연수를 이어갔습니다. 학교별로 스스로의 권한
과 책임하에 교육과정 설계를 했고, 교수·학습 방법과 평가 방법을 구상
해 나갔습니다. 혁신학교들 사이의 소통과 정보 공유도 활발하게 이뤄
지고 있었습니다.

어느 날 혁신학교 실제 사례를 나누는 자리가 있어서 나가보았습니
다. 자기 학교 특징을 한 가지씩 말해 보라는 진행자의 주문에 따라 한
가지씩 말하게 되었습니다. 20개 학교에서 20개의 특징이 나왔습니다.
어느 학교의 선생님께서 "저희 ○○초등학교의 특징은 교장선생님이십
니다."라고 말씀하셨습니다. 순간 좌중에서는 웃음이 터져 나왔습니다.
하지만 그 말은 진실이었습니다. 그 학교에 가보면 교장선생님이 방호
직원인지 교원이나 직원인지 알 수가 없다는 것이었습니다. 항상 수수
한 옷차림으로 학교의 궂은 일을 하고 다니신다는 것이었습니다. 진정
한 지도자는, 자신이 알든 모르든, 함께 생활했던 사람들에게 남기고 가

는 것이 있습니다. 그것은 그 지도자에 대한 그리움입니다. 그가 그 자리에 있으면서 함께 살았던 사람들에게 끼친 덕은 결코 외롭지 않습니다 덕불고필유인; 德不孤必有隣.

매향천리 梅香千里! 매화꽃은 스스로를 드러내지 않아도 그 향기가 천리에 이르는 것처럼, 진정한 리더는 자신의 공을 내세우지 않아도 사람의 입에서 사람의 입으로 그 삶이 전해지게 되어 있습니다.

_____ 공립고등학교의 신설에 얽힌 이야기

전북에는 전주완주혁신도시가 있습니다. 이곳에 많은 공공기관이 들어와 있고, 지역의 활성화에 기여하고 있습니다. 새로운 도시 건설의 기획이 시작되면, 도교육청은 그에 맞추어 유치원, 초등학교, 중학교, 고등학교를 세워야 합니다. 우선 급한 것이 2015년 3월 1일 자에 개교할 수 있는 공립고등학교를 신설하는 것이었습니다.

개교에 앞서 개교 준비 작업을 할 수 있는 교원과 직원을 미리 선발해야 했고, 그중에서도 가장 중요한 자리가 교장이었습니다. 저는 인사팀과 의견을 교환하면서 직접 적임자 찾기에 나섰습니다.

'이분이다'라는 생각이 들면서 교육감실에서 직접 면담하고 부탁드렸습니다. 개교일에 맞춰 모든 준비가 순조롭게 진행되고 있었습니다.

그 무렵 지자체 쪽에서 도교육청으로 요구 사항 하나가 들어왔습니다. 그것은 혁신도시에 입주하는 공공기관 직원의 자녀들에게는 전주의

(혁신도시 내에 있는 고등학교를 포함하여) 어느 고등학교이든지 원하는 학교에 입학할 수 있도록 해달라는 것이었습니다.

저는 뜸 들이지 않고 지자체의 요구를 거절했습니다. 그 이유는 이랬습니다. 혁신도시에 입주해 있는 공공기관의 자녀들에게 고등학교 입학의 특혜를 준다면 그것은 오랫동안 전북에 터 잡고 살아온 주민들에게는 차별이 되는 것이다, 도단위 기관장으로서 그건 해서는 안 되는 일이다,라는 것이었습니다.

저의 결심에 대해 혁신도시 내에 있는 고등학교가 입학 정원을 채우지 못할 것이라는 반응이 나왔습니다. 저는 입학 정원을 채우지 못하더라도 상관없다고 말했습니다. 이어서 나온 말은 독선, 고집불통, 아집이었습니다. 그 정도야 간단히 감수하면 될 일이었습니다.

2015년 3월 1일 예정대로 혁신도시 내 공립고등학교가 개교했습니다. 입학 정원을 채우지 못했습니다. 전주 시내의 학부모들께서 아직은 관망하는 분위기였습니다. 개교 2년 차 3년 차가 지나면서 학교는 거뜬히 입학 정원을 채웠고, 나중에는 학부모와 학생들이 선호하는 학교가 되었습니다.

교장의 4년 임기가 다가올 때마다 저는 직접 교장 인선 작업에 참여했고, 행정실장의 경우 행정국 총무과 인사팀의 조언을 받아 발령했습니다. 교장선생님에게는 교감선생님을 직접 선발하도록 했고, 함께 일할 교사 몇 분도 직접 지정하도록 했습니다. 이어서 고등학교와 동일한 이름의 유치원, 초등학교, 중학교와 다른 여러 학교 그리고 학생인권교육센터가 혁신도시 내에 생겼습니다. 이 과정에서 폐교부지를 매각하지 않고 보존하고 있다가 교육시설로 사용하게 된 것이 큰 힘이 되었습니다. 전주완주혁신도시 내에 '양현養賢'이라는 이름의 학교들이 순조롭게 출발하게 된 것입니다.

성균관 유생들의 학업에 필요한 교재, 학습 도구, 음식, 교육기자재 등을 지원하는 기능을 수행했던 장학재단 '양현고養賢庫'에서 이름을 따온 양현이라는 이름의 공립고등학교는 그렇게 세상에 모습을 드러냈습니다.

_____ 개성공단 입주기업 우수상품 특별판매전

2016년 2월 10일 박근혜 정부는 개성공단 운영 폐쇄를 선언했습니다. 이로 인하여 입주기업들은 공단 폐쇄에 따른 준비를 할 겨를조차 없이 서둘러 개성공단에서 빠져나와야 했습니다.

대통령의 말 한마디에 남·북한 연결의 실핏줄 역할을 하던 개성공단이 하루아침에 문을 닫게 된 것입니다. 입주기업들은 그들이 입게 될 재산상의 손실(또는 손해)을 어떻게 보전할 것인지에 대한 사전·사후 설명도 듣지 못한 채 투자 재산을 공중에 날릴 수밖에 없었습니다.

헌법 제23조 제1항이 규정하고 있는 입주기업의 '재산권 보장'은 대통령의 결정 앞에서는 아무 힘도 발휘할 수 없었습니다. 헌법 위에 대통령의 말과 심기心氣가 있었기 때문입니다.

헌법이 규정하고 법치국가원칙과 이 원칙을 구성하는 법적 안정성의

원칙 그리고 이러한 원칙에 터 잡은 국민의 신뢰보호^{Vertrauensschutz} 역시 아무런 힘도 없는 '글자 그 자체'에 지나지 않았습니다.

저는 2016년 12월 19일 확대간부회의에서 "개성공단 가동 중단 조치로 입주업체들이 경영에 큰 어려움을 겪고 있습니다. 입주기업들의 제품 판매를 도울 수 있는 방안을 마련해 보십시오."라고 지시했습니다.

이에 따라 2017년 2월 22일부터 24일까지 도교육청 1층 로비에서 '개성공단 입주기업 우수상품 특별판매전'이 열렸습니다. 이 판매전에는 전북도내 2개 업체 등 9개 업체가 50~70% 할인 가격으로 제품을 내놓았고, 교·직원뿐만 아니라 도민 누구나 제품을 구입할 수 있도록 했습니다.

팀스포츠(등산 의류), 성실섬유(아동내의), 알디앤웨이(등산화), 시스브로(기능성 속옷), 성화물산(양말), 렉시(기능성 양말), 베이비누리(아동내의), 석촌도자기(주방용품), 로만손(시계) 등이 참여 기업과 그 제품들입니다.

저는 첫날 기업체 대표들을 만나 "사흘 동안 우리 직원들이 제품을 구입한들 그것이 개성공단 입주기업들에게 경제적으로 얼마나 도움이 되겠습니까. 그것보다는 너무 힘들어하거나 외로워하지 마시라고 격려를 해 드리는 의미를 갖고 있습니다."라고 말씀드렸습니다.

실무부서인 총무과 총무팀 실무진들이 깜짝 놀랄 정도로 많은 제품이 팔렸고, 매출총액이 약 5천7백만 원이나 된다고 했습니다. 저는 행사의 취지에 공감하고 적극적으로 참여한 도교육청 직원들께 깊이 고마운 마음을 표했습니다.

_____ 어떤 교사

상당히 큰 규모의 시市 지역에 있는 초등학교에서 심각한 교권 침해가 발생했다는 보고를 받았습니다. 내용인즉 아이의 엄마가 담임교사에 대해 지속적으로 시비를 걸면서 담임교사가 수업을 제대로 진행할 수 없는 상태를 만들어 놓고 있다는 것이었습니다. 워낙 거칠게 나오기 때문에 교장 선생님이나 그 누구도 제어할 수 없다고 했습니다.

보고받은 저는 그 담임교사가 수사기관에 고소하도록 하라는 뜻을 전달했습니다. 담임교사의 반응은 절대로 그렇게 할 수 없다는 것이었습니다. 후환이 두려웠던 것입니다.

'이대로는 안되겠다'라고 생각한 저는 확대간부회의 자리에서 공식적으로 선언했습니다. 앞으로는 교권(교권은 교육과정편성권, 수업권, 평가권, 학생지도권 등으로 구성된 교사의 '권한'이고, 권한은 '권리'와는 다른 것임) 침해가 발생하는 경우, 우선 교권 침해를 당한 교사가 해당 학부모를 수사기관에 고소하도록 하고, 교사가 고소를 거부하면 다음으로 교육감이 직권으로 해당 학부모를 수사기관에 고발하겠다고 했습니다.

제가 이 발언을 하자, 저의 주위에서 우려하는 분위기가 감지되었습니다. 학부모들의 반응이 안 좋을 거라는 뜻이었습니다. 저는 그런 우려 정도는 신경 쓰지 않고 저의 입장을 거듭 밝혔습니다. 사안이 발생하면 즉각 조치할 각오를 다지고 있었습니다.

그 뒤로 그 학교에서의 교권 침해 문제가 잠잠해지고 있었습니다. 이상하다 싶어 웬일인지 그 이유를 확인해 보라고 지시했습니다. 이유는 이랬습니다. 그 아이의 엄마께서 아이를 그리 멀지 않은 면面 단위 학교로 전학시켰습니다. 전학을 간 학교의 교사(여성) 한 분께서 그 아이의 문제를 자신이 해결해 보겠다고 나섰고, 그 교사는 아이의 엄마께 한 가지 제안을 했습니다.

교사인 나는 괜찮으니까 아이가 수업 시간에 어떻게 수업받는지 그 모습을 직접 보셔라, 종일 교실에 아이와 함께 계셔도 좋다,라는 제안을 했다는 것입니다. 아이의 엄마는 담임교사의 주문대로 종일 교실에 앉아서 아이의 모습을 지켜보았고, 나중에는 '이젠 됐습니다'라는 말을 하면서 더 이상 학교에 문제를 제기하지 않았다는 것입니다.

아무도 해결할 수 없을 것 같았던 아이의 문제를 담임교사 한 사람의 치밀하고 침착한 대응이 해결해 낸 것입니다. 그 뒤로 어느 날 저는 다른 일로 그 학교를 방문할 기회가 있었고, 그 담임교사를 만나 고맙다는 인사를 했습니다. 담임교사는 '별 것 아닌 일로 그러시냐'라는 듯 밝게 웃었습니다.

_____ 상 받으려고 교사하는 게 아닙니다

교원과 교사는 그 개념이 다릅니다. 교원은 대大개념이고, 교사는 소小개념입니다. 교원은 교사, 교감, 교장을 포괄하는 개념입니다. 교육전문직원(약칭하여 '전문직')이라는 개념이 있습니다. 전문직은 장학관(연구관)과 장학사(연구사)로 구성되어 있습니다.

교원에서 전문직으로, 또는 전문직에서 교원으로 자리를 옮기는 것을 가리켜 전직轉職이라고 말합니다.

교육공무원이라는 개념이 있습니다. 교원과 전문직을 가리켜 교육공무원이라고 합니다. 시·도교육청, 교육지원청, 직속기관(교육연수원, 교육연구정보원 등)과 단위학교에는 교육행정, 시설, 공업, 사서, 보건위생 등을 담당하는 공무원이 있습니다. 모두 '지방공무원'이라고 부릅니다. 이 밖에도 교육공무직이 있습니다.

해마다 교원과 지방공무원을 대상으로 주는 상이 있습니다. 교원에게는 스승의날 상과 모범공무원상, 지방공무원에게는 모범공무원상이 주어집니다. 그 숫자는 매우 적습니다.

모범공무원상을 받는 사람에게는 모범공무원 증서와 함께 가슴에 흉장胸章을 달아주고, 2년 동안 월 5만 원씩의 수당을 지급합니다.

제가 교육감이 되기 전에는 스승의날 상을 주로 교장, 장학관(연구관) 등이 받았습니다. 자료를 확인해 보고, 직접 보고받아 알게 되었습니다.

교원인사과장, 초등인사장학관과 중등인사장학관께 말했습니다. 교장이나 장학관(연구관) 정도 되면 받으라는 상도 사양하고 평교사에게 돌리는 게 맞지 않겠는가, 도대체 얼마나 더 누려야 만족한다는 것인가,라는 식으로 저의 의견을 말했습니다.

특별하게 입법예고를 해야 하는 것도 아니기 때문에, 교육감 1기 때부터 바꿨습니다. 스승의날 상과 (교원을 대상으로 하는) 모범공무원상은 원칙적으로 평교사를 대상으로 했습니다. 물론 매우 특별한 사유가 있는 경우에는 교감이나 교장도 부분적으로 포함시키기는 했습니다.

어느 해 대통령상 후보자로 내정된 교사가 자신은 나는 그런 상을 받을 자격이 없다, 내가 상 받으려고 교사하는 게 아니라며 완강하게 거절한다는 보고를 받았습니다.

저는 교원인사과장에게 어떻게 해서든 그 교사의 동의를 받으시라고 했지만, 과장 장학관 등도 그 고집을 꺾지 못하고 전전긍긍하고 있었습니다. 그것은 대통령에 대한 교사 개인의 호감·비호감의 문제도 아니었습니다.

교원인사과장은 해당 교사에게 "○○○ 선생님! 제발 나 좀 살려 주세요."라고 사정했다고 합니다. 그 모습이 딱해 보였던지 그 교사는 절충안을 냈습니다. 상급賞級을 한 단계 내려서 국무총리상을 주면 받겠다고 한 것입니다.

해당 교사가 거부하더라도 교육감 직권으로 교육부에 신청하면 되는 것 아닌가,라고 생각할 수도 있지만, 상을 받게 되는 사람이 직접 작성해야 하는 서류가 하나 있기에 그건 불가능합니다. 그 서류는 '공적조서'입니다. 저는 지금도 이해하지 못하지만 '공적조서'는 상을 받을 사람이 직접 쓰게 되어 있습니다.

결국, 그 교사는 국무총리상을 받게 되었습니다. 이런 사례는 그 뒤로도 계속해서 나왔습니다. 모범공무원상을 받아야 할 교사가 끝끝내 수상을 거부하는 사례가 연달아 발생했습니다. 어느 교사는 "정말 왜 이러세요?"라며 매우 강하게 화를 내기도 했다는 보고를 받았습니다.

지록위마 指鹿爲馬

중국 역사에서 간신 중의 간신이라면 진秦나라의 승상 조고趙高를 꼽는 사람들이 많이 있습니다.

진나라의 왕 영정嬴政이 기원전 221년에 천하를 통일하였습니다. 그는 사후에 황제로 추서追敍되었고, 이게 중국 역사 최초의 황제라는 의미의 시황제始皇帝가 되는 것이라고 합니다.

시황제의 측근 중 한 사람이 환관 출신 조고였고, 그는 진시황의 유서를 위조하여 장자 부소扶蘇를 자결케 했습니다. 그는 시황제의 막내아들 호해胡亥를 황제의 자리에 앉힌 다음 실권을 장악하고 전횡을 일삼았습니다.

어느 날 조고가 황제 호해에게 사슴을 바치면서 그것을 가리켜 말이라고 했습니다. 지록위마의 고사가 생성되는 순간이었습니다. 사슴을 가리켜 말이라고 하는 것이 우습게 보여 호해는 조고에게 저것이 어떻게 말이라고 하느냐 저것은 사슴이 아니냐라고 묻자, 조고는 "저것은 분명히 말입니다."라고 우깁니다. 호해는 신하들에게 "그대들 눈에는 저것이 사슴으로 보이느냐 말로 보이느냐?"라고 묻자, 대부분의 신하는 조고가 두려워 그것은 말이라고 대답했습니다. 일부 신하들이 진실대로 그것은 사슴이라고 말했고, 그들은 나중에 모두 처형되었다고 합니다.

지록위마! 진실이 아닌 것을 진실이라고 우기고, '그것은 거짓'이라고 말하는 사람들에게 회복 불능의 화禍를 입히는 경우를 가리키는 말로 널리 사용되고 있습니다.

역사는 후세의 사람들에게 살아 있는 교훈으로 작동합니다. 그런 의미에서 사자성어 '지록위마'는 과거형이면서 동시에 현재형입니다.

우리나라 공직사회가 뿌리 깊이 부패해 있다는 것을 부정할 사람은 많지 않습니다. 그중에서도 특히 권력자들과 선출직 기관장들의 부패가 심합니다. 그들은 공조직의 사유화를 일삼고, 심지어 함께 일하는 공직자들을 자신의 사노비私奴婢 부리듯 합니다.

이율배반적이지만, 그런 자들이 듣고 싶어 하는 호칭이 있습니다. 그건 '저 사람은 청렴한 권력자야' 또는 '저 사람은 청렴한 기관장이야'라는 호칭입니다. 끊임없이 리베이트를 챙기고 뇌물을 받으며 공조직을 사유화하면서도 자신이 청렴한 공직자로 불리기를 기대하는 것입니다.

그들은 상대방에게 1:1로 뇌물이나 리베이트를 받는 때도 있지만, 중간에 거간꾼을 세우는 경우가 많습니다. 그 거간꾼은 공조직 내에서 암약하기도 하고, 공조직 외부에서 암행하기도 합니다.

그들의 주된 표적은 승진을 학수고대하는 공직자들입니다. 그들에게 다가가서 넌지시 '내가 기관장을 잘 안다, 나는 언제든지 기관장에게 전화를 걸거나 기관장을 만날 수 있는 사람이다, 가고 싶은 곳 있으면 나에게 말해라, 내가 기관장에게 그 뜻을 전해주겠다'라는 미끼를 던집니다.

기관장에게 이런 거간꾼이 좋은 것은, 문제가 생기면 꼬리를 자르고 자신은 빠져나갈 수 있기 때문입니다. 거간꾼이 법망에 걸려 크게 불이익을 입는 경우, 말 그대로 '억!' 소리가 날 정도로 그 뒷바라지를 충실하게 해주면 됩니다. 가끔 거간꾼에게 이 뒷바라지를 제대로 해주지 않아 진실의 전모가 드러나기도 합니다.

_____ 상피제

고려시대와 조선시대에 상피제相避制라는 제도가 있었습니다. 임용받는 공직자, 그중에서도 특히 고을의 수령을 자신의 향리鄕里에 보임하지 않는 제도입니다. 쉬운 예를 하나 들자면, 임금이 암행어사를 파견할 때 암행어사의 고향에 보내지 않는 것입니다. 관직 등용 시험에서 수험생과 일정한 친족관계에 있는 사람을 시험관으로 보임하지 않는 것도 상피제의 예에 속합니다. 이렇듯 상피제의 적용 범위는 매우 넓습니다.

이 제도는 공공행정의 공정성을 확보하기 위해서 활용된 제도로 그 가치가 매우 높고 순기능을 많이 발휘했다고 말할 수 있습니다. 비록 왕정시대의 제도였지만, 상피제는 국가권력과 지방권력의 공정성을 확보하는 데 그 효용성이 높은 제도입니다. 법률에 상피제에 관한 명시적인 규정이 없다 하더라도, 인사행정 등 공공의 영역에서 그 취지를 살려 나갈 필요가 있습니다.

직선 교육감 1기~3기에 이르는 동안 전북교육청이 사무관 승진 역량 평가를 실시하면서 심사위원을 위촉할 때 원칙적으로 전북지역 외의 대학교 교수분들을 위촉했던 바탕에도 상피제의 정신이 깔려 있었습니다. 도내 대학의 교수분들을 심사위원으로 위촉할 경우, 심사위원과 피심사자 사이에 친족관계 또는 사제지간師弟之間이 성립할 개연성이 있기 때문입니다.

2018년 서울의 전통 있는 일반계 여자고등학교에서 시험문제를 사전에 유출하는 사건이 발생했습니다. 유출한 혐의를 받는 사람은 그 학교의 교사였고, 유출된 문제를 수령한 혐의를 받는 학생들은 그 교사의 딸들이었습니다.

언제나 그런 것처럼, 이 사건이 외부에 알려지자마자 정치권과 언론은 벌집을 쑤셔 놓은 듯이 비판을 이어갔습니다. 교육정책 및 대책 날림 공사의 귀재鬼才인 교육부는 순식간에 재발 방지 대책을 발표했습니다. 교사와 자녀가 같은 학교에 적籍을 두지 못하게 한다는 것, 즉 상피제를 적용하겠다는 것이었습니다. '빈 수레가 요란하다'는 속담처럼, 교육부의 이 대책은 구체적 타당성도 실효성도 전혀 없는 것이었습니다.

그 대책은 사립학교에는 아예 적용할 수 없고, 교사와 자녀 사이에 어느 범위의 친족관계가 있을 때 상피제를 적용할 것인지, 상피제에 어긋났을 경우 어떻게 처리할 것인지 등등 선행적으로 검토해야 할 것들이 한둘이 아니었습니다.

전국시도교육감협의회 총회에서도 이 문제가 논의되었습니다. 서울에서 발생한 시험문제 사전 유출 사건은 학사 관리 또는 시험 관리의 문제가 아니라 사학 관리의 문제라는 데 교육감들의 의견이 일치했습니다.

문제의 진단이 이렇다면 그 진단에 맞는 대책, 즉 사학에서 발생하는 각종 비리와 일탈의 문제를 해결하는 방안이 무엇인지를 검토하고 그 대책이 나왔어야 합니다. 교육부가 내놓은 상피제는 번지수가 틀린 대책이었음에도, 교육부는 각 시·도교육청에 상피제를 적용하라는 공문을 보냈습니다.

전북교육청은 상피제를 적용하지 않겠다는 뜻을 공식적으로 선언했습니다. 이로 인해 저는 언론의 뭇매를 맞았고, 국회 국정감사에서 의원들, 특히 민주당 의원들의 질타를 받았습니다.

전북교육청은, 상피제는 모든 교사가 자녀 문제에 관한 한 출제와 평가 과정에 부정하게 개입할 소지가 있는 잠재적 범죄자라는 것을 전제로 하고 있다는 것, 이런 태도는 교사의 인격권을 침해한다는 것, (상피제 없이) 교육과정과 학사운영 평가가 공정하게 이루어질 수 있도록 신뢰도를 높이는 방안을 마련해야 한다는 것, 상피제가 공립학교에만 적용되고 사립학교에는 적용되지 않는 것은 헌법 제11조 제1항이 규정하는 평등권을 침해한다는 것, 상피제는 법률적 근거가 없다는 이유를 들어 상피제의 적용을 거부했습니다.

언론은 전북교육청만 상피제를 거부하고 있다는 비판적 보도를 이어 나갔습니다. 상피제 적용 거부에 대한 외부의 시선과 비판이 어떻든, 전북교육청은 끝까지 상피제를 거부했습니다. 그 뒤로 몇 달이 지나면서 더 이상 누구의 입에서도 상피제라는 말이 나오지 않았습니다.

_____ 청렴서약식

오래전 승용차를 운전하며 고속도로를 기준으로 독일 트리어^{Trier}에서 약 850km 떨어져 있는 로마^{Roma}로 들어갔습니다. 여러 날을 로마와 피렌체^{Firenze}에 머무르면서 사진과 영상으로만 봐 왔던 중요한 지점들을 눈으로 확인했습니다. 그때 제가 스스로 했던 말이 있습니다. "이 나라 사람들은 조상을 잘 둔 덕에 가만히 앉아서 돈을 벌어들이고 있네."

라는 것이었습니다.

역사의 자산으로 자존감이 단단한 나라들은 관광객을 끌어들이기 위한 특별한 대외 홍보를 하지 않습니다. 그들의 역사는 국민이 가만히 있어도 스스로 빛을 발하고 있기 때문입니다.

몇 년 전 어느 날의 일입니다. 교육감실로 비서실장이 들어왔습니다.

실장: 교육감님! 중요한 행사가 있다고 교육감님 나오시라는 연락이 왔는데요.

나: 무슨 행사예요?

실장: 공공기관 청렴 서약식을 한답니다.

나: 그게 뭔데요? 어디에서 하는 거예요?

실장: ○○○○○○공단이래요.

나: 그 공단과 청렴서약이 무슨 관계가 있어요?

실장: 그건 저도 잘 모르겠어요. 무슨 퍼포먼스도 하고 그런답니다.

나: 청렴서약식을 하면 우리 지역과 나라가 청렴해지는 거예요?

실장: 예?

나: 아니, 지금이 무슨 유신 시대도 아니고 그게 무슨 짓이에요? 나 못 간다고 통보해 줘요.

실장: 다 온다고 했다는데 교육감님만 빠지시면 어떻게 합니까?

나: 진짜 웃기네. 우리나라는 왜 이렇게 하는 짓마다 촌스러운지 모르겠네. 알았어요. 뭘 하는지 가서 구경이라도 하고 올게요.

실장: 예.

행사 당일 그 공단으로 갔습니다. 먼저 티타임을 한다고 하길래 안내

하는 곳으로 갔습니다. 서로 악수하고 명함을 주고받다가 시간이 되어 공단의 마당으로 나갔습니다. 사람들도 많이 와 있고, 기관장들은 엄숙한(?) 표정으로 오른손을 높이 들고 청렴 서약을 했습니다. 그 서약을 지킬 것인지 안 지킬 것인지, 그 서약을 지키는지를 확인할 건지 말 건지, 서약 위반의 경우에 어떻게 할 것인지, 서약 위반의 기준은 무엇이고 위반 시 그 처리는 어떻게 할 것인지는 중요하지 않았습니다. 그냥 손을 높이 들고 근엄하게 서약하는 것이 중요했습니다.

행사가 진행되는 내내 저는 '참 한심한 나라야'라는 개탄을 했습니다. '도대체 세계 어느 나라에서 이런 짓을 하고 있을까?' 부끄러운 생각도 들었습니다.

청렴 서약식과는 별개로 공직사회의 부정부패는 지금, 이 순간에도 깊이 뿌리를 내리고 있습니다. '총체적 부패공화국 Republic of Total Corruption' 그것이 청렴과 관련하여 우리나라에 딱 어울리는 딱지입니다.

_____ 교육부장관의 지시와 교육감 지시의 충돌 그리고 대법원판결

대법원은 2014년 2월 27일 지방교육자치에 관한 매우 중요한 판결을 선고했습니다. 판결의 핵심은 〈학교생활기록부 작성 및 관리지침〉(교육과학기술부훈령 제239호, 2012. 1. 27)을 위반한 관련 교육공무원들에 대한 징계는 위법하다는 것이었습니다.

대법원은 학교생활기록부에 학교폭력 사실을 기재하여 대입전형자료나 취업전형자료로 참고할 수 있도록 하라는 위 '지침'을 따르지 않은 교육장, 교장, 장학관, 장학사 등을 징계하라는 장관의 직무이행명령은 위법하다고 보았습니다.

이 사건은 김상곤 경기도교육감이 당시 이주호 교육과학기술부장관을 상대로 낸 소송이었습니다.

소송이 제기된 지 1년이 훨씬 지난 시점에 내려진 판결이라서 아쉬움도 많았지만, 뒤늦게나마 이런 판결을 보게 되어, 마치 깜깜한 어둠 속을 뚫고 나오는 한 줄기 빛을 보는 느낌이었습니다.

판결문의 핵심은 다음의 문장입니다. "지방교육자치에 관한 법률 ⋯ 제27조는 교육감에게 소속 공무원을 지휘 감독할 권한을 부여하고 있다. 따라서 이 부분 징계대상자들은 경기도교육청 소속 교육공무원으로서 직무상 상관인 교육감에 대하여 복종의무를 지고, 교육감의 지시나 명령이 명백히 위법하여 직무상의 지시명령이라고 할 수 없는 등의 특별한 사정이 없는 이상 직무상 상관인 교육감의 지휘 감독에 따라 직무를 수행하여야 한다."

대법원은 그 뒤로 전북교육청이 장관을 상대로 제기한 소송에 대해서도 같은 취지의 판결을 선고했습니다.

이 판결의 핵심은 동일한 사안에 대하여 장관의 지시와 교육감의 지시가 다를 때 (교장, 교육장, 교육국장 등) 교육공무원이 교육감의 지시에 따랐다고 해서 그것이 해당 교육공무원에 대한 징계사유가 되는 것은 아니라는 것이었습니다. 위 경기도 교육감이 제기한 소송의 대법원

판결에서 한 걸음 더 나아간 판결이라고 할 수 있습니다.

교육과학기술부장관은 학생부에 관한 지침을 강행하기 위하여 2012 년 전북교육청에 두 차례에 걸친 특정감사를 실시했고, 50여 명의 교장선생님을 검찰에 형사고발하고, 교육감에게 해당 교장선생님을 징계하라는 지시를 내렸습니다. 도교육청의 교육국장과 시·군 교육장의 경우 교육부가 직접 특별징계위원회를 열어 징계의결을 하고, 교육감에게 징계집행을 하라는 지시도 내렸습니다.

제가 교육부의 지시를 모두 거부하자, 교육부장관은 교육감인 저에게 직무이행명령을 내렸습니다. 이에 저는 장관의 직무이행명령의 무효확인청구소송을 대법원에 제기한 것입니다.

이 판결은 지방교육자치와 관련하여 교육부장관과 교육감 사이 권한의 경계를 구체화한 사건이라는 역사적 의미를 지닙니다.

_____ 인사와 치유

교육감 1기 때 몇 개 군 단위 지역에서 발견한 공통의 문제점이 있었습니다. 대체로 그 지역의 대표적인 일반계 고등학교들에 그런 문제점이 있었습니다.

해당 지역에서 중학교를 졸업한 학생들의 비율은 70% 전후에 머물렀고, 나머지 자리는 전주·익산·군산 지역의 고등학교 입학 연합고사(아래에서는 '고입 연합고사'라 함)에서 탈락한 학생들이 채웠습니다. 그런 학교들의 경우 학습 분위기가 그다지 좋지 않았고, 도교육청 차원의 학교 시설 지원도 별로 없었습니다.

저는 어느 날 저녁 M 지역의 일반계 공립고등학교를 찾아갔습니다. 야간자율학습을 하는 아이들도 만나고, 기숙사에 들어가 기숙 시설을 둘러봤습니다.

제가 해야 할 일은 두 가지로 정리되었습니다. 하나는 전주·익산·군산 지역 고입 연합고사를 폐지하는 것이었고, 다른 하나는 유능한 교장선생님을 찾아 해당 지역의 일반계 고등학교로 발령을 내는 것이었습니다.

고입 연합고사를 폐지하자는 저의 의견에 대해서는 실무진 차원에서 우려하는 의견도 나왔습니다. 해당 지역의 고등학교 중 3개 시의 고입 연합고사에서 탈락하는 아이들을 받아야 운영할 수 있는 학교들도 있다는 것이었습니다.

저는 고입 연합고사는 없애는 것으로 방향을 잡고, 예고 기간을 거쳐서 폐지하는 것이 좋겠다는 의견을 냈습니다. 그 결과 2015학년도부터 고입 연합고사를 폐지하고, 내신만으로 선발하는 제도로 전환했습니다.

교장선생님 발령의 경우 여러 고등학교에 동시에 일괄적으로 발령을 내는 것보다 순차적으로 발령을 내면서 그 결과를 분석한 후 다음 발령을 내는 것으로 결론을 내렸습니다.

맨 먼저 M 지역 일반계 고등학교 교장 발령을 위한 인선 작업을 시작했습니다. 인사과장과 중등인사장학관 두 분께서 저에게 인사 카드 한 장을 가지고 왔습니다. 장학관의 설명은 이랬습니다.

현재 교감으로 있는 사람이다, 교장자격연수는 이미 받았다, 문제는 그 교감이 바로 그 M 고등학교 공모제 교장에 지원했다가 탈락했다는 것이다, 그 상처가 있어서 그 학교로는 가지 않으려고 할 것이다, 능력은 충분한 분이다,라는 것이었습니다.

저는 인사과장과 장학관께 그 교감선생님을 내가 직접 만날 테니 일정을 잡아서 만나게 해달라는 부탁을 했습니다. 약속한 날이 되어 그 교감선생님이 교육감실로 들어오셨습니다. 저는 악수를 한 후 함께 차를 마시기 위해 자리에 앉았습니다.

나: 교감선생님! 차 드십시오.

교감: 네. 교육감님. 감사합니다.

나: 오늘 교감선생님을 만나자고 한 이유는 대충 들으셨지요?

교감: 네. 들었습니다.

나: 어떻습니까? 마음이 내키지 않으실 거라는 것은 알고 있습니다. 하지만 그 학교로 가서서 학교를 살려 보시지요.

교감: 교육감님! 죄송합니다. 저는 그 학교로는 가고 싶지 않습니다.

나: 공모제 결과에 대해서 교감선생님은 지금도 이해를 못 하실 거로 생각합니다. 그로 인한 마음의 상처도 있으실 거고요.

교감: "……"

나: 교감선생님! 그 마음의 상처를 언제까지 안고 가실 겁니까? 그리고 시간이 흐르면 그 상처가 저절로 사라질까요?

교감: "……"

나: 교감선생님이 그 상처를 치유하는 방법은 상처를 준 그 학교로 직접 들어가시는 것입니다. 그곳에서 학교 구성원들에게 새로운 교장으로서 교육철학과 능력을 보여 주시는 것입니다. 그렇게 되면 그 상처도 치유되

고, 그 학교 구성원들에게도 큰 도움이 되는 것입니다. 교감선생님! 내 청을 들어주시지요.

교감: 제가 그 학교로 가도 되겠습니까?

나: 가십시오. 그게 정답이 될 겁니다.

교감: 네. 알겠습니다. 교육감님 지시에 따르겠습니다.

나: (교감선생님의 손을 꼭 쥐고서) 고맙습니다. 학교를 이끌어 가시면서 도움받으실 일이 있으면 언제든지 말씀하십시오. 중간에 누구에게 부탁하실 필요도 없습니다. 직접 말씀하십시오.

교감: 감사합니다.

'문제는 사람이다, 이 바보야. It is the person, stupid.' 저는 이 말을 철칙처럼 여기고 있습니다.

그 인사는 성공했습니다. 학교의 분위기가 놀라울 정도로 바뀌기 시작했고, 불과 몇 년 지나지 않아 그 지역에서 중학교를 졸업하는 아이들만으로도 입학 정원을 모두 채우기 시작했습니다. 교장선생님의 얼굴에서는 생기가 돌고 자신감이 짙게 묻어나기 시작했습니다. 대학입시 결과에 대한 학부모들과 지역사회의 반응도 매우 우호적으로 변했습니다.

그 정도 기간이라면 그 고등학교에서 충분히 일하셨다는 판단이 서면서, 저는 후임 교장선생님 인선 작업을 시작했습니다. 그 교장선생님은 신설된 지 얼마 안 되는 전주의 중학교 교장선생님으로 발령을 냈습니다.

_____ 페이스북 글쓰기

　지금은 거의 자취를 감추고 있지만, 최근 몇 년 동안 사람들은 너나 할 것 없이 '4차 산업혁명the 4th industrial revolution'이라는 말을 입에 달고 살았습니다. 그것이 무엇을 의미하는가 물어보면 정확한 대답을 하는 사람은 별로 없었습니다. 그럴 수밖에 없는 것이 '4차 산업혁명'은 학문적으로 정립된 용어가 아니기 때문이었습니다(아마 '미래교육'이라는 용어도 그런 경로를 밟게 될 것입니다.).

　그런데도 우리가 이 논쟁에서 한 가지 붙잡아야 하는 것이 있습니다. 그것은 앞으로는 사회적 자본이 중요한 시대가 될 것이고, 그 사회적 자본이란 '신뢰'를 의미한다는 것입니다. 국민이 국가를 신뢰하고, 국민이 서로를 신뢰하는 정도가 높을수록 사회적 자본이 강한 나라가 된다는 것입니다.

　인감증명제도, 주민등록등본제도가 조금의 흔들림 없이 활용되는 우리나라는 그 점에서 사회적 자본이 매우 취약한 나라입니다. 국민이 국가를 불신하고, 국민이 서로를 불신하는 정도가 매우 높은 나라가 바로 대한민국입니다.

　2010년 하반기에 도교육청 공보팀이 저에게 한 가지 제안을 했습니다. 그것은 페이스북을 시작해 보라는 것이었습니다. 논문 및 칼럼 쓰기와 강의를 전문으로 하다가 그런 것들이 모두 잘린 상황에서, 굳이 글이라고 할 수도 없지만, 페이스북이라는 자그마한 공간에서 글쓰기를 하는 것도 괜찮겠다는 생각이 들어 공보팀의 제안을 바로 받아들였습니다. 이때 저 스스로 세운 페이스북 글쓰기 원칙이 있었습니다. 그것은 이랬습니다.

1. 글은 반드시 내가 직접 쓴다. 단 한 줄도 다른 사람의 손을 빌리지 않는다.
2. 국내 자료에 나오는 외국 전문가의 말, 외국의 법령, 외국의 판례는 반드시 1차 자료를 확인한 후 인용한다.
3. 외국인의 이름이나 외국의 제도를 인용하면서 한글 표기를 함께 할 경우, 반드시 발음 확인을 한다.
4. 댓글에는 '원칙적으로' 답글을 쓴다. 답글의 단 한 줄도 다른 사람의 손에 맡기지 않고 내가 직접 쓴다, 성의가 없는 댓글, 트집을 잡기 위한 댓글, 악성 댓글에는 그에 상응하는 답글 쓰기를 한다. 그 정도가 심할 때는 페이스북 차단을 한다.
5. 책 리뷰의 경우 내가 직접 읽은 책만 대상으로 하고, 이 경우 책 속에 들어 있는 추천사 등은 읽지 않고 내 말을 쓴다. 책 리뷰의 경우, 단 한 줄도 다른 사람의 손에 맡기지 않는다.

저 스스로 세운 이 원칙은 페이스북을 시작한 그 순간부터 지금까지 일관되게 지켜오고 있습니다.

페이스북 첫해에 누가 저에게 페이스북 메시지를 보냈습니다. 문장의 형식과 내용을 읽어 보니 아무래도 초등학교 아이 같았습니다.

나: 혹시 초등학교에 다니는가요?
아이: 예. 6학년입니다.
나: 그럼 현재의 규정상 초등학생은 페이스북 가입이 안 될 텐데요.
아이: 알고 있습니다. 그래서 방법을 썼습니다.

나: 위장가입인가요?

아이: 그런 셈이지요.

군산시에서 초등학교에 다니던 그 아이는 그 뒤로도 계속 페이스북 메시지로 저와 대화했습니다. 6학년 2학기 때는 실장이 되었다면서 축하해 달라는 말도 했습니다. 지금은 벌써 대학을 졸업하고도 남을 나이가 되었습니다.

페이스북 글쓰기와 관련하여 압도적 다수의 사람이 아래와 같은 생각을 하고 있었습니다.

김승환 교육감이 페이스북을 직접 관리할 리가 없다, 아마도 관리해 주는 팀이 따로 있을 것이다,라는 말이 가장 많이 돌았습니다. 전혀 다른 각도에서 교육감이라는 사람이 일은 하지 않고 맨날 페북질만 하고 있다고 말하는 사람들도 적지 않았습니다.

그럴 때마다 저는 사람들의 그런 마음을 어느 정도 이해하고 있었습니다. 사회적 자본, 즉 신뢰가 지독히도 약한 나라, 신뢰에 대한 배반이 워낙 일상화되어 있는 나라에서 그런 의심을 하는 것도 무리는 아니라고 생각했습니다. 그러면서 또 다른 생각을 하기도 했습니다. 만약 나의 페이스북을 관리해 주는 사람이나 팀이 따로 있다면, 그들이 무슨 전문성을 가지고 1차 자료를 모두 확인할 수 있을까, 확인했다 하더라도 그것을 분석하고 해석할 수 있을까,라고 생각한 것입니다.

이제는 저의 삶이 사람들의 시선에서 멀어진 탓인지, 페이스북 글쓰기와 관련하여 그런 의심 어린 말들은 더 이상 나오지 않고 있습니다.

_____ 신의성실

우리나라 민법 제2조 제1항은 "권리의 행사와 의무의 이행은 신의에 좇아 성실히 하여야 한다."라고 규정하고 있고, 이를 가리켜 신의성실信 義誠實의 원칙 또는 신의칙이라고 부릅니다.

신의성실의 원칙의 정신은 민법 등 사법私法 영역뿐만 아니라 공법 영역 등 법의 모든 영역과 계약서의 작성 등에서 사용되고 있습니다. 표현을 바꾸어 말하자면 신의성실의 원칙은 권리와 의무로 구성되는 모든 법률관계에 적용되는 원칙입니다.

신의성실의 원칙은 그와 관련된 사람이나 기관이 그것을 지키려는 강한 의지를 갖고 있어야 살아 있는 법원칙으로 작용할 수 있습니다. 그렇지 않으면 그것은 아무런 의미도 없는 글자 그 자체에 불과합니다.

도교육청의 청사를 관리하는 일은 매우 중요합니다. 직원들의 직무 수행 공간의 청결 상태를 유지하는 것은 직원들의 정신건강과 육체건강의 유지에 직결되는 것이기 때문입니다. 도교육청은 오랫동안 그 일을 청사관리 위·수탁계약으로 처리해 왔습니다. 도교육청이 위탁자가 되고, 그 일을 맡는 측이 수탁자가 되는 구조입니다. 수탁자는 도교육청의 위탁을 받아 노동자를 채용해서 노동자들이 현장에서 청사의 청소 등 필요한 일을 수행하도록 합니다. 노동자에게는 임금이 지급되고, 임금 지급에 관한 사항도 청사관리 위·수탁계약서에 포함되어 있습니다.

저는 교육감 임기 초에 확대간부회의 시간에 총무과장께 물어보았습니다. 위·수탁계약에 명시되어 있는 대로 노동자들에게 임금이 지급되는지 직접 확인해 본 적이 있는지 물었습니다. 그런 일을 한 적은 없다는 대답을 들었습니다.

그 대답을 들은 저는 이렇게 지시했습니다.

청사관리의 노동을 하는 분들의 임금은 청사관리 위·수탁계약서에 명시되어 있는 대로 정확히 지급되어야 한다, 위·수탁계약서에는 노동자들의 임금을 계약서와 달리 적게 지급한 사실이 확인되면 도교육청은 계약해지권을 행사한다는 것을 명시해라, 총무과 담당 팀은 청사관리의 노동을 하는 노동자들의 통장을 본인의 동의를 얻어 불시에 확인해 보시라, 만약 계약과 달리 임금을 덜 지불한 사실이 발견되면 즉시 계약 해지의 절차를 밟으라고 지시했습니다.

정부의 비정규직 노동자 해소 정책에 따라 2018년부터는 도교육청이 노동자를 직접 고용해서 청사관리를 하고 있습니다.

_____ 직원 조회

2022년 3월 2일 오전 9시부터 석 달에 한 번씩 있는 직원 조회를 했습니다. 3월 1일부터 도교육청에서 근무를 시작하는 전문직(장학사, 장학관) 소개 순서가 끝나고, 제가 인사말을 했습니다.

인사말의 주제는 "직업 그리고 사명"이었습니다.

인사말의 주된 내용은 이랬습니다.

직업을 가진 사람에게만 사명이 있는 것이 아닐 것입니다. 어찌 보면 인간은 누구나 세상에 나올 때 뭔가 자신의 사명을 갖고 태어난다고 보는 것이 맞을 것입니다.

길을 걷다가 위험에 처해 있는 아이를 발견하고 순간적으로 뛰어들어 아이를 살려내는 경우 그 사람은 그 순간 그 자리에서 누구도 할 수 없는 사명을 감당한 것입니다.

같은 공직의 길을 걸으면서도 자신의 공직을 직업의 차원을 넘어 사명으로 바라보는 공직자들도 있습니다. 때에 따라서는 그 순간 그 자리에서 그 어느 공직자도 할 수 없는 사명을 감당했으면서 스스로 그것을 인지하지 못하는 경우도 있을 수 있습니다.

어떤 일을 하면서 공명심이나 이해관계로 가득 차 있을 때 그 사람은 객관적으로 일정한 성과를 거두었다 하더라도 그것이 사명이 될 수는 없습니다.

2004년 3월 12일 국회는 헌법 제65조에 근거해 노무현 대통령에 대한 탄핵소추를 의결했습니다. 그리고 같은 날 헌법재판소에 노무현 대통령 탄핵심판 청구가 접수되었습니다.

헌법 제65조 제3항에 따라 노무현 대통령은 대통령 권한행사가 정지되었습니다(헌법 제65조 제3항: 탄핵소추의 의결을 받은 자는 탄핵심판이 있을 때까지 그 권한행사가 정지된다.).

국회가 노무현 대통령에 대한 탄핵소추를 의결한 지 며칠 지나지 않아(3월 15일경) 저는 연구실에서 한 통의 전화를 받았습니다. 저에게 전화하신 분은 월간으로 발행되는 고시전문잡지 고시계 考試界 의 편집장이었습니다.

전화의 내용은 이랬습니다.

헌법재판소에서 연락이 왔는데 혹시 탄핵제도에 관한 글이 있냐는 것이다, 아무리 찾아봐도 없어서 혹시 고시계는 가지고 있는지 연락했다고 한다, 김승환 교수가 탄핵제도에 관한 글을 써 주면 좋겠다는 것이었습니다.

저는, 정말 탄핵제도에 관한 글이 하나도 없느냐, 글을 쓴다면 언제까지 원고를 보내야 하느냐,라고 되물었습니다. 돌아온 대답은 4월호에 실려야 한다, 시간이 촉박하다, 늦어도 3월 25일까지는 서점에 책이 깔려야 한다는 것이었습니다.

저는 다시, 어떻게 그 짧은 시간에 글을 쓸 수 있느냐, 더구나 참고할 만한 자료가 하나도 없지 않느냐, 그게 가능하겠느냐고 물었습니다.

결국 최대한 빨리 글을 쓰기로 약속한 후 원고 준비에 들어갔고, 일주일을 조금 넘겨서 글을 완성해 고시계로 보냈습니다.

'헌법 특강'이라는 제목으로 〈고시계〉 2004년 4월호에 실린 글의 핵심 내용은 이것이었습니다.

"탄핵소추사유는 더 이상 공직수행을 위임할 수 없을 정도로 중대한 헌법위반 또는 법률위반이라고 보는 것이 올바른 헌법해석이다."(고시계, 2004년 4월호, 37쪽).

헌법재판소는 2004년 5월 14일 노무현 대통령 탄핵심판 결정을 선고했습니다. 결정 주문은 "이 사건 심판청구를 기각한다."였습니다.

헌법재판소는 기각 결정의 핵심이유를 이렇게 말했습니다.

"헌법재판소법 제53조 제1항의 '탄핵심판청구가 이유 있는 때'란 모든 법위반의 경우가 아니라, 단지 공직자의 탄핵을 정당화할 정도로 '중대한' 법위반의 경우를 말한다."(헌법재판소판례집, 제16권 1집, 2004, 654쪽).

참고로 헌법재판소법 제53조 제1항은 "탄핵심판 청구가 이유 있는 경우에는 헌법재판소는 피청구인을 해당 공직에서 파면하는 결정을 선고한다."라고 규정하고 있습니다.

이 규정은 헌법 제65조 제1항의 "대통령·국무총리·국무위원·행정각부의 장·헌법재판소재판관·법관·중앙선거관리위원회 위원, 감사원장, 감사위원 기타 법률이 정한 공무원이 그 직무집행에 있어서 헌법이나 법률을 위배한 때에는 국회는 탄핵의 소추를 의결할 수 있다."를 이어받아 규정된 '법률'조항입니다.

저는 직원들께 공직자로서 살아온 지난날을 되돌아보면서 '직업'을 넘어서서 '사명'을 수행했다고 할 만한 순간들을 찾아보시라고 말했습니다. 뭔가를 발견할 수 있을 거라는 기대감으로 이 말을 전했습니다.

* 위 〈고시계〉에 실린 저의 글 "탄핵제도"의 37쪽 셋째 단락 첫째 줄에 다음과 같은 문장이 나옵니다.

"두 번째 문제와 관련하여, 적어도 그것이 대통령에 적용되는 경우, 탄핵소추사유의 정도는 법문(法文)이 열거하고 있는 자 모두에게 동일한 정도로 적용된다고 볼 수는 없을 것이다."

가고싶은 학교 행복

가고싶은 학교
행복한 교육 공동체

우리의 오늘은 전북

여한이 없는 삶

출판사에서 처음에 저에게 넘겨준 저의 글의 양은 2백 자 원고지 기준으로 2천2백 장 정도 되었습니다. 그것을 추리고 또 추리는 작업을 했습니다.

저의 글의 내용 중 일부가 저의 기준으로는 특별하지 않은데도 불구하고, 출판사의 구성원들께서 읽을 때는 특별한 정도를 넘어서서 긴장감이 들기도 했던 것 같습니다. 아마도 글이 전하는 이야기들에 대해 느끼는 생소함에서 오는 긴장감이었을 것입니다.

교육감의 자리도 기관장의 자리입니다. 교육감의 직무 수행의 적정성, 합법성, 구체적 타당성을 확보하기 위해서는 구성원들의 최선의 협조를 얻어야 합니다.

단위학교와 교육지원청과 직속기관과 도교육청에서 일하는 공직자들이 교육감에게 거는 가장 큰 바람은 자신들이 소신껏 일할 수 있도록 교육감이 외부 세력에 대한 방패막이가 돼주는 것입니다.

문제는 어떻게 방패막이가 되어주는가입니다. 교육감이 잘 알아야 합니다. 모르면 함께 일하는 직원들에게 물어봐서라도 배워야 합니다. 아이들, 교사를 포함한 교원들, 행정직원들과 교육공무직들, 학부모들만 성장해야 하는 것이 아니라 교육감도 성장해야 합니다.

이 책에 들어 있는 다양한 제목의 글 중에는 그런 것들이 포함되어 있습니다. 교육감인 저 자신도 몰랐다가 나중에 알게 된 것을 솔직하게 적었습니다. 기관장들이 중요한 것을 놓치고 사소한 것에 집착하다가 길을 잃고 방황하는 사례는 비일비재합니다. 아무리 좋은 철학과 단단한 의지를 갖고 있다 하더라도 방법론에 미숙하면 다가오는 것은 실패밖에 없습니다.

기관장이 공직을 수행하는 데 적정한 방법론을 선택하는 것보다 훨씬 더 중요한 것이 있습니다. 그것은 기관장이 구성원들의 신뢰를 얻는 것입니다. 신뢰는 기관장의 의지로 만들어지는 것이 아니라 구성원들의 마음속에서 생성되는 것입니다. 그러한 신뢰는 기관장의 말, 행동, 공직 수행의 자세를 지켜보면서 구성원들의 가슴에서 자연스럽게 피어나는 것입니다. 공조직을 사유화하고, 공조직의 구성원들을 자기 종속물로 삼는 기관장에게 돌아가는 것은 신뢰가 아니라 불신과 경멸입니다.

　저는 교사, 간부, 직원들을 신뢰했습니다. 그러나 그것이 전부는 아니었습니다. 그분들의 일을 자세히 확인하고 살피면서 신뢰하는 것이 올바른 신뢰였습니다. 제가 이해하기 어려운 부분은 묻고 또 물었습니다. 그렇게 하면서 신뢰의 폭이 더 넓어지고 깊이가 더 깊어졌습니다. 그런 신뢰는 흔하디흔한 신뢰가 아니라 생명력이 강한 신뢰가 되었습니다.

교육감 자리에서 떠나면서 저의 눈에 들어온 전북교육은 하나의 거대하고 탄탄한 항공모함이었습니다. 그곳에서 일하는 모든 공직자는 전북교육을 지키는 전사戰士들로 서 있었습니다. 그곳에서 숨 쉬며 배우고 성장하는 우리 아이들이 '오늘'의 대한민국 교육을 지키고 있었습니다.

교육감 12년 세월을 지낸 저의 느낌은 '그곳에 있다가 이곳으로 왔다'라는 정도입니다. 여한이 없이 살자! 그것은 교수 시절부터 저의 삶을 이끌어온 좌표였습니다. 교육감 12년의 삶도 여한이 없이 살았습니다.

나의 이데올로기는 오직 아이들

치열하고 유쾌했던 교육감 12년

초판 1쇄 발행 2023년 6월 10일

지은이 김승환

발행인 김병주
기획편집위원회 김춘성 한민호   **디자인** 정진주   **마케팅** 진영숙
COO 이기택   **뉴비즈팀** 백헌탁 이문주 백설
행복한연수원 이종균 이보름   **에듀니티교육연구소** 조지연

펴낸 곳 (주)에듀니티
도서문의 070-4342-6110
일원화 구입처 031-407-6368 (주)태양서적
등록 2009년 1월 6일 제300-2011-51호
주소 서울특별시 금천구 가산동 371-28 우림라이온스밸리 A동 1208호
출판 이메일 book@eduniety.net
홈페이지 www.eduniety.net
페이스북 www.facebook.com/eduniety
인스타그램 www.instagram.com/eduniety/
            www.instagram.com/eduniety_books/
포스트 post.naver.com/eduniety

ISBN 979-11-6425-142-1

문의하기

값은 뒤표지에 있습니다.

투고안내